Frank Paulikat
Wortbildung des heutigen Französisch

Romanistische Arbeitshefte

Herausgegeben von
Volker Noll und Georgia Veldre-Gerner

Band 66

Frank Paulikat

Wortbildung des heutigen Französisch

DE GRUYTER

ISBN 978-3-11-042721-9
e-ISBN (PDF) 978-3-11-042722-6
e-ISBN (EPUB) 978-3-11-042339-6
ISSN 0344-676X

Library of Congress Cataloging-in-Publication Data
A CIP catalog record for this book has been applied for at the Library of Congress.

Bibliografische Information der Deutschen Nationalbibliothek
Die Deutsche Nationalbibliothek verzeichnet diese Publikation in der Deutschen Nationalbibliografie; detaillierte bibliografische Daten sind im Internet über http://dnb.dnb.de abrufbar.

© 2017 Walter de Gruyter GmbH, Berlin/Boston
Druck und Bindung: CPI books GmbH, Leck
♾ Gedruckt auf säurefreiem Papier
Printed in Germany

www.degruyter.com

Vorwort

Die Wortbildung nimmt im universitären Unterricht der Romanistik eine bedeutende Rolle ein. Fragen zur Wortbildung werden in nahezu jeder sprachwissenschaftlichen Abschlussprüfung gestellt. Jedoch wurde seit Thiele 1993 keine Monographie zur französischen Wortbildung veröffentlicht (weder im deutschen noch im französischen Sprachraum), Veröffentlichungen wie die Einführung in die französische Morphologie von Huot (2005) und Schpak-Dolt (2016⁴) berücksichtigen die Wortbildung aus der Perspektive der systemlinguistischen morphologischen Analyse. Insbesondere aufgrund der Bedeutung neuer Formen der Wortbildung sowie zahlreicher Publikationen zu Einzelaspekten erschien mir daher die Vorlage eines neuen Buches über die französische Wortbildung notwendig.

Der Konzeption der Romanistischen Arbeitshefte entsprechend richtet sich dieses Buch an Studierende des Französischen in den verschiedenen romanistischen Studiengängen. Ein Schwerpunkt liegt entsprechend auf der Darstellung von Grundbegriffen. Die Beispiele wurden in dem *Trésor de la langue française informatisé* sowie den aktuellsten Auflagen der einschlägigen Wörterbücher (*Petit Larousse* sowie *Petit Robert* 2017) entnommen und durch pressesprachliche Belege aus online verfügbaren Korpora ergänzt. Ein weiterer Schwerpunkt ist der bibliographische Überblick zum aktuellen Forschungsstand.

Mein besonderer Dank gilt den Herausgebern der Reihe der Romanistischen Arbeitshefte, Herrn Volker Noll und Georgia Veldre-Gerner, Herrn Noll insbesondere für die Durchsicht des Manuskript und zahlreiche Anregungen während der Redaktion. Gedankt sei vor allem Herrn Werner Hupka für wertvolle Hinweise in der Abschlußphase der Redaktion sowie den Mitarbeitern des Lehrstuhls für romanische Philologie der Universität Augsburg sowie Frau Olena Gainulina für die verlagstechnische Betreuung. Mitgearbeitet haben als studentische Hilfskräfte Meret Deiss, Carolin Ruppert, Alexander Strahl und Denis Wandel, auch ihnen gilt mein Dank. Für die Durchsicht des Manuskripts danke ich Frau Inge Christopher und meiner Frau Bettina. Nicht zuletzt danke ich auch den Teilnehmern verschiedener Lehrveranstaltungen in den letzten Semestern an der Universität Augsburg für Anregungen und kritische Kommentare.

Inhalt

Abkürzungen und typographische Konventionen —— XI

1	Grundlagen —— 1	
1.1	Wortbildung und Korpora —— 2	
1.2	Zugehörigkeit der Wortbildung zu Disziplinen der Sprachwissenschaft —— 5	
1.3	Möglichkeiten der Wortschatzerweiterung —— 6	
1.4	Wortbildung in der Kodifizierung des Französischen —— 7	
1.4.1	Wortbildung im Wörterbuch —— 7	
1.4.2	Wortbildung in Grammatiken —— 10	
1.5	Grundprinzipien der Morphologie der Wortbildung —— 12	
1.5.1	Morpheme —— 12	
1.5.2	Wort, Lexem, Lexie —— 14	
1.5.3	Allomorphie —— 15	
1.5.4	Wurzel, Stamm, Basis und *racine* —— 20	
1.6	Wortbildungsmuster des Französischen (Überblick) —— 22	
1.6.1	Affixtypen —— 22	
1.6.2	Konversion, Nullsuffigierung, Rückbildung —— 23	
1.6.3	Produktivität und Durchsichtigkeit —— 25	
1.6.4	Motivation —— 28	
1.6.5	Modifikation und Transposition, Ausgriff, Verschiebung und Variation —— 31	
1.6.6	Wortfamilien —— 32	
1.7	Problembereiche der französischen Wortbildung —— 34	
1.7.1	Diachronie und Synchronie —— 34	
1.7.2	Sprachtypologische Kategorisierung —— 38	
1.7.3	Parasynthese —— 40	
1.7.4	Fremdwort- und Hybridbildungen —— 41	
1.8	Prinzipien der Wortbildungsanalyse —— 43	
	Aufgaben und Fragen zu Kapitel 1 —— 44	
2	Wortbildungsmuster und -kategorien des Französischen —— 46	
2.1	Suffigierung —— 48	
2.1.1	Substantivbildung —— 49	
2.1.1.1	Modifikation —— 51	
2.1.1.2	Transposition —— 54	
2.1.1.3	Nominalsuffixe —— 66	
2.1.2	Adjektivbildung —— 92	
2.1.2.1	Qualitätsadjektive —— 95	

2.1.2.2	Relationsadjektive —— 97
2.1.2.3	Adjektivsuffixe —— 101
2.1.3	Verbbildung —— 110
2.1.3.1	Semantik der desubstantivischen und deadjektivischen Verben —— 113
2.1.3.2	Verbalinfixe —— 116
2.1.4	Adverbbildung —— 120
2.2	Präfigierung —— 121
2.2.1	Abgrenzung von Präfigierung und Komposition —— 123
2.2.2	Schreibung zusammengesetzter Formen —— 124
2.2.3	Semantische Klassifikation der Präfigierung —— 125
2.3	Komposition —— 141
2.3.1	Kopulativkomposita —— 143
2.3.2	Exozentrische Komposita —— 144
2.3.3	Determinativkomposita —— 146
2.3.3.1	Klassifikation der determinativen Komposition —— 147
2.3.3.1.1	Semantische Klassifikation —— 148
2.3.3.1.2	Klassifikation nach der Satzgliedfunktion —— 150
2.3.3.1.3	Syntagmatisch verbundene Determinativkomposita —— 150
2.3.3.1.4	Asyndetische Komposita —— 152
2.3.4	Komposita nach Wortarten —— 153
2.3.4.1	Nominalkomposita —— 153
2.3.4.2	Adjektivkomposita —— 158
2.3.4.3	Verbkomposita —— 160
2.3.5	Affixoide (Konfixe) —— 160
2.4	Wortkürzungen —— 165
2.4.1	Kurzformen —— 166
2.4.2	Initialkürzungen —— 168
2.4.3	Reduplikationen —— 169

Aufgaben und Fragen zu Kapitel 2 —— 169

3	**Wortbildung in Varietäten des Französischen —— 173**
3.1	Wortbildung in Fachsprachen —— 173
3.1.1	Derivation in Fachsprachen —— 174
3.1.2	Komposition in Fachsprachen —— 176
3.1.3	Siglenbildung in Fachsprachen —— 177
3.2	Wortbildung in diatopischen Varietäten —— 177
3.3	Wortbildung in diastratischen Varietäten —— 180
3.4	Wortbildung und Textlinguistik/Stilistik —— 183

Aufgaben und Fragen zu Kapitel 3 —— 187

4	**Kurze Geschichte der französischen Wortbildung** —— 189
	Aufgaben und Fragen zu Kapitel 4 —— 194

5	**Literaturverzeichnis** —— 195
5.1	Wörterbücher und Enzyklopädien —— 195
5.2	Grammatiken —— 195
5.3	Sekundärliteratur —— 196

6	**Indizes** —— 215
6.1	Sachindex —— 215
6.2	Namensindex —— 217
6.3	Formenindex —— 218

Abkürzungen und typographische Konventionen

Allgemeine Abkürzungen

adj.	Adjektiv
adv.	Adverb
afrz.	altfranzösisch
dt.	deutsch
engl.	englisch
f.	weiblich
fr.	französisch
fr.hex.	français hexagonal (in Abgrenzung zu Varietäten des Französischen außerhalb Frankreichs)
gr.	griechisch
it.	italienisch
Jh.	Jahrhundert
kat.	katalanisch
lat.	lateinisch
m.	männlich
ndl.	niederländisch
nfrz.	neufranzösisch
sp.	spanisch
s.v.	sub voce (unter dem Lemma)
vgl.	vergleiche
v.tr.	transitives Verb

Abkürzungen in der morphologischen Analyse

Adj	Adjektiv
Adv	Adverb
DAf	Derivationsaffix
FE	Flexionsendung
N	Nomen
V	Verb

Abkürzungen der am häufigsten zitierten Wörterbücher

FEW	Französisches etymologisches Wörterbuch
GLLF	Le Grand Larousse de la langue française
GR	Le Grand Robert (digitale Version)
PLi	Le Petit Larousse illustré 2017
PR	Le Petit Robert 2017 (digitale Version)
RBrio	Le Robert Brio
TLFi	Trésor de la langue française (informatisé)

Typographische Konventionen

←	eine Form stammt aus/von (einem Etymon, einer Ausgangsform)
→	eine Form entwickelt sich zu (einer Zielform)
*	historisch nicht belegtes Lexem, grammatisch nicht korrekte Form oder Rekonstruktion
ø	Nullallomorph

1 Grundlagen

Die französische Sprache unterliegt einer ständigen Veränderung. Der Wandel gehört zum Wesen der Sprache selbst, da sie sich immer den Ausdrucksnotwendigkeiten in einer sich ständig verändernden Welt anpasst. Sprachwandel erfolgt mit den Mitteln des Sprachsystems, also dem Wissen der Sprecher über die Regeln der Anwendung von Sprache. Während Veränderungen in den Bereichen Phonetik und Syntax jedoch über einen längeren Zeitraum erfolgen und von den Sprechern kaum wahrgenommen werden, wird der Wortschatz täglich um zahlreiche Wörter erweitert, die man als Neologismen bezeichnet.

Einige dieser Neologismen werden schließlich in Wörterbücher aufgenommen. Die Neuauflage des *Petit Larousse* 2015 umfasst gegenüber dem Vorjahr 150 Neueinträge, der *Petit Robert* kommt im gleichen Jahr auf 200 Neologismen. Viele dieser Wörter sind Entlehnungen aus anderen Sprachen, der größte Teil ist jedoch das Ergebnis einer Wortbildung mit den Möglichkeiten des französischen Sprachsystems. Unter einer Wortbildung versteht man ein Wort, das sich auf mehrere sprachliche Einheiten zurückführen lässt. Allein im Bereich des Umweltschutzes führt der *Petit Robert* als Neubildungen die Formen *climatosceptique* m. ‚Klimawandelskeptiker', *décarboner* v.tr. ‚entkarbonisieren', *déchétarien* m. ‚Person, die sich aus ideologischen Gründen von Abfällen ernährt', *décroissant* m. ‚Wachstumsgegner' und *zadiste* m. ‚militanter Besetzer einer ZAD' (zu ZAD = *zone à défendre*) auf. Selbst wenn man davon ausgehen kann, dass nur ein geringer Teil der Neologismen in Wörterbücher aufgenommen wird, zeigen diese Zahlen die Produktivität der Wortbildung im Ausbau des Lexikons der französischen Sprache.

Ermöglicht wird die ständige Erweiterung des Wortschatzes durch Wortbildungsmuster. So kann ein Sprecher des Französischen das Wort *climatosceptique* unschwer auf die bereits bekannten Formen *climat* und *sceptique* zurückführen. Des Weiteren verfügt er aus vergleichbaren Formen (etwa *eurosceptique* oder *climatologue*) über ein sprachliches Wissen, das es ihm ermöglicht, die lexikalischen Zusammenhänge zu erkennen. Zudem lässt sich oft aus dem Kontext, in dem das Wort erstmals auftritt, die Bedeutung ableiten.

Die Wortbildung nutzt also die Möglichkeiten des Sprachsystems, nach der strukturalistischen Terminologie der *langue*, um neue Konzepte zu versprachlichen. Der Prozess der Wortbildung kann unterteilt werden in verschiedene Phasen. Zunächst wird nach den Regeln des Sprachsystems ausgehend von einer bereits vorliegenden Form durch das Hinzufügen eines Wortbildungselements eine neue Form gebildet. Dies kann aus einem spezifischen kommunikativen Bedürfnis heraus geschehen oder auch Stilmittel eines Sprechers/Schreibers sein. Wenn dieser Neologismus von einer Sprachgemeinschaft akzeptiert und häufiger verwendet wird, spricht man von einer Lexikalisierung. Bei kodifizierten Sprachen, also solchen, die über eine niedergeschriebene Grammatik und ein Wörterbuch verfügen, ist die Lexikalisierung in der

Regel verbunden mit einem neuen Eintrag (wie die oben aufgeführten Beispiele aus dem *Petit Larousse* und dem *Petit Robert*). Bleibt die Verwendung des Neologismus dagegen auf einen bestimmten (kurzen) Zeitraum begrenzt, spricht man von einem Okkasionalismus. Entscheidend für die Lexikalisierung eines Neologismus ist der kommunikative Nutzen, also die Möglichkeit, auf einen bestimmten Sachverhalt oder Referenten Bezug nehmen zu können. Da das Verb *décarboner* (Reduzierung des CO_2-Ausstoßes) eine neu eingeführte Technik bezeichnet und die neue Form semantisch durchsichtig ist, die Bedeutung sich also für den Sprachverwender aus den einzelnen Bestandteilen erschließen lässt, wird sie sich vermutlich auf Dauer in der französischen Sprache etablieren können. Eine Form wie *environnementeur* (etwa: ‚Umweltlügner', zu *environnement* und *menteur*[1]) bezeichnet dagegen nur eine Tagesaktualität und wird sich voraussichtlich nicht im französischen Sprachgebrauch durchsetzen und in ein Wörterbuch aufgenommen werden.

1.1 Wortbildung und Korpora

Zahlreiche Beispiele und Aufgaben in dieser Einführung sind Sprachkorpora entnommen (Einzahl *das Korpus*). Es handelt sich hierbei um Sammlungen, in denen Texte nach verschiedenen Kriterien zusammengefasst werden. So existieren pressesprachliche Korpora, in denen Zeitungstexte eines bestimmten Zeitraums aufgenommen sind, Korpora transkribierter gesprochener Sprache oder Korpora zum Werk eines bestimmten Autors. Je nach Zielsetzung sind sie häufig aufbereitet, d.h. es finden sich neben den Texten zusätzliche Informationen inhaltlicher oder sprachlicher Art. So ist bei manchen Korpora die Suche nach Wortarten und bestimmten syntaktischen Strukturen möglich.

In der Regel wird die Größe eines Korpus nach der Anzahl der Wortformen angegeben, die in der Korpuslinguistik als *Tokens* bezeichnet werden. So umfasst das *Corpus français* [http://wortschatz.uni-leipzig.de/ws_fra] der Universität Leipzig 700 Millionen Wörter. Diese Wortformen werden wiederum zu Worttypen (*Types*) zusammengefasst. So lassen sich Formen wie *(je) mangeais* und *(il) mangera* auf *manger* zurückführen, sie sind also verschiedene Flexionsformen des gleichen Verbs und gehören somit zu einem *Type*. Zu einem Stamm gehörende Ableitungen wie *utile*, *utilité*, *utilisateur* und *utilisation* werden dagegen als verschiedene *Types* gezählt. Das *Corpus*

---

[1] Der Beleg erscheint im Kontext eines politischen Skandals in Quebec: La vérité, c'est que ces animateurs connaissent très bien le poids des mots et les font servir à leurs fins. Connotés négativement : « syndiqué », « séparatiste », « péquiste », « québécois », « francophone », « gauchiste », « intellectuel » et « environnementaliste ». Leurs préférés : « environnementeur » ou « enverdeur ». (La Presse 9.11.2015, p. Débats écran 5).

de français parlé au Québec[2] umfasst bei einer Gesamtgröße von 607.650 Tokens 25.557 Types. Es kann für sprachwissenschaftliche Fragestellungen sinnvoll sein, die Anzahl der Tokens und Types zu ermitteln. So kann beispielsweise die Länge eines Romans mit Hilfe der Anzahl der Wortformen beschrieben werden. Um den Wortschatz eines Autors charakterisieren zu können, ist es dagegen sinnvoll, die Anzahl der *Types* aufzuführen. Kommt eine Wortform in einem Korpus nur ein einziges Mal vor, spricht man von einem *Hapax Legomenon*.

Einige Korpora ermöglichen die Suche nach bestimmten Wortbildungsformen. So lässt sich in der Suchmaske des *Corpus français* ein Wortanfang mit dem Platzhalter * markieren, das Programm findet dann die mit den entsprechenden Buchstaben beginnenden Formen.

Abb. 1: Corpus français

Eine Suche nach Wortformen in diesem Korpus mit dem Präfix *giga-* über die Sucheingabe giga* ergibt z.B. folgende Resultate: *giga-bits, giga-claque, giga-collapse, giga-complexe, giga-concert, giga-contestation, giga-distributeurs, giga-dollars, giga-flop, giga-foire, giga-fonds, giga-forme, giga-fosse, giga-joules, giga-lapsus, giga-marché*. Um die Produktivität eines Wortbildungsmusters nachzuweisen, können

---

2 Es handelt sich um ein multimodal angelegtes Korpus, bei dem neben den Texten auch paraverbale Parameter wie Prosodie und Gesten aufgenommen werden [http://recherche.flsh.usherbrooke.ca/cfpq/index.php/site/index].

durch eine solche Suche die Belege in Relation zur Anzahl der Types anderer Wortbildungsmuster gestellt werden. Es ist also möglich, die Bildungen mit *giga-* anderen Formen der Vergrößerung mit Präfixen (etwa mit *maxi-*, *hyper-*, *super-* oder *méga-*) gegenüberzustellen und eine Aussage zu treffen, welches Wortbildungselement im heutigen Französisch besonders produktiv ist.

Eine Möglichkeit der automatisierten morphologischen Analyse von Wortformen bietet das Projekt *Dérivation en français* (Dérif) des *Centre National de Ressources Textuelles et Lexicales* [http://www.cnrtl.fr/outils/DeriF]. Hier können nicht nur derivierte – also mit Präfixen und Suffixen erweiterte – Formen untersucht werden, sondern auch Komposita, die aus mehreren eigenständigen Wörtern bestehen.

■ Exemples

1.
- scolaire/ADJ==> [[scol N°] aire ADJ] (scolaire/ADJ, scol/N°)
- "En rapport avec le(s) école"

2.
- appauvrissement/NOM==> [[a [pauvre ADJ] VERBE] ment NOM]
- (appauvrissement/NOM, appauvrir/VERBE, pauvre/ADJ)
- " (Action - résultat de l'action) de appauvrir"

3.
- importable/ADJ==> [in [[porter VERBE] able ADJ] ADJ] (importable/ADJ, portable/ADJ, porter/VERBE)
- "Non portable"
- [[importer VERBE] able ADJ] (importable/ADJ, importer/VERBE)
- "(lequel - Que l') on peut importer"

4.
- pauvre/ADJ: @1 [typeA = propriété, borne = oui, binit = oui]
- appauvrir/VERBE: [aspect = accompl ; sous_cat = < NPagent, @2 NPpatient >];
- rel = prop(@1) = état_final(@2)

Abb. 2: Dérif

In einer formalisierten Analyse wird den einzelnen Morphemen (den kleinsten bedeutungstragenden Einheiten) die Wortart zugeordnet, es folgt eine Angabe zur Semantik durch eine Paraphrasierung. Das Beispiel 1 *scolaire* wird hier der Wortart Adjektiv (ADJ) zugeordnet, das aus einem Nomen N mit dem Stamm *scol* abgeleitet wurde und als ‚en rapport avec le(s) école' definiert werden kann (zum Projekt *Dérivation en français* vgl. Corbin 2004b).

Auch Korpora, die nicht primär für die sprachwissenschaftliche Analyse erstellt wurden, können bei der Suche nach Wortbildungsformen hilfreich sein. Zahlreiche Beispiele in diesem Arbeitsheft sind dem Korpus *Europresse* entnommen [http://nouveau.europresse.com], in dem 540 französischsprachige internationale, nationale, regionale und lokale Tages- und Wochenzeitungen, Publikumszeitschriften und -magazine sowie Fachzeitschriften und andere journalistische Texte teilweise zurückgreifend bis in das Jahr 1980 enthalten sind. Auch hier kann innerhalb der *recherche avancée* mit Hilfe des Platzhalters * nach Ableitungen zu Stämmen gesucht werden.

Die im *Corpus français* gefundenen Ableitungen mit *giga-* können hier u.a. durch folgende Formen ergänzt werden: *gigafusion, gigaguerre, gigalitre, gigaloft, gigalabo, gigaparc, gigapixel, gigaplan, gigatonne*[3].

1.2 Zugehörigkeit der Wortbildung zu Disziplinen der Sprachwissenschaft

Der *Dictionnaire de linguistique et des sciences du langage*[4] definiert die Wortbildung folgendermaßen (s.v. *formation de mots*):

> On appelle formation de mots l'ensemble des processus morphosyntaxiques permettant la création d'unités nouvelles à partir de morphèmes lexicaux. On utilise ainsi, pour former des mots, les affixes de dérivation ou les procédures de composition.

Die Wortbildung wird hier zur Morphosyntax gerechnet, also dem Bereich der Grammatik, der die Morphologie als Formen- und Flexionslehre und die Syntax in ihren Wechselwirkungen untersucht. Versteht man die Wortbildung als eine Form der Verkürzung von Satzgliedern, die den Regeln der Syntax folgt, so trifft diese Definition zu. So kann das Kompositum *dessin animé* paraphrasiert werden als *un dessin qui est animé*.

Aufgabe der Wortbildungslehre ist es, Regeln und Bedingungen für die Bildung neuer Wörter und die Struktur komplexer Wörter zu beschreiben. Zumeist wird die Wortbildung als Teilbereich der Morphologie angesehen, da die einzelnen Formen aus mehreren Morphemen bestehen und sich morphologisch analysieren lassen. Andererseits lässt sich die Wortbildung nicht von der Semantik der einzelnen Morpheme trennen, was wiederum für eine Zugehörigkeit zum Bereich der lexikalischen Semantik spricht.

Die meisten Untersuchungen verstehen die Wortbildung als einen Prozess, in dem sprachliche Einheiten sowohl morphologisch als auch semantisch verändert werden. Haensch/Lallemand-Rietkötter (1972) zählen aber auch rein lexikalische Erweiterungen des Wortschatzes wie die Entstehung von Polysemie durch eine Resemantisierung zur Wortbildung – also z.B. die metaphorische oder metonymische Bedeutungserweiterung des Wortes *café* ‚Getränk' und *café* ‚Lokal' oder *café* ‚(Farbe) kaffeebraun'. Da sich die Abtrennung der rein semantischen Neologie von der mor-

---

[3] Das Korpus *Europresse* richtet sich vor allem an Journalisten zur inhaltlichen Recherche und ist kostenpflichtig, kann aber in ausgewählten Bibliotheken genutzt werden. Eine Liste der Zugänge ist über den Karlsruher Virtuellen Katalog [http://kvk.bibliothek.kit.edu] einsehbar.
[4] Dubois, Jean et al. (2012): Le dictionnaire de linguistique et des sciences du langage. Paris, Larousse.

phologischen Wortbildung allerdings in der Forschung durchgesetzt hat und die Berücksichtigung beider Felder eher der Thematik einer Einführung in die Lexikologie entspricht, soll in dieser Einführung nur die Entstehung von neuen Wörtern mit formaler Veränderung behandelt werden.

Darüber hinaus kann die Wortbildung auch als Teil einer anderen Beschreibungsebene des Sprachsystems gesehen werden. So kann z.B. die häufige Verwendung von Neologismen als Charakteristikum bestimmter Textsorten gesehen werden und gehört damit zur Textlinguistik. Die Wortbildung als Konzeptbildung zur Kombination und Organisation von Wissen beschreibt dagegen die kognitive Linguistik.

1.3 Möglichkeiten der Wortschatzerweiterung

Durch die Ausweitung des Wissens ergibt sich immer auch die Notwendigkeit der Bezeichnung des neu Entdeckten. Im Zeichenmodell von de Saussure kann man dies auch so ausdrücken: existiert ein neues Konzept (ein *signifié*), so wird ein sprachlicher Ausdruck (ein *signifiant*) benötigt. Es entsteht ein neues sprachliches Zeichen. Wird die Technik der Reduzierung des CO_2-Ausstoßes erfunden, so liegt die Bildung eines neuen Wortes nahe. Im Französischen wurde hierzu mit den Mitteln der Wortbildung der Neologismus *décarboner* gebildet. Die Erweiterung des Wortschatzes einer Sprache (*enrichissement lexical*) kann sich neben der Wortbildung aus mehreren Wortbildungselementen durch die Anwendung von Wortbildungsregeln zweier weiterer Möglichkeiten bedienen:

1. Entlehnung von Wörtern anderer Sprachen (kat. *albergínia* → frz. *aubergine*, it. *sonetto* → frz. *sonnet*, engl. *brainstorming* → frz. *brainstorming*, ndl. *bier* → frz. *bière*).
2. Veränderung der Bedeutung bereits im Lexikon vorhandener Wörter z.B. durch metaphorische bzw. metonymische Bedeutungsübertragung (*lentille* ‚Linse'→ *lentille* ‚Kontaktlinse', *souris* ‚Nagetier' → *souris* ‚Zeigegerät für einen PC', *café* ‚Kaffeebohne' *café* ‚Getränk' → *café* ‚Lokal')[5].

Als Wortbildungslehre wird der Bereich der Sprachwissenschaft bezeichnet, der sich mit der Analyse nicht freier syntaktischer Fügungen befasst (Thiele 1993, 7), die also zumindest aus zwei Morphemen bestehen. Sie wird in der grammatischen Beschreibung einer Sprache von der Flexionsmorphologie abgegrenzt, die sich mit der Bildung grammatischer Wortformen beschäftigt.

---

[5] Darüber hinaus gibt es die Möglichkeit der Wortschatzerweiterung durch Siglen- oder Akronymenbildung, die hier auch als Wortbildungsformen aufgefasst werden, Onomatopoetika (lautmalerische Wörter, die einen direkten Bezug zum Referenten haben wie *coquerico*) sowie die vollständig arbiträre Neubildung (eine Übersicht zur Terminologie der Neologie gibt Sablayrolles 2015a).

Diese Abgrenzung von Flexionsmorphologie und Wortbildung erscheint jedoch nicht immer eindeutig. So lässt sich beispielsweise aus dem Verb *fasciner* das Partizip *fascinant* bilden, was zunächst eine Veränderung im Bereich der Flexion bedeutet. Das Partizip *fascinant* kann jedoch auch als Adjektiv verwendet werden, dann hat ein Wortartwechsel ohne Veränderung der Wortform stattgefunden und es handelt sich um eine Form der Wortbildung ohne formale Veränderung des Ausgangsworts, die in der Sprachwissenschaft als Konversion bezeichnet wird (vgl. hierzu Kapitel 1.7.2).

1.4 Wortbildung in der Kodifizierung des Französischen

Die Wortbildung gehört zur Beschreibung eines Sprachsystems. Während Flexion und Syntax konsequent in Grammatiken behandelt werden, ist dies für den Bereich der Wortbildung nicht selbstverständlich. Noch seltener wird in der Kodifizierung des Wortschatzes (also den Wörterbüchern) explizit auf die Wortbildung eingegangen, obwohl doch gerade Wortbildungsmuster für die Erweiterung des Wortschatzes einer Sprache von herausragender Bedeutung sind.

Im Folgenden soll kurz auf die Berücksichtigung der Wortbildung in Wörterbüchern und Grammatiken des Französischen eingegangen werden.

1.4.1 Wortbildung im Wörterbuch

Die meisten ein- und mehrsprachigen Wörterbücher verzeichnen – meist in alphabetischer Reihenfolge – die Lexeme einer Sprache, jedoch keine Wortbildungsmorpheme wie Suffixe und Präfixe, so u.a. im *Petit Larousse* (zur Wortbildung im Wörterbuch vgl. Sablayrolles 2015a, Schweickard 1993 sowie Schafroth 2014, 20–22; im elektronischen Wörterbuch Klosa 2013).

Wegweisend für die Erforschung der Wortbildung des heutigen Französisch ist der *Traité de la formation des mots composés dans la langue française* von Arsène Darmesteter, der erstmals 1874 erschien (in einer erweiterten Auflage 1894). Darmesteter prägte hier zahlreiche Termini, die auch heute noch in der Wortbildunglehre verwendet werden, wie z.B. den Begriff der Parasynthese (gleichzeitige Präfigierung und Suffigierung, vgl. Kapitel 1.7.3), die in der Folge auch im internationalen Diskurs Verwendung fanden. Diese klassifikatorischen Ergebnisse setzte er im *Dictionnaire général de la langue française* (= DG) um, indem er in den einzelnen Einträgen jeweils auf die Ableitungsverhältnisse verweist und bei komplexen Wörtern systematisch die einzelnen Morpheme angibt.

Die Wortbildung kann sowohl in der Mikro- als auch der Makrostruktur der Wörterbücher berücksichtigt werden. In der Mikrostruktur, also den Informationen, die unter einem Eintrag (Lemma) im Wörterbuch gegeben werden, werden in der Regel morphosemantisch zusammengehörige Lexeme aufgeführt. Bei einer nischenalphabetischen Ordnung (frz. *regroupement*) kann es auch dazu kommen, dass die alphabetische Ordnung durchbrochen wird. Ein durch Wortbildung entstandenes Verb wie *monnayer* ‚ausmünzen' oder ein denominales Adjektiv wie *monnayable* ‚in Geld umsetzbar' erscheinen also unter dem Eintrag des Stammes *monnaie* ‚Geld' (während bei einer striktalphabetischen Ordnung sowohl *monnaie* als auch *monnayer* und *monnayable* einen eigenen Eintrag erhalten). Lexeme, die nur semantische, aber keine formale Ähnlichkeit zeigen (sogenannte suppletive Formen, vgl. hierzu Kapitel 1.5.3) erhalten dagegen einen eigenen Eintrag, es wird aber häufig auf sie am systematischen Ort verwiesen. So erscheint in einem nischenalphabetisch strukturierten Wörterbuch wie dem *Petit Robert* unter dem Artikel *aveugle* die abgeleitete Form *aveuglement*, auf die semantisch verbundenen und an ihrem alphabetischen Ort aufgeführten Formen *cécité* ‚Blindheit' und das fachsprachliche *amaurose* ‚vollständige Blindheit' wird verwiesen. Dieser Verweis fehlt allerdings in vielen Wörterbüchern (so im *Petit Larousse* und in der Regel in der zweisprachigen Lexikographie).

Eine Aufnahme von gebundenen Wortbildungsmorphemen wie Präfixen und vor allem Suffixen in einem eigenen Eintrag ist jedoch selten. Die ausführlichsten Informationen zu Formelementen im Französischen findet man im *Trésor de la langue française* (TLFi). Hier werden zusätzlich zu Angaben zur Semantik und möglicher Allomorphien auch Ausführungen zur Produktivität gegeben. Auf dieses Prinzip weisen die Herausgeber des *Trésor* im Vorwort hin:

> Le deuxième usage que nous avons estimé pouvoir faire du principe morphologique est l'admission dans la nomenclature des éléments formateurs du vocabulaire. Ceux-ci y sont en effet acueillis au même titre que les mots eux-mêmes, avec lesquels ils ont en commun une certaine personnalité sémantique et leur appartenance à la grande famille des „monèmes". Aux préfixes et aux suffixes proprement dits on a joint (à cause de leur rôle de plus en plus important dans la formation des nomenclatures scientifiques et techniques) ce qu'on est convenu d'appeler éléments préfixaux ou suffixaux, c'est-à-dire des unités lexicales non-autonomes, les plus souvent empruntés au latin ou au grec, où ils avaient généralement un statut de mots autonomes type *kilo-*, *-métro*, ou *-gramme*, *-graphe*).

Die Aufnahme von Wortbildungsmorphemen als Einträge im Wörterbuch dient auch der Reduzierung der ansonsten notwendigen neuen Artikel. So lassen sich beispielsweise mit *-logue* suffigierte gelehrte Formen (*cardiologue, philologue, sociologue*) leicht in einem Artikel zusammenfassen und müssen nicht gesondert aufgeführt werden. Dieser Vorteil zeigt sich insbesondere bei der elektronischen Version des Wörterbuchs [http://atilf.atilf.fr].

Wortbildungselemente finden sich ebenso systematisch im *Grand Robert*, wenn auch gegenüber dem *Trésor* in weitaus geringerem Umfang. Im Vorwort des *Grand Robert* wird die Struktur folgendermaßen erklärt:

> Mais ces familles sont reconstituées par la notice étymologique, dans le cas d'une origine interne au français (si pomme vient du latin, pommier vient de pomme, ce qui implique un élément -ier).

> À chaque mot ayant produit d'autres mots, on trouvera ces « dérivés » et « composés » rappelés en fin d'article, avec des informations d'une autre nature, phonétique (les homonymes) et sémantique (les contraires). En outre, les principaux éléments de formation des mots français, préfixes, suffixes, affixes, éléments savants provenant du grec et du latin, sont mentionnés en entrées, avec leur origine et des exemples. Des exemples de composés, notamment pour les préfixes les plus productifs, s'ajoutent à la nomenclature et comprennent de nombreuses données : catégories grammaticales, dates d'apparition (ex. l'article bio- qui mentionne dix composés, outre ceux qui sont traités explicitement). Pour les formations « libres », qui sont virtuelles et impossibles à dénombrer, de très nombreux exemples littéraires ou non littéraires illustrent la productivité de leurs éléments formateurs : plus de 25 exemples pour anti-, illustrant des mots rares ou occasionnels, s'ajoutent aux centaines de composés traités. (XXXIII)

Im *Grand Robert* hervorzuheben ist insbesondere die systematische Aufnahme gelehrter Wortbildungslemente (*éléments savants provenant du grec et du latin*) in die Makrostruktur des Wörterbuchs. Da der *Grand Robert* regelmäßig aktualisiert wird, sind die Angaben gegenüber denen des TLFi zwar etwas weniger umfangreich, dafür aber aktueller. Die letzte (elektronische) Version des *Grand Robert* wurde 2011 überarbeitet. Als Ergänzung seiner Wörterbücher hat der Verlag *Robert* zwei Listen online gestellt. Der *Dictionnaire des suffixes* fasst die Derivationsaffixe des Französischen mit etymologischen und semantischen Angaben zusammen. In den *Éléments de formation* finden sich die sonst auch als Affixoide bezeichneten Morpheme gelehrten Ursprungs[6]. Eine umfangreiche Tabelle der Formelemente des Französischen gibt zudem Guilbert (1971) im Vorwort des *Grand Larousse de la langue française* (GLLF).

Der *RobertBrio*[7] ist in der Konzeption ein analytisches Wörterbuch, das die Struktur der Wörter aufzeigt. Er zeichnet sich vor allem dadurch aus, dass er auch Wurzeln (Basen von Ableitungen) enthält, die zwar reihenbildend sind, aber keinem freien Lexem der französischen Sprache entsprechen, denen aber dennoch ein Lemmastatus zuerkannt wird. So lassen sich bei *manoir* und *scolaire* nach Abtrennung der Suffixe -*oir* und -*aire* die Morpheme {man} und {scol} isolieren, diese Formen sind jedoch in einem herkömmlichen Wörterbuch nicht auffindbar. Im *RobertBrio* erscheint dagegen ein Eintrag *man* mit der Bedeutungsangabe ‚rester' und den dazugehörigen Formen *immanent, permanent* und *rémanent* sowie *scol* mit der Bedeutungsangabe ‚école' und den abgeleiteten Formen *scolaire, scolariser, scolarisation, scolarité, préscolaire, périscolaire, parascolaire, scolastique*. Bisweilen geht der *RobertBrio* aber in seiner morphologischen Segmentierung zu weit, wie Hausmann (2005) nachgewiesen hat. So wird z.B. *urgent* auf ein Morphem {urg} zurückgeführt, das die Bedeutung ‚handeln, eingreifen' trägt und sich nicht nur in *urger, urgence* und *urgentiste*, son-

---

[6] Die bibliographischen Angaben zu diesen Listen finden sich in der Bibliographie. Die Listen der Formelemente finden sich auch im Anhang der Druckausgaben des *Petit Robert*.
[7] In älteren Auflagen wurde der *RobertBrio* auch unter dem Namen *Robert méthodique* vertrieben, der in der ersten Auflage bereits 1982 erschien.

dern auch in *chirurgie* ‚Chirurgie', *métallurgie* ‚Metallindustrie', *sidérurgie* ‚Eisenhüttenwesen' und *dramaturge* ‚Bühnenautor' findet. Hier geht jedoch die Abstraktion zu weit, da eine morphologische Segmentierung in {sidér} {urg} {ie} oder {dramat} {urg} {e} nicht sinnvoll ist.

Einige elektronisch vorliegende Wörterbücher ermöglichen eine Suche nach Formelementen, so die CD-ROM des *Petit Robert*. Hier lassen sich mit Hilfe des Platzhalters (Wildcard) * Formen finden, die einzelne Morpheme enthalten. Eine Suche nach *age in der *recherche complexe* führt also zu allen im Wörterbuch verzeichneten mit *-age* suffigierten Formen. Ebenso möglich ist eine Suche nach verschiedenen formalen Typen der Wortbildung, also beispielsweise eine Einschränkung der Ergebnisse auf Komposita, bei denen das erste und das zweite Element im Plural verändert wurden.

Historische Wörterbücher befassen sich nur selten mit der Wortbildung. Im *Französischen etymologischen Wörterbuch* von Walther von Wartburg finden sich keine Angaben zu Formelementen in der Makrostruktur, der Konzeption des Wörterbuchs entsprechend werden alle Ableitungen unter dem jeweiligen Etymon angeführt. In der online verfügbaren Version des FEW[8] lässt sich allerdings über die *recherche avancée* nach Wortendungen – und damit nach Suffixen – suchen. Diese Möglichkeit bietet auch der TLFi, bei dem so auch nicht als eigenständige Einträge aufgeführte Affixe gefunden werden können.

1.4.2 Wortbildung in Grammatiken

Dass die Wortbildung neben der Flexionsmorphologie und der Syntax Bestandteil der Beschreibungsebenen der Sprache ist, zeigt sich schon in frühen Grammatiken des Französischen, so u.a. bei Jacquier (1728)[9], der auch auf Besonderheiten der Stammallomorphie eingeht oder Vaugelas (1647)[10], der in den *Remarques sur la langue françoise* zahlreiche Probleme der französischen Wortbildung diskutiert (zur Wortbildung bei Vaugelas vgl. Štichauer 2004). Bereits die *Encyclopédie*[11] problematisiert die Wortbildung folgendermaßen (1757, s.v. *formation*; Artikel von Nicolas Beauzée):

> FORMATION, s. f. terme de Grammaire, c'est la maniere de faire prendre à un mot toutes les formes dont il est susceptible, pour lui faire exprimer toutes les idées accessoires que l'on peut joindre à l'idée fondamentale qu'il renferme dans sa signification.

---

8 [https://apps.atilf.fr/lecteurFEW/index.php/site/rechercheAvancee]
9 Jacquier, M. (1728): Méthode pour apprendre l'orthographe par principes. La Haye, Duren.
10 Vaugelas, C. F. de (1647): Remarques sur la langue françoise [Reprint Genf, Droz, 2000].
11 Diderot, D./D'Alembert, J. B.: Encyclopédie ou Dictionnaire raisonné des sciences, des arts et des métiers, Paris, Redon, 2002 (CD-ROM) ¹1751–1772.

> Cette définition n'a pas dans l'usage ordinaire des Grammairiens, toute l'étendue qui lui convient effectivement. Par formation, ils n'entendent ordinairement que la maniere de faire prendre à un mot les différentes terminaisons ou inflexions que l'usage a établies pour exprimer les différens rapports du mot à l'ordre de l'énonciation. Ce n'est donc que ce que nous désignons aujourd'hui par les noms de déclinaison & de conjugaison (Voyez ces deux mots), & que les anciens comprenoient sous le nom général & unique de déclinaison.
>
> Mais il est encore deux autres especes de formation, qui méritent singulierement l'attention du grammairien philosophe ; parce qu'on peut les regarder comme les principales clés des langues : ce sont la dérivation & la composition. Elles ne sont pas inconnues aux Grammairiens qui dans l'énumération de ce qu'ils appellent les accidens des mots, comptent l'espece & la figure : ainsi, disent-ils, les mots sont de l'espece primitive ou dérivée, & ils sont de la figure simple ou composée.

Die *Encyclopédie* zählt die Wortbildung zum Aufgabenbereich der Grammatik, während in früheren Darstellungen die Derivation und Komposition eher der Rhetorik zugerechnet wurden. Beauzée grenzt sie jedoch nicht von der Flexion ab, die er als *dérivation grammaticale* bezeichnet. Bei der Derivation unterscheidet er die Kategorien *primitif/dérivé*, bei der Komposition *simple/composé*.

Die Wortbildungslehre war seit dem 19. Jahrhundert Bestandteil der historischen Grammatiken des Französischen u.a. von Darmesteter (1891–1897), Meyer-Lübke (1934) und Nyrop (1913–1936). In diesen Grammatiken wurde der Wortbildung jeweils ein anderer Platz in der Abfolge der Disziplinen gegeben:

Darmesteter: Phonetik – Morphologie – Wortbildung – Syntax
Meyer-Lübke: Lautlehre – Formenlehre – Syntax – Wortbildungslehre
Nyrop: Morphologie – Wortbildung – Semantik – Syntax

Grammatiken des heutigen Französisch gehen dagegen nur in sehr eingeschränktem Umfang auf die Wortbildung ein. Die *Grammaire méthodique du français* (Riegel/Pellat/Rioul 2016) widmet der Wortbildung im vierten Teil ein eigenes Kapitel *Morphologie lexicale* (899–918). Hier werden neben der Derivation und der Komposition auch weitere Formen wie Siglenbildung und Wortkürzung behandelt.

Die ausführlichste Darstellung der Wortbildung in der französischen Grammatikographie findet sich im *Bon usage* von Maurice Grevisse (Grevisse 2016). Die einzelnen Formen der Wortbildung werden umfassend dargestellt, u.a. in Form von Auflistungen der häufigsten Derivationsaffixe mit zahlreichen Verwendungsbeispielen. Hilfreich sind auch die zahlreichen sprachhistorischen Angaben.

In Grammatiken für den Fremdsprachenunterricht wird die Wortbildung nur selten berücksichtigt. Im Gegensatz zur Flexion wird offenbar davon ausgegangen, dass die Wortbildung nicht Bestandteil der aktiven Sprachverwendung ist und entsprechend nicht zum Bereich der sprachdidaktisch vermittelbaren Kompetenzen gehört. Eine Ausnahme stellt hier die *Praktische Grammatik der französischen Sprache* von Reumuth/Winkelmann (2005²) dar, die im abschließenden Kapitel ‚Wortbildung' Listen der geläufigen Formelemente des Französischen bietet.

Eine komparative Untersuchung der Wortbildung für das Sprachenpaar Deutsch/Französisch bietet die vergleichende Grammatik von Zemb (1978/1984)[12]. Im ersten Band beschränkt sich Zemb auf eine Liste der Wortbildungsmorpheme, eine ausführlichere Darstellung der Wortbildung war für den dritten Band der Grammatik vorgesehen, der allerdings nie erschienen ist.

1.5 Grundprinzipien der Morphologie der Wortbildung

1.5.1 Morpheme

Die Wortbildungslehre gehört neben der Formenlehre oder Flexionslehre zur Morphologie. Aufgabe der Morphologie ist es, sprachliche Äußerungen in ihre kleinsten bedeutungstragenden sprachlichen Zeichen (= Morpheme) zu zerlegen, Regelmäßigkeiten zu erkennen und Variationen zu beschreiben.

Nach ihrer Funktion unterschieden werden lexikalische und grammatische Morpheme. Lexikalische Morpheme bilden das Lexikon einer Sprache, also den gesamten Wortschatz, der in der Regel in einem Wörterbuch kodifiziert ist. Lexikalische Morpheme stellen eine offene Klasse dar, da der Wortschatz einer Sprache durch Entlehnung, semantische Innovation oder Wortbildung erweitert werden kann. Sie haben im Unterschied zu den grammatischen Morphemen eine komplexere Bedeutung, die in der Semantik und Lexikologie beschrieben wird und bezeichnen Objekte (*le livre*) oder abstrakte Konzepte (*l'amour*); sie werden auch Lexeme genannt (so z.B. bei Wiegand 1999, 134 oder Schafroth 2014, 3).

Grammatische Morpheme drücken dagegen die syntaktischen Funktionen der lexikalischen Morpheme und der aus ihnen gebildeten Wörter im Satz aus. Grammatische Morpheme sind nicht freie, sondern mehr oder weniger gebundene Morpheme. Sie markieren Numerus, Kasus, Genus und Tempus oder sie haben eine relationale Funktion. Zu ihnen gehören u.a. Flexionsmorpheme, Pronomen, Artikel und Präpositionen. So markiert der Artikel *le* in *le livre* das Genus, das Flexionsmorphem *-ais* markiert die erste Person Singular Imperfekt in der konjugierten Verbform *mangeais* zum Infinitiv *manger*. Grammatische Morpheme bilden eine geschlossene Klasse. Veränderungen innerhalb einer geschlossenen Klasse lassen sich sprachgeschichtlich nur über einen sehr langen Zeitraum feststellen[13]. Häufig werden Wortbildungsmorpheme wie das Suffix *-able* (in *buvable* oder *mangeable*) oder das Präfix *arch(i)-* (in *archiphonème* oder *archifaux*) auch zu den grammatischen Morphemen gezählt,

---

[12] Zemb, J.-M. (1978/1984): Vergleichende Grammatik Französisch–Deutsch. Mannheim/Wien/Zürich, Bibliographisches Institut.
[13] So u.a. bei Schmid (2016, 32). Wunderli (1989, 16) unterscheidet in Anlehnung an Martinet Lexeme von Morphemen als Synonym für grammatische Morpheme. Als Hyperonym für Lexeme und Morpheme verwendet er den Terminus Monem.

da ihre Funktion auf die Modifizierung der lexikalischen Basis beschränkt ist und ihre Zahl nicht sprunghaft zunimmt.

Weiterhin werden nach ihrem Wortstatus freie und gebundene Morpheme unterschieden. Freie Morpheme können als eigenständige sprachliche Einheiten auftreten, sind also in ihrer Position nicht festgelegt und erfordern keine Erweiterung. So sind in dem Satz *Hier, une rencontre entre étudiants français et allemands avait lieu* die Morpheme *français* und *allemands* freie Morpheme, während in der Formulierung *Hier, une rencontre entre étudiants franco-allemands avait lieu* das Morphem *franco-* nicht isoliert stehen kann, sondern immer mit einem zweiten Morphem ergänzt werden muss. Gebundene Morpheme stehen also an einer festen Stelle innerhalb der sprachlichen Äußerung. Im Französischen werden die Flexionsendungen zur Kennzeichnung von Person, Numerus, Tempus sowie Modus beim Verb an ein lexikalisches Morphem angehängt, sind also postmodifizierend. Zusammenfassend lassen sich die Morphemtypen folgendermaßen darstellen:

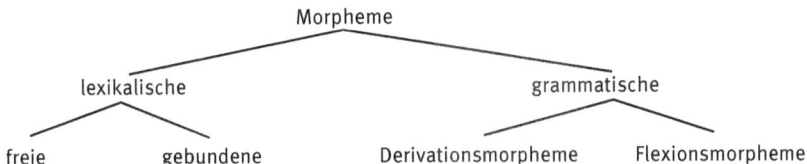

Abb. 3: Morphemtypen

Ob es sich bei Derivationsmorphemen um grammatische oder lexikalische Morpheme handelt, ist umstritten. So zählt Schpak-Dolt (2016, 27) Derivationsaffixe zu den grammatischen Morphemen, während sie Schmid (2003, 32) als gebundene lexikalische Morpheme bezeichnet. Bei einer deadjektivischen Nominalisierung wie *beau* → *beauté* ‚Schönheit' steht neben der Zuordnung einer Eigenschaft vor allem die Veränderung der Wortart, die Umkategorisierung, im Mittelpunkt, was man als grammatischen Prozess beschreiben kann. Bei einer Diminutivierung wie *maison* → *maisonnette* wird dagegen das Merkmal ‚klein' hinzugefügt, die Wortart bleibt unverändert, was einer lexikalischen Veränderung entspricht[14]. Da hier eine eher graduelle Abstufung der Lexikalität bzw. Semantizität der Morpheme vorliegt, führt Meiser (1998, 16) eine dritte Kategorie ein, die er derivative Morpheme nennt und die sowohl grammatische als auch lexikalische Veränderungen bewirken kann. Damit wird zwar das

---

14 Schpak-Dolt (2016, 27) zählt Derivationsaffixe zu den grammatischen Morphemen, da sie eine „kleine, geschlossene Klasse" bilden. Angesichts der doch großen Zahl der Affixe und der Möglichkeit der Erweiterung z.B. durch Entlehnung erscheint dieses Kriterium jedoch nicht tragfähig.

Problem nicht gelöst, es entfällt allerdings die durch die Dichotomie grammatisch/lexikalisch gegebene Notwendigkeit der Zuordnung der Derivationsmorpheme zu einer nicht zutreffenden Klasse.

1.5.2 Wort, Lexem, Lexie

Gegenstand der Wortbildung ist die Analyse der formalen und inhaltlichen Struktur von Wörtern. ‚Wort' ist allerdings ein alltagssprachlicher Begriff und sprachwissenschaftlich schwer zu definieren. Eine Abgrenzung auf der Basis eines graphischen Kriteriums, nach dem vor und hinter einem Wort zwei Abstände freigelassen werden, mag auf den ersten Blick überzeugen. Sie beruht aber auf der Annahme des Primats der medialen Schriftlichkeit, eine Analyse rein mündlich überlieferter Sprache ist damit unmöglich. Zudem würde man Einheiten wie *brosse à dents* im Französischen als eine Zusammensetzung aus drei Wörtern, im Deutschen *Zahnbürste*, jedoch als ein Wort definieren.

Weiterhin besteht die Möglichkeit der Anwendung eines phonetischen Kriteriums zur Definition von ‚Wort'. In einigen Sprachen sind Wörter prinzipiell akzenttragend, können also betont werden. Das Französische kennt aber einen solchen Wortakzent in der Prosodie nicht, es wird vielmehr die letzte Einheit einer *groupe rythmique* betont. Einige Wörter wie unbetonte Pronomen, die einen eigenen Eintrag im Wörterbuch haben und als Klitika bezeichnet werden, tragen in der Regel keinen Akzent.

Sprachwissenschaftlich wird das Wort vor allem aufgrund syntagmatischer Kriterien definiert. Eine Einheit wie *brosse à dents* kann nur mit einem vor- oder nachgestellten Adjektiv qualifiziert werden. Denkbar sind also Syntagmen wie *une nouvelle brosse à dents* oder *une brosse à dents électrique*, nicht aber **une brosse nouvelle à dents*. Das Wort bildet also eine unveränderbare syntagmatische Einheit. Eine so definierte Form wird auch als Lexem bezeichnet. Das Lexem ist eine sprachliche Einheit mit Inhalt und Ausdruck auf der Ebene der *langue*, also des Sprachsystems.

Eine Definition von ‚Wort' als kleinste selbständige Einheit, wie sie Bloomfield (1926) vorgeschlagen hat, trifft jedoch für einige Wortarten wie z.B. Artikel oder Demonstrativpronomen nicht zu, die immer in einer festgelegten Position im Satz erscheinen und daher eben nicht frei sind[15], sie bilden Einheiten wie *la pomme* oder *cette pomme*.

---

[15] Als Gegenargument wurde die Möglichkeit des Einschubs eines Adjektivs zwischen Artikel und Nomen angeführt. So kann man beim Segment *le chien* auch zu *le petit chien* erweitern. Dennoch bleibt die Position vor dem Nomen festgelegt, weshalb der Artikel zusammen mit den Demonstrativpronomen in der strukturalistischen Syntaxanalyse auch in der Wortart der Determinanten zusammengefasst wird.

Pottier (1964, 119; 1967, 17) bezeichnet diese „unités de comportement syntaxique" als Lexien, zu denen er syntaktische Einheiten wie *la plume*, aber auch *machine à laver* oder *prendre le train* zählt. Diese Einheiten sind für ihn nicht Bestandteil des Sprachsystems, der *langue*, sondern der funktionellen Möglichkeiten des individuellen Sprachgebrauchs, der *parole*. Sie gehören also nach Coseriu (1975) zur historischen Norm des Sprachgebrauchs. Durch die Einführung des Begriffs ‚Lexie' wird allerdings das Problem der Abgrenzung von Lexemen und freien syntaktischen Fügungen nicht gelöst, da keine klaren Kriterien gegeben werden (vgl. hierzu Kapitel 2.3).

1.5.3 Allomorphie

Wie bereits dargestellt wurde, sind Neologismen, die mittels der Wortbildung gebildet wurden, komplexe Wörter. Sie lassen sich entsprechend in ihre Bestandteile zerlegen, die jeweils eine eigene Bedeutung bzw. Funktion haben. Das Wort *inacceptable* lässt sich in die drei Bestandteile (Morphe) *in*, *accept* und *able* zerlegen, die auch aus anderen Wörtern bekannt sind: *in/habituel*, *accept/er*, *buv/able*. Aus diesen Vergleichsformen lässt sich auch die Bedeutung bzw. Funktion dieser Einheiten erkennen. So dient das Präfix *in-* dem Ausdruck der Negation, *accept-* hat die lexikalische Bedeutung ‚akzeptieren' und mit dem Suffix *-able* werden deverbale Adjektive gebildet.

Das Präfix *in-* erscheint in Formen wie *inhumain* oder *inacceptable*, der Nasalkonsonant [n] verändert sich aber zu [m] bei *immangeable* oder *immature*, es findet also bei der Präfigierung eine Assimilation des Konsonanten an den Anlaut des folgenden Wortes statt. Das Morph {in} erscheint also kontextabhängig graphisch in den Formen <in> und <im> bzw. phonetisch [in] und [im]. Die beiden Laut- oder Graphemsegmente haben die gleiche Bedeutung bei komplementärer Verteilung, d.h. vor einem mit dem Nasalkonsonanten [m] anlautenden Wort erscheint im Französischen ausschließlich die Form *im-*, der jeweils anderen Form ist diese Position verwehrt. Da beide Morphe aber die gleiche Bedeutung haben, werden sie zu einem Morphem zusammengefasst. Als Morpheme werden nur die im System der Sprache, der *langue*, festgelegten semantischen Einheiten bezeichnet, die in der konkreten Sprachäußerung, der *parole*, in verschiedenen Varianten (den Allomorphen) auftreten können. Die Funktion der präfigierenden Verneinung kann im Französischen durch die Morphe <in> und <im> (sowie <il> vor <l> in *illettré* und *illégal* und <ir> vor <r> in *irréel* und *irrémédiable*) ausgefüllt werden. Da sie zu einem Morphem zusammengefasst werden können, bezeichnet man sie als Allomorphe.

Das Suffix *-ion* (z.B. in *agresser → agression* ‚Angriff, Aggression' und in *déserter → désertion* ‚Fahnenflucht, Desertion') erscheint als *-tion* bei Verben, die auf *-uer* enden (*attribuer → attribution* ‚Zuteilung, Zuweisung', *contribuer → contribution* ‚Beitrag, Anteil'), als *-ition* bei Verben auf *-er* (*répéter → répétition* ‚Wiederholung' und *-ir* (*abolir* → *abolition* ‚Abschaffung, Aufhebung', *démolir* → *démolition* ‚Abbruch', häufig aber auch (unabhängig von der Konjugationsklasse) in der Form *-ation* (*agiter* → *agitation* ‚heftige Bewegung', *unifier* → *unification* ‚Vereinheitlichung'). Sind Allomorphe wie in den oben angeführten Beispielen an bestimmte Wortbildungsmodelle gebunden, liegt eine kombinatorische Allomorphie vor.

In der Wortbildung zeigt sich die Allomorphie u.a. bei der Verwendung zahlreicher gleichbedeutender Suffixe. Zur Bildung denominaler faktitiver Verben stehen u.a. die Suffixe *-ifier* und *-iser* zur Verfügung. Die Auswahl ist jedoch nicht willkürlich, in der Regel ist eine Form lexikalisiert. So wird als Ableitung zu *tunisien* die Form *tunisifier* verwendet, das ebenso mögliche *tunisianiser* ist dagegen sehr selten[16]. Der Grund ist die Wiederholung der Lautgruppe [ni] in *tunisianiser*, die bei *tunisifier* vermieden wird (vgl. Plénat 2015). Eine Vermeidung des Aufeinandertreffens eines betonten [e] mit einem [a] im Hiat liegt in der parallel zu *européanisme* vorliegenden Form *européisme* vor, wobei dann die Reihenbildung mit anderen Formen der Ableitung zu *européen* wie *européaniser* und *européanisation* verlorengeht[17]. Diese Prozesse der lautlichen und graphischen Veränderung werden von der Morphophonologie beschrieben[18].

Neben dieser phonetisch bedingten Allomorphie lassen sich einige Variationen durch eine zusätzliche variationslinguistische Markierung erklären. So finden sich unmarkierte Bildungen von Diminutiven mit den Suffixen *-at, -et, -elette, -eau, -ille, -in, -on,* und *-ot* (etwa in *chêne* → *chêneau, pot* → *potiche*, vgl. hierzu Kapitel 2.1.1), Formen auf *-iche, -oche* und *-uche* (*chien* → *caniche, facile* → *fastoche, pale* → *paluche*) gehören dagegen einem substandardsprachlichen Register an[19].

Neben der von einem bestimmten Register des Französischen abhängigen Allomorphie kann das Aufeinandertreffen mehrerer Morpheme zu einer für das Französische nicht üblichen Lautkombination führen. So wäre bei einer Ableitung von *bijou* mit dem Suffix *-ier* eine Form *[biʒuje] aufgrund des so entstandenen Hiats [uj] nicht

---

16 Eine Stichprobe bei Google ergab [17.3.2016] für *tunisifier* 806 Ergebnisse, während *tunisianiser* 246 mal belegt ist.
17 Der *Petit Robert* bezeichnet beide Formen als synonym, es existieren allerdings auch Versuche einer semantischen Differenzierung, wobei sich das ältere *européanisme* (Erstbeleg 1807) auf die kulturelle Verbundenheit Europas bezieht, während bei *européisme* (zuerst belegt zu Anfang des 20. Jahrhunderts u.a. bei Jules Ferry und Jules Romains) eher die politische Einheit im Mittelpunkt steht.
18 Der Begriff der Morphophonologie wird hier in Anlehnung an die Definition der Prager Schule verwendet, nach der die kombinatorischen Veränderungen bei der Verbindung mehrerer Morpheme untersucht werden. Einen Überblick zu den Modellen der Stämme bei der Wortbildung gibt Thiele (1993, 31). Die Forschungslage zur morphophonologischen Alternation ist für das Französische mehr als dürftig. Einen Überblick zur Problematik des latenten Auslautkonsonanten gibt Apothéloz (2002, 35–48). Auf die wichtigsten Allomorphe wird bei der Besprechung der jeweiligen Formen eingegangen, eine erschöpfende Darstellung ist jedoch im Rahmen dieser Einführung nicht möglich.
19 Hier gibt es auch einige Überschneidungen, argotische Formen wie *caniche* sind in der Regel auch immer pejorativ konnotiert.

denkbar. Entsprechend wird der Konsonant [t] eingeschoben (= Epenthese), es entsteht eine der französischen Phonetik entsprechende Form [biʒutje]. Auch in anderen Ableitungen werden ansonsten stumme Auslautkonsonanten im Prozess der Suffigierung ausgesprochen: *froid* [frwa] → *froidement* [frwadmɑ̃] bisweilen auch verbunden mit einer Auslautverhärtung: *pied* [pje] → *piéton* [pjetɔ̃]. Hier entspricht die Wortbildung dem prosodischen Phänomen des *enchaînement consonantique*, bei dem ein ansonsten nicht realisierter Auslautkonsonant bei folgendem vokalischem Wortanfang ausgesprochen wird (*petit ami* = [pətitami]). Zur Vermeidung eines Hiats kann auch der Endvokal getilgt werden, was im Vergleich zum epenthetischen Einschub jedoch relativ selten ist: *moto* → *motard*, *Canada* → *canadien*.

Wenn kein latent vorhandener Auslautkonsonant vorhanden ist, kann auch ein (relativ beliebiger) Konsonant epenthetisch eingeschoben werden: *abri* → *abriter*, *banlieue* → *banlieusard*. Plénat (2015, 949) hat in einer empirischen Untersuchung bei Google das Aufeinandertreffen zweier Vokale und die damit verbundene Vermeidung der Entstehung eines Hiats durch das Einfügen eines epenthetischen Konsonanten bei der Derivation der Lexeme *gaga*, *bébé*, *neuneu* und *bobo* untersucht und ist dabei zu folgenden Ergebnissen gekommen:

Tab. 1: Plénat 2015

	-s-ité	-t-ité	-s-isme	-t-isme	-s-esque	-t-esque	-s-itude	-t-itude
gaga	0	0	0	2690	0	353	9	960
bébé	1	0	0	25	0	50	0	40
neuneu	46	0	1	307	0	57	4	1680
bobo	7	0	0	215	0	32	8	554

Bei der Suffigierung mit *-ité* überwiegt der Einschub eines <s>, während bei der Suffigierung mit *-isme*, *-esque* und *-itude* deutlich der Einschub eines <t> bevorzugt wird. Bei noch nicht endgültig lexikalisierten Formen ist also offenbar die Wahl der vom System vorgegebenen Möglichkeiten offen, erst im Laufe der Sprachgeschichte etabliert sich eine Bildungsweise und blockiert somit die anderen Optionen.

Weitere Veränderungen des Stamms beruhen auf Gesetzen des historischen Lautwandels. So geht die Allomorphie bei auf [o] auslautenden Substantiven, die in Ableitungen eine Endung auf [ɛl] aufweisen (*couteau* → *coutelier* ‚Messerschmied', *chapeau* → *chapelier* ‚Hutmacher', *museau* → *muselière* ‚Maulkorb') auf die dem Stamm zugrundeliegende auf [l] auslautende ältere Form (*coutel*, *chapel*, *musel*) zurück. Im Verb *ajourner* zeigt sich ein auf die altfranzösische Form *journ* zurückgehender Stamm, die Ableitung wurde entsprechend bereits in einer sehr frühen Sprachepoche gebildet.

Eine reine phonologische Erklärung ist nicht immer möglich, da zahlreiche Prozesse der Alternanz ausschließlich sprachhistorisch begründet sind. So lässt sich die Allomorphie von {paix} und {pac} bei der Verbalableitung *pacifier* ‚befrieden' nur aus der lateinischen Form *pacificare* erklären. Ebenso herleitbar sind Formen wie *mois* → *mensuel* ‚monatlich' (lat. *mensualis*), *ciel* → *céleste* ‚himmlisch' (lat. *cœlestis*), *poil* → *pileux* ‚behaart' (lat. *pilosus*). Bei *répertoire* → *répertorier* ‚in ein Register aufnehmen, erfassen' wurde auf das lateinische *repertorium* als Stamm zurückgegriffen. Auf diese Mischung gelehrter und volkstümlicher Formen wird in Kapitel 1.7.4 eingegangen.

Besonders problematisch ist die Allomorphie von Eigennamen (hier insbesondere Orts- und Ländernamen) als Stamm. Aufgrund historischer Umbenennungen oder phonetischer Veränderungen differieren hier der heutige Name und der Stamm der Ableitung bisweilen erheblich. So bezeichnet man die Einwohner von *Besançon* als *bisontins* und von *Saint-Brieuc* als *briochins* (vgl. hierzu Schweickard 1992, eine Liste gibt der *RobertBrio* im Anhang *Liste de noms propres avec les noms communs et adjectifs correspondants*).

Zusammenfassen lassen sich die häufigsten Formen der Stammallomorphie folgendermaßen (zur Allomorphie als Alternation zwischen gelehrten und volkstümlichen Stämmen vgl. Kapitel 1.7):

1. Entnasalierung des Endkonsonanten: *assassin* [asasɛ̃] → *assassiner* [asasine], *charlatan* [ʃarlatɑ̃] → *charlatanerie* [ʃarlatanri], *crétin* [kretɛ̃] → *crétinerie* [kretinri], *vin* [vɛ̃] → *vinique* [vinik], *paysan* [peizɑ̃] → *paysannerie* [peizanri].
2. Sonorisierung des Endkonsonanten: *actif* [aktif] → *activer* [aktive], *anis* [anis] → *anisique* [anizik], *collectif* [kɔlɛktif] → *collectiviser* [kɔlɛktivise].
3. Aussprache eines nur noch graphisch realisierten Auslautkonsonanten: *bois* [bwa] → *boiserie* [bwazri], *fusil* [fyzi] → *fusillade* [fyzijad], *plomb* [plɔ̃] → *plomberie* [plɔ̃bri].
4. Einschub eines epenthetischen Konsonanten: *abri* [abri] → *abriter* [abrite], *bijou* [biʒu] → *bijoutier* [biʒutje], *tuyau* [tɥijo] → *tuyauterie* [tɥijotri].
5. Tilgung des Auslauts: *Canada* [kanada] → *canadien* [kanadjɛ̃], *étourdi* [eturdi] → *étourderie* [eturdəri], *faubourg* [fobur] → *faubourien* [foburjɛ̃], *panorama* [panorama] → *panoramique* [panoramik], *velours* [vəlur] → *velouté* [vəlute].
6. Veränderungen des betonten Vokals im Stamm: [œ] → [ɔ]: *fleur* [flœr] → *floral* [floral], *heure* [œr] → *horaire* [orɛr], [ɛ] → [a]: *clair* [klɛr] → *clarté* [klarte], *mer* [mɛr] → *marin* [marɛ̃], [ɛ̃] → [a] : *main* [mɛ̃] → *manuel* [manyɛl], *faim* [fɛ̃] → *affamé* [afame], [wa] → [ɔ]: *gloire* [glwar] → *glorieux* [glorjø], *histoire* [istwar] → *historique* [istorik].

Allomorphien lassen sich am besten im Rahmen der Optimalitätstheorie beschreiben (zur Optimalitätstheorie in der Wortbildung vgl. Raffelsiefen 2015). Hier wird davon ausgegangen, dass eine im Lexikon der Sprache festgelegte Ausgangsform möglichst unverändert im konkreten Sprechakt realisiert wird (Treuebeschränkung oder *faithfulness-constraint*). Dem gegenüber stehen aber Restriktionen des Gebrauchs, die sich

aus den zumeist phonetischen Regeln ergeben (Markiertheitsbeschränkung oder *markedness-constraint*). Folgende Grundregeln gelten als Treuebeschränkungen für die Ausgangsform, den sogenannten Input:
- MAX-IO: jedem Segment in der Eingabeform (Input) muss ein Segment in der Ausgabeform (Output) entsprechen. Die Eingabeform ist in der Ausgabeform maximal vertreten, es darf kein Segment elidiert werden.
- DEP-IO: jedem Segment in der Ausgabeform O muss ein Segment in der Eingabeform I entsprechen. Die Ausgabeform ist von der Eingabeform komplett abhängig, es darf kein Segment eingefügt werden.
- IDENT(F): ein Segment in der Eingabeform ist identisch mit dem entsprechenden Segment in der Ausgabeform, es darf kein Segment verändert werden.

Für die tatsächlich realisierte Form (Output) gibt es dagegen zahlreiche einzelsprachliche Regeln, die beachtet werden müssen, um eine dem Sprachsystem entsprechende Form zu erreichen. Wie oben dargestellt, entspricht eine Form wie *[biʒuje] zwar den Treuebeschränkungen, da hier die Ausgangsformen [biʒu] und [je] unverändert erscheinen, aufgrund einer übergeordneten phonetischen Regel des Französischen (Vermeidung des Hiats) wird allerdings die Form [biʒutje] realisiert. Tabellarisch lässt sich dies folgendermaßen darstellen (* bedeutet, dass die Regel eingehalten wurde):

Tab. 2: Optimalitätstheorie

	MAX-IO	DEP-IO	IDENT(F)
biʒuje	*	*	*
☞ biʒutje	*		*

Die tatsächlich realisierte Form [biʒutje] verstößt also gegen das DEP-IO Gesetz der Treuebeschränkungen, wird aufgrund der phonetischen Grundregeln des Französischen aber vorgezogen.

Ein ähnliches Phänomen lässt sich bei der adjektivischen Ableitung zum Eigennamen *Sarkozy* mit dem Suffix *-ien* feststellen. Einige Belege zeigen einen unveränderten Stamm in *sarkozyen*, durchgesetzt hat sich allerdings die Form *sarkozien* unter Beibehaltung des Suffixes *-ien* mit Verkürzung des Stamms um <y>, es wurde also MAX-IO verletzt. Es findet sich aber auch die Form *sarkozyien*, die sowohl dem Prinzip MAX-IO als auch DEP-IO und IDENT(F) entspricht, aber sehr selten ist und die Form *sarkosien*, in der der Stamm zudem graphisch verändert wurde und die nur DEP-IO erfüllt.

Tab. 3: Ableitungen zu Sarkozy in der Optimalitätstheorie

	MAX-IO	DEP-IO	IDENT(F)
sarkozien		*	*
sarkozyien	*	*	*
sarkozyen		*	*
sarkosien		*	

1.5.4 Wurzel, Stamm, Basis und *racine*

In der morphologischen Analyse wird die Sequenz, die bei der Abtrennung des zuletzt hinzugefügten Morphems verbleibt, als Stamm bezeichnet. Eine Form wie *décentralisation* besteht aus den Morphemen {dé} {centr} {al} {is} und {ation}, die Basis wäre hier die mit dem reihenbildenden Suffix *-ation* gebildete Form *décentralis-* zum Verb *décentraliser* (mit der Flexionsendung *-er*). Bei Abtrennung des Präfixes *dé-* verbleibt *centraliser*, das wiederum auf das Adjektiv *central* zurückgeführt werden kann, das aus dem Nomen *centre* gebildet wurde. Dieses zuletzt verbleibende und nicht weiter segmentierbare Morphem wird als Wurzel bezeichnet. Wenn ein Wort eine Flexionsendung hat wie *décentraliser*, bezeichnet man als Stamm den nach der Abtrennung der Endung (hier der Flexionsendung) verbleibenden Teil, hier also *décentralis-*[20]. Graphisch lässt sich diese Ableitung folgendermaßen darstellen:

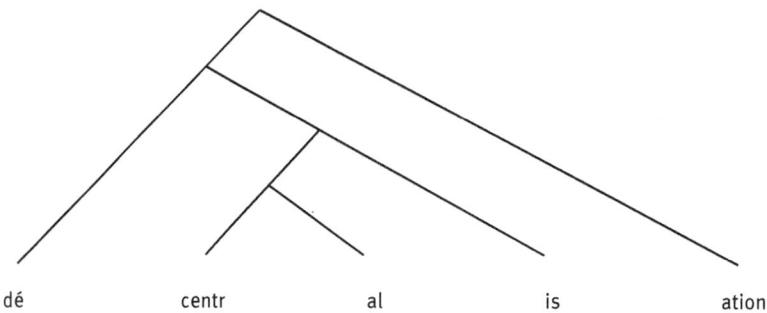

---

[20] Schpak-Dolt (2016, 37) führt als weitere Kategorie den Begriff Radikal ein, mit dem der Stamm unter Abtrennung einer Stammerweiterung bezeichnet wird, etwa *pun-* bei der Verbform *punissons*.

Angenommen wurde eine Präfigierung des Verbs *centraliser* mit dem Präfix *dé-*, bevor durch die Suffigierung mit *-ation* ein Nomen entstand. Parallel erhält man die folgende Darstellung, wenn man die Substantivierung des Verbs vor der Präfigierung ansetzt (also *centralisation* → *décentralisation*):

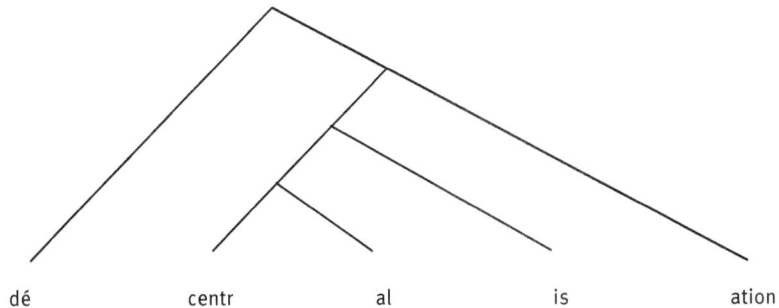

Der Stamm muss nicht immer der Vollform der Ausgangswortart entsprechen. So kann in manchen Fällen auch ein Suffixaustausch stattfinden. Das Adjektiv *réticent* ‚reserviert, zögernd' geht auf das Substantiv *réticence* zurück. Morphologisch handelt es sich aber sowohl bei *réticent* als auch *réticence* um komplexe Formen, die in {rétic} {ent} und {rétic} {ence} segmentiert werden können. Stamm ist also für beide Formen {rétic}, ein Verb *réticer existiert allerdings nicht.

Einige Formen wie *respirer* lassen sich synchron zwar in die Morpheme {re} {spir} und {er} zerlegen, die Basis {spir} entspricht jedoch keinem in der heutigen Sprache belegten Lexem, findet sich aber z.B. auch in *conspirer* und lässt sich auf das lateinische *spirare* zurückführen. In der französischen Sprachwissenschaft wird dieses synchron nicht belegte gebundene lexikalische Morphem als *racine* oder *ligalexe* (u.a. bei Jonasson/Kronning 2001, 535) bezeichnet. Sie sind häufig gelehrten Ursprungs bzw. wurden aus anderen Sprachen entlehnt (etwa bei den mit *-ing* suffigierten Formen wie *canyoning* oder *marketing*, deren Stämme *canyon-* und *market-* im Französischen nicht belegt sind). Wenn man eine Form wie *mondain* morphologisch zerlegt, erhält man eine Wurzel der Form {mond} verbunden mit einem Suffix {ain}. Das Suffix *-ain* findet sich reihenbildend u.a. auch in den Adjektiven *africain*, *certain* und *humain*, bei denen man wiederum die reihenbildenden Wurzeln {afric}, {cert} und {hum} erhält. Es wäre aber nicht sinnvoll, eine Form wie *soudain* in {soud} und {ain} zu segmentieren. Es liegt hier eine mit dem Suffix *-ain* homophone Wortendung vor.

Eine genaue Abgrenzung von Stamm und Endung ist nicht immer eindeutig möglich. So kann bei der Suffigierung mit *-ion* (*agresser* → *agression*) eine Alternation mit den Formen *-tion* (*attribuer* → *attribution*), *-ation* (*convoquer* → *convocation*) und *-ition* (*démolir* → *démolition*) festgestellt werden. Man könnte hier also eine Allomorphie der Wortbildungssuffixe annehmen, aber auch eine Allomorphie des Stammes. Es wäre also eine morphologische Analyse - parallel zu {agress} {ion} - von {attribut} {ion}, {convocat} {ion} und {démolit} {ion} vorzunehmen, was zu einer erhöhten Allomorphie des Stamms führt. Es hat sich aber durchgesetzt, eher eine phonetisch oder morphologisch bedingte Alternation des Suffixes anzunehmen, da so die Beschreibung ökonomischer wird.

1.6 Wortbildungsmuster des Französischen (Überblick)

Neben einfachen, nicht zusammengesetzten Wörtern (auch Simplizia genannt, im Singular Simplex) gibt es im Französischen Wörter, die aus mehreren Morphemen bestehen. Verbindungen, die aus einem freien Morphem und einem gebundenen Morphem bestehen, nennt u.a. Wunderli (1989, 77) Derivativa. Zusammensetzungen aus zwei (oder mehr) freien lexikalischen Morphemen wie *machine à écrire* nennt man dagegen Komposita. In der folgenden Tabelle werden die grundlegenden Wortbildungsmuster des Französischen zusammengefasst:

Tab. 4: Wortbildungsmuster

Wortbildungsmuster	erste Konstituente	zweite Konstituente	Beispiele
Komposition	Wurzelmorphem	Wurzelmorphem	cigarette-filtre, wagon-lit
Präfigierung	gebundenes lexikalisches Morphem	freies lexikalisches Morphem	anti-européen, refaire
Suffigierung	freies lexikalisches Morphem	gebundenes grammatisches/ lexikalisches Morphem	coiffeur, lavage

Die Komposition vereinigt zwei Wurzelmorpheme zu einem neuen Lexem. In der Regel handelt es sich hierbei um freie lexikalische Morpheme, es können aber auch gebundene Formen auftreten (etwa bei *franco-allemand*). Es besteht daher ein fließender Übergang zur Präfigierung und Suffigierung, bei der ein gebundenes Morphem mit einem freien lexikalischen Morphem verbunden wird. Neben diesen Formen der Wortbildung existieren noch diverse andere Möglichkeiten wie die Wortverschmelzung, die Kurzwortbildung sowie die Wortkürzung, die in Kapitel 2.4 behandelt werden.

1.6.1 Affixtypen

Affixe werden nach ihrer Position in Bezug auf die Basis klassifiziert. Präfixe stehen vor dem Stamm, den sie semantisch modifizieren. Suffixe stehen dagegen hinter dem

Stamm (terminologisch wäre als Äquivalent zu Präfix eigentlich der Terminus *Postfix zu erwarten). Neben diesen beiden Affixtypen gibt es noch im Französischen seltene Infixe, die vor allem bei Verben zwischen dem Stamm und der Flexionsendung „eingeschoben" werden (*chanter* → *chant/onn/er*). Wunderli (1989, 77) bezeichnet Formen wie -*onner* als komplexe Suffixe, bei Schpak-Dolt (2016) fehlt die Kategorie vollständig. Suffixe können die syntaktische Kategorie eines Wortes verändern: ₐdⱼ*étrange* → ₐdᵥ*étrangement*, ₙ*volcan* → ₐdⱼ*volcanique*. Sie können aber auch den Stämmen eine stilistische oder semantische Information hinzufügen: *fille* → *fillette* (+ Merkmal ‚klein'), *pierre* → *pierraille* (+ Merkmal ‚Menge'), *jaune* → *jaunâtre* (+ Merkmal ‚annähernd, approximativ'). In der Regel verbindet sich allerdings eine semantische mit einer kategoriellen Veränderung. So wird beispielsweise durch die Suffigierung mit -*ier* nicht nur ein Verb zum Substantiv, sondern es erfolgt auch eine Zuordnung zur Klasse der Nomina agentis (*calculer* → *calculateur* ‚Rechner', *coiffer* → *coiffeur* ‚Friseur').

Einige Affixe sind nicht französischen Ursprungs, sondern wurden aus anderen Sprachen entlehnt. Diese Formen wurden als Affixoide bezeichnet, die wiederum nach ihrer Position in Präfixoide und Suffixoide unterschieden werden (etwa die Suffixe -*icide* oder -*ivore* in *fratricide* ‚brudermörderisch' und *carnivore* ‚fleischfressend'). Da Affixoide bisweilen auch miteinander kombiniert werden können und so neue Formen bilden, somit der Definition des Affixes nicht mehr entsprechen, hat Martinet (1979, 20) hier den Terminus *confixe* eingeführt (zur Problematik der Abgrenzung von Affixen und Affixoiden vgl. Kapitel 2.3.5).

Bisweilen finden sich Suffixketten, also die Kombination mehrerer Suffixe. So weist eine Form wie *nationalisation* eine dreifache Suffigierung auf. Zunächst wurde aus dem Substantiv *nation* durch das Suffix -*al* ein Adjektiv, das wiederum durch eine Suffigierung mit -*is(er)* zum Verb wurde und schließlich mit dem Suffix -*ation* wieder in die Wortart Substantiv überführt wurde. Verbunden mit einer Präfigierung ist eine Kette wie {con} {stitu} {tion} {el}: *constitution* → *constitutionnel* → *constitutionnellement* → *anticonstitutionnellement*. Eine Viererkette liegt bei *désensibilisation* (*sens* → *sensible* → *sensibiliser* → *désensibiliser* → *désensibilisation*) vor.

Solche Dreier- oder Viererketten sind im Französischen aber relativ selten und gehen an die Grenze der Akzeptabilität. Häufig treten dagegen bei der Suffigierung Zweierketten auf. In der Regel handelt es sich hierbei um Formen mit einem Wortartwechsel. Die Reihenfolge erklärt sich einerseits aus der historischen Entwicklung, scheint aber darüber hinaus auch im Sprachsystem festgelegt.

1.6.2 Konversion, Nullsuffigierung, Rückbildung

Wie bereits dargestellt wurde, erfolgt der Wortartwechsel durch Suffigierung. Ein aus einem Verb abgeleitetes Nomen *coiffer* v.tr. → *coiffure* f. erscheint dann in der folgenden Form, wobei X für den Verbstamm mit abgetrennter Flexionsendung steht:

$$_V[X] \rightarrow {}_N[_V[X] + [ure]]$$

Zu den Nomina actionis wie *coiffure* gehört auch das Substantiv *travail*, das vom Verb *travailler* abgeleitet wurde. Wenn man davon ausgehen kann, dass alle Nomina actionis, bei denen ein entsprechendes Verb vorliegt, deverbal entstanden sind, ist *travail* aus *travailler* abgeleitet. Morphologisch kann dies folgendermaßen dargestellt werden:

$$_V[X] {}_{FE}[er] \rightarrow {}_N[_V[X] + [\emptyset]]$$

Hier spricht man von einer *dérivation régressive*, also einer Transposition (Wortartwechsel) durch den Wegfall der Flexionsendung des Verbs. Diese Form der Wortbildung kann bei zahlreichen französischen Substantiven angenommen werden: *douter* → *le doute* ‚Zweifel', *casser* → *la casse* ‚Zerschlagen, Zerbrechen', *fouiller* → *la fouille* ‚Ausgrabung'.

Von der *dérivation régressive* zu unterscheiden sind Formen des Wortartwechsels vom Verb zum Nomen unter Beibehaltung der Flexionsendung: *déjeuner* v.tr. → *le déjeuner* oder *manger* v.tr. → *le manger*. Hier liegt eine *dérivation zéro* (Nullsuffigierung) vor, d.h. beide Wortarten unterscheiden sich formal nicht. Der Wortartwechsel durch eine Nullsuffigierung unterliegt im Französischen kaum Restriktionen und ist grundsätzlich mit jedem Verb möglich, einzig die Formen, die auf eine *dérivation régressive* zurückzuführen sind, können nicht erneut substantiviert werden: *casser* → **le casser*, *fouiller* → **le fouiller*.

Einige durch Nullsuffigierung entstandene deverbale Substantive lassen sich nicht auf den Infinitiv zurückführen. So kann das Substantiv *espoir* aus lautlichen Gründen nicht von *espérer* abstammen; die Form ist nicht vom Infinitiv, sondern von der Singularform der ersten bis dritten Person abgeleitet, dabei bleibt jedoch noch bei den heutigen Substantiven die Stammabstufung des altfranzösischen Verbs sichtbar (afrz. *j'espoir* → nfrz. *espoir*, afrz. *j'aveux* → nfrz. *l'aveu*).

Bei Wörtern wie *la place* und *la base* handelt es sich nicht um eine Ableitungsrichtung Verb → Nomen, da es sich hier nicht um Verbalabstrakta, sondern um Ortsbezeichnungen handelt: das Ergebnis von *placer* wäre *le placement*, nicht *la place*. Es ist also davon auszugehen, dass *placer* vom bereits existierenden Nomen *la place* und *baser* vom Nomen *la base* abgeleitet wurde, es sich also um denominale Verben handelt.

Häufig wird bei der Klassifizierung der Derivationsrichtung auf logische Kriterien zurückgegriffen. So wird *scier* ‚sägen' von *scie* ‚Säge' abgeleitet (*scie* → *scier*), weil man für die Umschreibung der Bedeutung das Instrument erwähnen muss; *scier* ist entsprechend ‚travailler avec une scie', es handelt sich also um ein denominales Verb. Umgekehrt benötigt man für die Definition von *pincer* ‚kneifen' das Nomen *pince* ‚Zange' (*pincer* → *pince*), hier liegt ein deverbales Substantiv vor (vgl. Wandruszka 1976, 61). Allerdings liegen auch Paare wie *chant/chanter* vor, die in beide Richtungen definiert werden können, bei denen also auch eine logische Vorgehensweise das Problem der Ableitungsrichtung nicht löst.

Rückbildungen können auch bei anderen Wortarten auftreten. So wurde vom Substantiv *analphabète* durch Abtrennung des Negationspräfixes *an-* die Form *alphabète* ‚des Lesens und Schreibens Kundiger' gebildet, *intendant* wird durch Abtrennung des Präfixes *sur-* von *surintendant* ‚Oberintendant' abgeleitet. Ebenso ist *diplomatique* kein denominales Adjektiv zu *diplomate*, da hier sprachhistorisch das Adjektiv zuerst belegt ist (als Entlehnung aus dem Lateinischen *diplomaticus*), das Nomen also als Rückbildung unter Abtrennung des Suffixes *-ique* entstanden ist. Die Ableitungsrichtung ist also hier *diplomatique* → *diplomate*. Diese Fälle sind allerdings sehr selten und lassen sich synchron nicht entscheiden.

Häufig finden sich im Deutschen die Termini Nullsuffigierung und Konversion synonym gebraucht, ebenso werden im Französischen *dérivation impropre*, *dérivation zéro* und *dérivation implicite* ebenso wie *conversion* ohne weitere Differenzierung verwendet. Bisweilen wird für den Vorgang des Wortartwechsels ohne erkennbare Suffigierung nach der Syntaxtheorie von Lucien Tesnière auch der Terminus *translation* verwendet (vgl. hierzu Guillet 1971, 47; Kerleroux 1996; Kiefer 2011; Marzo/Umbreit 2013; Thiele 1985, 24; Wandruszka 1976, 39; Wunderli 1989, 99-112; zur Diskussion vgl. Corbin 1987, 532s.).

1.6.3 Produktivität und Durchsichtigkeit

Die Bildung von Neologismen beruht auf der Anwendung von Wortbildungsmodellen. Jedoch wird nicht jede potentiell mögliche Form der Wortbildung genutzt, es bestehen zahlreiche Restriktionen, die sich aus etymologischen, phonetischen oder semantischen Gesetzmäßigkeiten ergeben oder auf sonstigen sprachlichen Konventionen beruhen[21]. Die Bildung syntagmatischer Komposita wie *machine à écrire* unterliegt nur syntaktischen Regeln, die Möglichkeiten der Wortbildung sind hier also durch das System der Sprache nicht beschränkt (jegliche Funktion eines Werkzeugs kann durch das Anhängen eines Verbs in Verbindung mit der Präposition *à* ausgedrückt werden, vgl. hierzu Kapitel 2.3). Ebenso können im Französischen Adjektive auf *-able* mit nahezu jedem Verb als Stamm gebildet werden: *manger* → *mangeable* ‚essbar', *boire* → *buvable* ‚trinkbar', *faire* → *faisable* ‚machbar' (zur Produktivität vgl.

---

[21] Eine systematische Untersuchung der in der französischen Wortbildung wirksamen Restriktionen liegt bisher noch nicht vor, Ansätze bietet Dubois 1999.

Corbin 1997, Gaeta/Ricca 2015, Kastovsky 1986, Koefold/van Marle 2000 sowie Zwanenburg 1982)[22].

Zum Ausdruck der Negation durch Präfigierung bei einem Adjektiv wie *beau* kann jedoch keine Form **non-beau* oder **in-beau* (im Gegensatz etwa zu *non-croyant* oder *indiscret*) gebildet werden. Für dieses Konzept liegt eine andere lexikalische Form vor, nämlich *laid*. Es besteht also keine Notwendigkeit, die Möglichkeit der präfigierenden Wortbildung zu nutzen. Im Bereich der Suffigierung kann von einem denominalen Adjektiv wieder ein Nomen gebildet werden, wenn dieser Neologismus einem neuen Konzept entspricht: $_N$*danger* → $_{Adj}$*dangereux* → $_N$*dangereusité* ‚Gefährlichkeit'. Bei $_N$*aventure* → $_{Adj}$*aventureux* → $_N$**aventureusité* ist dies jedoch nicht möglich, da die Semantik der mit *-ité* suffgierten Form der des dem Adjektiv zugrundeliegenden Nomens entspricht, es also auch hier keine Notwendigkeit zur Bildung eines Neologismus gibt.

Darüber hinaus finden sich bei der Wortbildung auch Formen der semantischen Differenzierung, die die Auswahl der jeweiligen Wortbildungsmorpheme bestimmen. Bei der Verneinung mit *non-* finden sich zahlreiche konkurrierende Formen mit anderen Präfixen, die ebenfalls die Negation ausdrücken. Jedoch lässt sich hier eine semantische Differenzierung feststellen: so steht *non-religieux* in Konkurrenz zu *irreligieux*, bei der Form *irreligieux* tritt jedoch eine wertende Komponente hinzu. Bildungen mit *dis-* bezeichnen die Trennung bzw. räumliche Entfernung (*disjoindre*), den Mangel (*dissemblable*) oder können eine intensivierende Funktion haben (*distendre*). Diese Formen sind schon seit einiger Zeit im Französischen nachgewiesen, neuere Bildungen mit *dis-* lassen sich im heutigen Französisch jedoch nicht belegen. Mit *in-* präfigierte Formen sind vor allem Latinismen, so stammt das französische *indécent* vom lateinischen *indecens* ab, das Präfix ist aber im heutigen Französisch zur Verneinung von Adjektiven sehr produktiv, zur Verneinung von Substantiven wird jedoch zumeist *non-* verwendet (*non-agression*, *non-conformisme*). Gänzlich unproduktiv ist das Präfix *sé-* (*sélection* ‚Auswahl', *ségrégation* ‚Absonderung'). Jedoch können solche Bildungen durchaus als komplexe Formen verstanden werden, sofern die einzelnen Bestandteile noch verstanden werden, die Form also noch in Morpheme zerlegbar ist.

Es existieren also bestimmte Einschränkungen bei der Bildung von Neologismen, die die Produktivität von Wortbildungsmustern begrenzen. Wenn man die grundsätzliche Möglichkeit der Bildung eines Neologismus mit den entsprechenden phonologischen und morphologischen Restriktionen im System der Sprache, der *langue*, angelegt sieht, ist die Produktivität (also die Nutzung dieser Möglichkeiten) ein Phänomen der konkreten Sprachverwendung, der *parole*. Ein Wort wie *non-mangeable* ist im System der französischen Sprache möglich. In der konkreten Sprachverwendung liegen aber für die Bedeutung ‚nicht essbar' die Formen *immangeable* oder (im fachsprachlichen

---

[22] Monneret (2014, 103) lehnt eine Segmentierung von *potable* in {pot} und {able} ab, da {pot} als Stamm nicht reihenbildend ist.

Kontext) *non-comestible* vor. Hier spricht man von lexikalisierten Wörtern. Die Bildung von Diminutiven mit *-eau* ist unproduktiv, es können keine neuen Formen gebildet werden. Der Wortschatz bleibt hier auf die bereits existierenden Formen (*chevreau* ‚Zicklein', *lionceau* ‚kleiner Löwe') beschränkt. Das Suffix *-ette* zur Bildung von Diminutiven ist dagegen produktiv (*affichette* ‚kleines Plakat', *maisonnette* ‚kleines Haus'), es können immer wieder neue Formen zur Wortschatzerweiterung gebildet werden.

Ein weiterer Grund für die Produktivität bestimmter Wortbildungsmuster besteht in der Analogie. Wenn eine Form x in einer Ableitung vorliegt, ist es möglich, parallel dazu eine weitere Form y zu bilden. Das Prinzip der Analogie ist vor allem in der Diachronie relevant. So lässt sich die Bildung von *oléoduc* ‚Ölleitung' als Analogie zu anderen mit der Form *-duc* gebildeten Formen (*aqueduc, gazoduc, viaduc*) erklären.

Neben der rein quantitativen Messung der Produktivität eines Wortbildungsmusters, also der Zahl der Neologismen, die in einem bestimmten Zeitraum gebildet werden können, und der Lexikalisierung ist sprachwissenschaftlich noch die Möglichkeit der Kombination mit verschiedenen Wortarten von Interesse. So lassen sich mit dem Suffix *-ite* ausschließlich Ableitungen mit nominaler Basis bilden (*appendice → appendicite* ‚Blinddarmentzündung', *méninge → méningite* ‚Hirnhautentzündung'), während das Suffix *-ité* vor allem an Adjektive angefügt wird (*absurde → absurdité* ‚Widersinn', *familier → familiarité* ‚Vertrautheit').

Produktiv sind Wortbildungsmuster, die bevorzugt zur Bildung von Neologismen herangezogen werden und wenigen Restriktionen unterliegen. Die Nutzung kaum produktiver Wortbildungsmuster kann aber charakteristisch für ein bestimmtes Register des Französischen sein, entsprechend muss man die Wortbildung variationslinguistisch der Norm der Sprache als Form des situationsadäquaten Ausdrucks zurechnen. Umgekehrt entspricht die Vermeidung des Gebrauchs neuer Wortformen einer sprachpuristischen Grundeinstellung. So hat Uta Helfrich in ihrer Studie *Neologismen auf dem Prüfstand* (Helfrich 1995) die Akzeptanz der Neubildungen in der Sprachgemeinschaft untersucht. Sie kommt u.a. zu dem Ergebnis, dass ein Neologismus umso leichter akzeptiert und somit lexikalisiert wird, je durchsichtiger seine semantische Struktur ist (zur Akzeptanz von Neologismen vgl. Pruvost/Sablayrolles 2016).

Die Produktivität hängt also eng mit der Durchsichtigkeit der Bildung zusammen. Hausmann (2005, 9) bezeichnet alle abgeleiteten Wörter, Internationalismen und die meisten Kollokationen als durchsichtig. Opak (nicht durchsichtig) sind dagegen „alle nicht konstruierten Wörter, die nicht Internationalismen sind [sowie] die meisten Redewendungen des Typs *prendre la mouche* ‚einschnappen'". Eine Form wie *fourchette* geht zwar auf eine Diminutivbildung mit dem Suffix *-ette* zurück, wird aber nicht mehr als *petite fourche* ‚kleine Gabel' interpretiert. Ebensowenig wird *déjeuner* auf *romper le jeûne* ‚das Fasten brechen' zurückgeführt.

Das Konzept der Durchsichtigkeit beruht auf der hypothetischen Sprachkompetenz eines durchschnittlichen muttersprachlichen Sprechers. Diese Hypothese sollte durch empirische Studien belegt werden. Nach Monneret (2014, 103) sehen 90% der Sprecher keinen Zusammenhang zwischen *exalter* ‚leidenschaftlich erregen' und *altitude* ‚Höhe', führen die beiden Formen morphologisch also nicht auf ein gemeinsames Morphem {alt} zurück. Im *RobertBrio* wird das Morphem {alt} mit der Bedeutung ‚hoch' jedoch nicht nur bei *exalter* und *altitude*, sondern auch in *altesse* ‚Hoheit', *altier* ‚hochmütig', *altimètre* ‚Höhenmesser', *altiport* ‚Landeplatz im Hochgebirge' und den von *exalter* abgeleiteten *exaltant* ‚begeisternd', *exalté* ‚überschwenglich' und *exaltation* ‚Begeisterung' aufgeführt. Die verbleibenden 10% der Muttersprachler würden hier jedoch eine abweichende morphologische Analyse vornehmen.

Einige zusammengesetzte Wörter erscheinen in ihrer Form zwar noch motiviert, lassen sich also in ihre Morpheme zerlegen, das Wortbildungsmuster ist allerdings nicht mehr produktiv. Wunderli (1989, 76) nennt diese Wortbildungsmuster vital. So lässt sich das Nomen *bêtise* leicht auf das Adjektiv *bête*, suffigiert mit dem Suffix *-ise*, zurückführen. Auch andere Adjektive wie *franc* → *franchise* ‚Offenheit', *gourmand* → *gourmandise* ‚Völlerei' und *vantard* → *vantardise* ‚Prahlerei' wurden ebenfalls mit *-ise* suffigiert, dennoch ist eine Suffigierung eines Adjektivs wie *intelligent* → **intelligentise* heute nicht mehr möglich, da bereits das Nomen *intelligence* existiert. Andere Formen der Suffigierung sind gänzlich undurchsichtig. Die morphologische Analyse muss sich hier auf durchsichtige Formen der Wortbildung beschränken. André Martinet (1970, 135) hat darauf hingewiesen, dass es in einer synchronen Untersuchung nicht sinnvoll wäre, eine Form wie *avalanche* in die Morpheme {aval} und {anche} zu segmentieren, hier also eine deverbale Nominalisierung auf der Basis des Verbs *avaler* ‚zu Tal gehen' anzusetzen, da sich die semantische Beziehung nur aus der Etymologie ergibt und synchron nicht mehr ersichtlich ist[23]. Ebenso würde man eine Form wie *charcuterie* nicht als Kompositum aus *chair* und *cuite* verstehen, *barricade* wird nicht mehr auf das zugrundeliegende Verb *barriquer* zurückgeführt (zur Suppletion vgl. Mel'čuk 2000 und Schwarze 1970).

1.6.4 Motivation

Nach Ferdinand de Saussure sind komplexe Wörter im Gegensatz zu Simplizia nicht absolut arbiträr, da ihre Bedeutung sich aus der Semantik der einzelnen Bestandteile

---

23 Heute wird *avaler* ausschließlich in der Bedeutung ‚verschlingen' verwendet, eine Zurückführung auf ‚in das Tal gehen' ist also nicht möglich.

erschließen lässt. Das komplexe sprachliche Zeichen ist also aufgrund seiner morphologisch-semantischen Struktur, die dem System der Sprache entspricht, motiviert.

> Le principe fondamental de l'arbitraire du signe n'empêche pas de distinguer dans chaque langue ce qui est radicalement arbitraire, c'est-à-dire immotivé, de ce qui ne l'est que relativement. Une partie seulement des signes est absolument arbitraire; chez d'autres intervient un phénomène qui permet de reconnaître des degrés dans l'arbitraire sans le supprimer: le signe peut être relativement motivé (Saussure 2013, 180s.).

Eine Form wie *poirier*, die de Saussure an dieser Stelle als Beispiel anführt, ist insofern durchsichtig, als der Sprachverwender hier eine Zusammensetzung des lexikalischen Morphems *poire* mit dem reihenbildenden Suffix *-ier* (in *cerisier* ‚Kirschbaum' und *pommier* ‚Apfelbaum') erkennt und die Bedeutung der Form erschließt (zur Motivation vgl. Ernst 1981, Holeš 2001, Marzo 2015 und Marzo/Rube/Umbreit 2011). Das Wort *oreille* geht auf das lateinische *auriculum* zurück, das wiederum eine Diminutivform von *auris* ist. Im Laufe der Sprachgeschichte ist jedoch die diminutivische Funktion des Suffixes *-ulum* verschwunden, die Form wurde nun für alle Ohren jeglicher Größe verwendet. In der morphologischen Analyse würde man entsprechend *oreille* nicht in zwei Morpheme aufteilen[24].

Jede Wortbildung ist morphologisch-semantisch motiviert, es müssen also bedeutungsvolle Beziehungen zwischen den einzelnen Elementen bestehen, die Motivation des Wortbildungsprozesses kann erkannt werden. Die Motivation ist hierbei in einem Kontinuum zu verorten, an dessen einem Ende die völlige Motivation, an dem anderen Ende die vollständige Idiomatisierung steht. Am Beispiel der Komposition sollen drei Wortbildungstypen unterschieden werden:

1. voll motivierte Bildungen: *brosse à dents* ‚Zahnbürste', *machine à écrire* ‚Schreibmaschine'.
2. teilmotivierte (transparente) Bildungen: *chou-fleur* ‚Blumenkohl', *grand-oncle*. ‚Großonkel'.
3. (scheinbar) unmotivierte (opake) Bildungen: *sage-femme* ‚Hebamme', *coffre-fort* ‚Safe, Panzerschrank'.

Die Form *brosse à dents* kann auch ohne vorherige Kenntnis des Wortes leicht verstanden werden, wenn *brosse* ‚Bürste' bekannt ist und *à dents* als postdeterminieren-

---

24 Ähnliche Fälle liegen bei nahezu allen Formen mit der Endung *-eau* vor: *bandeau* ‚Stirnband', *barreau* ‚Gitterstab', *couteau* ‚Messer', *corbeau* ‚Rabe'. Ferdinand de Saussure charakterisiert das Französische als eine Sprache, in der arbiträre Zeichen überwiegen. So lässt sich das lateinische *inimicus* noch ohne weitere Schwierigkeiten als eine mit *in-* präfigierte Form zu *amicus* erkennen, während das daraus hervorgegangene französische *ennemi* nicht mehr durchsichtig ist (Saussure 2013, 184).

des Attribut verstanden wird. Parallel hierzu sind auch die Formen *brosse à chaussures*, *brosse à cheveux*, *brosse à habits* und *brosse à ongles* motiviert, da dem Instrument immer der jeweilige Verwendungsbereich hinzugefügt wird. Ebenso lässt sich *brosse à dents* in metasprachlichen Sätzen unter Verwendung der Einzellexeme paraphrasieren als *quelque chose qui sert pour se brosser les dents*. Bei *grand-oncle* ist die Bedeutung jedoch nicht mehr ohne weiteres aus der Semantik der einzelnen Morpheme erkennbar, jedoch unter bestimmten Voraussetzungen für den Sprachverwender noch rekonstruierbar. Eine Paraphrase als **un oncle qui est grand* ist hier ausgeschlossen. Bei *sage-femme* ‚Hebamme' ist dagegen die Bedeutung nicht mehr aus den Einzelbestandteilen ersichtlich, eine wörtliche Interpretation **une femme qui est sage* führt nicht zum Ziel. Hierzu gehören auch Bildungen wie *rouge-gorge* ‚Rotkehlchen'. Einzelne Formen sind auch strukturell kaum mehr als Komposita erkennbar (*vinaigre* = *vin* + *aigre*, *gendarme* = *gens d'armes*, *lieutenant* = *lieu tenant*). Sie gelten als nicht mehr in Morpheme zerlegbar und sind somit undurchsichtig. Der Übergang von einer voll motivierten zu einer opaken Bildung ist gleitend.

Zur Wortbildung als kreativem Sprachschöpfungsprozess und der Erschließung der Bedeutung von Wortbildungsformen gehört nicht zuletzt auch das Weltwissen. Eine Form wie *bruxellisation* ‚radikaler Städtebau ohne Rücksicht auf die historische Bausubstanz' kann nicht verstanden werden, ohne die Kenntnis der spezifischen historischen und kulturellen Zusammenhänge. Ebenso sind die häufigen Bildungen auf -*gate* in Verbindung mit Eigennamen wie *Hollandegate* (zu *François Hollande*), *Mitterrandgate* (zu *François Mitterrand*), *Sarkozygate* (zu *Nicolas Sarkozy*) oder *Villepingate* (zu *Dominique Villepin*) nicht ohne die Kenntnis des Watergate-Skandals möglich. Dies führt auch zu der starken Zeitgebundenheit von Neologismen aus der Wortbildung.

Bei der Durchsichtigkeit der Wörter spielt bisweilen die Volksetymologie eine Rolle. So können die einzelnen Bestandteile zusammengesetzter Wörter fehlinterpretiert werden, was zu einer phonetischen und/oder orthographischen Veränderung führt. So wird *bon-chrétien* (auch *bonchrétien*) ‚große Birne' zu lat. *poma panchresta* gebildet, das griechische Adjektiv *panchrêstos* ‚zu allem verwendbare Frucht' wird mit dem formähnlichen gr. *khristós* ‚christlich' in Verbindung gebracht und führt so zur Neubezeichnung. Vergleichbar wurde auch *choucroute* ‚Sauerkraut' als Kompositum aus *chou* ‚Kohl' und *croute* ‚Kruste, Rinde' verstanden (tatsächlich handelt es sich um eine Entlehnung aus dem elsässischen *sûrkrût*). Ähnlich wird *jour ouvrable* auf das Verb *ouvrir* zurückgeführt und nicht auf die heute nicht mehr verwendete Form *œuvrer* ‚arbeiten', *verbiage* ‚Gerede, Geschwätz' wird aufgrund der Semantik auf *verbe* zurückgeführt, während tatsächlich ein germanisches **werbilan* ‚umherwirbeln' zugrundeliegt. Werden einzelne Morpheme nicht mehr verstanden, so ist man letztlich bemüht, diese Elemente zu ersetzen. Die Verbindung zwischen zwei formähnlichen Wörtern, die bewusst oder unbewusst auf einen gleichen Stamm zurückgeführt werden können, wird auch als Stilmittel, genauer als Paronomasie genutzt, bei der Wörter miteinander verbunden werden, die semantisch und etymologisch nicht zusammengehören, aber phonetisch ähnlich sind. Typische Paare sind *inclinaison* ‚Neigung' / *inclination* ‚Verbeugung', *collision* ‚Zusammenstoß' / *collusion* ‚abgekartetes Spiel'[25].

Ein weiteres Problem der Analyse besteht in der Homonymie von Derivationsaffixen mit Wortendungen. Während das Diminutivsuffix *-eau* in *corbeau* nicht mehr erkannt wird, erscheint eine Form wie *amulette* aufgrund der Entsprechung mit dem homonymen produktiven Diminutivsuffix *-ette* motiviert, was allerdings nicht den sprachhistorischen Gegebenheiten entspricht (zugrunde liegt lat. *amuletum*).

Bei einigen Formen ist die Suffigierung deutlich erkennbar, es fehlt aber ein Stamm, auf den die Form zurückgeführt werden kann. So ist bei *ingénieur* deutlich das Suffix *-eur* erkennbar, das Nomina agentis auf der Basis von Verben bildet, ein Verb **ingénier* liegt allerdings im heutigen Französisch nicht vor. Ebensowenig kann *compositeur* ‚Komponist' auf **composer* zurückgeführt werden, da es sich hier nur abstrakt um eine Form des Zusammenfügens handelt.

1.6.5 Modifikation und Transposition, Ausgriff, Verschiebung und Variation

Von einer Modifikation spricht man, wenn im Prozess der Wortbildung eine semantische Veränderung vorliegt bei Beibehaltung der Wortart: *pomme* → *pommier*, *maison* → *maisonnette*. Bei der Derivation kann sich das Genus der Derivationsbasis verändern, das das Suffix das Genus festlegt (*la pomme* → *le pommier*). Häufiger als bei der Suffixderivation tritt die Modifikation bei der Präfigierung und der Komposition auf.

Demgegenüber bezeichnet die Transposition die Veränderung der Wortart bei der Bildung neuer Ausdrücke (*manger* v.tr. → *mangeable* adj.) und der Bezeichnungsklasse. Coseriu (1974) nennt diese Formen der „grammatischen Determination" Entwicklung.

Während die Präfigierung ausschließlich zur Modifikation genutzt wird, kann die Suffigierung sowohl eine Modifikation als auch eine Transposition bewirken. Graphisch lässt sich dies folgendermaßen darstellen:

---

25 Etwa in der Wendung *aller de collusion en collision* oder dem pressesprachlichen Kompositum *collision–collusion*.

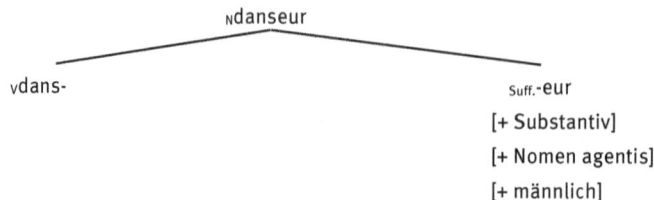

Abb. 4: Modifiktion und Transposition

Das Suffix *-eur* fügt dem Verb *danser* hier die Merkmale ‚Substantiv', ‚Nomen agentis' und das Genus ‚männlich' hinzu.

Hans-Martin Gauger unterscheidet bei der Wortbildung Ausgriff, Verschiebung und Variation. Ein Ausgriff liegt vor, wenn „von einem sprachlich ergriffenen Ding der Wirklichkeit her ein Ausgriff auf ein anderes, mit diesem zusammenhängendes Ding" erfolgt (1972, 22). Dieser Fall liegt bei *pommier* vor, da „ein bestimmtes, vom Apfel verschiedene[s], aber mit ihm zusammenhängendes Ding" bezeichnet wird. In dieser Kategorie gibt es Formen, die mit einem Wortklassenwechsel verbunden sind (*adorer* → *adorable* ‚entzückend, reizend', *américain* → *américaniser*), als auch solche unter Beibehaltung der Wortart (*cerise* → *cerisaie* ‚Kirschgarten').

Bei einer Verschiebung handelt es sich um eine Veränderung der Wortart (bei Gauger Wortklasse) unter Beibehaltung der Semantik, was der Transposition entspricht. Da es sich hier nur um eine Veränderung der grammatischen Kategorie handelt, könnte man die Verschiebung auch als eine Form der Flexion ansehen. Es existieren nach Gauger (1971, 81ss.) fünf Möglichkeiten der Verschiebung:
1. Verb → Substantiv (*tendre* → *tendresse* ‚Zärtlichkeit')
2. Substantiv → Adjektiv (*père* → *paternel* ‚väterlich')
3. Verb → Substantiv (*marcher* → *marche* ‚Gehen, Laufen')
4. Verb → Adjektiv (*attendrir* → *attendrissant* ‚rührend')
5. Adjektiv → Adverb (*tendre* → *tendrement* ‚zärtlich')

Eine Variation liegt vor, wenn das durch das Grundwort Gemeinte „in einer spezifisch getönten Variation" erscheint, etwa bei der Diminution *maison* → *maisonnette*. Somit entspricht die Variation nach Gauger der Modifikation.

1.6.6 Wortfamilien

Während bei der Entlehnung der Wortschatz der Sprache nur um jeweils eine lexikalische Einheit erweitert wird, kann die Semantik der lexikalischen Basis bei der Wortbildung durch das Hinzufügen verschiedener Wortbildungselemente ständig erweitert werden. Von einem Stamm abgeleitete Wörter bilden eine Wortfamilie, wobei der

Stamm die Basis bildet, die durch Komposition und Derivation zur Familie erweitert wird. Die Darstellung einer Wortfamilie kann in der Form eines horizontal verzweigenden Graphen geschehen. Hierbei werden die Beziehungen der Wortbildungsformen deutlich.

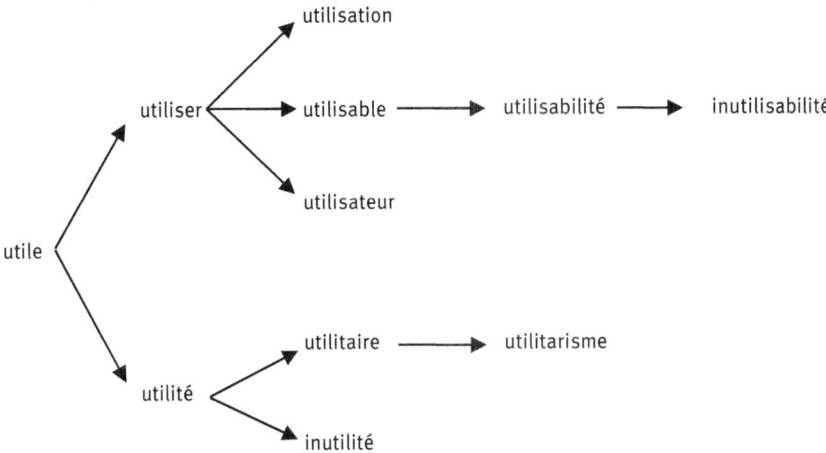

Diese Form der Darstellung ist besonders hilfreich zum Erlernen des Wortschatzes einer Sprache und kann im Französischunterricht verwendet werden (zum fachdidaktischen Nutzen der Wortfelder vgl. u.a. Hausmann 2005).

Bei der Wortfamilie von *utile* ist die Motiviertheit der einzelnen Bildungen sehr hoch, da allen Formen ein gemeinsamer Bedeutungskern zugrundeliegt. Bei anderen Formen, die zwar auf ein gemeinsames Basismorphem zurückgehen, sich semantisch aber im Laufe der Sprachgeschichte sehr weit von der Bedeutung dieses Morphems entfernt haben, werden einzelne Lexeme nicht mehr der Wortfamilie zugehörig empfunden. Ricken (1983, 113) nennt hier die auf das Verb *souffler* zurückgehenden Bildungen *soufflé* ‚Auflauf', *souffleur* ‚Souffleur' und *souffleter* ‚ohrfeigen'. Bei Wortfamilien muss also die Semantik immer im Zusammenhang mit der formalen Analyse gesehen werden. Erscheinen Entlehnungen in gut ausgebauten Wortfamilien, so spricht dies für eine fortgeschrittene Integration des Fremdworts (z.B. *zapper*, das auch in den Ableitungen *zappeur*, *zappeuse*, *zapping* und *zappette* vorkommt).

1.7 Problembereiche der französischen Wortbildung

1.7.1 Diachronie und Synchronie

Zahlreiche Affixe des Französischen gehören zum Erbwortschatz und haben sich entsprechend den Lautgesetzen verändert. Parallel hierzu sind aber auch – vor allem zur Zeit des Humanismus im 15. Jahrhundert – lateinische Affixe zur Wortbildung entlehnt worden, deren phonetische und orthographische Angleichung an das Französische deutlich weniger ausgeprägt ist. Hieraus ergeben sich Dubletten (nach Huot 2005, 53):

Tab. 4: gelehrte und erbwörtliche Formen

lateinische Form	erbwörtliches Affix	gelehrtes Affix	Beispiele
-arius	-ier	-aire	aventurier, banquier // actionnaire, bibliothéquaire, propriétaire
-el	-el	-al	manuel, naturel // journal, tribunal
-anus	-ain/-ein	-an	chapelain, châtelain // chambellan, paysan, persan

Gelehrte Affixe verbinden sich häufig mit gelehrten Stämmen, erbwörtliche Affixe dagegen mit erbwörtlichen Stämmen. So werden mit dem volkstümlichen Suffix *-ier* Formen wie *prisonnier* und *jardinier* gebildet, gelehrt sind *allocataire* und *cessionnaire*, es finden sich aber auch Verbindungen gelehrter Stämme mit volkstümlichen Affixen wie *cavalier* und *hospitalier*.

Ein weiteres Problem liegt in der Allomorphie gelehrter und volkstümlicher Formen im Stamm. So lässt sich synchron eine Form wie *naval* ‚zur Seefahrt gehörig' in die Morpheme *nav-* ‚Schiff' und dem Suffix *-al* ‚bezüglich' einteilen, der so segmentierte Stamm *nav-* tritt auch in Formen aus dem gleichen Wortfeld wie *navire* ‚großes Schiff', *naviguer* ‚zur See fahren', *navigateur* ‚Seefahrer' und *navigation* ‚Schifffahrt' auf. Das Sem ‚Schiff' findet sich allerdings auch in Formen wie *bateau* ‚(kleines) Schiff, Boot', *batelier* ‚Flussschiffer, Fährmann' und *batellerie* ‚Binnenschifffahrt', Bildungen wie **bateler*, **batelateur* oder **batelation* sind jedoch nicht belegt[26].

---

[26] Die Klassifikation dieses Phänomens ist in der Sprachwissenschaft umstritten. Marchand 1951 und Schwarze 1970 schließen eine Allomorphie gelehrter und volkstümlicher Formen gundsätzlich aus, bei {œil} und {ocul-} (in *oculiste*) liegen also zwei verschiedene Morpheme vor. Corbin (1987, 280) lässt dagegen Allomorphien nur bei Formen zu, die in wenigstens zwei Paaren nachgewiesen sind, bei *père → paternel* gilt entsprechend {père} und {patern} als allomorph, da auch *mère → maternel* vorliegt. Bei *île → insulaire* lässt sich ein solches Paar jedoch nicht finden, es liegt keine Allomorphie vor. Hier soll als Allomorphie jedoch grundsätzlich jede Form der Alternation verstanden werden, da

Synchron lassen sich diese Formen verschiedenen allomorphen (suppletiven) Stämmen, die mit reihenbildenden Suffixen verbunden werden, zuordnen. Sprachhistorisch gesehen geht jedoch *navire* auf das lateinische *navis, -em* zurück, während *naval* eine Entlehnung der bereits im Lateinischen derivierten Form *navalis* ‚zur Seefahrt gehörig' ist. Während der semantische Zusammenhang zwischen Bildungen mit dem suppletiven Stamm *nav(i)-* und *batel(l)-* vermutlich von den meisten Sprachverwendern gesehen wird, bleiben Adjektivableitungen wie *estomac* → *gastrique* ‚Magen…', *foie* → *hépathique* ‚Leber…' und *soir* → *vespéral* ‚abendlich' undurchsichtig und sind auf den fachsprachlichen Gebrauch eingeschränkt. Die Durchsichtigkeit muss hierbei auf einer Skala gesehen werden. Während eine Form mit geringerer Veränderung wie *maudire* → *malédiction* ‚Fluch' noch als durchsichtig angesehen werden kann, da *mal* und *mau* als zusammengehörig empfunden werden (da beide reihenbildend auch in anderen Formen existieren wie *maladroit* ‚ungeschickt', *malheureux* ‚unglücklich' sowie *maugréer* ‚murren' und *maussade* ‚verdrießlich'), ist *jeu* → *ludique* vollkommen undurchsichtig.

Tab. 5: durchsichtige und undurchsichtige Wortbildung

durchsichtige Wortbildung	undurchsichtige Wortbildung
famille → familiarité	aveugle → cécité
bibliothèque → bibliothécaire	île → insulaire
héros → héroïque	jeu → ludique
digérer → digestion	maudire → malédiction
matin → matinal	dimanche → dominical

Bei Wortbildungen mit einer Stammallomorphie gelehrt/volkstümlich kann man also nicht ohne weiteres auf die entsprechende Form schließen: so wäre eine Ableitung **oeiliste* zur Bezeichnung für den Augenarzt durchaus denkbar, entspricht aber nicht der historischen Norm des Französischen, in der die lateinische bzw. latinisierende Form *oculiste* verwendet wird[27]. Die deutsche Wortbildung ist im Vergleich viel durchsichtiger: so kann man aus dem Adjektiv *blind* ohne Schwierigkeiten durch das An-

---

in der Morphologie die Semantik vorrangig ist und nicht die Begründung der Alternation. Zur Diskussion vgl. Schpak-Dolt (2016, 94).

27 Der ausgeprägte Suppletivismus des heutigen Französisch ist historisch erst in der Neuzeit entstanden. Bis ins 16. Jahrhundert wurde *feindre* mit dem reihenbildenden Suffix *-ise* zu *feintise* substantiviert, heute ist diese Form durch das latinisierende *fiction* ersetzt. Ebenso wird im heutigen Französisch *éteindre* nicht mehr mit *-ement* suffigiert, üblich ist vielmehr eine latinisierte Form *extinction* (vgl. Wartburg 1993, 263).

hängen des Suffixes -heit die Form *Blindheit* bilden, die auch in vergleichbaren Formen wie *Taubheit, Stummheit, Trägheit* etc. vorkommt. Im Französischen dagegen müssen immer wieder neue Formen „gelernt" werden: *cécité* ‚Blindheit', *surdité* ‚Taubheit', *mutisme* ‚Stummheit', *oisiveté* ‚Trägheit', die nicht auf das entsprechende Adjektiv zurückgeführt werden können. Dabei sind die nach Abtrennung des Derivationsaffixes übrigbleibenden Stämme bei gelehrten Formen (*céci-, surd-, mut-, oisiv-*) keine freien Morpheme. Bei volkstümlichen Formen wie *bêtise, gourmandise* oder *vantardise* lassen sich dagegen nach Abtrennung des Suffixes -*ise* die Adjektive *bête, gourmand* und *vantard* erkennen. Andere romanische Sprachen kennen ebenso Latinismen, die allerdings aufgrund der geringeren lautlichen Veränderung der Erbwörter noch als Allomorphe erkannt werden: it. *cieco* → *cecità, sordo* → *sordità, muto* → *mutismo,* sp. *ciego* → *ceguera, sordo* → *sordera, mudo* → *mutismo*.

Diese Mischung volkstümlicher und gelehrter Allomorphien hat René Goscinny in einem etymologischen Wortspiel genutzt. In einem Bild des ersten Bandes der Astérix-Comics (*Astérix le gaulois*) findet sich folgende Form: *Je vais loquacer comme on n'a jamais loquacé*. In der deutschen Übersetzung wird dieser Satz übersetzt als *Ich werde schwätzen, wie noch nie jemand geschwätzt hat*, wobei natürlich das Wortspiel hier verlorengeht. Das Adjektiv *loquace* ‚geschwätzig' wurde also auf eine im Französischen nicht existente Form *loquacer ‚reden' zurückgeführt. Das zugrundeliegende lateinische *loqui* wurde jedoch schon zu vulgärlateinischer Zeit durch *parabolare* = *parler* ersetzt. Zur Unterstreichung der Unmöglichkeit dieser Bildungen hat Goscinny noch den Kommentar hinzugefügt: *Ça, ce n'est pas du français*[28].

Abb. 5: Astérix

---

28 Goscinny, René/Uderzo, Albert: *Astérix le gaulois*. Paris, Hachette, 1961, S. 30. In dem Kommentar nimmt Goscinny zudem noch die typische Wertung des Sprachgebrauchs in der Tradition von Vaugelas auf (*Ce n'est pas du français*).

Bei diesem Beispiel lässt sich zwischen dem nach der Abtrennung des Derivationsaffixes -ace von *loquace* verbleibenden Stamm *loq-* und dem nach Abtrennung der Flexionsendung verbleibenden *parl-* von *parler* jedoch keine Verbindung herstellen. Diese für den heutigen Sprecher nicht erklärbare Allomorphie wurde bereits als Suppletivismus beschrieben (vgl. Kapitel 1.5.3.). Die Grenze zwischen Suppletivismus und kombinatorischer Allomorphie ist nicht einfach zu ziehen. In der Regel spricht man von einem Suppletivismus, wenn sich keine Regel für die Alternanz innerhalb eines Paradigmas aufstellen lässt. So existieren beispielsweise zu *cheval* drei konkurrierende Adjektivformen: *chevalin*, *équin* und *équestre*, die jeweils auf spezifische Kontexte eingegrenzt sind. So bezieht sich *chevalin* neutral auf das Pferd, während *équin* eher fachsprachlich markiert ist (z.B. in *variole équine* ‚Pferdepocken') und *équestre* vor allem in festen Wendungen wie *statue équestre* ‚Reiterstandbild' oder *centre équestre* ‚Reitzentrum' verwendet wird. In diesen Verbindungen ist die Verwendung der anderen Formen nicht möglich, *statue équine wäre also ebenso unmöglich wie *statue chevaline, *centre équin oder *centre chevalin Der Unterschied dieser beiden Formen lässt sich nicht auf morphophonologische Gesetzmäßigkeiten zurückführen, sondern ist bedingt durch die unterschiedliche etymologische Herkunft. Hierbei basiert *chevalin* auf dem vulgärlateinischen *caballus* (auf das auch das neufranzösische *cheval* zurückgeht), während *équestre* und *équin* auf das klassisch lateinische *equus* zurückgehen[29] (zum Suppletivismus vgl. Melčuk 2000 sowie Schwarze 1970, eine Liste gibt Huot 2005, 225s.).

Da diese Formen synchron letztlich nicht motiviert erscheinen, spricht man auch von einer besonderen Arbitrarität der französischen Sprache, vgl. hierzu Ullmann (1952, 131):

> L'arbitraire du mot français s'explique donc en premier lieu par la faiblesse relative de la motivation morphologique. Le rôle des autres types de motivation est plus difficile à saisir.

Dieser Argumentation von Ullmann muss man jedoch nicht unbedingt folgen. Es können auch suppletive Formen durchsichtig sein, etwa wenn eine phonetische Ähnlichkeit besteht oder eine Reihenbildung vorliegt. So kann das Adjektiv *équin* durchaus auch mit *équestre* in Verbindung gebracht werden, es genügt, eine der beiden Formen zu kennen, um die andere zu verstehen.

Grundsätzlich lässt sich also jede Wortbildung sowohl synchron als auch diachron beschreiben. Auf synchroner Betrachtungsebene erfolgt die Strukturbeschreibung aufgrund syntaktisch-funktionaler, morphologischer und semantischer Kriterien. In der diachronen Beschreibung erfolgt die Analyse auf etymologischer Basis.

---

[29] Bisweilen liegt hier auch keine französische Wortbildung vor, da die Formen auf bereits im Lateinischen existierende Ableitungen zurückgehen, die integral ins Französische entlehnt wurden. So geht *équin* auf lat. *equestrem* zurück. Für das Italienische hat Dardano (2009, 37s.) dieses Beispiel ausgeführt.

So könnte z. B. das Verb *voler* synchron als Verbalableitung durch Suffigierung von *vol* beschrieben werden, diachron handelt es sich um eine Rückbildung, da das Verb vor dem Substantiv belegt ist (ähnlich verhält es sich bei den Verben *accueillir* ← *accueil*, *aider* ← *aide*, *oublier* ← *oubli* und *troubler* ← *trouble*). In der morphologischen Analyse, die grundsätzlich eine Beschreibung des aktuellen Sprachzustands ist und diachrone Aspekte nur in Ausnahmefällen hinzuzieht, ist jedoch die Ableitungsrichtung irrelevant.

Ein weiteres Problem der Beschreibung besteht in der sprachspezifischen Originalität der Wortbildung. Wie Schmitt (1996) nachgewiesen hat, lassen sich vor allem in neuerer Zeit zahlreiche Parallelbildungen in allen europäischen Kultursprachen nachweisen, wobei Tendenzen zur Konvergenz aufgrund der gemeinsamen lateinischen Herkunft vor allem bei den romanischen Sprachen festgestellt werden können. In welcher Sprache zuerst *relations internationales* ‚internationale Beziehungen' (sp. *relaciones internacionales*, it. *relazioni internazionali*) gebildet wurde, ob hier eventuell sogar eine Entlehnung aus dem Englischen *international relations* vorliegt, lässt sich mit letzter Sicherheit nicht sagen. Vermutlich wurde im Deutschen *Dekarbonisierung* für die Reduzierung des Umsatzes von Kohlenstoff nach dem französischen *décarbonisation* gebildet. Dennoch lassen sich *relations internationales* und *décarbonisation* problemlos auch ohne diese Kenntnisse morphologisch segmentieren. Die Zurückverfolgung der primären Bildung lässt sich hierbei weder an der Beleglage noch an formalen Kriterien der Bildung festmachen. Schmitt hat zur Lösung der Problematik den Begriff *Euromorphologie* eingeführt, es handelt sich hier also um eine paneuropäische Form der Wortbildung (vgl. hierzu auch Feig 2008). Es lässt sich jedenfalls feststellen, dass die Wortbildung – wie auch viele andere sprachliche Phänomene und Entwicklungstendenzen – nur kontrastiv betrachtet werden kann.

1.7.2 Sprachtypologische Kategorisierung

Das Französische zeigt als romanische Sprache eine starke Tendenz zur Bildung von Neologismen mit Derivationsaffixen, während germanische Sprachen wie das Deutsche oder das Englische eher zur Komposition neigen. So wird das französische *pommier* durch die Suffigierung des Basislexems *pomme* mit dem Suffix *-ier* gebildet, während im Deutschen das Kompositum *Apfelbaum* aus den freien lexikalischen Morphemen *Apfel* und *Baum* gebildet wird (vergleichbar im Englischen *apple tree*)[30].

---

30 Coseriu bezeichnet Formen wie *pommier* als generische Komposita, da hier eine Verbindung eines Lexems *pomm-* mit einem „Lexomorphem" *-ier*, dessen Semantik dem Lexem *arbre* entspricht, vorliegt, das die gleiche Funktion wie ein Lexem hat, aber nicht als freies lexikalisches Morphem vorkommt. Er bezeichnet diese Form der Wortbildung als prolexematische Komposition im Gegensatz zur lexematischen Komposition.

In der Sprachtypologie werden Sprachen, die Beziehungen vorwiegend mit freien Morphemen ausdrücken, als analytische Sprachen charakterisiert. Eine Form wie *Apfelbaum* oder *apple tree* kann daher als analytisch bezeichnet werden. Demgegenüber nutzen synthetische Sprachen gebundene Morpheme. Da *pommier* aus dem freien Morphem *pomme* als Kopf oder Determinatum in Verbindung mit dem gebundenen Morphem *-ier* als Determinans gebildet wird, handelt es sich hier um eine synthetische Bildung. Das Französische zeigt in der Wortbildung also eine Tendenz zur Synthese[31]. Im heutigen Französisch lässt sich allerdings auch eine umgekehrte Entwicklung feststellen: so wird die synthetische Bildung *maisonnette* vom Petit Robert als ‚veraltet' markiert, häufiger gebraucht wird dagegen die analytische Umschreibung *petite maison*. Dies entspricht auch der Entwicklung in der Verbalmorphologie, in der z.B. die synthetische Futurform *je ferai* immer häufiger durch das analytische *je vais faire* ersetzt wird.

Das Französische weist im Vergleich zu den romanischen Sprachen (insbesondere dem Italienischen und Spanischen) deutliche Defizite bei der Produktivität der Derivation auf. Hierzu sagt Gauger (1972, 24):

> Das Französische unterscheidet sich bekanntlich vom Deutschen und besonders von seinen südromanischen Schwestersprachen (aber auch dem Altfranzösischen!) durch die sprachhistorisch interessante und schwer zu begründende Tatsache, daß in ihm die variierend durchsichtigen Wörter eine eher periphere Rolle spielen.

Obwohl es eine Vielzahl von Affixen gibt, die bestimmte Konzepte versprachlichen, ist die Auswahl an produktiven Wortbildungsmorphemen recht eingeschränkt. Dies zeigt sich insbesondere im Bereich der suffigierenden Diminution, bei der zehn verschiedene Suffixe zur Verfügung stehen, im heutigen Französisch aber nur die Wortbildung mit *-ette* produktiv ist. So liegt im Französischen als Diminutiv von *maison* nur *maisonnette* vor, im Italienischen finden sich *casetta*, *casina*, *casuccia* und *casipola* (vgl. Wunderli 1987, 83).

---

[31] Diese sprachtypologische Einteilung geht auf August Wilhelm Schlegel (1767–1845) zurück und betrifft neben der Wortbildung alle Aspekte der Morphologie. Besonders ausgeprägt synthetisch ist das Lateinische, während das Französische in der Verbflexion eher zum analytischen Sprachbau neigt.

1.7.3 Parasynthese

Eine besondere Schwierigkeit bei der morphologischen Analyse stellen die sogenannten parasynthetischen Bildungen dar (frz. *formation parasynthétique*, aber auch *circonfixion*; zur Parasynthese in den romanischen Sprachen allgemein cf. Reinheimer Rîpeanu 1974 sowie Scalise 1994, für das Französische Galli 2012, Heyna 2012 und Lüdtke 2011; zur Diskussion der Problematik vgl. u.a. Corbin 1987 und Gather 1999). So lässt sich eine Form wie *attendrir* unschwer als eine deadjektivale Ableitung von *tendre* erkennen, es existiert allerdings weder eine Verbform *tendrir noch ein präfigiertes Adjektiv *attend. Es liegt also nahe, bei der Entstehung der Form *attendrir* eine gleichzeitige Prä- und Suffigierung anzunehmen. Arsène Darmesteter (1894, 96s.) hat für diese Form der Wortbildung den Terminus Parasynthese geprägt:

> Particule et nom (ou adjectif) donnant naissance à des verbes – Cette sorte de composition est très riche: les mots qu'elle forme, et que l'on désigne du nom de *parasynthétiques*, offrent ce remarquable caractère d'être le résultat d'une composition et d'une dérivation agissant ensemble sur un même radical, de telle sorte que l'une ou l'autre ne peut être supprimée sans amener la perte du mot.

Grundlage ist hier die Annahme einer lückenlosen Dokumentation des Französischen, d.h. die Existenz nicht schriftlich belegter Formen wird ausgeschlossen.

Das Konzept der Parasynthese ist in der Sprachwissenschaft jedoch sehr umstritten[32]. Bei verbalen Parasynthetika (*embarquer* ‚einschiffen', *attendrir* ‚rühren, weich stimmen') wird eingewandt, dass in der morphologischen Analyse die Morpheme {er}, {re} und {ir} als Flexionsendungen und nicht als Derivationsaffixe gelten. Die Segmentierung würde also {en}$_{DAf}$ {terr}$_N$ {ø}$_V$ {ir}$_{FE}$ lauten, man kann entsprechend allenfalls von einer Nullsuffigierung ausgehen. Konsequent bezeichnet die *Grammaire méthodique du français* diese Formen als „faux-parasynthétiques" (Riegel/Pellat/Rioul, 903). Dann kommt dem Präfix allerdings eine wortartverändernde Funktion zu, was der grundlegenden Funktion der Präfixe der semantischen Spezifizierung der Stämme widerspricht. Apothéloz (2003, 87) schlägt eine Kategorisierung als delokutive Derivativa vor, nimmt also eine Herleitung von *enterrer* aus der Phrase

---

[32] Synonym zu Parasynthese wird häufig auch der Begriff der Zirkumfixbildung verwendet (u.a. bei Thiele 1987). Hierbei handelt es sich streng genommen jedoch um eine Zirkumfigierung, also „Einrahmung" eines Morphems durch ein diskontinuierliches Morphem, etwa im Deutschen *gefragt*, das morphologisch als {ge} {frag} {t} segmentiert werden kann. Diese Möglichkeit der Aufspaltung eines Morphems in der Wortbildung existiert jedoch im Französischen nicht.

[mettre] en terre an.³³ Einige parasynthetische Formen wie *alunir* ‚auf dem Mond landen' (vermutlich parallel zu *atterrir* gebildet) und *enneiger* ‚einschneien' lassen sich jedoch nicht ohne weiteres auf eine solche Verbalphrase zurückführen.

Nominale Parasynthesen wie *encolure* ‚Halslänge, Kragenweite' lassen sich dagegen leichter als gleichzeitige Prä- und Suffigierungen charakterisieren, da hier keine Nullsuffigierung angenommen werden muss. Da eine Form *colure* nicht existiert, kann hier eine gleichzeitige Ableitung auf der Basis von *col* durch die reihenbildenden Affixe *en-* und *-ure* angenommen werden. Parallel lässt sich *enseuillement* ‚Fensterbretthöhe' als Parasynthese von *seuil* mit *en-* und *-ment* deuten. Diese Formen sind jedoch im Französischen ausgesprochen selten.

Bereits Darmesteter (1891, 24) hat neben diesen deverbalen Formen auch im Bereich der Adjektive die Existenz von parasynthetischen Formen angenommen. So ist *sousmarin* ‚Unterseeboot' kein Kompositum aus *sous* und *marin*, da hier aus einer Präposition und einem Nomen ein Adjektiv gebildet wird. Vergleichbar wäre die Form *méconnaissable* ‚unkenntlich', bei der kein Adjektiv *connaissable* auf der Basis des Verbs *connaître* existiert, sondern durch die Präfigierung mit *mé-* erst das Adjektiv gebildet wird. Insbesondere mit *in-* präfigierte Formen werden allerdings uneinheitlich klassifiziert. Während bei einem existierenden Adjektiv als Stamm eindeutig eine Präfigierung vorliegt (*mangeable* → *immangeable*), werden Bildungen wie *incontournable* und *imbattable* aufgrund der zwar nicht belegten aber rekonstruierbaren *contournable* und *battable* ebenfalls als Präfigierungen beschrieben. Entscheidend ist hier nicht die tatsächliche sprachliche Dokumentation, sondern die Anwendbarkeit von Regeln des Sprachsystems, der *langue* (vgl. Lehmann/Martin-Berthet 2008, 173).

1.7.4 Fremdwort- und Hybridbildungen

Die Wortbildung als Möglichkeit der Erweiterung des Lexikons einer Sprache mit sprachsystemimmanenten Möglichkeiten unterscheidet sie von der Entlehnung, bei der Wörter einer anderen Sprache in das Sprachsystem integriert werden. Es bestehen jedoch Verbindungen zwischen Entlehnung und Wortbildung, wenn eine in einer anderen Sprache gebildete komplexe Form ins Französische entlehnt wird, die einzelnen Morpheme aber auch in der Zielsprache vorliegen (*environnementaliste* = *environnemental* + *-iste* ← engl. *environmentalist*, *créativité* = *créatif* + *-ité* ← engl. *creativity*) oder aus anderen Sprachen entlehnte Morpheme zur Wortbildung herangezogen werden. So findet sich das aus dem Englischen entlehnte Suffix *-ing* in den französischen

---

33 Apothéloz (2002, 88) weist darauf hin, dass diese Form der Wortbildung auch in der Kindersprache produktiv ist. So finden sich bei Bonnet/Tamine-Gardes (1984, 96) die Form *s'emproprir* ‚sich waschen' bei Kindern im Alter von fünf Jahren.

Formen *canyoning*, *caravaning*, *karting*, *planning*, *yachting* und *zapping*, die im Englischen nicht existieren. Aus entlehnten Substantiven können mit den Möglichkeiten der französischen Wortbildung auch neue Formen gebildet werden: engl. *sponsor* → *sponsoriser*, engl. *manager* → *managérial*, dt. *Kitsch* → *kitscherie*. Diese Wortbildung mit entlehnten Morphemen wird als Lehnwortbildung oder Fremdwortbildung von der Wortbildung mit den morphologischen Mitteln des Französischen abgegrenzt. Im Französischen treten diese sogenannten Hybridformen vor allem bei der Bildung von Neologismen mit Affixoiden auf (vgl. hierzu Kapitel 2.3.5; zur Hybridbildung und der Problematik der Pseudoanglizismen vgl. Cypionka 1994).

Als Calque werden komplexe Wörter bezeichnet, die als Übersetzung eines fremdsprachlichen Ausdrucks anzusehen sind. Sie finden sich vor allem bei Komposita (engl. *skyscraper* → frz. *gratte-ciel*). Bei Entlehnungen aus dem Englischen wird hier die Determinationsrichtung dem System der französischen Sprache angepasst. Während das Determinatum *scraper* im Englischen als Kopf der Bildung rechts steht, wechselt es im Französischen die Position, ebenso verhält es sich bei *honeymoon* → *lune de miel* und *mass media* → *communication de masse*.

Es können allerdings auch zwei entlehnte Formen zu einem neuen Wort zusammengefügt werden. So ist *xénophobe* adj. ‚fremdenfeindlich' aus zwei griechischen Morphemen gebildet, nämlich *xéno-* (zu gr. *xenos* ‚Fremder') und *-phobe* (zu gr. *phobos* ‚Angst'), geht aber vermutlich auf den französischen Schriftsteller Anatole France zurück, der das Wort im Jahr 1901 zuerst im Zusammenhang der Dreyfusaffäre bildete. Vom Französischen aus wurde das Wort dann in zahlreiche Sprachen entlehnt (engl. *xenophobic*, dt. *xenophob*, it. *xenofobo*, ndl. *xenofoob*). Obwohl hier also kein französisches Morphem verwendet wurde, könnte man allein ausgehend vom sprachlichen Kontext der Entstehung von einer französischen Wortbildung sprechen (vgl. Villard 1984). Eine besondere Form der Hybridbildung ist die Vermischung von lateinischen und griechischen Formen, wie in *automobile* (gr. *autos* + lat. *mobilis*) oder *homosexuel* (gr. *homos* + lat. *sexualis*), die jedoch häufig sprachpuristisch kritisiert wird.

Eine genaue Überprüfung der Geschichte der Wortbildung ist nicht immer einfach, insbesondere bei einer lückenhaften Beleglage und formal ähnlichen Morphemen in verwandten Sprachen. So ist das Suffix *-isme* im Französischen sehr produktiv, erscheint aber auch in integral entlehnten Formen. So sind *archaïsme* und *anachronisme* bereits im Lateinischen belegt, *idéalisme* und *égoïsme* sind französische Bildungen, *naturalisme* und *pessimisme* dagegen Entlehnungen aus dem Deutschen (vgl. Wellmann 2005).

1.8 Prinzipien der Wortbildungsanalyse

In der *chaîne parlée* erscheinen komplexe Wörter zunächst linear organisiert, ein Morphem folgt in der Zeit der sprachlichen Äußerung dem anderen. Ein Wort wie *nationalisé* ergibt sich aus der folgenden Entwicklung: *nation* f. → *national* adj. → *nationaliser* v.tr. → *nationalisé* adj. In einem Baumdiagramm lässt sich dies folgendermaßen darstellen:

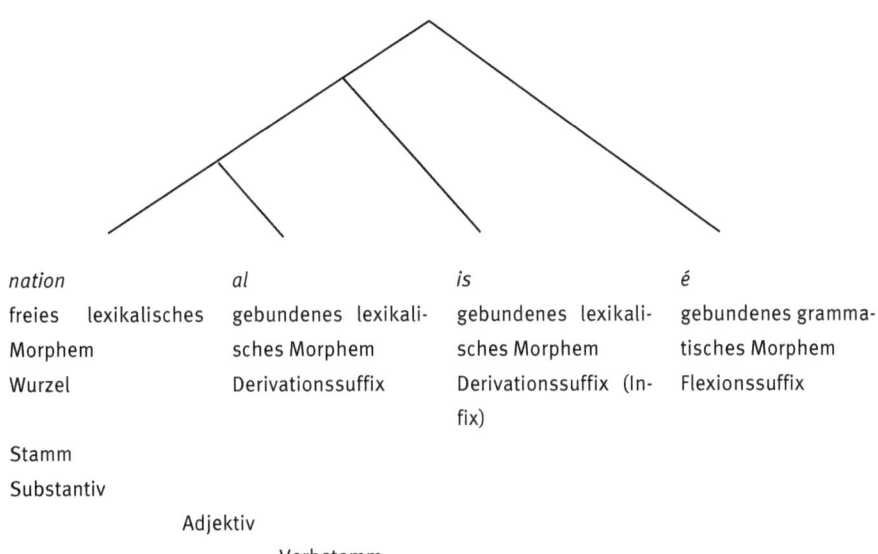

nation	*al*	*is*	*é*
freies lexikalisches Morphem	gebundenes lexikalisches Morphem	gebundenes lexikalisches Morphem	gebundenes grammatisches Morphem
Wurzel	Derivationssuffix	Derivationssuffix (Infix)	Flexionssuffix
Stamm			
Substantiv			
	Adjektiv		
		Verbstamm	

Bei der Analyse einer komplexen Lexie sollten bestimmte Prinzipien eingehalten werden, wobei natürlich nicht eine Lösung als der einzig richtige Weg festgelegt werden kann. Bei längeren Morphemketten ist es notwendig, eine binäre Struktur aufzuzeigen, wobei – soweit möglich – auch die historische Entwicklung der Form berücksichtigt werden sollte. Eine Wortbildungsanalyse sollte folgendermaßen vorgehen (nach Fleischer/Barz 2012, 73s. und Schmid 2015, 8):

Tab. 6: Wortbildungsanalyse

Parameter	exemplifiziert an deverbalen Nominalisierungen auf -ion
a) grundlegende morphologische Eigenschaften der Konstituenten	Stamm: – Wortart: transitive Verben, z.B. *agresser* → *agression*, *déserter* → *désertion* – morphologischer Status: freie lexikalische Morpheme Affix: – morphologischer Status: gebundenes lexikalisches Morphem, Suffix – Form: *-ion, -ation, -tion*
b) Reihenfolge der Konstituenten	Basis → Suffix
c) formale und semantische Charakteristika	– formale Beschreibung: [V + *-ion*]$_N$ – semantische Beschreibung: ‚Ergebnis der V-Handlung', Nomina actionis
d) andere phonologische oder graphologische Einschränkungen	bei Verben auf *-ir*: *-ition* (*abolir* → *abolition*), bei Verben auf *-uer*: *-tion* (*attribuer* → *attribution*), bei gelehrten Stämmen: *-tion* oder *-ssion* (*annecter* → *annexion*).
e) Einschränkungen in Bezug auf den Stamm	keine
f) Produktivität	im heutigen Französisch ausgesprochen produktiv, insbesondere im Bereich der Fachsprachen
g) konkurrierende Suffixe	*-isme, -ing*

Aufgaben und Fragen zu Kapitel 1

1. Versuchen Sie, bei den folgenden Beispielen erbwörtliche und gelehrte Bildungen zu unterscheiden: *découvrir, rudimentaire, marchandise, planifier, accélérateur, naviguer, usine*. Überprüfen Sie Ihre Ergebnisse anhand der Angaben eines etymologischen Wörterbuchs.
2. Untersuchen Sie anhand des *Corpus français* die Produktivität der Wortbildung auf *-isme* und *-iste*. Erkundigen Sie sich anhand von Scherer 2000 und Lemnitzer/Zinsmeister 2000 nach Methoden der korpuslinguistischen Analyse von Wortbildungsmustern.

3. Untersuchen Sie die bei Helfrich 1995 aufgelisteten Neologismen auf ihre Verbreitung im Sprachgebrauch des heutigen Französisch. Haben sich die Annahmen über die Integration der Neologismen in das Französische bestätigt?
4. Vergleichen Sie die Positionen von Gauger 1971a und Coseriu 1974 zur semantischen Klassifikation von Wortbildungsprodukten. Welche Argumentation finden Sie besonders überzeugend?
5. Diskutieren Sie die semantische Durchsichtigkeit der folgenden Nomina agentis: *parler → locuteur, prêcher → prédicateur, tuer → tuteur, instruire → instituteur*. Versuchen Sie dabei, eine Skala der Transparenz von „voll undurchsichtig" bis „voll durchsichtig" zu entwerfen.
6. Überprüfen Sie die Ergebnisse der Studie von Plénat 2015 anhand einer aktuellen Untersuchung über Google. Haben sich signifikante Unterschiede ergeben?
7. Ordnen Sie die folgenden Wortbildungsprodukte in die Klassen Modifikation und Transposition ein: *démarrer → démarreur, maison → maisonnette, laver → lavoir*. Geben Sie an, in welchen Fällen und aus welchen Gründen eine Zuordnung nicht immer möglich oder problematisch ist.
8. Versuchen Sie, die in Kapitel 2 bei dem Suffix *-ain* aufgeführten morphologischen Besonderheiten mit Hilfe der Optimalitätstheorie in einer Tabelle zu beschreiben.
9. Hélène Huot (2005, 17) nennt aus dem Roman *Le meurtre du Samedi-Glorio* des kreolischen Autors Raphaël Confiant u.a. die Neubildungen *conciliabuler, dérespecter, s'encolorer, fierauder, vantardise, dérisoireté, mensongerie, tremblade, infiable, laineté*. Erläutern Sie die hier zugrundeliegenden Wortbildungsverfahren. Versuchen Sie, die Bedeutung der Formen zu paraphrasieren und überlegen Sie, ob es alternative Möglichkeiten des sprachlichen Ausdrucks gibt. Wie lässt sich die Verwendung dieser Neologismen durch Confiant begründen?

2 Wortbildungsmuster und -kategorien des Französischen

Formal zusammengehörende Formen der Wortbildung werden als Wortbildungsmuster bezeichnet, inhaltlich verbundene als Wortbildungskategorien. Erfolgt eine Wortbildung z.B. durch Suffigierung, so spricht man also von einem Wortbildungsmuster, fragt man dagegen nach den verschiedenen Möglichkeiten der Bildung von Nomina agentis oder Relationsadjektiven, so handelt es sich um Wortbildungskategorien.

In diesem Kapitel werden die formalen und inhaltlichen Möglichkeiten der Wortbildung im heutigen Französisch dargestellt. Die Klassifizierung erfolgt nach der Zielwortart, unabhängig davon, ob es sich bei dem Wortbildungsprozess jeweils um einen Wortartwechsel (Transposition) handelt oder eine semantische Veränderung feststellbar ist (Modifikation). Diese Einteilung wurde gewählt, da eine strenge Trennung von Transposition und Modifikation häufig nicht möglich ist. So liegt bei einer Bildung *coiffer* → *coiffeur* ‚Friseur' sowohl ein Wortartwechsel vom Verb zum Substantiv als auch eine Zuordnung zur semantischen Kategorie der Nomina agentis vor.

Die Gliederung dieses Kapitels folgt einer funktionalen Klassifizierung. Zunächst werden Suffixbildungen (Derivationen), Präfigierungen, Zusammensetzungen (Komposita) und Verfahren der Wortkürzung unterschieden. Die Suffixbildung wird nach der primären Funktion der Transposition weiter nach Wortarten differenziert: Substantivbildung, Adjektivbildung, Verbbildung und Adverbbildung. Innerhalb dieser Wortarten erfolgt eine Klassifikation nach den Formen der semantischen Modifikation. Dies kann dazu führen, dass bei Formgleichheit eine Wortart als grundlegend angesehen werden muss. Bei Ethnika wie *français* wurde z.B. die Wortart Adjektiv als primär angesehen, obwohl die Formen ebenso als Substantive verwendet werden können[34]. Zur besseren Orientierung dienen ein Verweis an der jeweiligen Stelle sowie der Index.

Auch wenn Formen der Wortbildung durchaus eine Affinität zu bestimmten Wortarten haben (so existieren bei Kopulativkomposita fast nur adjektivische Bildungen) wurde hier jedoch – im Gegensatz zu Thiele 1993 – eine separate Darstellung vorgezogen. Ebenso erschien eine getrennte Behandlung der Präfigierung sinnvoll, da es sich hier fast ausschließlich um Formen der semantischen Modifikation handelt.

Die Belege wurden aus der französischen Lexikographie übernommen (vor allem *Petit Robert*, *Trésor de la langue française informatisé*), die durch pressesprachliche Belege aus dem Korpus *Europresse* ergänzt wurden. Die hier aufgeführten Beispiele können leicht anhand des online zur Verfügung stehenden Korpus überprüft werden

---

34 Diese Reihenfolge entspricht weitgehend der Mikrostruktur der meisten Wörterbuchartikel, in denen ebenfalls die Adjektive an erster Stelle behandelt werden.

und wurden daher nicht mit einer Angabe zur jeweiligen Quelle versehen. Die Schreibweise richtet sich nach dem *Petit Robert* 2016. Da primär die synchrone Durchsichtigkeit des Wortbildungsmusters im Mittelpunkt steht, wurden bisweilen als Beispiele auch Formen aufgenommen, die bereits als komplexe Lexeme aus anderen (insbesondere gelehrten) Sprachen entlehnt wurden. Alle Belege sind im Text kursiv gesetzt, in den Tabellen erfolgte keine Hervorhebung. Im Fließtext wurden die Belege übersetzt, in den Tabellen aufgrund der Formatierung nicht.

Mit dem Zeichen → wird die Ableitungsrichtung gekennzeichnet (*maison* → *maisonnette*). Wenn es an systematischer Stelle sinnvoller erschien, die abgeleitete Wortform links darzustellen, wurde ← verwendet. Bedeutungsangaben wurden aus der zweisprachigen Lexikographie übernommen, bei dort nicht aufgeführten Beispielen wurden die semantischen Angaben aus einem einsprachigen Wörterbuch übersetzt, dem Parallelkorpus *linguee.de* entnommen oder eine eigene Paraphrase eingefügt. Bei im Deutschen weitgehend formgleichen fachsprachlichen Formen wurde bisweilen auf eine Bedeutungsangabe verzichtet, ebenso aus formalen Gründen in den tabellarischen Darstellungen. Nicht belegte oder konstruierte, nicht dem Sprachsystem entsprechende Formen werden mit Asterisk (wiedergegeben mit dem vorangestellten Symbol *) gekennzeichnet. Steht eine *langue* und *parole* unterscheidende morphologische Analyse im Mittelpunkt, wurden entsprechend den Konventionen der morphologischen Analyse geschweifte Klammern zur Markierung der Morpheme verwendet: {poir} {ier}. Ansonsten wurde auf eine gesonderte Markierung der Morpheme verzichtet.

Zu den einzelnen Formen der Wortbildung wird die Produktivität auf einer Skala von (synchron) nicht produktiv über wenig produktiv, produktiv bis zu sehr produktiv angegeben, ergänzt durch fachsprachlich produktiv[35]. Da zur aktuellen Produktivität nur wenige Studien vorliegen, wurden hier – sofern vorhanden – die Angaben zur Produktivität des TLFi übernommen, aktualisiert durch den *Grand Robert* und mit Hilfe stichprobenartiger Überprüfungen in Korpora des Französischen. Genauere Angaben insbesondere zur textsortenspezifischen Verwendung einzelner Wortbildungsmuster sind ein Desiderat der Forschung. Der Konzeption der Arbeitshefte entsprechend soll ein Schwerpunkt auf den Aufgabenstellungen am Kapitelende liegen. Die Aufgaben stehen im Zusammenhang mit den vorhergehenden Ausführungen und dienen der eigenständigen Vertiefung der Thematik. Durch die Möglichkeit der Belegsuche in online verfügbaren Datenbanken können hier die sprachtypologischen Feststellungen überprüft, ergänzt und gegebenenfalls revidiert werden.

---

[35] Koefoed/van Marle (2004, 304) unterscheiden auf einer Skala von ‚very productive', ‚rather productive', ‚almost unproductive' und ‚unproductive, but producing incidential neologisms'.

2.1 Suffigierung

Die Suffigierung gehört zur Derivation und bezeichnet die Bildung von Wörtern mithilfe von Suffixen. Ein komplexes Wort wie z.B. *coiffure* ist durch anhängen des Suffixes *-ure* an das Verb *coiff(er)* gebildet. Das Suffix *-ure* kann darüber hinaus auch eine ganze Reihe weiterer Nomina acti (Substantive, die das Resultat der zugrundeliegenden Handlung bezeichnen) bilden: *briser → brisure* ‚Bruch', *brûler → brûlure* ‚Verbrennung', *éclabousser → éclaboussure* ‚Spritzer'. Im Schema lässt sich die Derivation folgendermaßen darstellen:

$$_V[X] \rightarrow {_N[_V[X] + [ure]]}$$

Angegeben wird die Ausgangs- und die Zielwortart, ein Verb wird also durch Suffigierung mit *-ure* zu einem Nomen. Da es sich hier um eine lexikalische Veränderung handelt, kann man diesen Wortbildungsprozess auch als lexikalische Bildung bezeichnen. Der semantische Kern wird von dem prädeterminierend „links" stehenden Morphem gebildet, die Suffixe übernehmen die Funktion der funktionalen und semantischen Zuordnung.

Der Wortartwechsel lässt sich in folgender Tabelle darstellen:

Tab. 7: Wortartwechsel durch Suffigierung

	Substantiv	Adjektiv	Verb
denominal	fonction → fonctionnaire	forme → formel	fax → faxer
deadjektivisch	anonyme → anonymat	loin → lointain	fertile → fertiliser
deverbal	discuter → discussion	aborder → abordable	chanter → chantonner

Die syntaktischen Funktionen (Adverbial, Objekt, Prädikat, Subjekt, Attribut) werden durch Klassen mit jeweils spezifischen morphologischen und syntaktischen Eigenschaften ausgedrückt. Diese Klassen können Wörter, Wortgruppen oder sogar Teilsätze sein. Wörter werden in der Syntax auch als lexikalische Kategorien bezeichnet, die unterschiedliche Funktionen in einem Satz übernehmen können. So erscheinen Substantive als Subjekte oder Objekte, Adjektive als Attribute und Adverbien als adverbiale Bestimmungen. Die Strukturposition der Wortarten ist in der französischen Syntax weitgehend festgelegt, das Grundmuster Subjekt – Prädikat – Objekt wird durch die Wortarten Nomen – Verb – Nomen realisiert. Erweitert werden kann diese Grundstruktur, wie sie beispielsweise in dem Satz *Marcel a vu un chien* vorliegt, zu *Hier, Marcel a vu un chien abandonné*, in dem eine Wortartenfolge Adverb – Nomen – Verb – Nomen – Adjektiv vorliegt.

Eine Veränderung der Wortart durch Derivation kann syntaktisch genutzt werden zur Übernahme einer anderen Satzgliedfunktion. Die Funktion des Wortartwechsels besteht also darin, Stämme oder Wörter einer Wortart für die Verwendung in einer anderen Wortart verfügbar zu machen. Die Bedeutung der Zielform wird hierbei von der Bedeutung des zugrundeliegenden Stamms bestimmt. Dies kann informationsstrukturierende oder stilistische Gründe haben (zu Wortarten und Satzgliedfunktionen vgl. Dubois 1999).

2.1.1 Substantivbildung

Substantive bilden die Basis des Lexikons einer Sprache. Entsprechend wird der Wortschatz der Sprachen ständig um neue Substantive erweitert. Zur Illustration des Gebrauchs von Substantiven soll dieser pressesprachliche Beispieltext dienen. Die durch Wortbildung entstandenen Formen sind hervorgehoben.

> Le travail dominical fait débat sur la **majoration** des salaires
>
> Alors que le projet de loi sur la **croissance** et l'**activité** est soumis au vote des députés mardi 17 février en fin d'après-midi, le débat a continué le matin, notamment sur les **dispositions** relatives au **travail** dominical. L'ex-ministre de l'**éducation** Benoît Hamon, qui a quitté le **gouvernement** de Manuel Valls en août 2014, a confirmé sur France Inter son intention de ne pas voter pour le texte, regrettant que ne soit pas prévu un *« seuil obligatoire de majoration »* qui assurerait, aux salariés qui accepteront de travailler le dimanche, un bénéfice minimal garanti par la loi. *« Certains pourraient ne pas gagner le dimanche beaucoup plus que ce qu'ils gagnent le jeudi »*, a illustré l'ex-ministre, rappelant que, sur les 35 heures, *« il y a une intervention du législateur qui dit : voilà ce que doit rapporter une heure supplémentaire »*.
> Le **rapporteur** du texte, Richard Ferrand, s'est attaché à lui répondre sur ce point. A des seuils réglés par la **législation**, il a dit, sur BFM Business, préférer *« un dialogue social fructueux »* entre patronat et **salariés** pour fixer les modalités de la **majoration** des salaires. *« Nous avons une règle : pas d'accord, pas d'ouverture*, a précisé le député du Finistère. *Je préfère que les uns et les autres se disent : on est obligés de se mettre d'accord plutôt qu'ils se disent que c'est la loi qui a résolu le problème. »* M. Ferrand ne s'est pas privé de tacler M. Hamon, en voyant dans sa position la **volonté** de voir le texte adopté grâce aux voix de la droite pour mieux le dénoncer comme indigne de **la gauche**.
> Une **option** pas forcément vraisemblable si l'on en croit Christian Jacob, le **président** du groupe UMP à l'Assemblée, qui a estimé sur RTL que, hormis *« un, deux, trois députés »*, *« ce qui est clair, c'est que nous ne voterons pas cette loi »*. *« C'est se fiche du monde que de penser qu'ouvrir cinq ou sept dimanches de plus par an va marcher »* pour relancer la croissance, a-t-il déclaré. *« Est-ce qu'il y a dans cette loi des baisses de charges pour les* **entreprises***? Est-ce qu'il y a des baisses d'impôts? Est-ce qu'elle lève des contraintes sur les entreprises? A ces trois questions, la réponse est non (...). Ce qu'il faut pour la* **croissance***, c'est la réforme des retraites, du financement de la* **protection** *sociale »*, a opposé M. Jacob au projet du gouvernement.
> La **députée** UMP des Yvelines Valérie Pécresse lui a fait écho sur France Info, en voyant dans la loi Macron *« des* **mesurettes** *alors qu'il faut une thérapie de choc »* et *« une formidable occasion manquée de déjudiciariser la société »*. *« L'intérêt général aujourd'hui, c'est que cette loi échoue et soit remise sur le métier »*, a conclu Mme Pécresse, rappelant les *«* **propositions** *»*

apportées par l'UMP sous forme **d'amendements**, alors que « le **gouvernement** a choisi de nous claquer la porte sur les doigts » et de négocier avec les **socialistes** « frondeurs ». (Le Monde 17.2.2015)

In dem Text finden sich verschiedene Formen der Substantivbildung. Die Diminutivbildung *mesure* → *mesurette* ‚kleine, unbedeutende Maßnahme' hat eine zusätzliche ironische Konnotation. Die Gesamtheit der *patrons*, der Arbeitgeber, wird als *patronat* bezeichnet. Aus *salaire* ‚Gehalt' wird *salarié* ‚Arbeitnehmer' abgeleitet. Hier liegt eine Modifikation vor. Darüber hinaus finden sich zahlreiche Substantive, die aus anderen Wortarten abgeleitet wurden. Aus Verben abgeleitet wurden: *amender* → *amendement* ‚Änderung', *croître* → *croissance* ‚Wachstum', *disposer* → *disposition* ‚Vorkehrung, Anordnung', *financer* → *financement* ‚Finanzierung', *gouverner* → *gouvernement* ‚Regierung', *majorer* → *majoration* ‚Aufpreis', *proposer* → *proposition* ‚Vorschlag', *protéger* → *protection* ‚Schutz'. Bei einigen dieser Formen sind die Substantive geläufiger als die dazugehörigen Verben, so ist bei *option* ‚Wahl' die Verbform *opter* literarisch bzw. veraltet markiert. Bei *intention* ‚Absicht, Vorsatz' lässt sich zwar ein Suffix *-tion* wie in *disposition* und *protection* erkennen, die Bildung kann aber nicht auf eine Verbform *intentier* zurückgeführt werden. Andere Formen gehen auf Adjektive zurück: *actif* → *activité* ‚Aktivität', *social* → *socialiste* ‚Sozialist'. Eine Wortartänderung ohne erkennbare Suffigierung (Konversion) liegt bei *gauche* → *la gauche* ‚die politische Linke' vor.

Der Beispieltext ist charakterisiert durch einen Nominalstil, der für die Pressesprache allgemein typisch ist. Durch die Möglichkeit der Verkürzung finden sich Substantivierungen darüber hinaus in allen durch ausgeprägte Sprachökonomie charakterisierten Texten, etwa in der Fachsprache. Aber auch die französische Alltagssprache zeigt (vermutlich durch fachsprachlichen Einfluss) zunehmend eine Tendenz zur Nominalisierung.

Substantive können aus Verben, Adjektiven und ohne Wortartveränderung aus Substantiven gebildet werden. Entsprechend wird die Ableitung als deverbal, deadjektival (oder deadjektivisch) oder als denominal (bzw. desubstantivisch) bezeichnet. Zudem lassen sich auch Substantive aus Numeralia, Eigennamen oder Syntagmen ableiten, *enseignant* ‚Lehrer' ← *enseigner* beispielsweise ist deverbal, *faiblesse* ‚Schwäche' ← *faible* ist deadjektivisch, *musicien* ‚Musiker' ← *musique* ist desubstantivisch, *quarantaine* ‚Quarantäne' ← *quarante* ist aus einem Zahlwort abgeleitet, *gaullien* ← *(Charles) de Gaulle* stammt von einem Eigennamen und *je m'en foutisme* ‚Gleichgültigkeit' ← *je m'en fous* stellt die Nominalisierung eines ganzen Syntagmas dar[36] (zur Substantivbildung vgl. Buridant 2008, Grouillet 1971, Knittel 2015, Lüdtke 1976, Pouradier Duteil 1978 und Ulland 1993).

---

[36] Diese aus Phrasen entstandenen Formen werden auch Univerbierungen oder Inkorporationen genannt (vgl. Baché 2012).

Zusammenfassend lassen sich die Möglichkeiten der Substantivbildung im Französischen in folgendem Stemma darstellen:

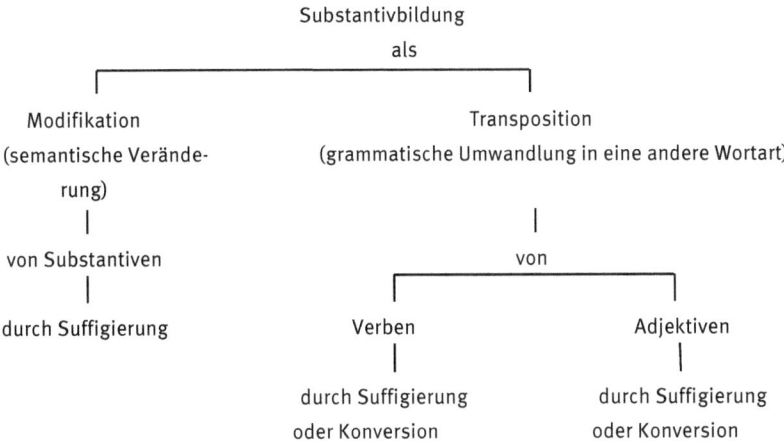

Es folgt die Darstellung der Möglichkeiten der Substantivbildung durch Derivation im Französischen. Zunächst werden die wichtigsten Formen der semantischen Modifikation vorgestellt, es folgt die Transposition und eine alphabetisch sortierte Aufstellung der gebräuchlichsten Derivationsaffixe mit morphologischen, semantischen und lexikologischen Angaben[37].

2.1.1.1 Modifikation

Als Modifikation wird die semantische Veränderung durch Affigierung ohne Wortartwechsel bezeichnet. Im Gegensatz zu anderen romanischen Sprachen zeigt das Französische im Bereich der derivativen Modifikation nur wenige Möglichkeiten, die sich weitgehend auf Diminution und Augmentation beschränken und in der Regel nicht mehr produktiv sind. Hinzu kommen einige häufig diasystematisch markierte Koseformen und pejorative Bildungen. Das im Französischen häufiger genutzte Wortbildungsmuster zur Modifikation ist die Präfigierung bzw. Komposition oder es wird auf syntagmatische Bildungen zurückgegriffen (vgl. hierzu Kapitel 2.2. und 2.3.).

---

37 Auf eine Klassifikation der Derivationsaffixe nach der Wortart der Basis, wie sie Thiele vornimmt, wurde hier verzichtet, da es bei zahlreichen Suffixen verschiedene Basiswortarten gibt.

Intensivierung (Augmentativ- und Diminutivbildung)

Die Diminutiv- und Augmentativbildung zeigt im Französischen eine ausgeprägte Formenvielfalt. Häufig liegt die Funktion der Bildung nicht allein in der Modifikation, sondern umfasst auch eine ganze Bandbreite semantischer Differenzierung und diatopischer und diastratischer Markierungen. Bei der Diminution tritt zusätzlich zur Verkleinerung häufig auch eine affektivische Konnotation hinzu. So kann *sœurette* einerseits ‚kleine Schwester', bedeuten, andererseits aber vor allem zum Ausdruck einer besonderen Vertrautheit verwendet werden. Coseriu (1977) sieht die diminuierende Funktion in der *langue*, also dem Sprachsystem, angelegt, während sich die affektivische Konnotation immer aus der jeweiligen Redesituation ergibt und somit zur *parole* gehört.

Diminutiv- und Augmentativbildungen wurden bis zum Anfang des 16. Jahrhunderts vor allem zur stilistischen Markierung literarischer Texte sehr häufig gebildet, während der Etablierung des *bon usage* als Norm des Französischen im 17. Jahrhundert nahm die Zahl der Neubildungen jedoch rapide ab, da sie nicht dem Ideal der *clarté* der französischen Sprache entsprachen. Im Neufranzösischen ist die Diminutiv- bzw. Augmentativbildung durch Suffigierung nicht mehr produktiv und wird durch Formen der affixoiden Präfigierung (*archi-, hyper-, maxi-* ...) oder durch syntagmatische Verbindungen der Form Adjektiv + Nomen ersetzt: *une maisonnette* → *une petite maison* (vgl. zur Intensivierung allgemein Kleiber 2007; Lüdtke 2007, 328–355; Rainer 2015; zur Diminutivbildung Dębowiak 2014, Delhay 1996, Hasselroth 1957 und 1972, Metzeltin 1976, Windisch 1992; zur sprachhistorischen Entwicklung im Mittelfranzösischen Eckert 1986, 282–317; zu Affixoiden vgl. Kapitel 2.3.5).

Tab. 8: Diminutivsuffixe

Suffix	Allomorphe	Produktivität	Beispiele
-eau m./-elle f.	-ereau m./-erelle f. -eteau m./-etelle f. -ceau m./-celle f.	nicht produktiv	chevreau, jambonneau loqueteau, louveteau lionceau, souriceau
-eton m.		nicht produktiv	caneton, gueuleton
-et m./-ette f.	-elet m./-elette f.	stark produktiv	cannette, jardinet, statuette
-iau m.		nicht produktiv	fabliau, flûtiau, nobliau
-iche f.	-oche m./-uche m.	nicht produktiv	barbiche, caniche
-ille f.	-illon m./-aillon m.	nicht produktiv	escadrille, bouvillon, oisillon
-in m./-ine f.		nicht produktiv	canin, chevalin, chevrotin
-isseau m.		nicht produktiv	arbrisseau, vermisseau

Suffix	Allomorphe	Produktivität	Beispiele
-on m./-onne f.	-çon m./-çonne f.	nicht produktiv	glaçon, limaçon
	-ron m./-ronne f.		chaperon, laideronne
	-eton m./-etonne f.		caneton, charreton
-ot m./-otte f.	-otin m.	nicht produktiv	angelot, frérot, diablotin

Als heute einzig produktives Suffix gilt -*et*, das fast ausschließlich weibliche Nomen bildet. Es wird an Nomen angefügt: *affiche* → *affichette* ‚kleines Plakat', *bâton* → *bâtonnet* ‚kleiner Stock', *jardin* → *jardinet* ‚Gärtchen'. Einige suffigierte Formen zeigen auch semantische Veränderungen: *barque* ‚Ruderboot' → *barquette* ‚Schale', *pâques* ‚Ostern' → *pâquerette* ‚Gänseblümchen', *pomme* ‚Apfel' → *pommette* ‚Backenknochen'. Bei deverbalen Formen auf -*et* kommt dem Suffix auch eine wortartverändernde Funktion zu (*allumer* → *allumette* ‚Streichholz', *jouer* → *jouet* ‚Spielzeug'), das Suffix dient dann primär der Bildung von Nomina instrumenti und hat keine diminuierende Funktion. Das Suffix -*in* hat sich aus dem italienischen -*ino* entwickelt und findet sich in integral entlehnten Formen (it. *bambino* → *bambin* ‚kleiner Junge, Bübchen'), aber auch in Neubildungen, häufig mit pejorativer Konnotation (*blond* → *blondin* ‚blonder Junge'). Das Suffix -*ille* findet sich in aus dem Spanischen entlehnten Formen (sp. *banderilla* → *banderille* ‚banderilla (im Stierkampf)', sp. *estampilla* → *estampille* ‚Ausfuhrstempel') und tritt auch in der allomorphen Form -*illon* (*porte* → *portillon* ‚Seitentür') oder -*aillon* (*mousse* → *moussaillon* ‚Schiffsjunge') auf, die wiederum französische Wortbildungen sind. Mit dem Suffix -*on*, das ursprünglich als Augmentativsuffix diente, wurden vorwiegend diminuierende Formen gebildet, häufig verbunden mit einer weiteren semantischen Modifikation (*glace* → *glaçon* ‚Eiswürfel', *lard* → *lardon* ‚Speck', *marmite* → *marmiton* ‚Suppentopf'); es bestehen auch mit dem Suffix -*ette* konkurrierende Formen (*cloche* → *clochette/clocheton* ‚kleine Glocke'). Das Suffix -*ot* ist eine dialektale Variante (Lothringen, Franche-Comté) von -*et*, hat sich aber auch standardsprachlich durchgesetzt und kann zusätzlich zur Diminution auch eine semantische Veränderung bewirken (*ange* → *angelot* ‚Engelchen', *île* → *îlot* ‚kleine Insel/Häuserblock'). Mit -*iau* suffigierte Formen sind pikardischen Ursprungs, aber auch standardsprachlich belegt (*flûte* → *flûtiau* ‚kleine Flöte', *noble* → *nobliau* ‚Landadliger'). Mit den Diminutivsuffixen -*eau* und -*on* wird der Nachwuchs von Tieren bezeichnet: *chèvre* → *chevreau* ‚Zicklein', *canard* → *caneton* ‚Entchen'.

Neben den standardsprachlichen Formen der Diminution gibt es noch eine ganze Reihe substandardsprachlich markierter Formen wie -*asson* (*mou* → *mollasson* ‚Weichling'), -*ichon* (*bon* → *bonichon* ‚Mützchen') usw.

Reduplikationen können im Französischen ebenfalls einen diminuierenden Charakter haben: *dormir* → *dodo*, *fou* → *fofolle*, *ours* → *nounours*, *sœur* → *sœsœur*, sie gehören aber eher der Kindersprache an oder sind diasystematisch markiert (zur Reduplikation vgl. Legrain 2013).

Tab. 9: Augmentativsuffixe

Suffix	Allomorphe	Produktivität	Beispiele
-ard m./-arde f.		nicht produktiv	soiffard, chançard, vantard
-as m./-asse f.	-ace	nicht produktiv	coutelas, paperasse
-âtre m./~ f.		nicht produktiv	acariâtre, marâtre
-aud m./-aude f.		nicht produktiv	corniaud, lourdaud
-on m.		nicht produktiv	ballon, caissson, médaillon
-ot m./-otte f.		nicht produktiv	angelot, frérot, îlot

Augmentativsuffixe sind im Französischen – im Gegensatz etwa zum Italienischen und Spanischen – selten und haben in der Regel auch eine pejorative Konnotation (*soif* → *soiffard* ‚Säufer', *sale* → *salaud* ‚gemeiner Kerl, Lump'). In der Sprachgeschichte ist die ursprünglich augmentative Funktion der Suffigierung häufig verloren gegangen, so dass nur noch die diasystematische Markierung wahrgenommen wird. Sie sind wenig produktiv, in der Regel wird – wie bei der Diminutivbildung – eine Paraphrase mit *grand* zum Ausdruck der Augmentation verwendet. Einzelne Formen sind integrale Entlehnungen aus anderen Sprachen: it. *barbone* → *barbon* ‚alter Knabe, Knacker'. Bildungen auf *-on* und *-ot/-otte* können sowohl eine diminutive als auch augmentative Funktion, häufig verbunden mit einer diastratischen Markierung, haben: *glaçon* ‚(kleiner) Eiswürfel' / *caisson* ‚(große) Kiste'. Die einzelnen Formen sind allerdings häufig lexikalisiert auf eine Funktion festgelegt: *sauvage* → *sauvageon* ‚Wildling/Naturkind'.

2.1.1.2 Transposition

Im Gegensatz zur Modifikation ist die Transposition die häufigste Funktion der Derivation. Es handelt sich hierbei primär um die Veränderung der Satzgliedfunktion der jeweiligen Basis durch Wortartwechsel. Bei der Substantivbildung ist dies der Übergang von der Prädikatsfunktion beim Verb oder der Attributfunktion beim Adjektiv zum Subjekt oder Objekt (zur Nominalisierung von Adjektiven vgl. Malkiel 1945).

Neben dem Wortartwechsel tritt in der Regel auch die Zuordnung zu einer Bedeutungsgruppe ein. Mit Substantiven können Lebewesen, Pflanzen und Dinge bezeichnet werden, die man auch als Konkreta zusammenfasst. Daneben können Substantive auch Nichtgegenständliches bezeichnen, also Konzepte, denen kein „real existierender" Referent entspricht (*oisif* → *oisiveté* ‚Müßiggang'). Die häufigsten Transpositionsarten der Substantive werden in der Romanistik mit neulateinischen Bildungen mit Bezug auf die semantische Rolle der Referenten bezeichnet. Bei deverbalen Formen steht hier ein Aspekt der Handlung im Vordergrund: Nomina actionis (die durch das Verb ausgedrückte Handlung), Nomina acti (das Resultat der Handlung), Nomina patientis (die Person, an der die Handlung durchgeführt wird), Nomina agentis (die Person, die die Handlung ausführt), Nomina instrumenti (das Werkzeug, mit dem die Handlung ausgeführt wird), Nomina loci (der Ort, an dem die Handlung ausgeführt wird). Auf Adjektive gehen Nomina qualitatis zurück, die eine Eigenschaft benennen. In der folgenden Tabelle werden die wichtigsten Formen der Transposition zusammengefasst[38]:

Tab. 10: Transpositionsarten

Transpositionsart	Beispiele	
Nomen actionis	calculation	lavement
Nomen qualitatis	calculabilité	lavabilité
Nomen loci		laverie, lavoir
Nomen agentis	calculette, calculateur	laveur
Nomen instrumenti	calculateur	lavoir

(adaptiert nach Augst 1999, 1081 und 1203)

Darüber hinaus gibt es weitere Möglichkeiten der Bezeichnung von Konkreta und Abstrakta, etwa von Konzepten (*absolu* → *absolutisme* ‚Absolutismus'), von Verhältnissen und Beziehungen (*ami* → *amitié* ‚Freundschaft'), Wissenschaften und Künsten (*langue* → *linguistique* ‚Linguistik') sowie Maß- und Zeitbegriffen (*heure* → *horaire* ‚Zeitplan'). Substantive können auch eine Menge von Objekten bezeichnen, sie bilden dann sogenannte Kollektiva (*pierre* → *pierraille* ‚Kies, Schotter').

Die überwiegende Mehrzahl der Substantivierungen ist deverbal. Deadjektivische und desubstantivische Formen sind eher selten. Diese Formen sollen in der Folge nach ihrer Transpositionsart und ihren Bildungsformen dargestellt werden (vgl. Lüdtke 1976; Lüdtke 2007, 170–211; Merk 1970; Stein 1994).

---

[38] Die Klassifikationen der Transpositionsarten unterscheiden sich stark voneinander. Heringer (2009, 107) hält die semantische Gruppierung der Derivate für einen Fall der „meaning-sens-fallacy", da sie auf den Output fokussieren, die Basis und den Prozess der Wortbildung aber außer Acht lassen. So lassen sich bei Nomina instrumenti nicht Geräte und Instrumente unterscheiden (etwa bei Toaster und Gebläse). Da aber in der Sprachwissenschaft bisher noch kein überzeugenderer Vorschlag gemacht wurde, soll hier die semantische Klassifikation beibehalten werden.

Tab. 11: Nomina acti/actionis (deverbal, deadjektivisch, denominal)

Suffix	Allomorphe	Produktivität	Beispiele
-ade f.		nicht produktiv	baignade, engeulade, noyade
-age m.		sehr produktiv	arbitrage, bavardage, jardinage
-aison f.	-oison	produktiv	cargaison, livraison, pâmoison
-ance f.		produktiv	abondance, espérace, performance
-at m.		nicht produktiv	assassinat, attentat, habitat, plagiat
-ée f.		produktiv	chevauchée, durée, plongée
-erie f.		produktiv	agacerie, bouderie, causerie
-ing m.		produktiv	camping, footing, meeting
-ion f.	-tion -ation/-ition	produktiv	agression, annexion, désertion agitation, convocation, équation
-is m.		nicht produktiv	clapotis, cliquetis, gâchis
-ment m.	-ement/-issement	produktiv	accomplissement, agrandissement, déchiffrement, mûrissement
-on m.		nicht produktiv	bouillon, brouillon, coupon, greffon, pinçon
-ure f.		produktiv	blessure, brûlure, coiffure, rayure

Nomina actionis lassen sich als nominale Ableitungen auf der Basis eines sich auf die entsprechende Handlung beziehenden Verbs beschreiben: *livrer [quelque chose]* → *livraison* ‚Lieferung', *remplir [quelque chose]* → *remplissage* ‚Auffüllen'. Bei reinen Nominalisierungen wird nur die syntaktische Kategorie verändert, während die Semantik des Verbs unverändert bleibt: *éduquer* ‚erziehen' → *éducation* = Erziehung, Resultat des Erziehens, *agresser* ‚angreifen' → *agression* = Handlung des Angreifens. Bei anderen Formen tritt eine zusätzliche semantische Komponente hinzu oder nur eine spezifische Bedeutung des Verbs ist Grundlage der Form: *assortir* ‚abstimmen' → *assortiment* ‚Zusammenstellung' (zu Nomina actionis vgl. Benveniste 1948; Lewicka 1957 und 1968; Thiele 1993, 34–37).

Die überwiegende Mehrzahl dieser Bildungen geht auf ein Verb oder das adjektivisch verwendete Partizip eines Verbs zurück: *négliger* → *négligeant* → *négligeance* ‚Nachlässigkeit', *abonder* → *abondant* → *abondance* ‚Überfluss'. Sie werden daher auch Adjektivabstrakta oder deadjektivische prädikative Nominalisierungen genannt (vgl. Lüdtke 1978, 162).

Zur Bezeichnung eines Vorgangs stehen die Suffixe *-age*, *-ment*, *-ation* in Konkurrenz, wobei häufig Dubletten mit *-age* und *-ment* existieren. Die Bildungen auf *-age* scheinen sich im heutigen Sprachgebrauch durchzusetzen: *bavardement* ↔ *bavardage* ‚Schwatzen', *chauffage* ↔ *chauffement* ‚Heizung'. Es lässt sich allerdings auch der umgekehrte Vorgang feststellen, bei dem die mit *-ment* gebildete Form häufiger ist: *déroulement* ↔ *déroulage* ‚Verlauf, Abrollen'. Bei einigen Formen ergeben sich semantische Differenzierungen: *abattage* ‚Abreißen, Einreißen' vs. *abattement* ‚Mattigkeit, Niedergeschlagenheit', *arrachage* ‚Ausreißen' vs. *arrachement* ‚schmerzliche Trennung', *étalage* ‚Auslage' vs. *étalement* ‚Verteilung'. Nachdem das Suffix *-ance* über einen längeren Zeitraum unproduktiv war, lassen sich im heutigen Französisch zahlreiche Neubildungen feststellen: *gouverner* → *gouvernance* ‚Regierungsführung', *mouvoir* → *mouvance* ‚Bewegung', *nuire* → *nuisance* ‚Belästigung'.

Zur Bezeichnung eines Zustands haben die mit den Suffixen *-is*, *-at* und *-erie* gebildeten Formen eine resultative Bedeutung, während die Formen auf *-ade*, *-aison*, *-ance*, *-at*, *-ée*, *-ing* und *-ure* eher auf die Handlung selbst fokussieren. Während also bei *assassinat* ‚Ermordung' oder *gâchis* ‚Vergeudung' das Ergebnis der durch die Verben *assassiner* und *gâcher* ausgedrückten Handlungen im Mittelpunkt stehen, ist bei einer Form wie *croissance* ‚Wachstum' oder *plongée* ‚Tauchen' eher die Handlung an sich Inhalt des Ausdrucks. Weitere Beispiele: *-at* (*cracher* → *crachat* ‚Auswurf, Spucke', *certifier* → *certificat* ‚Zeugnis, Bescheinigung', *conglomérer* → *conglomérat* ‚Konglomerat'), *-is* (*gribouiller* → *gribouillis* ‚Gekritzel', *hacher* → *hachis* ‚kleingehacktes Fleisch') *-on* (*brouiller* → *brouillon* ‚Konzept, erste Niederschrift', *greffer* → *greffon* ‚Pfropfreis', *plonger* → *plongeon* ‚Kopf-,Hechtsprung'). Bisweilen werden diese Formen in Abgrenzung zu den Nomina actionis auch als Nomina acti bezeichnet. Darüber hinaus können Nomina actionis auf *-ée* auch als Konversion des Partizip Perfekt gebildet werden: *arriver* → *arrivée* ‚Ankunft', *échapper* → *échappée* ‚Ausreißversuch', *entrer* → *entrée* ‚Eingang'. Hierbei steht die Abgeschlossenheit der Handlung im Mittelpunkt. Diese Formen sind ausschließlich weiblich.

Einige Nomina actionis sind Rückbildungen aus Verben: *appel* ‚Ruf, Anruf' ← *appeler*, *retour* ‚Rückkehr' ← *retourner*, *vol* ‚Flug' ← *voler*.

Tab. 12: Nomina qualitatis (deadjektivisch)

Suffix	Allomorphe	Produktivität	Beispiele
-ance f.		produktiv	abondance, arrogance, divergeance
-ement m.		produktiv	abondement, dévouement, rendement
-ence f.	-ience	nicht produktiv	confidence, négligeance, prudence
-ent m.		produktiv	adhérent, concurrent, président
-esse f.		wenig produktiv	finesse, jeunesse, sagesse
-été f.		produktiv	notoriété, propriété, société
-eur f.		wenig produktiv	aigreur, ardeur, blancheur, lenteur
-ice f.		nicht produktiv	avarice, immondices, malice
-ie f.	-erie	produktiv	courtoisie, folie, mesquinerie
-ise f.		nicht produktiv	bêtise, franchise, gourmandise
-ité f.	-ilité	stark produktiv	absurdité, proximité, solidarité, faisabilité

Suffix	Allomorphe	Produktivität	Beispiele
-té f.	-eté/-ité/-tié	produktiv	ancienneté, liberté, netteté, amitié
-ude f.	-itude	fachsprachlich produktiv	complétude, désuétude, hébétude

Nomina qualitatis sind Adjektivabstrakta zur Bezeichnung von Eigenschaften oder sie charakterisieren eine Beschaffenheit. Die Basis bilden ausschließlich qualifizierende Adjektive (*beau* → *beauté* ‚Schönheit', *discret* → *discrétion* ‚Diskretion', *rigide* → *rigidité* ‚Starrheit'), die bisweilen auch auf Verben zurückgehen, da man sie auch auf adjektivisch gebrauchte Formen des Partizips zurückführen kann: *abattre* → *abattu* → *abattement* ‚Niedergeschlagenheit'.

Es existieren zahlreiche Suffixe zur Bildung von Nomina qualitatis, die Zahl der im heutigen Französisch produktiven Suffixe ist jedoch recht eingeschränkt. Im neueren Sprachgebrauch finden sich vor allem Bildungen auf *-té* mit den allomorphen *-eté*, *-ité* und *-tié* (*fier* → *fierté* ‚Stolz', *ancien* → *ancienneté* ‚Dienstalter'), wobei bisweilen auch eine pejorative Konnotation nachweisbar ist[39]. Bildungen auf *-ie*, *-ude/-itude*, *-ice* und *-ise* sind ebenfalls häufig belegt, sie kommen jedoch vor allem im fachsprachlichen Kontext vor.

Formen auf *-ance* sind französische Wortbildungen und gehen auf das Partizip Präsens zurück (*croire* → *croyant* → *croyance* ‚Glaube', *obliger* → *obligeant* → *obligeance* ‚Gefälligkeit, Zuvorkommenheit'), dieses Wortbildungsmuster ist im heutigen Französisch noch produktiv, Bildungen auf *-ence* sind dagegen Latinismen (*exigence* ‚Forderung' ← lat. *exigentia*, *indulgence* ‚Nachsicht' ← lat. *indulgentia*).

Neben diesen Formen der suffigierenden Nominalisierung gibt es zahlreiche Konversionen, insbesondere bei Farbbezeichnungen: *blanc* → *(le) blanc*, *bleu* → *(le) bleu* (zu Nomina qualitatis vgl. Ernst 1995).

Tab. 13: Nomina loci (deverbal/denominal)

Suffix	Allomorphe	Produktivität	Beispiele
-ade f.		nicht produktiv	arcade, colonnade, promenade
-at m.		nicht produktiv	consulat, habitat, internat, rectorat
-ère m.	-tère	nicht produktiv	baptistère, monastère
-erie f.		sehr produktiv	animalerie, gendarmerie, imprimerie

---

39 Rainer (1993, 221) verweist darauf, dass die Möglichkeit der Bildung von Nomina qualitatis auf der Basis qualifizierender Adjektive durch Umformulierung der Prädikation feststellbar ist: *un président populaire/la popularité du président* vs. *la haine populaire/*la popularité de la haine* [das spanische Beispiel wurde hier vom Verf. in das Französische adaptiert].

Suffix	Allomorphe	Produktivität	Beispiele
-ment m.		wenig produktiv	accotement, logement, parlement
-oir m./-oire f.		nicht produktiv	dortoir, fumoir, baignoire
-ure f.		nicht produktiv	filature, ouverture

Die meisten Nomina loci sind deverbal und bezeichnen den Ort, an dem eine Handlung durchgeführt wird (*imprimer* → *imprimerie* ‚Druckerei', *raffiner* → *raffinerie* ‚Raffinerie').

Einige Nomina loci sind denominal und bezeichnen den Ort, an dem ein Gegenstand hergestellt oder verkauft wird (*acier* → *aciérie* ‚Stahlwerk', *fromage* → *fromagerie* ‚Käserei', *livre* → *librairie* ‚Buchhandlung', *billet* → *billetterie* ‚Geldautomat'). Heute produktiv ist allein das Suffix *-erie* (*chauffer* → *chaufferie* ‚Kesselraum', *linge* → *lingerie* ‚Wäsche', *parfum* → *parfumerie* ‚Parfumerie'). Basis kann hier ebenfalls ein Nomen agentis sein (*cordonnier* → *cordonnerie* ‚Schuhmacherei', *ébéniste* → *ébénisterie* ‚Tischlerei'). Auf *-at* gebildete Formen bezeichnen in der Regel die Räume im Zuständigkeitsbereich eines Amts- oder Funktionsträgers (*consul* → *consulat* ‚Konsulat', *émir* → *émirat* ‚Emirat', *recteur* → *rectorat* ‚Rektorat') und sind selten. Neben diesen französischen Bildungen wird das aus dem Lateinischen entlehnte *-orium* in gelehrten Formen verwendet, die häufig Internationalismen sind: *auditorium* ‚Auditorium', *crématorium*, ‚Krematorium', *préventorium* ‚Heilstätte, Sanatorium', *sanatorium* ‚Sanatorium'. Das französierte Äquivalent hierzu ist *–oir(e)*, das mit lateinischen oder mit französischen Stämmen kombiniert wird: lat. *orare* ‚beten' → *oratoire* ‚Kapelle', lat. *urina* ‚Harn' → *urinoir* ‚Pissoir', fr. *dormir* → *dortoir* ‚Schlafsaal', *fumer* → *fumoir* ‚Räucherkammer'.

Eine genaue Trennung von Nomina loci und Nomina instrumenti ist häufig nicht möglich: so kann *baignoire* ‚Badewanne' als Werkzeug oder als Ort der Handlung verstanden werden. Noch deutlicher wird der Unterschied bei *séchoir* ‚Föhn'/‚Trockenraum'. Auch Nomina actionis können in bestimmten Kontexten zur Bezeichnung von Orten verwendet werden, so *réanimer* → *réanimation* im dem Satz *Le patient a été transféré en réanimation* ‚Der Patient wurde in den Wiederbelebungsraum verlegt (zu Nomina loci vgl. Luschützky/Rainer 2013, Symanek 2015 und Rainer 2011).

Tab. 14: Nomina agentis (deverbal/denominal)

Suffix	Allomorphe	Produktivität	Beispiele
-aire m./~ f.	-ataire m. -itaire m.	produktiv	bibliothéquaire, destinataire commanditaire
-ant m./-ante f.		produktiv	habitant, ressortissant
-ard m./-arde f.		produktiv	braillard, cumulard, démerdard

Suffix	Allomorphe	Produktivität	Beispiele
-ent m./-ente f.	-ient m./-iente f.	produktiv	adhérent, concurrent, président
-eur m./-euse f.	-ateur m./-ateuse f. -iteur m./-itrice f.	sehr produktiv	chercheur, danseur, vendeur, réparateur, expéditeur
-eux m./-euse f.		nicht produktiv	audacieux, matheux, rebouteux
-ien m./-ienne f.	-icien m./-icienne f.	sehr produktiv	grammairien, paroissien, académicien
-ier m./-ière f.	-andier m./-andière f.	produktiv	agencier, gonfalonier, lavandier
-iste m./~ f.		sehr produktiv	affairiste, africaniste, dentiste

Nomina agentis bezeichnen den Handlungsträger. Grundlage ist in der Regel der Beruf, den eine Person ausübt. Denominale Nomina agentis beziehen sich auf den Ort, an dem der Beruf ausgeübt wird (*bibliothèque* → *bibliothécaire* ‚Bibliothekar', *cuisine* → *cuisinier* ‚Koch') oder das Objekt der Handlung (*dent* → *dentiste* ‚Zahnarzt', *hôtel* → *hôtelier* ‚Hotelier'). Bei deverbalen Nomina agentis steht dagegen die für den Beruf typische Handlung an sich im Mittelpunkt (*laver* → *lavandière* ‚Wäscherin', *chercher* → *chercheur* ‚Forscher')[40]. Es existieren auch Formen, bei denen der Bezeichnete Benefikator der Handlung ist (*louer* → *allocataire* ‚Mieter'). Bei einigen Bildungen findet eine Bedeutungsverengung des zugrundeliegenden Verbs statt: *ajuster* ‚anpassen' → *ajusteur* ‚Schlosser'. Bildungen auf *-eur* und *-eux* zeigen bisweilen eine semantische Differenzierung: *piquer* → *piqueur* ‚Hauer, Arbeiter am Presslufthammer', vs. *piqueux* ‚Jäger' (die weibliche Form *piqueuse* dagegen ‚Stepperin, Näherin'). Im umgangssprachlichen Französisch bildet insbesondere das Suffix *-ard* Nomina agentis: *bagne* → *bagnard* ‚Sträfling', *démerder* → *démerdard* ‚Schlaukopf', *moto* → *motard* ‚Motorradfahrer'.

Neben diesen suffigierten Formen gibt es auch Konversionen auf der Basis des Partizip Präsens und Perfekt zur Bezeichnung von Nomina agentis: *assister* → *assistant* ‚Assistent', *enseigner* → *enseignant* ‚Lehrer', *militant* → *(le) militant* ‚aktives Mitglied (einer Partei, einer Organisation)', *représenter* → *représentant* ‚Vertreter', *déporter* → *déporté* ‚Deportierter', *émigrer* → *émigré* ‚Emigrant'. Hierbei zeigen die Bildungen in der Form des Partizip Präsens eine eher aktivische, die Bildungen auf der Basis des Partizip Perfekt dagegen eher eine passivische Bedeutung. Bei einigen Formen liegen aktivische und passivische Dubletten vor: *condamnant* ‚Verurteilender',

---

40 Lüdtke (2007, 451) rechnet Bildungen wie *libraire* zu den Relationskomposita, da hier eine Verbindung „aus einem Substantiv als Determinans und einem generischen Element mit substantivischer Funktion als Determinatum besteht und das als Suffix ausgedrückt wird". Die Form *libraire* wäre entsprechend zu paraphrasieren als „jemand (der Bücher verkauft)". Diese Definition des Kompositums widerspricht aber der hier vertretenen Auffassung, dass ein Kompositum aus zwei lexikalischen Morphemen bestehen muss.

vs. *condamné* ‚Verurteilter'. Die Semantik der durch Konversion aus dem Partizip entstandenen Formen kann sich aus dem Verb ergeben, aber auch eine Eigenständigkeit entwickelt haben (*revenir* ‚zurückkehren' → *revenant* ‚Gespenst'). Eine Konversion aus einem Adjektiv ist *juste* → *(le) juste* ‚der Gerechte'.

Das Genus ist festgelegt durch das natürliche Geschlecht des Handlungsträgers, es existieren daher durch Motion immer eine weibliche und eine männliche Form (*infirmier* ‚Krankenpfleger' – *infirmière* ‚Krankenschwester') (vgl. Thiele 1993, 37s.). Zu den weiblichen Formen der Nomina agentis vgl. Tabelle 17: Motion (zu Nomina agentis vgl. Benveniste 1948, Brückner 1984; zu Bildungen auf *-eur* vgl. Windisch 1992).

Tab. 15: Nomina instrumenti (deverbal)

Suffix	Allomorphe	Produktivität	Beispiele
-ail m./-aille f.		produktiv	épouvantail, gouvernail, tenaille
-er m./-euse f.	-eur m.	produktiv	mixer, agrafeuse, tondeuse, trancheuse
-eur m./-rice f.	-ateur m./-atrice f. -teur m./-trice f.	produktiv	imprimeur, calculateur, accompagnateur, accélérateur, acheteur
-ier m./-ière f.		produktiv	beurrier, anguillère
-oir m./-oire f.		produktiv	accoudoir, abattoir, séchoir
-on m.		nicht produktiv	bouchon, guidon, lorgnon, pilon
-ot m./-otte f.		nicht produktiv	bouillotte, cocotte, menotte
-ule f.		nicht produktiv	pendule, véhicule
-ure f.		wenig produktiv	armature, brochure, ceinture

Nomina instrumenti bezeichnen das Werkzeug, mit dem eine Handlung ausgeführt wird (*calculateur* = *machine (qui sert) à calculer*). Bisweilen sind Nomina instrumenti formgleich mit Nomina agentis; ob es sich um die handelnde Person oder das Instrument handelt, ergibt sich dann aus dem Kontext (*imprimer* → *imprimeur* ‚Drucker' / ‚Druckmaschine'). Durch die Automatisierung kann auch die Bezeichnung, die ursprünglich für die Person verwendet wurde, auf die jeweilige Maschine übertragen werden (*distribuer* → *distributeur* ‚Verteiler' bzw. ‚Automat'). Am häufigsten sind Bildungen mit *-eur* (*climat* → *climatiseur* ‚Klimaanlage', *répondre* → *répondeur* ‚Anrufbeantworter'), seltener sind die weiblichen Formen auf *-euse* (*percer* → *perceuse* ‚Bohrer', *tondre* → *tondeuse* ‚Rasenmäher'). Aus dem Englischen entliehen wurden Bildungen mit *-er*, die auch in einer dem Französischen angepassten Form erscheinen können: *hacker/hackeur* ‚Hacker', *mixer/mixeur* ‚Mixer'. Bei Formen auf *-ule* ist das zugrundeliegende Verb nicht mehr erkennbar: *pendre* → *pendule* ‚Pendeluhr' (zu Nomina instrumenti vgl. Brückner 1984, Luschützky/Rainer 2013, Platz-Schliebs 2008, Ulland 1993 sowie Rainer 2005 und 2011[41]).

Tab. 16: Kollektiva (denominal)

Suffix	Allomorphe	Produktivität	Beispiele
-ade f.		nicht produktiv	bastonnade, colonnade
-age m. / ~ f.		wenig produktiv	branchage, outillage, plumage
-aie f.	-eraie	nicht produktiv	châtaigneraie, chênaie, olivaie
-aille f.	-ailles	produktiv	antiquaille, mangeaille
-aire m.	-adaire -ataire/-itaire	nicht produktiv	abécédaire, vocabulaire, lampadaire abandonnataire, commanditaire
-at m.		nicht produktiv	actionnariat, prolétariat
-ée f.		produktiv	bouchée, fournée, maisonnée
-erie f.	-terie	produktiv	argenterie, tuyauterie
-ure f.	-ature	wenig produktiv	chevelure, toiture, musculature

Kollektive Bildungen bezeichnen eine Menge oder eine Einheit, die sich aus einzelnen als zusammengehörig empfundenen Teilen zusammensetzt. Sie sind entsprechend häufig denominal. Das Suffix *-aille* ist pejorativ (*antiquaille* ‚Antiquitäten ohne Wert', *mangeaille* ‚Fraß'). Die häufigste Form der Kollektivbildung bezieht sich auf eine Menge einzelner Referenten ohne weitere Spezifizierung (*feuille* → *feuillage* ‚Blatt-, Laubwerk', *prolétaire* → *prolétariat* ‚Proletariat'). Sie können aber auch etwas bezeichnen, das als Behältnis für die Objekte dient, hier insbesondere mit der Suffigierung auf *-aire* (*question* → *questionnaire* ‚Fragebogen', *veste* → *vestiaire* ‚Garderobe', *vocable* → *vocabulaire* ‚Wörterverzeichnis'[42]). Kollektivbildungen können sich aber auch auf das Material beziehen, aus dem die so bezeichneten Objekte bestehen, meist verbunden mit einer weitergehenden Spezifizierung bzw. Qualifizierung (*bois* → *boiserie* ‚Vertäfelung (aus Holz)', *fer* → *ferraille* ‚Schrott, Alteisen'). Einige Formen, die normalerweise Sachen oder Konzepte bezeichnen, können auch okkasionell (also kontextabhängig und in der Regel nicht lexikalisiert) als Personenbezeichnungen verwendet werden: *intelligent* → *intelligence* → *une intelligence* (= *une personne intel-*

---

[41] Donalies (2005, 161) zählt die Nomina instrumenti zu einer Untergruppe der Nomina agentis, da hier das Objekt als Handelnder wahrgenommen wird.
[42] In der Bedeutung ‚Wortschatz' erscheint *vocabulaire* in rein kollektiver Funktion.

ligente), *célèbre* → *célébrité* → *une célébrité* (= *une personne célèbre*) (zur Kollektivbildung vgl. Baldinger 1950; Borillo 1997; Lüdtke 2007, 321–324; Meisterfeld 1998; Mihatsch 2000 und 2015; im Mittelfranzösischen Eckert 1986, 319–232).

Tab. 17: Motion

Suffix	Allomorphe	Produktivität	Beispiele
-ant m./-ante f.		produktiv	chercheur/chercheuse
-ateur m./-atrice f.		produktiv	décorateur/décoratrice
-eur m./-euse f.	-eresse f. -isseur m./-isseuse f.	produktiv	coiffeur/coiffeuse, acquéreur/acquéresse, démolisseur/démolisseuse
-eur m./-eure f.		wenig produktiv	prieur/prieure, auteur/auteure
-ier m./-ière f.		wenig produktiv	avanturier/avanturière
-iteur m./-itrice f.		produktiv	expéditeur/expéditrice
-teur m./-trice f.		produktiv	directeur /directrice

Ein besonderes Problem der Wortbildung besteht bei der Klassifikation der Genusmarkierung. Das Genus als eine grammatische Kategorie ist zunächst vollkommen arbiträr: das Geschlecht von *la lune* (der Mond) oder *le soleil* (die Sonne) ist offenbar willkürlich und sprachabhängig festgelegt. Bisweilen existieren auch zwei verschiedene Lexeme zur Differenzierung des Geschlechts (*père* vs. *mère*, *fils* vs. *fille*).

Bei Nomina agentis wie *coiffeur* und *coiffeuse* zeigt sich jedoch ein anderer Sachverhalt. Sie sind in ihrer Morphemstruktur segmentierbar: {coiff} + {eur} sowie {coiff} + {euse} und beziehen zusätzlich zur innersprachlichen Kategorisierung nach dem Geschlecht den Aspekt der außersprachlichen Referenz mit ein, da *coiffeur* auf eine männliche und *coiffeuse* auf eine weibliche Person Bezug nimmt. Nach Wunderli (1989, 82) entspricht dies einer semantischen Modifikation, wobei die männliche Form den unmarkierten Typ darstellt, da sie sich auf alle Handelnden ohne Differenzierung des Geschlechts beziehen kann. Weder die maskuline noch die feminine Form sind hier vorrangig. Wunderli hat für dieses Phänomen den Terminus Motion eingeführt.

Die Suffixe zur Bildung weiblicher Formen variieren vor allem aufgrund sprachhistorischer Zusammenhänge. Es lassen sich jedoch einige Regelmäßigkeiten, vor allem bei der Bildung von Neologismen, feststellen. Das Suffix *-euse* wird verwendet, wenn die Form auf ein im heutigen Französisch belegtes Verb zurückgeführt werden kann (*chercher* → *chercheuse* ‚Forscherin', *programmer* → *programmeuse* ‚Programmiererin'), oder ein nominaler Stamm erkennbar ist (*camion* → *camionneuse* ‚Lastwagenfahrerin', *farce* → *farceuse* ‚Spaßvogel'). Mit dem Suffix *-eure* dagegen werden

Formen ohne erkennbaren Stamm gebildet: *entrepreneure* ‚Unternehmerin', *ingénieure* ‚Ingenieurin', die Formen *auteure* und *professeure* werden vor allem im kanadischen Französisch verwendet.

Bei männlichen Formen auf *-eur* kann die weibliche Endung variieren: so existieren zu *pécheur* ‚Sünder' parallel die Formen *pêcheuse* und *pécheresse*, wobei sich bei der weiblichen Form die Semantik unterscheidet: *pêcheuse* ‚Fischerin' ← *pêcher* ‚fischen' vs. *pécheresse* ‚Sünderin' ← *pécher* ‚sündigen'[43]. Tatsächlich lassen sich aber auch zahlreiche parallele Formen ohne semantische Differenzierung nachweisen: *mentir* → *menteuse/menteresse* ‚Lügnerin', *servir* → *serveuse/serveresse* ‚Kellnerin', *vendre* → *vendeuse/venderesse* ‚Verkäuferin'. Thiele (1993, 38) sieht hier eine stilistische Variante. Die mit *-esse* suffigierten Formen sind entweder veraltet, ironisch oder diastratisch besonders hoch markiert. Zu verschiedenen männlichen Formen findet sich auch eine ebenfalls markierte Motion mit dem Suffix *-ette*: *contrôleur/contrôlette*, *gendarme/gendarmette* (vgl. Merle 1989).

Ein in den letzten Jahrzehnten stark diskutiertes Problem der französischen Wortbildung betrifft die Feminisierung von Berufsbezeichnungen. Lange Zeit lag nur die männliche Form vor und wurde indifferent auch für weibliche Berufstätige verwendet. Durch die zunehmende Öffnung der Berufswelt ergab sich hier eine Lücke im Wortschatz. Obwohl das Französische für die meisten Nomina agentis die morphologische Möglichkeit einer Movierung besitzt, dem Suffix der männlichen Form also eine weibliche Variante gegenübersteht, bleibt sie häufig ungenutzt: *coiffeur/coiffeuse* aber *professeur/*professeuse*. Die Verwendung dieser suffigierten Formen wird von der *Académie française* als *barbarisme* bewertet. Explizit bezeichnete die *Académie française* 2014 in einer Stellungnahme zur Feminisierung der Berufsbezeichnungen die Formen *professeure, recteure, sapeuse-pompière, ingénieure, procureure* und *chercheure* als „contraires aux règles ordinaires de dérivation"[44].

Einerseits zeigt das Französische eine große Bandbreite der Möglichkeiten bei der Suffigierung von Nomina agentis, so dass eine eindeutige Markierung wie im Deutschen durch das Movierungssuffix *-in* (*Koch/Köchin, Lehrer/Lehrerin*) ausbleibt. Diese Möglichkeiten werden jedoch nur selten genutzt. Ein Grund für die wenigen belegten und verwendeten Formen könnte im Verlust der Produktivität der jeweiligen Wortbildungsmuster liegen. Es besteht im heutigen Französisch generell die Tendenz, syn-

---

[43] Es finden sich auch Schreibungen, die beide Formen mit dem Circonflexe differenzieren, bei einer korpuslinguistischen Überprüfung konnten jedoch beide orthographischen Varianten in vergleichbarer Häufigkeit nachgewiesen werden.

[44] La féminisation des noms de métiers, fonctions, grades ou titres – Mise au point de l'Académie française, publiziert in Le Figaro 15.10.2014 [Europresse news20141015.LFF.2014101artfig00163]. Als Richtlinie für die Feminisierurng der Berufsbezeichnungen legte die Documentation française 1999 den Ratgeber *Femme, j'écris ton nom...* vor [http://www.ladocumentationfrancaise.fr/var/storage/rapports-publics/994001174.pdf].

thetische Formen durch analytische zu ersetzen, eine Disambiguierung durch vorangestelltes *femme* oder *Madame* (*Madame le professeur* statt *professeuse*) entspricht also eher dem Charakter des heutigen Französisch.

Bei Formen auf *-e* bzw. *-é*, die keine Möglichkeit der morphologischen Veränderung bieten, erfolgt häufig eine Movierung durch den Gebrauch der weiblichen Form des bestimmten oder unbestimmten Artikels: *une anesthésiste, une cardiologue, une psychiatre*. Bei traditionell von Männern ausgeübten Berufen erfolgt jedoch auch hier keine Veränderung, auf das weibliche Geschlecht wird in der Anrede mit der Form *Madame* Bezug genommen: *Madame le ministre*. In früheren Texten wurde mit dieser Form allerdings häufig auf die Ehefrau eines Angestellten oder Beamten mit hohem Prestige Bezug genommen, sie scheinen jedoch heute nicht mehr im Gebrauch zu sein. Eine Überprüfung im gesamten Korpus Europresse [12.3.2016] ergab für *Madame le ministre* gerade einmal 1236 Belege, während *la ministre* 920913mal belegt war, *ministresse* erscheint, häufig mit Anführungszeichen als ironisch markiert, 71mal.

Ein weiteres Problem für die Verwendung der weiblichen Formen ist die gelegentliche Homonymie mit der Bezeichnung für eine entsprechende Maschine. So kann *tricoteuse* die Näherin bezeichnen, gleichzeitig aber auch die Nähmaschine.

Bei der Femininbildung lassen sich Unterschiede innerhalb der Frankophonie feststellen, insbesondere im Vergleich mit dem Französischen in Québec. Das dortige *Office de la langue française* hat – im Gegensatz zur bis heute üblichen Vorgehensweise in Frankreich – die konsequente Feminisierung aller Berufsbezeichnungen empfohlen. Im Gegensatz zum hexagonalen (europäischen) Französisch finden sich hier u.a. folgende von der *Académie française* abgelehnte Femininbildungen: auf *-eure*: *auteure* ‚Autorin', *docteure* ‚Doktorin', *proviseure* ‚Direktorin' auf *-euse*: *acheteuse* ‚Käuferin', *traiteuse* ‚Lieferantin für Feinkost'[45] (zur Femininbildung im Französischen vgl. Birken-Silvermann 2002; Houdebine-Gravaud 1998; Lüdtke 2007, 313–319; Schafroth 1992; Spence 1986 und Stehli 1949).

Nomina patientis
Die sogenannten Nomina patientis oder Nomina acti bezeichnen das Objekt einer Handlung und sind gegenüber den Nomina actionis im Französischen selten. Eine genaue Abgrenzung zu den Nomina actionis ist häufig nicht möglich. Im Französischen werden sie fast ausschließlich deverbal durch Konversion des Partizips Perfekt des zugrundeliegenden Verbs gebildet: *inviter → invité → un invité* ‚Gast', *(se) marier → un marié* ‚Verheirateter'. Bisweilen erfolgt eine vorherige Ableitung zum Substantiv: *(se) retirer → retraite → retraité* ‚Rentner'.

---

[45] Weitere Informationen zur Feminisierung der Personenbezeichnungen in Québec gibt die Internetseite des Office québécois de la langue française [7.3.2016]: http://bdl.oqlf.gouv.qc.ca/bdl/gabarit_bdl.asp?Th=1&Th_id=274&niveau=

2.1.1.3 Nominalsuffixe

Es werden in alphabetischer Reihenfolge Suffixe aufgeführt, die im Französischen Substantive bilden. Zu den einzelnen Formen werden auch die jeweiligen Allomorphe aufgeführt, wenn sie semantisch zusammengehören und dem gleichen Etymon (= Ausgangsmorphem) zuzuordnen sind. An dieser Stelle werden nur alltagssprachliche Formen aufgenommen, rein fachsprachliche Bildungen – etwa *-acée* (Botanik: *cucurbitacée, herbacé* ‚Kraut'), *-ite* (Medizin: *appendicite* ‚Blinddarmentzündung') oder *-ose* (Chemie: *acétocellulose* ‚Celluloseacetat') – werden hier nicht behandelt.

Zunächst erfolgt die Angabe der Form. Liegen parallele Formen in verschiedenen Wortarten vor (oft bei formgleichen Adjektiven), wird darauf verwiesen. Auf gelehrte Bildungsformen wird hingewiesen, der Regelfall der volkstümlichen (erbwörtlichen) Bildung wird nicht weiter erwähnt. Es folgt die Angabe der möglichen Stämme nach Wortart. Lassen sich die Formen semantisch differenzieren (als Nomina actionis, Nomina agentis etc.) werden diese Formen belegt. Es folgen Angaben zur Allomorphie (morphologische Besonderheiten), zur Produktivität und zu konkurrierenden Suffixen, die semantisch vergleichbare Formen bilden können. Abschließend wird auf Literatur verwiesen.

-ade [lat. *-ata*] ist ein aus dem Spanischen, dem Okzitanischen oder dem Italienischen entlehntes Suffix[46], zahlreiche Formen sind integrale Entlehnungen aus diesen Sprachen: okz. *aubada* → *aubade* ‚Morgenständchen', it. *brigata* → *brigade* ‚Brigade', sp. *camarada* → *camarade* ‚Kamerad'. Der TLFi führt eine Liste mit Bildungen vor allem des 16. und 17. Jahrhunderts an, die Zahl der Neubildungen nach 1789 nimmt deutlich ab.

V → N: *bousculer* → *bousculade* ‚Gedränge', *engueuler* → *engueulade* ‚Anschnauzer, Rüffel', *griller* → *grillade* ‚Grillgericht', *(se) promener* → *promenade* ‚Spaziergang'.
N → N: *arc* → *arcade* ‚Arkade, Bogengang', *colonne* → *colonnade* ‚Kolonnade, Säulengang', *orange* → *orangeade* ‚Orangeade'.
Nomina actionis: *baigner* → *baignade* ‚Baden', *bâton* → *bastonnade* ‚Stockschläge', *fusiller* → *fusillade* ‚Schießerei, Schusswechsel', *(se) promener* → *promenade* ‚Spazierengehen'.
Kollektiva: *colonne* → *colonnade*, *enfiler* → *enfilade* ‚lange, gerade Reihe', *peuple* → *peuplade* ‚Volksstamm'.
Mischung oder Zusammensetzung: *citron* → *citronnade*, *orange* → *orangeade* ‚Getränke auf der Basis von Zitronen bzw. Orangensaft'.
Morphologische Besonderheiten: Bei Wortendungen auf *-on* wird der Nasalkonsonant häufig verdoppelt: *citron* → *citronnade*.

---

[46] Die genaue Herkunft lässt sich aufgrund der formalen Ähnlichkeit (sp. *-ado*, okz. *-ado*, it. *-ata*) nicht eindeutig feststellen.

Produktivität: Das Suffix bleibt bis heute eingeschränkt produktiv, auch wenn die Bildungen seltener werden. Neubildungen sind häufig diasystematisch markiert (*engueuler → engueulade* ‚Zusammenschiss', PR: pop., PL: fam.).
Konkurrierende Suffixe: *-ée, -erie, -ie, -ise, -ure, -age*.
Literatur: Aliquot-Suengas 2003b; Collin 1918; Dingel 1987, 104; Dubois 1999, 40s.; Körting 1898, 77, 116; Lustenberger-Seidlova 1980; Thiele 1993, 35, 52.

-age [lat. *-aticum*] bildet Nomina actionis, Kollektiva oder bezeichnet einen Zustand. Es hat die gleiche Funktion wie das Suffix *-ment*, wobei sich die Formen auf *-ment* eher auf abstrakte Vorgänge beziehen: *réglage* ‚Einstellung, Regulierung' vs. *règlement* ‚Vorschrift, Reglement'.

V → N: *badiner → badinage* ‚Scherzen', *bavarder → bavardage* ‚Geschwätz', *emballer → emballage* ‚Verpackung'.
N → N: *esclave → esclavage* ‚Sklaverei', *lait → laitage* ‚Milchprodukt, Molkerei', *veuve → veuvage* ‚Witwenschaft'.
Nomina actionis: *affûter → affûtage* ‚Schleifen', *atteler → attelage* ‚Einspannen', *chauffer → chauffage* ‚Einheizen'.
Zustand: *concubine → concubinage* ‚Konkubinat, wilde Ehe', *esclave → esclavage* ‚Sklaverei', *marié → mariage* ‚Ehe'[47], *veuve → veuvage*.
Kollektiva: *branche → branchage* ‚Astwerk', *feuille → feuillage* ‚Blätter', *outil → outillage* ‚Handwerkszeug'.
Morphologische Besonderheiten: Grundlage sind in der Regel intransitive Verben auf *-er*, bei Verben auf *-ir* wird der Stamm mit *-iss-* erweitert: *atterrir → atterrissage* ‚Landung', *blanchir → blanchissage* ‚Waschen (in der Wäscherei)'.
Produktivität: Ursprünglich bildete das Suffix Nomina agentis. So bezeichnete *message* zunächst den Boten und bezog sich erst später auf die Botschaft. Das Suffix war vor allem im 16. und 17. Jahrhundert produktiv, in Konkurrenz zum produktiveren Suffix *-ment* finden sich aber auch im heutigen Französisch noch Neubildungen vor allem von Nomina actionis.
Konkurrierende Suffixe: Nomina actionis: *-ade, -erie, -ie-, -ing*; Zustand: *-ude*; Kollektiva: *-ée*.
Literatur: Apothéloz 2002, 59, 80s.; Baldinger 1950, 28s.; Dubois 1999, 21; Ivanescu 1959; Pouradier Duteil 1978; Štichauer 2014, 139–145; Thiele 1993, 34; Uth 2012; Wolf 1991, 124.

-aie [lat. *-eta*] wird ausschließlich denominal mit Pflanzennamen als Stämmen verwendet und bezeichnet Anpflanzungen: *chêne → chênaie* ‚Eichenwald'. In neueren

---

47 Die Zugehörigkeit von *mariage* zu dieser Gruppe wird im TLFi kontrovers diskutiert.

Bildungen wird häufiger das Suffix -eraie verwendet: banane → bananeraie, cactus → cactuseraie.

N → N: châtaigne → châtaigneraie ‚Kastanienpflanzung', orange → orangeraie ‚Orangenplantage', palme → palmeraie ‚Palmenpflanzung'.
Morphologische Besonderheiten: Der nominale Stamm der zugrundeliegenden Bezeichnungen der Pflanzen auf -ier (in der Aussprache vokalisch auslautend) wird zu -er verändert (olivier → oliveraie ‚Olivenhain', rosier → roseraie ‚Rosengarten').
Produktivität: Das Suffix ist heute nicht mehr produktiv, der TLFi nennt nur vereinzelte Neubildungen des 20. Jahrhunderts.
Konkurrierende Suffixe: -ière: fraiseraie vs. fraisière ‚Erdbeerpflanzung'.
Literatur: Apothéloz 2002, 59-61; Thiele 1993, 46 s., 52; Tomassone/Combettes 1970.

-**ail** [lat. -aculum] dient der Bildung von Nomina instrumenti, Nomina loci bzw. bezeichnet ein für eine bestimmte Funktion vorgesehenes Objekt (éventer → éventail ‚Fächer', fermer → fermail ‚Buchschließe') oder Kollektiva (bête → bétail ‚Vieh').

V → N: épouvanter → épouvantail ‚Vogelscheuche', gouverner → gouvernail ‚Ruder'.
N → N: bête → bétail, vitre → vitrail ‚Kirchenfenster'[48].
Nomina instrumenti: attirer → attirail ‚Kram, Plunder', épouvanter → épouvantail ‚Vogelscheuche'[49].
Nomina loci: foire → foirail ‚Ort, an dem eine Warenmesse stattfindet'.
Kollektiva: bête → bétail ‚Vieh', plume → plumail ‚aus Federn gemachter Besen'.
Morphologische Besonderheiten: Neuere Formen tendieren zu einer Pluralbildung auf -ails, ältere Formen kommen dagegen häufig mit dem Plural auf -aux vor (épouvantails vs. vitraux).
Produktivität: Das Suffix ist im heutigen Französisch nicht mehr produktiv, der TLFi datiert den letzten Neologismus foirail auf das Jahr 1874.
Konkurrierende Suffixe: Nomina instrumenti: -oir; Nomina loci : -al.
Literatur: Dubois 1962, 103; Thiele 1993, 165.

-**aille** [lat. alia] hat vor allem kollektive Funktion, häufig mit pejorativer Konnotation (brousse → broussaille ‚Gestrüpp', pierre → pierraille ‚Kies, Schotter'), oder bezeichnet eine Handlung, insbesondere bei religiösen Festen, hier häufig im Plural (accorder → accordailles ‚Verlobung', épouser → épousailles ‚Hochzeit', se fiancer → fiançailles ‚Verlobung', semer → semailles ‚Aussaat'). Die Formen mit kollektiver

---

[48] Bei travail ← lat. tripalium liegt hingegen keine Suffigierung vor.
[49] Thiele (1993, 165) führt die Bildungen auf -ail grundsätzlich auf nominale Stämme zurück, was eine Herleitung von einem zuvor substantivierten Verb notwendig macht: épouvanter → épouvante → épouvantail. Eine Trennung von Formen auf -aille und -aille(s), wie sie Thiele vornimmt, erschien hier nicht sinnvoll.

Bedeutung gehen auf ein lateinisches Suffix -*alia* zurück, die Formen zur Bezeichnung von Nomina instrumenti dagegen auf ein lateinisches -*aculum*, zur Bezeichnung der Nomina qualitatis auf -*alis*. In der Lexikographie werden die Formen häufig nach ihren Etyma (Herkunftswörtern) getrennt. Nominale Ableitungen zeigen häufig pejorative Konnotation: *ferraille* ‚Schrott' ← *fer*, *piétaille* ‚Fußvolk' ← *pied*.

V → N: *cisailler* → *cisaille* ‚Schere, Blechschere', *manger* → *mangeaille* ‚Fraß', *retrouver* → *retrouvailles* ‚Wiedersehen', *semer* → *semailles*.
N → N: *fer* → *feraille*, *pied* → *piétaille*, *mur* → *muraille* ‚Mauerwerk'.
A → N: *blanc* → *blanchaille* ‚Weißfische (Sardinen) zum Frittieren', *antique* → *antiquailles* ‚Antiquitäten von geringem Wert'.
Nomina actionis: *retrouver* → *retrouvailles*, *semer* → *semailles*.
Nomina instrumenti: *gouverner* → *gouvernail* ‚Ruder', *tenir* → *tenaille* ‚Zange'.
Kollektiva: *brousse* → *broussaille*, *pierre* → *pierraille*.
Morphologische Besonderheiten: Der verstummte Auslautkonsonant der Basis wird bei der Ableitung ausgesprochen (*gris* [gri] → *grisaille* [grizaj] ‚Eintönigkeit, Öde'), ebenso kommt es zur Denasalierung (*cochon* [kɔʃɔ̃] → *cochonnaille* [kɔʃɔnaj] ‚Schweinerei'). Bei deadjektivischen Bildungen ist die Basis die weibliche Form des Adjektivs (*blanc* → *blanchaille*)[50]. Nomina actionis auf -*aille* treten vor allem im Plural auf: *fiançailles*, *retrouvailles*.
Produktivität: Das Suffix ist kaum produktiv, aufgrund der geringen semantischen Veränderung gegenüber der Basis jedoch analysierbar und wird zur stilistischen Gestaltung von Texten bzw. in Substandardvarietäten des Französischen genutzt. Die abwertende Konnotation tritt seit dem 13. Jahrhundert hinzu.
Konkurrierende Suffixe: -*oir*.
Literatur: Baldinger 1950, 83–88, 126–143, 244–250, 270–273; Thiele 1993, 25.

-**ain/-aine** [lat. -*anum*, -*anem*, -*inum*, -*inem*, -*enum*] hat vielfältige Funktionen, die sich aus der verschiedenen Herkunft der einzelnen Formen ergeben. Zahlwörter gehen auf lateinische Formen auf -*enum* zurück (*centain* ← *centenum*), Nomina agentis dagegen auf -*anem* (*levain* ← *levanem*). Zu -*ain* als Suffix zur Bildung von Ethnika (*Rome* → *romain*) vgl. Kapitel 2.1.2 zur Adjektivbildung.

V → N: *couver* → *couvain* ‚Nest', *lever* → *levain* ‚Hefestück'.
N → N: *poule* → *poulain* ‚Fohlen', *terre* → *terrain* ‚Gelände'.
Nomina agentis: *écrire* → *écrivain* ‚Schriftsteller', *planter* → *plantain* ‚Wegerich'.
Zahlwörter: Ein besonderer Fall der Ableitung mit -*ain* liegt bei Zahlwörtern als Basis vor. Hierzu gehören Formen, die die zugrundeliegende Zahl als Orientierungswert ha-

---

[50] *canaille* 'Halunke, Schlingel' < it. *canaglia* ist eine italienische Entlehnung und kein Ergebnis einer französischen Wortbildung, ebenso wie *représailles* 'Vergeltung, Repressalien' < it. *rappresaglia*.

ben (*quatre* → *quatrain* ‚Vierzeiler', *quinze* → *quinzaine* ‚(Zeitraum von) vierzehn Tagen'), hier bei den maskulinen Formen auch zur Bezeichnung eines Silbenmaßes (*huit* → *huitain* ‚acht Verse umfassendes Gedicht')[51].
Produktivität: Bildungen von Nomina mit -*ain* sind sehr alt. Es liegen keine Neubildungen vor, auch bereits vorliegende Ableitungen werden zunehmend ungebräuchlich, undurchsichtig und durch Bildungen mit -*ième* ersetzt.
Konkurrierende Suffixe: -*ième*.
Literatur: Baldinger 1950, 79–82, 143–151; Wolf 1964.

-*aire* [lat. -*arium* / -*arem*] wird zur Bezeichnung eines Handlungsträgers als auch des Nutznießers der Handlung selbst verwendet (*démissionnaire* ← *démissionner* ‚zurücktreten', *bénéficiaire* ← *bénéficier* ‚profitieren, nutznießen'). Bei Nomina agentis auf -*aire* finden sich häufig vergleichbare gelehrte Formen auf -*ation*: *donation* ‚Schenkung'/*donataire* ‚Beschenkter'. Einige Formen lassen sich als Substantivierungen durch Konversion formgleicher Adjektive interpretieren: *célibataire* adj. → *célibataire* m./f. ‚Junggeselle'.

V → N: *aliéner* → *aliénataire* ‚Person, auf die etwas übertragen wird', *louer* → *allocataire* ‚Mieter' (Parasynthese), *commander* → *commanditaire* ‚Geldgeber, Kommanditist', *narrer* → *narrataire* ‚Erzähler'.
N → N: *abandon* → *abondonnataire* ‚Nutznießer eines Abondon', *fonction* → *fonctionnaire* ‚Beamter'.
Nomina agentis: *fonction* → *fonctionnaire*, *stage* → *stagiaire* ‚Praktikant'.
Nomina loci: *os* → *ossuaire* ‚Beinhaus, Ossuarium', *veste* → *vestiaire* ‚Garderobe'.
Verschiedene Objekte: *moustique* → *moustiquaire* ‚Moskitonetz', *lampe* → *lampadaire* ‚Laternenpfahl'.
Morphologische Besonderheiten: Das Suffix erscheint auch in den Allomorphen -*ataire* (*destiner* → *destinataire* ‚Empfänger') und -*itaire* (*déposer* → *dépositaire* ‚Auslieferer'). Formen auf -*ataire* treten vor allem bei Nomina actionis auf: *contester* → *contestataire* ‚Protestler', häufig existiert parallel eine Form auf -*ation*: *contestataire/contestation*.
Produktivität: Das Suffix ist vor allem in den Fachsprachen produktiv, hier insbesondere in der Wirtschaft, der Medizin und der Politik.
Konkurrierende Suffixe: Nomina agentis: -*eur*, -*eux*.
Literatur: Apothéloz 2002, 61-63; Pichon 1942; Thiele 1993, 48.

-*aison* [lat. -*ationem*] bildet Nomina actionis. Die Formen mit dem allomorphen -*oison* sind ältere Bildungen (*pâmer* → *pâmoison* ‚Ohnmacht'). Im Vergleich mit gleichbedeutenden Formen auf -*ation* sind Bildungen auf -*aison* selten.

---

[51] Ableitungen auf der Basis von Eigennamen werden unter der Adjektivbildung behandelt.

V → N: *cueillir* → *cueillaison* ‚Ernte (häufig metaphorisch)', *décliner* → *déclinaison* ‚Deklination', *livrer* → *livraison* ‚Lieferung'.
N → N: *fleur* → *fleuraison/floraison* ‚Blüte', *hareng* → *harengaison* ‚Heringsfang', *olive* → *olivaison* ‚Olivenernte'.
Morphologische Besonderheiten: *-aison* erscheint bei Verben auf *-er* (*livrer* → *livraison*, *comparer* → *comparaison* ‚Vergleich'), Verben auf *-ir* bilden häufig Nomina mit dem Suffix *-ison* (*guérison* ‚Heilung' ← *guérir*, *trahison* ‚Verrat' ← *trahir*), jedoch auch auf *-aison*: *cueillir* → *cueillaison* ‚Ernte', *défleurir* → *défloraison* (auch *défleuraison*) ‚das Abblühen'.
Produktivität: Das Suffix ist im heutigen Französisch nicht mehr produktiv und wird relatinisierend durch *-ation* ersetzt. Einige Formen auf *-aison* sind synchron nicht mehr analysierbar, da der Verbalstamm im heutigen Französisch nicht mehr existiert: *fenaison* ‚Heuernte' ← *fener*, alte Form von *faner* ‚verblühen'.
Konkurrierende Suffixe: *-ation*, *-ion*, *-son*.
Literatur: Burdy 2013; Dubois 1999, 27; Thiele 1993, 35.

-al/-ale [lat. *-alis*]. Das Suffix *-al* dient vor allem der Bildung von Adjektiven, Nomen sind dagegen selten. Nomen werden mit *-al* vor allem auf nominaler Basis gebildet (*jour* → *journal* ‚Zeitung') und sind häufig aus anderen Sprachen entlehnt (*récital* ‚Konzert' ← engl. *recital*, *piédestal* ‚Sockel, Podest' ← it. *piedestallo*).

N → N: *tribune* → *tribunal* ‚Tribunal'.
V → N: *confesser* → *confessional* ‚Beichtstuhl', *végéter* → *végétal* ‚Pflanze'.
Morphologische Besonderheiten: Die Pluralbildung erfolgt bei einigen Formen unregelmäßig auf *–als*, hier handelt es sich in der Regel um Entlehnungen (*cérémonials* ← lat. *ceremonialis*, *festivals* ← engl. *festival*).
Produktivität: Das Suffix ist im heutigen Französisch nicht produktiv.

-ance/-ence [lat. *-antia*]. Die Basis bildet das Partizip Präsens der zugrundeliegenden Verbform: *abondance* ‚Fülle, Überfluss' ← *abondant* ← *abonder*. Bildungen auf *-ance* bezeichnen das Resultat einer durch das zugrundeliegende Verb ausgedrückten Handlung (*obéir* → *obéissance* ‚Gehorsam') oder eine Eigenschaft (*reconnaître* → *reconaissance* ‚Dankbarkeit'). Die Formen auf *-ance* stammen erbwörtlich vom lateinischen *-antia* ab; die Formen auf *-ence* sind gelehrte Bildungen (*abstinence* ‚Enthaltsamkeit' ← lat. *abstinentia*, *adhérence* ‚Bodenhaftung' ← lat. *adhærentia*).

A → A: *arrogant* → *arrogance* ‚Arroganz, Dünkelhaftigkeit', *constant* → *constance* ‚Beständigkeit', *reconnaître* → *reconnaissance*.
V → N: *abonder* → *abondance*, *adhérer* → *adhérence* ‚(Boden)haftung', *allier* → *alliance* ‚Bündnis', *appartenir* → *appartenance* ‚Zugehörigkeit', *espérer* → *espérance* ‚Hoffnung', *nuire* → *nuisance* ‚Umweltbelastung'.
Nomina actionis: *résister* → *résistance* ‚Widerstand', *venger* → *vengeance* ‚Rache'.

Abstrakta: *important* → *importance* ‚Bedeutung', *indépendant* → *indépendance* ‚Unabhängigkeit', *tolérer* → *tolérance* ‚Toleranz'.
Morphologische Besonderheiten: Die deverbalen Formen sind von der ersten Person Singular oder Plural abgeleitet. Bildungen auf *-escence* entsprechen Adjektiven auf *-escent*: *dégénérer* → *dégénérescent* → *dégénérescence* ‚Degeneration, Entartung'. Häufig handelt es sich aber um direkte Entlehnungen aus dem Lateinischen: *effervescence* ‚Aufbrausen' ← lat. *effervescens*.
Produktivität: Das Suffix war insbesondere in der Literatur des Symbolismus produktiv (Grevisse 2016 belegt bei André Gide u.a. *avisance, bruyance, remémorance, vagabondance*). Im heutigen Französisch ist das Suffix bei der Bildung von Abstrakta sehr produktiv.
Konkurrierende Suffixe: *-ment*.
Literatur: François 1950; Štichauer 2014, 83–95.

-ard [aus germanischen Eigennamen abgeleitet wie *Bernard* und *Évrard*] bezeichnet eine Zugehörigkeit – in der Regel zu einer Gegend (*campagne* → *campagnard* ‚Landbewohner') – oder eine Eigenschaft, hier häufig mit pejorativer Konnotation (*faible* → *faiblard* ‚Schwächling'). Die Formen können häufig auch adjektivisch verwendet werden (Ausnahme: *cloche* → *clochard* ‚Obdachloser').
N → N: *banlieue* → *banlieusard* ‚Einwohner der Banlieue', *montagne* → *montagnard* ‚Bergbewohner', *viande* → *viandard* ‚Jäger, der ausschließlich an der Zahl der erlegten Tiere interessiert ist'.
V → N: *boire* → *buvard* ‚Trinker', *chauffer* → *chauffard* ‚schlechter Fahrer', *cumuler* → *cumulard* ‚Doppelverdiener', *fuyer* → *fuyard* ‚Flüchtling', *traîner* → *traînard* ‚Nachzügler'.
A → N: *moche* → *mochard* ‚(besonders) hässlicher Mensch', *riche* → *richard* ‚(besonders) reicher Mensch'.
Morphologische Besonderheiten: Das Suffix erscheint auch in der Form *-inard* (*combine* → *combinard* ‚Trickser', *snob* → *snobinard*). Das Suffix kann, vor allem im substandardsprachlichen Gebrauch, andere Wortendungen ersetzen: *costume* → *costard* ‚Anzug', *moto* → *motard* ‚Motorradfahrer'.
Produktivität: Das Suffix ist nur noch im substandardsprachlichen Französisch produktiv, die Bildung nicht markierter Formen ist nicht mehr möglich.
Literatur: Blochwitz/Runkewitz 1971, 119; Dubois 1962, 60; Glaser 1910; Lustenberger-Seidlova 1980; Schweickard 1992, 38, 108.

-as [stammt vermutlich aus dem okzitanischen *-as*] wird zu nominalen Stämmen mit pejorativer Funktion gebildet. Häufig ist es schwierig, eine Suffigierung zu erkennen. Im heutigen Französisch sind die Formen opak. Einige Formen sind nur scheinbar suffigiert, wurden aber bereits in der vollständigen Form entlehnt (*fracas* ‚Gepolter' ← it. *fracasso*, *matelas* ‚Matratze' ← it. *materasso*) oder sind deverbale Rückbildungen

zu Verben auf -*asser* (*débarras* ‚Abstellkammer' ← *débarrasser*, *ramas* ‚wertlose Dinge' ← *ramasser*).

N → N: *cerveau* → *cervelas* ‚Fleischwurst', *couteau* → *coutelas* ‚großes Küchenmesser', *plâtre* → *plâtras* ‚Gipsbrocken, Gipsschutt'.
V → N: *patauger* → *pataugas* ‚Stiefel'.
Morphologische Besonderheiten: Die Stämme zeigen eine Allomorphie der Nomina auf [o], die bei Suffigierung zu -*el* verändert werden (*couteau* → *coutelas* ‚Messer mit schlechten Eigenschaften, minderwertiges Messer'). Die Aussprache des auslautenden -*s* ist umstritten (sowohl [kutela] als auch [kutelas] sind akzeptiert).
Produktivität: Das Suffix ist im heutigen Französisch nicht produktiv. Aufgrund der fehlenden Durchsichtigkeit sind auch einige Formen nicht mehr im Gebrauch.

-*at* [lat. -*atum*] bildet Nomina actionis, vor allem aber denominal Funktionsbezeichnungen oder den Ort, an dem die Handlung stattfindet. Lüdtke nennt als deverbale Form nur *assassinat* ‚Ermordung' ← *assassiner* als Ableitung mit dem Suffix -*at*, bei Thiele 1993 findet sich noch *crachat* ‚Auswurf' ← *cracher*. Der TLFi nennt darüber hinaus jedoch noch zahlreiche Neubildungen, u.a. die fachsprachlichen *agglomérer* → *agglomérat*, *destiller* → *destillat*, *infiltrer* → *infiltrat*.

V → N: *actuer* → *actuariat* ‚Versicherungsmathematik', *habiter* → *habitat* ‚Siedlung'.
A → N: *anonyme* → *anonymat* ‚Anonymität', *interne* → *internat* ‚Internat'.
N → N: *paysan* → *paysannat* ‚Bauern, Bauernschaft', *salaire* → *salariat* ‚Gesamtheit der Arbeitnehmer'.
Nomina loci: *consul* → *consulat* ‚Konsulat', *habiter* → *habitat*, *interne* → *internat* ‚Internat'.
Nomina actionis: *assassiner* → *assassinat*, *plagier* → *plagiat* ‚Plagiat', *cracher* → *crachat*.
Kollektiva: *actionnaire* → *actionnariat* ‚Aktionäre', *paysan* → *paysannat*, *prolétaire* → *prolétariat* ‚Proletariat', *professeur* → *professorat* ‚Professorat'.
Morphologische Besonderheiten: Ausgehend von Formen auf -*aire* ist die erweiterte Form -*ariat* (*actionnaire* → *actionnariat* ‚Aktionariat') entstanden, Formen auf -*eur* haben das Suffix -*orat* (*protecteur* → *protectorat* ‚Protektorat'). Häufig verbindet sich das Suffix mit gelehrten Stämmen.
Produktivität: Das Suffix war in der sehr produktiv (wobei zahlreiche Formen integrale Entlehungen aus anderen Sprachen sind), im heutigen Französisch geht die Produktivität zurück.
Konkurrierende Suffixe: -*age*, -*isme*, -*ité*, -*ment*, -*tion*.
Literatur: Apothéloz 2002, 61-63; Baldinger 1950; Dubois 1999, 42s; Thiele 1993, 45.

-*aud* [aus germanischen Eigennamen abgeleitet wie *Guiraud* und *Arnaud*, die auf ein germanisches -*wald* zurückgehen] ist Augmentativsuffix, dient aber auch zur Bildung von abwertenden (pejorativen) Formen. Die Formen können auch adjektivisch verwendet werden.

N → N: *Maure* → *moricaud* ‚dunkelhäutiger Mensch', *patte* → *pataud* ‚Tollpatsch'.
A → N: *bête* → *bêtaud* ‚Dummkopf', *fin* → *finaud* ‚jemand, der seine Raffiniertheit unter dem Anschein von Einfachheit verbirgt', *lourd* → *lourdaud* ‚plumper, schwerfälliger Mensch'.
Produktivität: Die meisten Formen stammen aus altfranzösischer und mittelfranzösischer Zeit. Das Suffix ist heute nicht mehr produktiv, außer in okkasionellen Bildungen.
Konkurrierende Suffixe: *-âtre*.
Literatur: Thiele 1993, 53.

-eau/-elle [lat. *-ellum, -ella*] zeigt häufig neben der diminuierenden Funktion, die das Suffix bereits im Lateinischen besaß, eine pejorative Konnotation. Häufig werden diese Suffixe zur Bezeichnung des Nachwuchses von Tieren verwendet, bei Personennamen liegt auch eine abwertende Konnotation vor. Während die Bildungen im Alt- und Mittelfranzösischen sehr frequent waren, erscheinen die Formen heute häufig undurchsichtig. Der TLFi nennt als Neubildungen des 19. Jahrhunderts *acteureau* ‚unbedeutender Schauspieler' und *chemineau* ‚Landstreicher', die auf eine Durchsichtigkeit hindeuten.

V → N: *bercer* → *berceau* ‚Wiege', *écrire* → *écriteau* ‚Hinweisschild', *tomber* → *tombereau* ‚Kippkarren'.
N → N: *jambon* → *jambonneau* ‚Eisbein, Schweinshaxe', *serpent* → *serpenteau* ‚kleine Schlange'.
Nachwuchs von Tieren: *chèvre* → *chevreau* ‚kleine Ziege', *lion* → *lionceau* ‚kleiner Löwe', *souris* → *souriceau* ‚kleine Maus'.
Morphologische Besonderheiten: Allomorph erscheinen die erweiterten Formen *-ereau* (*tomber* → *tombereau*) und *-erelle* (*sauter* → *sauterelle* ‚Heuschrecke').
Produktivität: Das Suffix ist im heutigen Französisch nicht produktiv.
Konkurrierende Suffixe: *-ette*.
Literatur: Thiele 1993, 53.

-ée [lat. *-atum, -ata*] hat die Grundbedeutung ‚mit etwas versehen sein'. Das Suffix ist homonym mit der weiblichen Form des Partizip Perfekt. Die Formen haben vielfältige Bedeutungen, bilden aber vor allem Nomina actionis und Kollektiva.

V → N: *abattre* → *abattée* ‚Abschlag', *dicter* → *dictée* ‚Diktat', *entrer* → *entrée* ‚Eingang', *plonger* → *plongée* ‚Tauchen'.
N → N: *bouche* → *bouchée* ‚Bissen', *jour* → *journée* ‚Tag', *maison* → *maisonnée* ‚Hausgemeinschaft'.

Nomina actionis: *échapper → échappée* ‚Ausreißversuch', *pousser → poussée* ‚Stoß, Schubs', *traverser → traversée* ‚Überquerung'.
Kollektiva: *bouche → bouchée*, *cuillère → cuillérée* ‚Löffelvoll', *fournir → fournée* ‚Schub, Ladung', *table → tablée* ‚Tischgesellschaft'.
Produktivität: Das Suffix ist im heutigen Französisch vor allem in den Fachsprachen produktiv. Häufig sind insbesondere denominale Bildungen.
Konkurrierende Suffixe: Nomina actionis: *-ade*, Kollektiva: *-age*, *-ure*.
Literatur: Burger 1961; Darmesteter 1872, 92–94; Thiele 1993, 52.

-erie [fr. *er* + *ie*] bildet Nomina actionis und Nomina agentis, häufig mit abschätzender oder affektiver Konnotation. Das Suffix hat sich aus der denominalen Suffigierung der Substantive auf *-ier* mit dem Suffix *-ie* entwickelt und wird als eigenständige Form angesehen (*chevali/er → cheval/er/ie*).

V → N: *bouder → bouderie* ‚Schmollen', *causer → causerie* ‚Plauderei', *chauffer → chaufferie* ‚Heizraum'.
A → N: *étourdi → étourderie* ‚Unbesonnenheit', *pédant → pédanterie* ‚schulmeisterliche Art'.
N → N: *argent → argenterie* ‚Silberwaren', *cochon → cochonnerie* ‚Schmutz, Dreck', *gamine → gaminerie* ‚Kinderei'.
Nomina actionis: *pédant → pédanterie*, *vache → vacherie* ‚Gemeinheit'.
Nomina loci: *buer → buanderie* ‚Waschküche', *drogue → droguerie* ‚Drogerie', *parfum → parfumerie* ‚Parfumerie', *animal → animalerie* ‚Tierhandlung'.
Kollektiva: *argent → argenterie* ‚Tafelsilber, Silberbesteck', *lit → literie* ‚Bettzeug, Bettwäsche', *papier → paperasserie* ‚Papierwust, Papierkrieg'.
repetitiv: *tirer → tiraillerie* ‚häufiges Schießen', *tousser → tousserie* ‚häufiges Husten'.
Charaktereigenschaft: *con → connerie* ‚Schwachsinn', *galant → galanterie* ‚Zuvorkommenheit', *sauvage → sauvagerie* ‚Wildheit'.
Morphologische Besonderheiten: Der verstummte Auslautkonsonant der Basis wird bei der Ableitung ausgesprochen (*pédant* [pedã] → *pédanterie* [pedantəri]), ebenso kommt es zur Denasalierung (*paysan* [peizã] → *paysannerie* [peizanəri] ‚Bauernstück'). Deverbale Formen zu Verben auf *-ir* zeigen die allomorphe Form *-isserie*: *blanchir → blanchisserie* ‚Wäscherei', *rôtir → rôtisserie* ‚Grillrestaurant'.
Produktivität: Das Suffix ist wenig produktiv, nach dem TLFi liegen vor allem okkasionelle Bildungen vor. In den heutigen Bildungen überwiegt der pejorative Charakter.
Konkurrierende Suffixe: *-age*, *-isme*, *-ment*.
Literatur: Baldinger 1950, 43–54; Brunet-Mbappe 2000; Dubois 1999, 43; Lüdtke 1978, 150s. 160s., 191–193, 206–2011; Schweickard 1992, 37; Spitzer 1931.

-eron/-eronne [fr. *er* + *on*] wird hauptsächlich zu nominalen Stämmen gebildet und bezeichnet einen Beruf nach dem Ort, an dem die Tätigkeit ausgeübt wird (*forger*

‚schmieden' → *forgeron* ‚Schmied', *vigne* → *vigneron* ‚Winzer'). Selten sind Formen, die eine diminutierende Funktion (*nappe* → *napperon* ‚kleine Decke, Zierdecke') oder pejorative (*mouche* → *moucheron* ‚Kerlchen, Knirps') Konnotation beinhalten.

N → N: *aile* → *aileron* ‚Flügelspitze', *nappe* → *napperon, moucheron* ‚kleine Mücke'.
A → N: *laid* → *laideron* ‚hässliches Mädchen'.
V → N: *boire* → *biberon* ‚Fläschchen', *forger* → *forgeron, fumer* → *fumeron* ‚mit großer Rauchentwicklung brennendes Holz'.
Nomina agentis: *forger* → *forgeron, vigne* → *vigneron*.
Nomina instrumenti: *boire* → *biberon*.
Produktivität: Das Suffix zeigt eine abnehmende Produktivität, Neubildungen finden sich fast ausschließlich im *français populaire*.
konkurrierende Suffixe: *-ain, -ais, -an, -ard, -éen, -ien, -in, -ite, -ois, -ol, -on*.

-esse/-eresse [lat. *-issa*] ist vor allem Motionssuffix (zur Motion vgl. Tabelle 17), bei einigen nicht suffigierten Formen wird das Suffix *-esse* zur Verdeutlichung des Geschlechts verwendet: *un pauvre/une pauvre* → *une pauvresse*. Bei adjektivischen Stämmen wird eine Eigenschaft bezeichnet (*faible* → *faiblesse* ‚Schwäche', *sage* → *sagesse* ‚Weisheit').

N → N: *âne* → *ânesse* ‚Eselin', *maître* → *maîtresse* ‚Geliebte, Mätresse', *traître* → *traîtresse* ‚Verräterin'.
A → N: *fortuit* → *fortuitesse* ‚Zufälligkeit', *jeune* → *jeunesse* ‚Jugend', *petit* → *petitesse* ‚Kleinigkeit', *riche* → *richesse* ‚Reichtum'.
Qualität: *allègre* → *allégresse* ‚Fröhlichkeit', *joli* → *joliesse* ‚Schönheit', *svelte* → *sveltesse* ‚Schlankheit', *tendre* → *tendresse* ‚Zärtlichkeit'.
Motion: *comte* → *comtesse* ‚Gräfin', *prince* → *princesse* ‚Prinzessin'.
spezifische Bedeutung: *grand* → *grandesse* ‚Größe, Bedeutsamkeit', *gros* → *grossesse* ‚Schwangerschaft'.
Morphologische Besonderheiten: Bei Stämmen auf *-eur* erscheint das Suffix allomorph in den Formen *-eresse* und *-oresse*: *chasseur* → *chasseresse, docteur* → *doctoresse*.
Produktivität: Im Vergleich zu anderen Möglichkeiten der Bildung von Feminina geht die Zahl der Formen auf *-esse* und *-eresse* zurück.
Literatur: Baldinger 1950, 250–258; Lüdtke 1978, 24, 161, 194, 433s.; Meyer-Lübke 1966, § 99; Thiele 1993, 41.

-et/-ette [lat. *-ittam*] ist vorrangig ein Diminutivsuffix. Über die diminuierende Funktion hinaus kann das Suffix auch wortartverändernde Funktion haben, die diminuierende Funktion geht dann jedoch verloren (*allumer* → *allumette* ‚Streichholz', *jouer* → *jouet* ‚Spielzeug'). Zahlreiche Formen gehören der Kindersprache an.

N → N: *bâton* → *bâtonnet* ‚kleiner Stock', *jardin* → *jardinet* ‚Gärtchen'.

V → N: *jouer* → *jouet*, *cacher* → *cachette* ‚Schlupfwinkel, Versteck', *trottiner* → *trottinette* ‚Kinderroller'.
A → N: *blond* → *blondinet* ‚Blondkopf, Blondschopf', *pauvre* → *pauvrette* ‚armes Ding'.
Nomina actionis: *causer* → *causette* ‚Schwatz', *cueillir* → *cueillette* ‚Pflücken, Ernte', *dormir* → *dormette* ‚Schläfchen'.
Nomina instrumenti: *allumer* → *allumette*, *balayer* → *balayette* ‚Handfeger'.
Nomina loci: *boir* → *buvette* ‚Ausschank', *cacher* → *cachette*, *coucher* → *couchette* ‚Liegeplatz'.
Morphologische Besonderheiten: Das Suffix zeigt die Allomorphe *-elet/-elette* (*agneau* → *agnelet* ‚kleines Lamm'), *-eret/-erette* (*coq* → *coqueret* ‚kleiner Hahn'), *-eteau* (*loquet* → *loqueteau* ‚Türdrücker') und *-eton* (*banne* → *banneton* ‚henkelloser Weidenkorb'). Es können auch Entlehnungen suffigiert werden (engl. *kitchen* → *kitchenette* ‚kleine Küche').
Produktivität: Das Suffix ist in der diminuierenden Funktion im heutigen Französisch stark produktiv.
Konkurrierende Suffixe: *-eau*, *-ill*, *-in*, *-ot*.
Literatur: Hasselrot 1957; Kawaguchi 1994.

-eur [lat. *-orem*] bezeichnet Nomina acti, Nomina instrumenti und Nomina qualitatis. Nomina qualitatis haben eine adjektivische Basis (wobei der Stamm auf die weibliche Form des Adjektivs zurückgeführt wird: *douce* → *douceur* ‚Süße'), Nomina actions haben einen verbalen Stamm[52].

A → N : *douce* → *douceur*, *épais* → *épaisseur* ‚Dicke, Stärke', *frais* → *fraîcheur* ‚Frische', *répondre* → *répondeur* ‚Anrufbeantworter'.
V → N: *errer* → *erreur* ‚Fehler', *suer* → *sueur* ‚Schweiß'.
A → N : *haut* → *hauteur* ‚Höhe', *froid* → *froideur* ‚Kälte', *lent* → *lenteur* ‚Langsamkeit'.
Nomina acti: *tenir* → *teneur* ‚Wortlaut, Inhalt', *valoir* → *valeur* ‚Wert'.
Nomina qualitatis: *long* → *longueur* ‚Länge', *pâle* → *pâleur* ‚Blässe'.
Morphologische Besonderheiten: Im Lateinischen sind Formen auf *-orem* männlich, im Französischen bis auf *honneur* und *labeur* dagegen weiblich. Deadjektivische Formen basieren auf der weiblichen Form des zugrundeliegenden Adjektivs mit Realisierung des stummen Endkonsonanten: *haute* [ot] → *hauteur* [otœr].
Produktivität: Das Suffix ist im heutigen Französisch nicht mehr produktiv.
Literatur: Corbin 1987, 698; Seewald 1996.

-eur, -euse [lat. *-orem*] ist volkstümliches Suffix. Die Formen sind deverbal und denominal und bezeichnen Nomina agentis oder Nomina instrumenti. Das Suffix wird von

---

[52] Die Formen auf *-eur* werden hier entsprechend der Klassifikation im *RBrio* nach ihren weiblichen Formen unterschieden.

dem vorangehenden -*eur* getrennt, weil hier sowohl weibliche als auch männliche Formen vorliegen.

V → N: *dépanner → dépanneuse* ‚Abschleppwagen', *employer → employeur* ‚Arbeitgeber', *voyager → voyageur* ‚Reisender'.
N → N: *camion → camionneur* ‚Lastwagenfahrer', *farce → farceur* ‚Spaßvogel'.
Nomina agentis: *acquérir → acquéreur* ‚Erwerber, Käufer', *danser → danseur* ‚Tänzer', *enquêter → enquêteur* ‚Untersuchungsbeamter'.
Nomina instrumenti: *démarrer → démarreur* ‚Anlasser, Starter', *répondre → répondeur* ‚Anrufbeantworter', *tronçonner → tronçonneuse* ‚Kettensäge'.
Morphologische Besonderheiten: Die Formen, die nicht auf ein erkennbares Verb zurückgeführt werden können noch auf -*t* enden, haben keine eigene weibliche Form: *ingénieur* (*ingénieuse), *proviseur* (*poviseuse).
Produktivität: Die Formen auf -*euse* – insbesondere zur Bezeichnung von Maschinen – ersetzen zunehmend die bisher verwendeten Formen auf -*eur*.
Konkurrierende Suffixe: -*or*, -*er*.
Literatur: Thiele 1993, 41.

-***eur/-rice*** [lat. -*orem*]. Thiele (1993, 39) sieht bei parallel vorliegenden männlichen und weiblichen Formen eine semantische Differenzierung nach der Größe der Maschine (*calculateur* ‚Rechenmaschine' vs. *calculatrice* ‚Taschenrechner').

V → N: *inventer → inventeur* ‚Erfinder', *sculpter → sculpteur* ‚Bildhauer'.
Nomina agentis: *déserter → déserteur*, *éditer → éditeur* ‚Herausgeber', *lire → lecteur* ‚Leser'.
Nomina instrumenti: *aspirer → aspirateur* ‚Staubsauger', *épurer → épurateur* ‚Reiniger', *simuler → simulateur* ‚Simulator'.
Morphologische Besonderheiten: Bei deverbalen Formen ist die erste Person Plural der konjugierten Verbform Basis: *blanchissons → blanchisseur*. Das Suffix erscheint auch in den Formen -*teur* und -*trice* bei Verben auf -*uer*: *distribuer → distributeur/distributrice*, sowie in der Form -*ateur*, wenn ebenfalls eine Suffigierung mit -*ation* vorliegt: *réparer → réparation/réparateur*.
Produktivität: Stark produktiv ist bei Nomina agentis die Bildung mit den Suffixen -*eur* und -*teur* (mit den Allomorphen -*isseur/-iseur/-ateur/-isateur/-ificateur* und -*iteur*) wobei -*teur* bei gelehrten Bildungen verwendet wird.
Konkurrierende Suffixe: -*oir*.
Literatur: Lindemann 1977; Thiele 1993, 41; Winther 1975.

-***ie*** [gr. -*ía*] wird heute vor allem in der wissenschaftlichen Fachsprache mit griechischen Stämmen verbunden (*idolâtrie* ‚Götzendienst', *synchronie* ‚Synchronie'). Denominal wird in der Regel der Ort der Herstellung oder des Verkaufs bezeichnet (*bijou → bijouterie* ‚Juweliergeschäft'), häufig in Verbindung mit einer entsprechenden Bezeichnung für den Beruf (*boulanger → boulangerie* ‚Bäckerei', *orfèvre → orfèvrerie*

‚Goldschmiedewerkstatt')[53] oder dem Amtsbereich oder Tätigkeitsort *maire → mairie* ‚Rathaus'. Das Suffix kann auch bei der Bildung von Länder- und Regionennamen genutzt werden: *Wallonie, Yougoslavie*. Mit Namen von Politikern als Stämmen bezeichnen Formen auf *-ie* die Anhängerschaft bzw. den Machtbereich: *chiraquie* [zu Jacques Chirac], *mitterrandie* [zu François Mitterrand], *strauss-khanie* [zu Dominique Strauss-Khan]. Deadjektivische Bildungen bezeichnen Charaktereigenschaften auf der Basis der weiblichen Form des zugrundeliegenden Adjektivs.

A → N: *folle → folie* ‚Irrsinn', *courtoise → courtoisie* ‚Höflichkeit', *modeste → modestie* ‚Bescheidenheit'.
N → N: *acrobate → acrobatie* ‚Akrobatik', *âne → ânerie* ‚Eselei, Dummheit', *agronome → agronomie* ‚Landwirtschaftswissenschaften', *boulanger → boulangerie*.
V → N: *cacher → cachotterie* ‚Geheimniskrämerei', *tricher → tricherie* ‚Betrug, Mogeln'.
Qualität: *courtois → courtoisie, jaloux → jalousie* ‚Eifersucht'.
Nomina loci: *berger → bergerie* ‚Schäferei', *boulanger → boulangerie, fumer → fumerie* ‚Opiumhöhle'.
Morphologische Besonderheiten: Das Suffix erscheint auch in der erweiterten Form *-erie* (*aumône → aumônerie* ‚Militär-Krankenseelsorge').
Produktivität: Seit dem 16. Jahrhundert wird *-ie* durch die erweiterte Form *-erie* ersetzt, zunächst existieren konkurrierende Formen *ivrogne → ivrognie/ivrognerie* ‚Trunkenheit'. Umgekehrt existiert auch neben der älteren Form *pharmacerie* das heute gebräuchliche *pharmacie* ‚Apotheke'. Für die Durchsichtigkeit der Bildungen sprechen belegte scherzhafte Formen wie *mairerie* ‚Rathaus'.
konkurrierende Suffixe: Nomina qualitatis: *-ade, -age, -erie*.
Literatur: Spitzer 1931.

-ien/-ienne [lat. *-anum*]. Das wohl produktivste Suffix zur Bildung von Nomina agentis ist *-ien*. Primär dient es der Bildung von Ethnika (*Brésil → brésilien*), die unter der Adjektivbildung behandelt werden. Jüngeren Datums sind Berufsbezeichnungen, die zu der entsprechenden Disziplin gebildet werden (*musique → musicien, mathématiques → mathématicien, grammaire → grammairien*). Die Formen können sowohl substantivisch als auch adjektivisch verwendet werden, als Adjektive wiederum sowohl relationell als auch qualitativ.

N → N: *grammaire → grammairien* ‚Grammatiker', *histoire → historien* ‚Historiker', *politique → politicien* ‚Politiker'.
Nomina agentis: *pharmacie → pharmacien, politique → politicien*.

---

[53] Bei *boulangerie* ist die Basis auf ndl. *bolle* ‚rundes Brot' zurückzuführen. Streng genommen liegt also keine französische Wortbildung vor.

Morphologische Besonderheiten: Das Suffix erscheint auch in den Allomorphen *-i-cien* (*académie* → *académicien* ‚Akademiemitglied', *cybernétique* → *cybernéticien* ‚Kybernetiker').
Produktivität: Das Suffix ist vor allem im Bereich der Bildung von Ethnika im heutigen Französisch stark produktiv.
Konkurrierende Suffixe: *-aire, -eron, -ier, -iste*.
Literatur: Lignon/Plénat 2009; Thiele 1993, 46s.

-ier/-ière [lat. *-arium*]. Das Suffix bezeichnet in der Regel Nomina agentis, wobei der Bezug zum Stamm variiert. Grundlage kann ein Ort sein, an dem die Tätigkeit ausgeführt wird (*bourse* → *boursier* ‚Börsenmakler', *cuisine* → *cuisinier* ‚Koch'), das hergestellte Objekt (*chapeau* → *chapelier* ‚Hutmacher') oder das Werkzeug (*voiture* → *voiturier* ‚Frachtführer'). Die weiblichen Formen geben ein Behältnis an: *bonbon* → *bonbonnière* ‚Konfektdose, Bonbonniere'.

N → N: *aventure* → *aventurier* ‚Abenteurer', *école* → *écolier* ‚Schüler', *magasin* → *magasinier* ‚Lagerist'.
V → N: *balancer* → *balancier* ‚Pendel', *lever* → *levier* ‚Hebel', *traverser* → *traversier* ‚(canad.) Fähre'.
Nomina agentis: *barbe* → *barbier* ‚Barbier, Friseur', *chapeau* → *chapelier*, *prison* → *prisonnier* ‚Gefangener', *voiture* → *voiturier* ‚Wagenmeister'.
Nomina instrumenti: *gaufre* → *gaufrier* ‚Waffeleisen', *sorbet* → *sorbetière* ‚Sorbetmaschine'.
Nomina loci: *pigeon* → *pigeonnier* ‚Taubenschlag', *poule* → *poulailler* ‚Hühnerstall'.
Namen für Pflanzen: *fraise* → *fraisier* ‚Erdbeerpflanze', *pomme* → *pommier* ‚Apfelbaum', *prune* → *prunier* ‚Pflaumenbaum'.
demotiviert: *bouton* → *boutonnière* ‚Knopfloch', *pain* → *panier* ‚Brotkorb'.
Morphologische Besonderheiten: Nach <g> und <ch> wird das Suffix auf *-er* reduziert: *orange* → *oranger* ‚Apfelsinenbaum', *usage* → *usager* ‚Benutzer'.
Produktivität: Das Suffix ist im heutigen Französisch nicht mehr produktiv.
Konkurrierende Suffixe: *-aire, -eron, ien, -iste*.
Literatur: Dieckmann 1979; Dingel 1987, 110-113; Thiele 1993, 50.

-ille [lat. *-icula*] hat diminutive Funktion und wird zu nominalen Stämmen gebildet: *brin* → *brindille* ‚Zweiglein'. Die diminutive Funktion ist in einigen Formen verlorengegangen und die mit *-ille* suffigierten Formen sind nun als Grundform lexikalisiert (*escadrille* ‚milit. Staffel')[54]. Einige Formen sind integrale Entlehnungen aus dem Lateinischen oder anderen Sprachen: *faucille* ‚Sichel' ← lat. *falcicula*, *cédille* ← sp. *cedilla*, *flottille* ‚Flotte' ← sp. *flotilla*.

---

54 Vgl. hier auch das mit *-on* gebildete *escadron* ‚milit. Schwadron'.

N → N: *brin* → *brindille* ‚Zweiglein', *fibre* → *fibrille* ‚Fäserchen, Fibrille', *rame* → *ramille* ‚grüne Zweige, Zweigenden'.
Kollektiva: Bei einigen (seltenen und opaken) Formen lässt sich auch eine kollektive Funktion feststellen (*charmille* ‚Laubengang' ← *charme* ‚Weißbuche').
Produktivität: Das Suffix ist im heutigen Französisch nicht mehr produktiv.
Literatur: Höfler 1968; Thiele 1993, 54.

-in/-ine [lat. *-inum, -inam*]. Bei nominalen Stämmen haben die Formen diminutive Bedeutung: *fort* → *fortin* ‚kleines Fort', *chope* → *chopine* ‚kleines Glas'. Bisweilen kann auch eine kollektive oder eine pejorative Bedeutung hinzukommen. Einige Formen sind substandardsprachlich markiert, ebenso existieren lexikalisierte Formen, die den Charakter als Diminutiv verloren haben (*langoustine* ‚Languste'). Bildungen mit verbalen Stämmen sind selten und bezeichnen das Ergebnis der Handlung (*compter* → *comptine* ‚Abzählreim').

V → N: *cracher* → *crachin* ‚Nieselregen', *plaisanter* → *plaisantin* ‚Witzbold, Spaßvogel'.
N → N: *botte* → *bottine* ‚Stiefelette', *mur* → *muretin* ‚kleine Mauer', *ours* → *oursin* ‚Seeigel', *tambour* → *tambourin* ‚Tamburin'.
A → N: *blond* → *blondin* ‚(abwertend) Blondhaariger', *rouge* → *rouquin* ‚(abwertend) Rothaariger'.
Produktivität: Das Suffix ist im heutigen Französisch außer in den Fachsprachen (*adrénaline*) nicht mehr produktiv.

-ing [engl. *-ing*] stellt ein besonderes Problem der Wortbildung dar. Das Suffix ist aus dem Englischen entlehnt und kommt ausschließlich in Verbindung mit Entlehnungen aus dem Englischen vor. Unterschieden werden müssen hier integrale Entlehnungen, bei denen die gesamte Form bereits im Englischen vorlag und solche, bei denen das Suffix zur Bildung von Pseudoanglizismen dient, die im Englischen so nicht belegt sind (*shampoo* → *shampooing*), zu denen allerdings auch kein französisches Verb vorliegt. Manche Formen existieren zwar im Englischen, haben im Französischen aber eine andere Bedeutung (engl. *pressing* ‚Pressung, Kelterung', fr. *pressing* ‚Textilreinigung'). Die französische Sprachpolitik hat vorgeschlagen, als Ersatz für bereits belegte Formen auf *-ing* solche mit dem Suffix *-age* zu bilden, vor allem im fachsprachlichen Bereich. Bei einigen Bildungen haben sich diese Alternativformen durchgesetzt (*caravaning* vs. *caravanage, cloning* vs. *clonage*). Gebildet werden Nomina actionis (*forcing, kidnapping, zapping*) und Nomina loci (*parking, pressing*).

Produktivität: Das Suffix ist produktiv, häufig sind die im Französischen auftretenden Formen aber schon im Englischen belegt.
Konkurrierende Suffixe: *-age, -ade*.
Literatur: Dubois 1999, 35s.; Etiemble 1964, 149s.; Lewis 2007; Orr 1962; Söll 1968; Thiele 1993, 35s.

-ion [lat. *-ionem*]. Mit *-ion* suffigiert sind die gelehrten Formen zu den erbwörtlichen Suffixen *-aison* und *-ison*. Zahlreiche Formen sind bereits auf im Lateinischen mit dem Suffix *-ionem* gebildete und belegte Formen zurückzuführen, hier handelt es sich also nicht um eine französische Wortbildung, z.B. *distribution* ← lat. *distributione(m)* ‚Verteilung'[55]. Wenn der französischen Form ein Verb entspricht (*distribuer* → *distribution*) sind sie durchsichtig, bei synchron nicht vorhandenem Verb sind sie allerdings opak (*instigation* ‚Anregung, Anraten', *mensuration* ‚Körpermessung'). Es werden vor allem deverbale Nomina actionis gebildet.

V → N: *annexer* → *annexion* ‚Annektion', *discuter* → *discussion* ‚Diskussion'.
N → N: *avion* → *aviation* ‚Luftfahrt', *chair* → *carnation* ‚Teint, Gesichtsfarbe', *nid* → *nidation* ‚Einnistung'.
Morphologische Besonderheiten: Verben der zweiten Konjugationsklasse auf *-ir* bilden Formen auf *-ition*: *abolir* → *abolition* ‚Abschaffung, Aufhebung', Verben auf *-er* auf *-ation*: *abdiquer* → *abdication* ‚Abdankung', *réparer* → *réparation* ‚Reparatur, Instandsetzung'. Bei gelehrten Formen erscheint das Allomorph *-tion* bzw. *-ssion*: *convenir* → *convention* ‚Übereinkunft, Übereinkommen', *discuter* → *discussion*. Diese Formen sind direkt aus dem Lateinischen entlehnt (*conventionem, discussionem*) und damit nicht produktiv. Französische Bildungen (allerdings mit lateinischen Stämmen) sind die fachsprachlichen *ignition* ‚Entzünden' ← lat. *ignitio* und *déglutition* ‚Schlucken' ← lat. *deglutire*. Aus dem Englischen entlehnt sind *aberration* ‚Verirrung' ← engl. *aberration*, *plantation* ‚Anpflanzung' ← engl. *plantation*, *population* ‚Bevölkerung' ← engl. *population*, *volcanisation* ‚Vulkanisation' ← engl. *vulcanization*.
Produktivität: Das Suffix ist vor allem in den Fachsprachen produktiv. In einigen Formen liegen Dubletten mit dem Suffix *-age* vor: *filtrage/filtration* ‚Filtern'.
Konkurrierende Suffixe: *-aison, -isme, -ing*.
Literatur: Dubois 1999, 24; Has 1982; Thiele 1993, 34.

-is/-isse [lat. *-aticium, -iticium*] bildet Verbalabstrakta und ist im heutigen Französisch komplett unproduktiv und opak. Lüdtke (1978, 155) zählt insgesamt 14 Wörter auf, die mit dem Suffix *-is* gebildet werden. Es lässt sich eine frequentative Bedeutung feststellen, Grundlage sind allerdings wenig gebräuchliche Verben: *clapoter* ‚plätschern' → *clapotis*, *gazouiller* ‚zwitschern' → *gazoullis*. Sehr selten sind von nominalen oder adjektivischen Stämmen abgeleitete Formen, die eine besondere Eigenschaft bezeichnen: *jaune* → *jaunisse* ‚Gelbsucht'.

V → N: *abattre* → *abattis* ‚(Geflügel)klein', *bâtir* → *bâtisse* ‚Gebäude', *gâcher* → *gâchis* ‚Verschwendung', *loger* → *logis* ‚Behausung, Unterkunft'.
N → N: *caillou* → *cailloutis* ‚Schotterfläche'.

---

[55] Zum Akkusativ von *distributio*, die hier angegebene Akkusativform liegt etymologisch der heutigen französischen Form zugrunde.

Nomina actionis: *gribouiller* → *gribouillis* ‚Gekritzel', *ronfler (ronflotter)* → *ronflottis* ‚leichtes Schnarchen', *rouler* → *roulis* ‚Schlingern'.
Kollektiva: *barbouiller* → *barbouillis* ‚Anpinseln, Anmalen', *bredouiller* → *bredouillis* ‚hastiges und undeutliches Sprechen'.
Produktivität: Das Suffix ist im heutigen Französisch nicht mehr produktiv.
Literatur: Dubois 1999, 38; Malkiel 1979; Thiele 1993, 35.

-ise [lat. *-itia*] wird zu verbalen Stämmen gebildet und bezeichnet dann die entsprechende Handlung (*convoiter* ‚begehren' → *convoitise* ‚Begierde') oder die Qualität (*vantard* ‚prahlerisch' → *vantardise* ‚Prahlsucht'). Bei adjektivischen oder substantivischen Stämmen bezeichnet die Form die Eigenschaft selbst (*bête* → *bêtise* ‚Dummheit', *chaland* ‚Kunde' → *chalandise* ‚Kundeneinzugsgebiet'). Früher mit *-ise* suffigierte Formen werden heute weitgehend gleichbedeutend mit *-erie* suffigiert: *galant* → *galantise/galanterie* ‚Höflichkeit', *ivrogne* → *ivrognise/ivrognerie* ‚Trunksucht'.
V → N: *convoiter* ‚begehren' → *convoitise*, *hanter* → *hantise* ‚Angst, Grauen'.
A → N: *bête* → *bêtise* ‚Dummheit', *débrouillard* → *débrouillardise* ‚Pfiffigkeit, Findigkeit', *friand* → *friandise* ‚Leckerei'.
N → N: *chaland* ‚Kunde' → *chalandise* ‚Kundeneinzugsgebiet', *marchand* → *marchandise* ‚Handelsgut'.
Nomina actionis: *convoiter* → *convoitise*, *hanter* → *hantise*.
Nomina qualitatis: *bête* → *bêtise* ‚Dummheit', *franc* → *franchise* ‚Aufrichtigkeit', *gourmand* → *gourmandise* ‚Eßlust, Naschhaftigkeit'.
Produktivität: Als literarischer Archaismus wurde das Suffix im 19. Jahrhundert wieder eingeführt. Das Suffix ist im heutigen Französisch nicht mehr produktiv außer bei Formen, die auf Adjektive mit der Endung *-ard* zurückgehen: *débrouillard* → *débrouillardise* ‚Improvisationsfähigkeit', *flemmard* → *flemmardise* ‚Weinerlichkeit', *ringard* → *ringardise* ‚Rückständigkeit'.
Konkurrierende Suffixe: *-ade*, *-erie*, *-esse*, *-ice*.
Literatur: Lüdtke 1978, 198, 214; Muret 1890; Schweickard 1992, 37; Thiele 1993, 42.

-isme [lat. *-ismum*] hat gelehrten Ursprung, wurde zunächst vor allem in den Fachsprachen verwendet, im Rahmen der zunehmenden alltagssprachlichen Verbreitung immer häufiger auch in der Pressesprache. Der *Petit Robert* nennt 962 Ableitungen auf *-isme*. Es überwiegen denominale Formen, seltener sind Bildungen auf verbaler Basis (*arriver* → *arrivisme* ‚Strebertum', *diriger* → *dirigisme* ‚Dirigismus'). Bei adjektivischer Basis bezeichnen die Bildungen die in der Semantik des Adjektivs angelegten Eigenschaft (*amoral* → *amoralisme* ‚Amoralität', *urbain* ‚städtisch' → *urbanisme* ‚Städtebau'). Es liegen fast immer vergleichbare Formen auf *-iste* für entsprechende Nomina agentis vor: *amoralisme/amoraliste*, *arrivisme/arriviste*.
V → N: *comparer* → *comparatisme* ‚Komparatistik', *muter* → *mutisme* ‚Schweigen, Stummheit'.

A → N: *absolu* → *absolutisme* ‚Absolutismus', *humain* → *humanisme* ‚Humanismus', *masculin* → *masculinisme* ‚Ideologie männlicher Überlegenheit'.
N → N: *abolition* → *abolitionisme* ‚Abolitionismus', *défaite* → *défaitisme* ‚Defätismus, Miesmacherei', *protection* → *protectionisme* ‚Protektionismus', *tabac* → *tabagisme* ‚Tabakabhängigkeit'.
Morphologische Besonderheiten: Das Suffix verbindet sich auch mit gelehrten Stämmen: lat. *optimus* → *optimisme* ‚Optimismus', lat. *pessimus* → *pessimisme* ‚Pessimismus'.
Produktivität: Der TLFi verweist auf über 4000 belegte mit -*isme* suffigierte Formen. Die häufigste und produktivste Form mit nominaler Basis sind Ableitungen von Personennamen (*Bouddha* → *bouddhisme*, [*Karl*] *Marx* → *marxisme*), um die Anhängerschaft zu einer vom Namensträger begründeten Theorie oder Religion zu bezeichnen[56]. Bildungen wie *paludisme* ‚Malaria' können nicht mehr auf ein Nomen zurückgeführt werden und sind damit opak. Eine Tendenz in der gesprochenen Sprache und in substandardsprachlichen Registern ist die Suffigierung von Phraseologismen mit -*isme*, was den lexikalisierten Charakter des Phraseologismus unterstreicht (*je m'en fous* → *je m'en foutisme* ‚Wurstigkeit'). Vor allem in der tagespolitischen Berichterstattung kann man eine starke Zunahme von Bildungen auf -*isme* feststellen, die zumeist stilistisch markiert sind: *libre-échangisme* ‚Freihandelsideologie', *pique-assiettisme* ‚parasitäre Lebensweise'.
Literatur: Roché 2007; Schweickard 1992, 22, 103; Thiele 1993, 44s.

-*iste* [lat. -*ista* ← gr. -*istês*]. Bildungen auf -*iste* sind vorwiegend Nomina agentis. Am häufigsten sind Ableitungen auf nominaler Basis wie *bouquin* → *bouquiniste*, *dent* → *dentiste*, *journal* → *journaliste*. Bei Anhängern einer Theorie finden sich parallele Formen mit -*isme* wie *capitalisme/capitaliste*, *traditionalisme/traditio-naliste*. Häufig sind Eigennamen Stämme: *gaullisme/gaulliste* [zu de Gaulle], *marxisme/marxiste* [zu Karl Marx] usw. Bei Berufsbezeichnungen wird der Stamm semantisch auf eine bestimmte Tätigkeit spezifiziert: *paysagiste* ‚Landschaftsmaler' oder ‚Gartenarchitekt', *visagiste* ‚Kosmetiker'. Wie bei Bildungen auf -*isme* finden sich auch mit -*iste* suffigierte Phraseologismen: *je m'en fous* → *je m'en foutiste* (vgl. *je m'en foutisme*), *jusqu'au bout* → *jusqu'au boutiste* (*jusqu'au boutisme*). Ob hier eine eigenständige Ableitung vom Phraseologismus ausgehend gebildet wurde oder nicht vielmehr die bereits mit -*isme* suffigierte nominalisierte Form zugrunde-liegt ist umstritten. Bildungen auf -*isme* und -*iste* sind häufig okkasionell und in einen historischen Kontext

---

[56] Schweickard 1992 hat für diese Formen den Begriff 'Deonomastica' geprägt, zu Belegen aus der französischen Pressesprache vgl. Paulikat 2001.

eingebunden, werden also selten lexikalisiert[57]. Im aktuellen politischen Kontext finden sich z.B. *ayraultiste* [zu Jean-Marie Ayrault], *lepéniste* [zu Marine Le Pen], *macroniste* [zu Emmanuel Macron], *vallsiste* [zu Manuel Valls], *villepiniste* [zu Dominique de Villepin], im *Petit Larousse* 2015 aufgenommen wurde *noniste* ‚Person, die bei einem Referendum mit nein abstimmt'. Mit *-iste* gebildete Formen können auch Basis weiterer Bildungen (vor allem Präfigierungen) sein: *post-marxiste*.

V → N: *arriver* → *arriviste* ‚Emporkömmling', *transformer* → *transformiste* ‚Verwandlungskünstler'.
A → N: *absolu* → *absolutiste* ‚Absolutist', *comparer* → *comparatiste* ‚Komparatist', *pur* → *puriste* ‚Purist'.
N → N: *affiche* → *affichiste* ‚Werbegrafiker'. *bouquin* → *bouquiniste* ‚Bouquinist', *pension* → *pensioniste* ‚Pensionsempfänger'.
Nomina agentis: *dent* → *dentiste* ‚Zahnarzt', *langue* → *linguiste* ‚Linguist'.
Morphologische Besonderheiten: Das Suffix erscheint auch in den erweiterten Formen *-tiste* und *-atiste* bei deverbalen Formen (*comparer* → *comparatiste* ‚Komparatist', *séparer* → *séparatiste* ‚Separatist'). Bei Stämmen mit einem Wortende auf <ye> wird <i> durch <y> ersetzt: *analyse* → *analyste* ‚Analytiker'.
Produktivität: Das Suffix ist vor allem im pressesprachlichen Gebrauch sehr produktiv.
Konkurrierende Suffixe: *-aire*, *-aste*, *-eron*, *-ent*, *-ien*, *-ier*, *-ite*.
Literatur: Schweickard 1992, 19-22; Štichauer 2014, 120–126 ; Thiele 1993, 47s.; Wolf 1972.

-ment [lat. *-mentu(m)*] gehört zu den zentralen und produktivsten substantivischen Wortbildungssuffixen, wobei die Produktivität nach Lüdtke (1978, 108) regressiv ist, d.h. es werden noch neue Wörter auf *-ment* gebildet, ihre Zahl nimmt jedoch zunehmend ab. Bei einer Basis, die auf das Partizip Perfekt eines Verbs zurückzuführen ist, finden sich Verbalabstrakta, häufig mit reflexiver oder passivischer Bedeutung (*bâtir* → *bâti* → *bâtiment* = *ce qui a été bâti*), die damit in Konkurrenz zu den eher aktivisch verwendeten Formen auf *-age* stehen (*arroser* → *arrosage/arrosement* ‚Bewässerung'[58]). Andere verbale Stämme liegen bei den Formen *compléter* → *complément* ‚Ergänzung', *redresser* → *redressement* ‚Geraderichten' vor.

V → N: *abandonner* → *abandonnement* ‚Aufgabe', *charger* → *chargement* ‚Beladen', *héberger* → *hébergement* ‚Unterbringung'.

---

[57] Walter (1989, 163ss.) gibt hier eine Liste von Bildungen der französischen Revolutionszeit als „mots éphémères" an.
[58] Hier wird im Deutschen eher nicht differenziert, es lässt sich aber in der französischen Verwendung eine Tendenz zum Gebrauch von *arrosement* feststellen, wenn es sich um eine sich regelmäßig wiederholende Handlung handelt, während *arrosage* eher eine einmalige Handlung bezeichnet.

A → N: *rouge* → *rougeoiment* ‚Glühen', *vert* → *verdoiement* ‚Ergrünen'.
N → N: *pièce* → *empiècement* ‚Einsatz', *pied* → *piètement* ‚Beine, Füße eines Stuhls'.
Nomina actionis: *franchir* → *franchissement* ‚Übersteigen', *payer* → *paiement* ‚Bezahlung'.
Nomina loci: *place* → *emplacement* ‚Stelle, Platz', *établir* → *établissement* ‚Errichtung, Einrichtung', *loger* → *logement* ‚Unterbringung'.
Morphologische Besonderheiten: Abhängig vom Stamm finden sich bei deverbalen Formen zahlreiche Allomorphien: *-ament* (*délinéer* → *délinéament* ‚Umriss'), *-ement* (*abattre* → *abattement* ‚Abschlag, Nachlass'), *-iment* (*fournir* → *fourniment* ‚Ausrüstung eines Soldaten'), *-issement* (*aboutir* → *aboutissement* ‚Ergebnis, Erfolg').
Produktivität: Im heutigen Französisch ist das Suffix nicht mehr produktiv und wurde durch *-age* ersetzt.
Konkurrierende Suffixe: *-age*, *-tion*.
Literatur: Dubois 1999, 22; Pouradier Duteil 1978; Uth 2012.

-oir/-oire [lat. *-orius*]. Das heute nur noch sehr eingeschränkt produktive Suffix bezeichnet ein Werkzeug bzw. einen zur Durchführung der Handlung notwendigen Gegenstand (*boucher* → *bouchoir* ‚Verschluss', *dégraisser* → *dégraissoir* ‚Schabeisen'), es kann allerdings auch ein Ort gemeint sein, an dem die Handlung stattfindet (*abreuver* → *abreuvoir* ‚Tränke', *guetter* → *guettoir* ‚Beobachtungsunterstand'), wobei die Abgrenzung nicht immer eindeutig ist (*ajuster* → *ajustoir* ‚Münzwaage', *chauffer* → *chauffoir* ‚Wärmestube')[59]. Die häufigsten Formen auf *-oir* sind männlich, Formen mit der Endung *-oire* können sowohl männlich als auch weiblich sein, wobei hier sprachgeschichtlich das Genus häufig wechselt: *une interrogatoire* vs. *un interrogatoire* (im *Petit Robert* männlich, im Korpus *Europresse* jedoch (selten) auch weiblich belegt). Es überwiegen Ableitungen auf verbaler Basis, bei Verben auf *-ir* lässt sich der Stamm auf das Partizip Perfekt des Verbs zurückführen (*rôtir* → *rôtissé* → *rôtissoir* ‚Grillwerkzeug'). Der *Grand Robert* verweist auf die Möglichkeit der Bildung von deverbalen Abstrakta (*oublier* → *oublioir* ‚Kerker'), die allerdings auf okkasionelle Formen beschränkt scheint. Bildungen auf *-oir* bezeichnen häufig landwirtschaftliche Geräte (*déplanter* → *déplantoir* ‚Umpflanzer', *ébrancher* → *ébranchoir* ‚Entaster').

V → N: *arroser* → *arrosoir* ‚Gießkanne', *échapper* → *échappatoire* ‚Ausflucht, Ausrede, *fermer* → *fermoir* ‚Verschluss', *dépiler* → *dépilatoire* ‚Enthaarungsmittel'.
A → N: *discret* → *discrétoire* ‚Diskretorium'.
N → N: *bougie* → *bougeoir* ‚Kerzenleuchter mit Griff', *colonne* → *colonnoir* ‚offene Halle'.

---

[59] Thiele (1993, 40) unterscheidet Bildungen auf *-oir* und *-oire* auch semantisch, was aufgrund der Beleglage nicht streng einzuhalten ist.

Nomina instrumenti: *bougie* → *bougeoir* ‚Kerzenleuchter', *crème* → *crémoir* ‚Milchschäumer', *tirer* → *tiroir* ‚Schublade'.
Nomina loci: *dormir* → *dortoir* ‚Schlafsaal', *parler* → *parloir* ‚Besuchszimmer', *uriner* → *urinoir* ‚Pissoir, Bedürfnisanstalt'[60].
Morphologische Besonderheiten: zur Vermeidung eines Hiats wird ein *-t-* eingefügt: *dormir* → *dortoir* ‚Schlafsaal', lat. *orare* → *oratoire* ‚Gebetsraum'.
Produktivität: Das Suffix ist im heutigen Französisch nicht mehr produktiv und wurde von *-eur/-euse* abgelöst. Konkurrierende Suffixe: Nomina instrumenti: *-ail*, *-eur*, *-ul*; Nomina loci: *-ère*, *-um*.
Literatur: Rosenberg 2008; Thiele 1993, 40.

-on [lat. *-onem*] ist primär Diminutivsuffix und kaum noch produktiv. Denominal wird *-on* verwendet zur Bezeichnung des Nachwuchses bei Tieren. Selten und häufig opak ist die augmentative Funktion, die in der Regel bei entlehnten Formen aus dem Italienischen auftritt (*ballon* ← it. *pallone*, *caisson* ‚Kasten, Container' ← it. *cassone*, *médaillon* ‚Medaillon' ← it. *medaglione*).
V → N: *boucher* → *bouchon* ‚Korken', *guider* → *guidon* ‚Lenkstange', häufig mit pejorativer Konnotation: *avorter* → *avorton* ‚Missgeburt', *jurer* → *juron* ‚Fluch'.
A → N: *mou* → *molasson* ‚Weichling'.
N → N: *aigle* → *aiglon* ‚kleiner Adler', *âne* → *ânon* ‚kleiner Esel', *chat* → *chaton* ‚kleine Katze', *mousse* → *moussaillon* ‚junger Seekadett', *rat* → *raton* ‚junge Ratte'.
Morphologische Besonderheiten: Das Suffix erscheint in zahlreichen Allomorphen: *-illon* (*grave* → *gravillon* ‚Splitt'), *-eron* (*laid* → *laideron* ‚hässliche junge Frau'), *-aillon* (*avocat* → *avocaillon* ‚Anwalt ohne Relevanz'), *-asson* (*canard* → *canasson*).
Produktivität: Das Suffix ist im heutigen Französisch nicht mehr produktiv.
Literatur: Roché 2003; Thiele 1993, 55.

-ot/-otte [lat. *-ottum*] bildet vor allem denominale Nomen. Es hat vorrangig diminutive Funktion (*île* → *îlot* ‚kleine Insel'), bisweilen mit vertraulicher Konnotation (*jeune* → *jeunot* ‚Junger Mann'), kann aber auch abwertend verwendet werden: *parlotte* ‚Geschwätz'. Sprachhistorisch wurden häufig bereits existierende Formen auf *-et* durch solche auf *-ot* ersetzt. Das Suffix ist heute noch produktiv, vor allem in Substandardregistern des Französischen. Selten sind deverbale Formen *cachot* ‚Versteck', ← *cacher*, die Nomina agentis oder Nomina instrumenti bilden (*bouillir* → *bouillotte* ‚Wärmflasche', *main* → *menotte* ‚Fessel, Handschelle')[61].

---

60 Im Französischen ist das gleichbedeutende *pissoir*, aus dem der deutsche Begriff entlehnt wurde, familiär oder regionalsprachlich markiert.
61 Auch in Verbindungen mit Vornamen wird das Suffix verwendet: *Charlot* ← *Charles*.

V → N: *bouger* → *bougeotte* ‚Unruhe, Zappelei', *parler* → *parlotte, tremblotte* ‚Zittern (vor Kälte)'.
A → N: *maigre* → *maigrot* ‚dünner Mensch', *pâle* → *pâlot* ‚blasser Mensch', *vieux* → *vieillot* ‚alter Mensch'.
N → N: *chemin* → *cheminot* ‚Eisenbahner', *cuisse* → *cuissot* ‚Keule'.
Nomina actionis: *bouger* → *bougeotte* ‚Bewegungsdrang', *parler* → *parlotte* ‚Geschwätz'.
Nomina agentis: *chemin* → *cheminot, fier* → *fierot* ‚eingebildete Person'.
Nomina instrumenti: *bouillir* → *bouillotte, cuire* → *cocotte* ‚Kochtopf', *main* → *menotte*.
Morphologische Besonderheiten: Das Suffix erscheint auch in den Allomorphen -*iot* (*petit* → *petiot* ‚kleines Kind') und -*iotte* (*scie* → *sciotte* ‚kleine Säge').
Produktivität: Das Suffix ist im heutigen Französisch nicht mehr produktiv.
Konkurrierende Suffixe: -*aud*, -*et*, -*ette*.
Literatur : Thiele 1993, 55.

-*son* [argotische Bildung]. Bei deverbalen Bildungen ist die Grundlage das Partizip Perfekt des zugrundeliegenden Verbs (*trahir* → *trahi* → *trahison* ‚Verrat') oder die erste Person Singular des Indikativ Präsens (*boire* → (*je*) *bois* → *boisson* ‚Getränk'). Denominale Formen sind diastratisch niedrig markiert.

V → N: *casser* → *casson* ‚Zuckerklumpen', *guérir* → *guérison* ‚Genesung, Gesundung', *nourrir* → *nourrisson* ‚Säugling', *trahir* → *trahison*.
Nomina actionis: *guérir* → *guérison, trahir* → *trahison*.
Morphologische Besonderheiten: Nicht mit -*son* suffigiert sind mit dem Diminutivsuffix -*on* gebildete Formen, deren Stamm bereits auf -*s* endet: *ours* → *ourson* ‚junger, kleiner Bär'.
Produktivität: Das Suffix ist im heutigen Französisch nicht produktiv.
konkurrierende Suffixe: -*aison*, -*ion*, -*ton*.

-*té*/-*ité* [lat. -*tatem*]. Bildungen auf -*té*/-*ité* bezeichnen eine Eigenschaft und werden zu adjektivischen Stämmen gebildet (*créatif* → *créativité* ‚Kreativität', *facile* → *facilité* ‚Einfachheit'). Bei einigen Formen ist die Komplexität der Wortform nicht mehr durchsichtig und damit nicht segmentierbar (*sain* → *santé* ‚Gesundheit'). Zu Formen auf -*ité* gibt es in der Regel eine Entsprechung auf -*isme*, da sie vermutlich in der Wortbildung parallel entstanden sind (*collectivité* ↔ *collectivisme*), wobei Bildungen mit dem gleichen Stamm häufig semantisch differenziert sind: *immoralité* ‚Unsittlichkeit' vs. *immoralisme* ‚unmoralisches Verhalten'. In seltenen Fällen kann die Basis auch nominal sein (*frère* → *fraternité* ‚Brüderlichkeit').

A → N: *ancien* → *ancienneté* ‚hohes Alter, Dienstalter', *dur* → *dureté* ‚Härte', *grossier* → *grossièreté* ‚Grobheit, Plumpheit', *net* → *netteté* ‚Sauberkeit, Reinlichkeit'.

N → N: *amiral* → *amirauté* ‚Admiralität', *frère* → *fraternité* ‚Brüderlichkeit', *père* → *paternité* ‚Vaterschaft',
Nomina qualitatis: *exemplaire* → *exemplarité* ‚Mustergültigkeit', *père* → *paternité*.
Kollektiva: *fiscal* → *fiscalité* ‚Steuersystem', *mort* → *mortalité* ‚Sterblichkeit', *natalité* ‚Geburtenrate'.
Morphologische Besonderheiten: Das Suffix kann sich mit weiblichen und männlichen Adjektiven verbinden. Formen, die auf ein Adjektiv mit der Endung *-able* zurückgehen, bilden das Substantiv auf *-abilité* (*aimable* → *amabilité* ‚Liebenswürdigkeit'), Adjektive auf *-ible* bilden *-ibilité* (*réversible* → *réversibilité* ‚Umkehrbarkeit'), auf *-aire* bilden *-arité* *circulaire* → *circularité* ‚Zirkularität, Rundheit'), auf *-al* und *-el* bilden *-alité* (*fonction* → *fonctionnalité* ‚Funktionalität', allomorph auch *-auté*: *loyal* → *loyauté* ‚Vertrauenswürdigkeit'), auf *-if* bilden *-ivité* (*sportif* → *sportivité* ‚Sportlichkeit').
Produktivität: Im Vergleich zu Bildungen auf *-isme* sind Bildungen auf *-ité* regressiv produktiv, d.h. die Zahl der Neubildungen nimmt ab. Das Suffix ist im heutigen Französisch fast ausschließlich bei nominalen Stämmen produktiv, Ableitungen auf adjektivaler Basis sind äußerst selten.
Konkurrierende Suffixe: *-itude*, *-isme*.
Literatur: Plate 1928, 83.

-ude/-tude/-itude [lat. *-udo*]. Bildungen auf *-ude* sind ausschließlich gelehrt und verbinden sich in der Regel mit lateinischen oder latinisierenden (in der Regel auf *-i* auslautenden) Stämmen: {recti} {linéaire} / {recti} {tude}, {lati} {folié} / {lati} {tude}. Ihre Analysierbarkeit aus synchroner Sicht ist daher sehr eingeschränkt. Als fachsprachliche oder gelehrte Formen stehen sie häufig in Konkurrenz zu alltagssprachlichen erbwörtlichen Formen: *altitude* ‚Höhe' vs. *hauteur*. Die Basis sind in der Regel Adjektive: *apte* → *aptitude* ‚Fähigkeit'. Selten sind Bildungen auf nominaler Basis: *nègre* → *négritude*, *servitude* ‚Knechtschaft'[62], wobei hier die Zugehörigkeit zu einer sozialen Gruppe im Mittelpunkt steht. Verbreitet sind auch Ableitungen auf der Basis von Eigennamen, wobei parallel mit *-ité* suffigierte Formen existieren: *corsitude*/*corsité* ← *Corse*, die nach dem TLFi offenbar parallel zu *négritude* gebildet wurden und eine latente Unterdrückung konnotieren (der PR zählt zu den nach *négritude* gebildeten Formen auch *belgitude* und *féminitude*). Im heutigen Sprachgebrauch lässt sich eine Zunahme der Bildungen auf *-itude* feststellen: *punk* → *punkitude* ‚ein einem Punk entsprechendes Verhalten', *branche* → *branchitude* ‚in Mode sein' (vgl. Handler 2008, 260).

---

[62] Der TLFi verzeichnet das Suffix unter *-itude* mit dem Allomorph *-tude*, während im *RBrio* der Eintrag wie hier unter *-ude* geführt wird, obwohl ausschließlich Formen mit vorausgehendem *-t-* belegt sind. Es erschien hier dennoch sinnvoll, die Systematik des *RBrio* zu übernehmen, da in der morphologischen Analyse das stammbildende Adjektiv in der Regel auf *-t* auslautet.

A → N: *complet* → *complétude* ‚Vollständigkeit', *haut* → *altitude* ‚Höhe', *plat* → *platitude* ‚Flachheit, Seichtheit'.
N → N: *nègre* → *négritude*, *zen* → *zénitude* ‚Ausgeglichenheit'.
Morphologische Besonderheiten: Das allomorphe Suffix -*itude* wird verwendet, wenn der Stamm auf -*t* endet: *exact* → *exactitude* ‚Exaktheit', *ingrat* → *ingratitude* ‚Undankbarkeit'. Einige Formen sind integrale Entlehnungen aus dem Lateinischen: *servitude* ‚Knechtschaft' ← lat. *servitudo*, *turpitude* ‚Schändlichkeit' ← lat. *turpitudo*.
Produktivität: Das Suffix ist im heutigen Französisch nicht mehr produktiv.
Literatur: Štichauer 2014, 111–120; Thiele 1993, 42.

-*ule* [lat. -*ula*] hat diminutive Funktion. Lexikalisierte Formen sind selten, das Suffix findet vor allem im sprachlichen Substandard bei Okkasionalismen Anwendung. Bisweilen treten die Formen als gelehrte Bildung in Fachsprachen auf und zeigen dann einen gelehrten Stamm *oeuf* → *ovule* ‚biolog. Ei, Eizelle; lat. *ovula*'. Einige Formen sind bereits im Lateinischen mit dem Suffix -*ulum* suffigiert und kein Ergebnis einer französischen Wortbildung (*corpuscule* ‚Korpuskel, Teilchen' ← lat. *corpusculum*, *fascicule* ‚Lieferung, Faszikel' ← lat. *fasciculum*).

N → N: *animal* → *animalcule* ‚winzig kleines Tier', *corps* → *corpuscule* ‚Korpuskel, Teilchen, Körperchen', *groupe* → *groupuscule* ‚Splittergruppe', *mont* → *monticule* ‚kleine Anhöhe'.
Morphologische Besonderheiten: Das Suffix erscheint auch in den erweiterten Varianten -*cule* (*arbre* → *arbuscule* ‚kleiner Baum') und -*icule* (*dent* → *denticule* ‚kleiner Zahn').
Produktivität: Das Suffix ist außer im Substandard im heutigen Französisch nicht produktiv. Die Formen mit diminuierender Funktion sind in der Regel nicht lexikalisiert.
Literatur: Retman 1980, 13; Thiele 1993, 52, 55.

-*ure* [lat. -*ura*]. Häufig sind Ableitungen von verbalen Stämmen, die die Vollendung einer Handlung bezeichnen: *brûler* → *brûlure* ‚Verbrennung', *enluminer* → *enluminure* ‚Buchmalerei'. Denominale Bildungen haben überwiegend kollektive Bedeutung: *cheveu* → *chevelure* ‚Haare'. Das Suffix kann in Konkurrenz zu -*age* und -*ment* auftreten: *éclaboussement* vs. *éclaboussure* ‚Spritzer', *déferrer* ‚das Hufeisen entfernen' → *déferrage* vs. *déferrement* vs. *déferrure*. Einige Formen sind integrale Entlehnungen aus dem Lateinischen (*clôture* ‚Einfriedung, Begrenzung' ←lat. *clausura*, *préfecture* ‚Präfektur' ← *praefectura*).

N → N: *cheveu* → *chevelure*, *toit* → *toiture* ‚Bedachung, Dach', *voile* → *voilure* ‚Besegelung'.
A → N: *droit* → *droiture* ‚Geradheit, Aufrichtigkeit', *froid* → *froidure* ‚Kälte'.
V → N: *brûler* → *brûlure*, *graver* → *gravure* ‚Gravierung', *fournir* → *fourniture* ‚Lieferung'.

Nomina actionis: *graver* → *gravure*, *moisir* → *moisissure* ‚Schimmel'.
Kollektiva: *balayer* → *balayure* ‚Kehricht', *dent* → *denture* ‚Zahnersatz', *muscle* → *musculature* ‚Muskulatur', *os* → *ossature* ‚Knochengerüst'.
Morphologische Besonderheiten: Bei Verben der dritten und vierten Konjugation wird das Suffix an das Partizip Perfekt des zugrundeliegenden Verbs angefügt: *écrire* → *écrit* → *écriture* ‚Schrift, Schreiben', *ouvrir* → *ouvert* → *ouverture* ‚Öffnung'. Bei einigen Formen erscheint der Perfektstamm in einer älteren oder latinisierten Form *mordre* → *mordu* (lat. *morsus*) → *morsure* ‚Biss'. Die Formen mit *-ature* und *-iture* sind gelehrte Bildungen bzw. Entlehnungen aus dem Lateinischen (*muscle* → *musculature* ‚Muskulatur').
Produktivität: Vor allem bei der Bildung deverbaler Formen ist das Suffix im heutigen Französisch produktiv.
Konkurrierende Suffixe: Nomina actionis: *-ade*, *-age*, Kollektiva: *-ée*.
Literatur: Baldinger 1950, 55s; Dubois 1962, 60s.; Dubois 1999, 37s.; Howden 1982, 253-294; Lüdtke 1978, 147–149; Plate 1928; Thiele 1993, 52.

Konversion
Neben suffigierten Formen können Substantive auch durch Konversion entstehen. Grundlage können alle Wortarten sein, bei den Verben allerdings ausschließlich in den in der Kategorie Person unbestimmten Formen des Infinitivs, des Partizip Präsens und des Partizip Perfekts. Grundsätzlich ermöglicht das Sprachsystem die Konversion sämtlicher Verben zu Substantiven, allerdings wird nur selten Gebrauch davon gemacht, so dass nur eine vergleichsweise geringe Zahl lexikalisierter Formen vorliegt. Darüber hinaus liegen substantivierte Formen des Adjektivs vor, die elliptischen Charakter haben: *la route nationale* → *la nationale*, *les élections législatives* → *les législatives*.

Partizip Präsens
Die Herleitung des Stammes ist in der Literatur umstritten: Bildungen wie *étudiant* können als Ableitung mittels Suffigierung vom Verbstamm (*étudier* + *ant* → *étudiant*) oder als Konversion des Partizips (*étudiant* + {ø} → *étudiant*) interpretiert werden[63]. Bollée (1995/96, 33) unterscheidet bei Handlungsträgern Bildungen auf *-ant* von solchen auf *-eur* durch das Merkmal der Augenblicklichkeit und Zufälligkeit: *manifester* → *manifestant* vs. *manifesteur*. Darüber hinaus werden mit *-ant* Wirkstoffe bezeichnet: *désherber* → *désherbant* ‚Unkrautvertilgungsmittel', *édulcorer* → *édulcorant*

---

[63] Dieser Interpretation folgt Guilbert 1975, Thiele 1993 zählt Ableitungen auf *-ant* dagegen zur Suffigierung.

‚Süßstoff'. Da alle Partizipien Grundlage der Wortbildung sein können, ist das Wortbildungsmuster grundsätzlich produktiv.

Infinitiv

Auch im Bereich des Infinitivs ist die Möglichkeit der Bildung neuer Formen unbegrenzt, es liegen aber nur wenige lexikalisierte Formen vor: *devoir* → *le devoir* ‚Aufgabe', *pouvoir* → *le pouvoir* ‚Macht', *savoir* → *le savoir* ‚Wissen', aber nicht *penser* → **le penser, faire* → **le faire*. Häufiger sind Formen der Rückbildung: *calculer* → *calcul* ‚Berechnung' (zur Nominalisierung von Infinitiven vgl. Buridant 2008).

2.1.2 Adjektivbildung

Adjektive übernehmen in der Regel attributive Funktion, ihre häufige Verwendung charakterisiert Texte, die einen Sachverhalt möglichst genau darstellen. Im folgenden Text dienen die Adjektive vorwiegend der Situierung des Geschehens:

Le faucon des négociations internationales

La France, dont l'intransigeance sur le nucléaire **iranien** étonne, semble assumer le rôle «**officieux**» de représentant d'Israël. La ligne dure **française** dans ce dossier a été officialisée par le président de droite Nicolas Sarkozy après son élection en 2007, puis poursuivie et assumée par son successeur **socialiste** François Hollande depuis 2012.

Dans les négociations sur le nucléaire **iranien** qui reprennent ces jours **prochains**, où entrent en jeu des considérations **politiques, géostratégiques** mais aussi **personnelles**, la France joue le rôle de faucon, jusqu'à irriter ses alliés, mais ne devrait pas aller jusqu'à bloquer un accord, selon analystes et diplomates. «Dans cette affaire, la France a fait le chemin **inverse** des Etats-Unis, qui ont changé de stratégie avec l'arrivée de Barack Obama » et sa volonté de parvenir à un accord **historique** avec Téhéran sur le dossier **nucléaire**, résume Bernard Hourcade, spécialiste de l'Iran au Centre **national** de la recherche **scientifique** (CNRS). Plusieurs raisons expliquent la fermeté **française** sur le programme **nucléaire** de l'Iran, soupçonné par les Occidentaux d'être à vocation **militaire**, et qui empoisonne les relations **internationales** depuis plus d'une décennie.

Raisons **historiques** et **politiques**: les diplomates **français** qui ont suivi et négocié le dossier depuis le début sont des personnalités **classées** comme «**néoconservatrices**», aux positions particulièrement **fermes** sur l'Iran. Et l'actuel chef de la diplomatie, Laurent Fabius, fut Premier ministre entre 1984 et 1986, à l'époque la pire des relations entre Paris et Téhéran. Attentats en France, prises d'otages **français** au Liban attribuées au Hezbollah **chiite** allié de Téhéran, **contentieux** sur le contrat **nucléaire** Eurodif, soutien de la France à l'Irak alors en guerre contre l'Iran... « Fabius a gardé une impression **désastreuse** des Iraniens et ne leur fait absolument pas confiance », se souvient un diplomate. Mais selon M.Hourcade, l'élément **essentiel** dans cette stratégie **française**, « c'est que Paris a clairement fait le choix des monarchies **pétrolières** du Golfe et de la stabilité **conservatrice** » qu'elles représentent face à un Iran dont la France n'a de cesse de rappeler « le rôle **déstabilisateur** » en Syrie, au Liban ou en Irak.

S'ajoutent d'autres raisons comme la volonté **française** d'apparaître, selon un expert **occidental**, comme le « gardien du temple de la non-prolifération » **nucléaire**. C'est en arguant de son expertise - reconnue - sur ces questions que Paris réclame un accord « solide » avec l'Iran... et soupçonne parfois son meilleur allié **américain** d'être prêt à trop de concessions pour arracher un compromis **historique**. Lequel allié, en retour, surveille son partenaire **français** comme le lait sur le feu pour éviter, dans la **dernière** ligne droite des négociations, une réédition du «psychodrame» de Genève en novembre 2013. A l'époque, Paris s'opposa in extremis à la **première** mouture d'un accord **provisoire** concocté entre Washington et Téhéran. Un texte **amélioré** avait été signé 15 jours plus tard. Aujourd'hui, alors que l'épilogue se rapproche et que la tension monte chez des négociateurs soumis à forte pression, Paris a-t-il pour autant la capacité ou la volonté de bloquer un accord? «Les Français ne prendront pas le risque de faire capoter la négociation», estime **l'ancien** diplomate François Nicoullaud, en poste à Téhéran dans les années 2000 et spécialiste des questions de non-prolifération. «Sur les lignes **générales**, les grandes puissances (Etats-Unis, France, Grande-Bretagne, Chine, Russie et Allemagne) sont d'accord. Après, c'est une question de curseur, que Paris cherche à pousser le plus loin possible», sur le nombre de centrifugeuses accordé à l'Iran, sur la durée de l'accord... Une source proche du dossier qui n'a jamais caché son scepticisme et parlait volontiers de «mettre l'Iran à genoux» économiquement, juge aujourd'hui que «ça peut marcher s'il y a une volonté **politique**», qu' «on a fait du chemin» et qu' «un accord est **faisable**». « Le problème dans cette négociation, c'est qu'on est véritablement sur le fil du rasoir et qu'il y a un nombre **important** de gens qui veulent tout faire pour saboter un accord», rappelle Bernard Hourcade, citant les conservateurs **iraniens**, les sénateurs **américains**, le Premier ministre **israélien**, les pays du Golfe... «A quelques symboles près, pour trois centrifugeuses de plus ou de moins, ca peut échouer», s'inquiète-t-il. «A la fin des fins, ça se fera autour des deux **grands** négociateurs, Amérique et Iran. Tout va se jouer sur leur capacité à se jeter à l'eau, et c'est un pari **fantastique** et **fascinant** », observe un diplomate **européen**. [L'Expression (Algérie) 15.3.2015, Europresse 20150315]

In diesem Text werden zahlreiche Adjektive verwendet, um einen historischen Kontext möglichst genau zu charakterisieren. Einige dieser Adjektive sind nicht aus anderen Wortarten abgeleitet, es handelt sich um sogenannte einfache Formen (*ancien, ferme, grand...*). Aus Substantiven abgleitet sind *histoire* f. → *historique* ‚historisch', *occident* m. → *occidental* ‚westlich'. Bei *politique* f. → *politique* ‚politisch' liegt eine Konversion vor. Einige Formen gehen auf Ländernamen zurück und stellen einen Bezug zu dem jeweiligen Land her: *(États unis d') Amérique* → *américain*, *Europe* → *européen*, *Iran* → *iranien*, *Israël* → *israélien*. Aus einem Verb abgeleitet wurde *faire* → *faisable* ‚machbar'. Bei *provisoire* ‚provisorisch' ist der verbale Stamm (*prévoir*) nicht mehr eindeutig erkennbar, die Form ist aber noch motiviert. Das Adjektiv *fascinant* ‚faszinierend' ist formgleich mit dem Partizip Präsens des Verbs *fasciner*. Zu *officieux* ‚offiziös, halbamtlich' liegt mit derselben Bedeutung das Adjektiv *officiel* vor, hier bewirkt die Suffigierung mit *-ieux* eine pejorative Wertung. Die besondere Produktivität der Adjektivbildung zeigt sich, wenn zu bereits bestehenden Adjektiven weitere Ableitungen gebildet werden (*conserver* → *conservateur* → *néoconservateur*). Diese Form wird hier mit Anführungszeichen versehen, was auf einen noch nicht lexikalisierten Neologismus hinweist. Die meisten Adjektive stehen nach dem Substantiv, auf das sie sich beziehen, sind also postdeterminierend. Ausnahmen sind *ancien diplomate* und *grands négociateurs*.

Adjektive werden von Verben und Substantiven abgeleitet. Bei transitiven Verben steht das Adjektiv für eine gleichbedeutende Verbalphrase. In dem Beispieltext könnte *un accord est faisable* auch umformuliert werden als Relativsatz *un accord qui peut être fait*. Man kann das Adjektiv auch als Ersatz einer passivischen Konstruktion ansehen: *un accord peut être fait* wird zu *un accord est faisable*.

Bei denominalen Ableitungen wird durch das verwendete Suffix die Art des Bezugs zur nominalen Basis gekennzeichnet. Mittels derivierter Adjektive kann im Satz die für die Attribution vorgesehene (in der Regel postdeterminierende) Stelle genutzt werden, womit es in Konkurrenz zu alternativ verwendeten syntagmatischen Bildungen steht (*une voiture française* = *une voiture fabriquée en France*). Diese Funktion kann auch von attributiv verwendeten Partizipien übernommen werden, bei denen allerdings dann ein Wortartwechsel durch Konversion angenommen wird (*une idée fascinante* = *une idée qui fascine*).

Durch die häufige Verwendung der gleichen Suffixe bei der Bildung deverbaler Nomen und Adjektive ist die Unterscheidung der Wortart formal häufig nicht möglich. So ist bei Ethnika die primäre Funktion nicht eindeutig bestimmbar. Das Adjektiv *français* als mit dem Suffix -*ais* abgeleitete Form zu *France* in *un livre français* kann ebenso primär sein wie *une Française* als elliptische Bildung zu *une femme de nationalité française*.

Die semantische Klassifikation der Adjektive stellt ein Problem dar. Da die primäre Funktion des Adjektivs die des Determinans ist, ergibt sich eine „bedeutungsmäßige Unselbständigkeit" (Eichinger 1982, 73). Entsprechend wurde in der Forschung die Semantik der Adjektive in der Regel nach der Semantik der zugrundeliegenden (in der Regel verbalen) Stämme unterschieden oder es erfolgte nur eine grobe Klassifizierung in relationelle und qualifizierende Adjektive. Viele Adjektive können formgleich in verschiedenen semantischen Funktionen verwendet werden. Die genaue Bedeutung ergibt sich meist nur aus dem Kontext. Dies führt – vor allem aufgrund der Produktivität des Wortbildungsmusters – zu zahlreichen ambivalenten Formen: *le système planétaire* ‚Planetensystem' / *le progrès planétaire* ‚der globale Fortschritt', *le charme féminin* ‚der weibliche Charme' vs. *le journal féminin* ‚Frauenzeitschrift' (Beispiele aus Henschelmann 1999, 64). Riegel/Pellat/Rioul (2015, 598s.) differenzieren drei Gruppen von Adjektiven: qualifizierende Adjektive wie *rouge, rapide* oder *joyeux* „qui dénotent des propriétés et des états du nom dont ils sont épithètes", Relationsadjektive wie *professionnel* in *maladie professionnelle* „qui dénotent une relation [...] avec le référent du nom dont il sont dérivés" und eine dritte Gruppe ausschließlich prädeterminierender Adjektive wie *simple* in *une simple formalité*, die vereinfacht „adjectifs du troisième type" genannt wird und weder qualifizierende noch referentielle Funktion haben, sondern die gesamte Nominalphrase modifizieren und damit zwischen einer Kollokation und einem in seiner Semantik festgelegten Kompositum anzusiedeln sind (zur Abgrenzung von Relations- und Qualitätsadjektiven vgl. Bartning/Noailly 1993)[64].

Zusammenfassen lässt sich die Adjektivbildung in folgendem Schema:

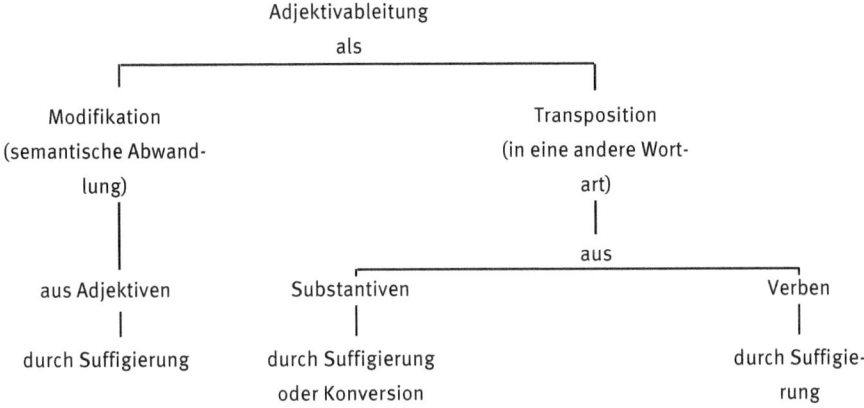

2.1.2.1 Qualitätsadjektive

Tab. 18: Qualitätsadjektive

Suffix	Allomorphe	Produktivität	Beispiele
-able m./~ f.	-ible	produktiv	abordable, accessible, cyclable, lisible
-ace m./~ f.		wenig produktiv	efficace, fugace, loquace, tenace
-ain m./-aine f.		produktiv	contemporain, germain, humain,
-aire m./~ f.	-iaire	produktiv	autoritaire, exemplare, glaciaire
-é m./-ée f.		produktiv	ailé, chocolaté, musclé, vanillé
-eur m./-euse f.	-eux m.	produktiv	poissonneux, postérieur, supérieur
-ide m./~ f.		nicht produktiv	cupide, liquide, stupide, valide
-ien m./-ienne f.	-en m./-enne f.	produktiv	freudien, italien, aérien
-ier m./-ière f.	-er m./-ère f.	produktiv	familier, hospitalier, étranger
-if m./-ive f.	-atif m./-ative f.	produktiv	adoptif, décoratif, facultatif, permissif
-in m./-ine f.		produktiv	chevalin, enfantin

---

64 Trost 2006 differenziert für das Deutsche Qualitätsadjektive, Relationsadjektive, Zugehörigkeitsadjektive, referentielle Adjektive, Quantitätsadjektive, monoprädikative Zustandsadjektive und Gradadjektive und stellt insgesamt 30 Untergruppen auf. Diese Klassifikation erscheint jedoch vor allem kontextabhängig zu sein und lässt sich nicht in einer Darstellung allgemeiner Wortbildungsphänomene zusammenfassen.

Suffix	Allomorphe	Produktivität	Beispiele
-u m./-ue f.		nicht produktiv	bossu, chevelu, têtu
-ueux m./-ueuse f.		produktiv	fastueux, luxueux, talentueux
-ule m./~ f.		wenig produktiv	crédule, ridicule

Qualifizierende Adjektive charakterisieren das Wort, auf das sie sich beziehen (in der Regel ein Substantiv), näher. Syntaktisches Merkmal dieses Adjektivtyps ist die Möglichkeit eines attributiven oder eines prädikativen Gebrauchs (*un livre fascinant* vs. *ce livre est fascinant*). In der Regel können qualifizierende Adjektive auch durch eine Präpositionalphrase paraphrasiert werden: *un produit luxueux* = *un produit de luxe*. Bei einigen Verwendungen bestehen jedoch semantische Unterschiede: *un produit chocolaté* ≠ *un produit (fait) de chocolat*. Insbesondere bei Verbindung von Substantiven mit postdeterminierenden Adjektiven ist die Abgrenzung von Komposita zu beachten, die eine eigenständige Bedeutung aufweisen (*fromage blanc* ‚Quark', vgl. hierzu Kapitel 2.3).

Eine umfassende semantische Klassifikation der qualifizierenden Adjektive im Französischen steht bisher aus (zur Semantik der Adjektive vgl. Stati 1979). Die semantischen Relationen der adjektivischen Suffigierung lassen sich folgendermaßen zusammenfassen, wobei hier nur einige (häufige) Möglichkeiten aufgezeigt werden (adaptiert nach Fleischer/Barz 2007, 267):

Tab. 19: Semantik der qualifizierenden Adjektive

Semantische Relation	Beispiele
Deverbativa mit passivischer bzw. nichtpassivischer Beziehung auf das Substantiv	boire → buvable, faire → faisable, guérir → guérissable, manger → mangeable
Desubstantiva, die das Vorhandensein bzw. Nichtvorhandensein des durch die Basis Ausgedrückten bezeichnen	aile → ailé, bois → boisé, malheur → malheureux, muscle → musclé, tâche → tâché
Desubstantiva, die die Möglichkeit der Nutzung des durch die Basis Ausgedrückten bezeichnen	(bi)cyle(tte) → cyclable, justice → justiciable, mémoire → mémorable
Desubstantiva, die auf das Aussehen des durch die Basis Ausgedrückten Bezug nehmen	ballon → ballonné, rose → rosé
Ableitungen von Stoffbezeichnungen, das Bestehen aus diesem Stoff oder einen Vergleich ausdrückend	chiffon → chiffonné, soie → soyeux, velours → velouté
Ableitungen von Personenbezeichnungen, eine Beziehung ohne bzw. mit pejorativer Expressivität ausdrückend	enfant → enfantin, femme → féminin

Im heutigen Französisch findet sich häufig die augmentative Modifikation durch das aus dem Italienischen entlehnte Suffix -issime (*rare* → *rarissime*, *riche* → *richissime*); auch in der Form -issimo bei integral aus dem Italienischen entlehnten Adjektiven: *fortissimo*, *pianissimo*). Basis ist in der Regel ein Adjektiv oder ein Eigenname: *Béjart* → *béjartissime*, *Chirac* → *chiraquissime*. Die Bildungen sind häufig Okkasionalismen und stilistisch markiert: *ignorant* → *ignorantissime*, *ridicule* → *riduculissime* (vgl. Plénat 2002).

Qualifizierende Adjektive können wiederum Basis bei der Bildung von Substantiven sein: *cour* → *courtois* → *courtoisie* ‚Höflichkeit', *avare* → *avarice* ‚Geiz'.

2.1.2.2 Relationsadjektive

Tab. 20: Relationsadjektive

Suffix	Allomorphe	Produktivität	Beispiele
-aire m./~ f.		produktiv	agraire, bancaire, populaire
-al m./-ale f.	-el m./-elle f.	produktiv	culturel, matinal, mondial
-ané m./-anée f.		wenig produktiv	instantané, momentané
-estre m./~ f.	-être m./~ f. -este m./~ f.	produktiv	alpestre, champêtre, agreste
-étique m./ ~ f.		produktiv	diététique, énergétique
-ien m./-ienne f.		produktiv	aérien, crânien
-if m./-ive f.	-atif m./-ative f.	wenig produktiv	combattif, quantitatif
-in m./-ine. f.		wenig produktiv	chevalin, enfantin, féminin
-ique m./~ f.	-aïque m./~ f. -atique m./~ f. -tique m./~ f.	produktiv	acoustique, analytique achromatique, dogmatique acoustique, artistique
-iste m./~ f.		produktiv	abolitionniste, comparatiste
-uaire m./~ f.		nicht produktiv	mortuaire, portuaire
-uel m./-uelle f.	-ual	nicht produktiv	gestuel, textuel

Während der semantische Gehalt bei qualifizierenden Adjektiven zur Bestimmung des Determinatums genutzt wird, ist die Funktion der Relationsadjektive auf die reine Denotation bzw. Referenz beschränkt. Die Abgrenzung zu qualifizierenden Bildungen ist formal häufig nicht möglich und ergibt sich aus dem Kontext. So kann *la politique présidentielle* sowohl eine qualifizierende als auch relationelle Bedeutung als Zugehörigkeitsadjektiv haben = die Politik des (jeweiligen) Präsidenten vs. die präsidiale (= dem Ansehen und Selbstverständnis des Präsidenten entsprechende) Politik.

Relationsadjektive sind nicht graduierbar, eine Bildung wie **la politique très présidentielle* ist also nicht denkbar. Bei mehreren aufeinanderfolgenden Adjektiven hat in der Regel das am Rand des Syntagmas stehende eine relationale Funktion: *la politique gouvernementale européenne* (vgl. Monceaux 1997).

Relationsadjektive können sich auf geographische Begebenheiten beziehen, auf die Zugehörigkeit zu einem Staat, einem Volk oder einer Sprache, einer Religion, Epoche, aber auch zu Berufen, zu verschiedenen Bereichen des Lebens etc.

Die grundsätzlich im System der französischen Sprache mögliche Bildung denominaler relationeller Adjektive bleibt allerdings häufig ungenutzt (*porte* → **portal*, *fenêtre* → **fenêstral*) während andere Formen eine große Bandbreite bieten, bei denen erbwörtliche mit gelehrten Bildungen konkurrieren (*cheval* → *chevalin, équin*; *roi* → *royal, réal*). Die Verwendung dieser Formen ist kontextabhängig, wobei die erbwörtlichen Bildungen alltagssprachlich sind, die gelehrten Bildungen dagegen vor allem in Fachtexten verwendet werden.

Von den Relationsadjektiven abgegrenzt werden bisweilen relationale oder Zugehörigkeitsadjektive, die auch als klassifizierende Adjektive bezeichnet werden. Trost 2006 rechnet Zugehörigkeitsadjektive zu den absoluten Relationsadjektiven. Sie dienen der Klassifikation dienen oder zeigen eine Klassenzugehörigkeit an, so z.B. das Suffix *-estre* (allomorph auch *-être* und *-este*) in *équestre* ‚Reiter…', *champêtre* ‚ländlich' oder *terrestre* ‚irdisch, weltlich'. Häufig ist die Beschreibung einer räumlichen Lage oder einer zeitlichen Situierung, typisch sind aber auch solche, die eine Farbe oder einen Stoff ausdrücken und somit die Menge der Referenten, die sie determinieren, in Teilmengen einteilen.

Tab. 21: faktitive/kausative Adjektive

Suffix	Allomorphe	Produktivität	Beispiele
-ant m./-ante f.		produktiv	dansant, marrant
-if m./-ive f.		wenig produktiv	actif, adhésif, combattif
-ique m./~ f.		produktiv	graphique
-ile m./~ f.		produktiv	agile, ductile, fertile
-oire m./~ f.		produktiv	exécutoire, méritoire
-u m./-ue f.		nicht produktiv	assidu, contigu, résidu

In der traditionellen Klassifikation der Adjektive erscheinen kausative bzw. faktitive Adjektive kaum. Es handelt sich hierbei um Formen, bei denen das Suffix die Wirkung der Handlung ausdrückt. Häufig sind hier auch affektivische Wertungen verbunden. In der französischen Lexikographie wird die Funktion des Suffixes mit „qui fait l'action", „propre à l'action" oder sogar „factitif" (*RBrio*) umschrieben. Bei Adjektiven auf *-oire* steht der partizipierende Aspekt im Vordergrund: *exécutoire* = qui participe à l'exécution. Das Suffix *-u* war vom 12. bis zum 16. Jahrhundert produktiv, die letzten Neubildungen sind laut TLFi *moustachu* (1842) und *pentu* (1941) (zu faktitiven Adjektiven vgl. Hermanns 1998 und 2012).

Tab. 22: Ethnika/Herkunftsadjektive

Suffix	Allomorphe	Produktivität	Beispiele
-ais m./-aise f.		produktiv	albanais, français, havrais
-ain m./-aine f.	-an m./-ane f.	produktiv	américain, marocain, napolitain
	-in m./-ine f.		argentin, girondin, périgourdin
-asque m./~ f.		nicht produktiv	bergamasque, monégasque
-éen m./-éenne f.		produktiv	chaldéen, européen
-i/-ie f.		nicht produktiv	émirati, quatari
-ien m./-ienne f.		produktiv	abyssinien, brésilien
-ite m./~ f.		nicht produktiv	israélite, yémenite
-ois m./-oise f.		produktiv	auchois, chinois, gaulois
-ol m./-ole f.		nicht produktiv	espagnol
-on m./-onne f.		nicht produktiv	berrichon, bourguignon, wallon
-ote m./~ f.		nicht produktiv	cairote, chypriote

Eine Untergruppe der klassifizierenden Adjektive sind die Ethnika oder Herkunftsadjektive. In dem Beispieltext zu Kapitel 2.2 finden sich zahlreiche Adjektive, die auf Ländernamen zurückgehen (*américain, européen, israélien...*). Diese sogenannten Ethnika sind die wohl formenreichste Art der Bildung von denominalen Adjektiven. Ihre Funktion besteht in der Herstellung eines Bezugs zu dem im Stamm bezeichneten Ort bzw. Land, sie gehören also zu den Zugehörigkeitsadjektiven. Zahlreiche Bildungen gehen auf gelehrte Formen aus dem Lateinischen zurück (lat.: -*ais* ← -*ensem*, -*ain* ← -*anum*, -*éen* ← -*aeum*, -*eum*, -*ien* ← -*anum*, -*ois* ← -*ensem*, -*on* ← -*onem*, -*ot* ← -*ottu*). Es zeigt sich also ein umfangreicher Formenbestand mit zahlreichen allomorphen Suffixen: *Paris* → *parisien*, *Liège* → *liégois*, *Montréal* → *montréalais*, *Tulle* → *tulliste*, *Vevey* → *veveysan*, *Vitry-le-François* → *vitryat*, *Bastogne* → *bastognard*, *Pierrelatte* → *pierrelattin*, *Toulouse* → *toulousin*, *Saulxures-sur-Moselotte* → *saulxuron*, *Tende* → *tendasque* (Liste aus Grevisse 2016, 169). Bei einigen Ethnika liegen auch Dubletten vor: *Auch* → *auchois/auscitain*, *Beauvais* → *beauvaisin/beauvisin*, *Finlande* → *finlandais/finois*. Eine Liste der Häufigkeit gibt Agrigoroiae (1969, 126), nach der 32,85% der Eigennamen mit -*ois* und 28,08% mit -*ais* gebildet werden, während Formen mit -*on* und -*ot* nur mit einer Häufigkeit von 3,35% bzw. 1,35% belegt sind. In Québec sind sogar 55,1% der Ableitungen von Ortsnamen mit -*ois* gebildet, gefolgt von -*ien* mit 29,6% und -*ais* mit 7,03% (vgl. Schweickard 1992, 68).

Ein besonderer Fall liegt vor, wenn der Stamm soweit verändert wird, dass sich die Zuordnung für den Sachunkundigen nicht erschließt: *Epinal* → *spinalien*, *Saint-*

Étienne → *stéphanois*, *Le Puy* → *ponot*. Die große Allomorphie bei den Ethnika erklärt sich durch die bereits im Lateinischen vorhandenen Möglichkeiten der Bezeichnung von Einwohnern. Hinzu kommen zahlreiche Entlehnungen, so z.B. bei *-asque* (*bergamasque*, *monégasque*) ← it. *-asco* (*bergamasco*, *monegasco*), oder *-ène* (*madrilène*) ← sp. *-eño* (*madrileño*), *-ot* (*chypriote*) ← gr. *-ώτη*▢ (*κυπριώτη*▢)[65]. Die aus dem Arabischen stammenden Formen auf *-i* waren zunächst unveränderlich, finden sich aber mittlerweile auch in weiblicher Form *quatarie* und im Plural *quataris*/*quataries*.

Eine Zuordnung der Bildung von Ethnika zur Substantiv- oder Adjektivbildung erscheint problematisch, da beide Wortarten formgleich sind. Hier wurde eine primäre Charakterisierung als Adjektive gewählt, da die Suffigierung zunächst eine wortartverändernde Funktion hat und davon ausgegangen wird, dass Ethnika von den dazugehörigen Eigennamen abgeleitet wurden (*Allemagne* → *allemand*, *France* → *français*, *Italie* → *italien*).

Vorherrschend ist die relationelle Funktion des Adjektivs, es finden sich aber auch Formen, in denen Ethnika qualifizierend verwendet werden. Hier dient die Wortbildung vor allem dem Ausdruck eines Vergleichs, etwa in *café liégeois* ‚Kaffee in der Art der Stadt Liège'. Diese Form tritt besonders häufig in Verbindung mit Personennamen als Stämmen auf (vgl. Eggert 2005, Eggert/Maurel/Piton 2003, Rohlfs 1938 sowie Schweickard 1992, eine Liste der Ethnika im Französischen gibt u.a. der *Robert Brio: Liste de noms propres avec les noms communs et adjectifs correspondants*).

Adjektivphrase (locution adjectivale)

Die Aufnahme der Kategorie der Adjektivphrase in die Wortbildung erscheint problematisch. Zunächst kann jedes durch Suffigierung entstandene relationelle Adjektiv auch durch eine Adjektivphrase paraphrasiert werden (*une ville française* = *une ville de France*). Einige mehrgliedrige Bildungen wie *comme il faut*, *à la mode*, *de fraîche date* etc. können jedoch auch die Funktion eines Adjektivs übernehmen. Während die Wortbildung allerdings bestimmten im Sprachsystem festgelegten Mustern folgt, handelt es sich bei den *locutions* um konventionalisierte Phraseologismen, die häufig mit einer semantischen Veränderung der einzelnen Lexeme einhergeht. Problematisch ist die Abgrenzung zur freien syntaktischen Fügung sowie die damit verbundene Zuordnung einer syntaktischen Funktion (Attribut) zu einer Wortart (Adjektiv).

Einige Formen sind Archaismen bzw. beinhalten im heutigen Französisch nicht mehr verwendete Formen. So kommt *de refend* ‚tragend' (*un mur de refend*), *d'antan* ‚einstig, aus vergangener Zeit' (*neiges d'antan*) nur in festen Verbindungen mit einem Nomen vor und stellen eine Form des Zitats dar[66]. Solche Bildungen mit französischen

---

65 Das Suffix findet sich auch in *sofiote* ← *Sofia*, *stambouliote* ← *Istanbul*, *quatariote* ← *Quatar*.
66 Bei *neiges d'antan* liegt ein Zitat von François Villon vor.

Morphemen sind selten, häufiger treten lateinische Adjektivphrasen als Entlehnungen auf, die gleichzeitig Internationalismen sind (*a priori, pro forma*) (zur Diskussion vgl. Detges 1996, 138ss.).

2.1.2.3 Adjektivsuffixe

In der folgenden Liste werden nur für die Adjektivbildung typische Suffixe aufgelistet, bei Formen, die überwiegend zur Substantivbildung genutzt werden, erfolgte eine Behandlung in Kapitel 2.1.1.

-able/-ible/-uble [lat. *-bilem*] Das wohl produktivste Suffix zur Bildung von Adjektiven auf verbaler Basis ist *-able*. Die Formen haben zumeist eine passive Bedeutung (*buvable = ce qui peut être bu*); der Stamm ist ein transitives Verb. Die Allomorphe *-ible* und *-uble* sind in neuerer Zeit nicht mehr produktiv und wurden durch *-able* ersetzt. Häufig sind mit *in-* präfigierte negierende Formen: *comprendre* → *compréhensible* → *incompréhensible* ‚unverständlich'. Bisweilen existieren auch Formen, ohne dass ein nicht negierter Stamm vorliegt: *chauffer* → **chauffable* → *inchauffable* ‚nicht heizbar', *vaincre* → **vincible* → *invincible* ‚unbesiegbar'. Den Adjektiven entsprechen Substantive auf *-ilité*: *buvable* → *buvabilité* ‚Trinkbarkeit', *compréhensible* → *compréhensibilité* ‚Verständlichkeit'.

V → A: *aborder* → *abordable* ‚zugänglich, erschwinglich', *naviguer* → *navigable* ‚schiffbar', *accéder* → *accessible* ‚zugänglich', *disposer* → *disponible* ‚verfügbar'. Auf lateinische Stämme gehen zurück: lat. *audire* → *audible* ‚hörbar', lat. *potare* → *potable* ‚trinkbar'.
N → A: *charité* → *charitable* ‚human, menschlich', *effroi* → *effroyable* ‚erschreckend', *mémoire* → *mémorable* ‚denkwürdig', *paix* → *paisible* ‚friedlich', *vie* → *viable* ‚lebensfähig'.
Ausführbarkeit, Möglichkeit: *aborder* → *abordable* ‚erschwinglich', *faire* → *faisable* ‚machbar, durchführbar'.
qualitativ: *effroi* → *effroyable* ‚erschreckend', *paix* → *paisible* ‚friedlich'.
Morphologische Besonderheiten: Die Basis der deverbalen Formen ist nicht der Infinitiv, sondern die erste Person Singular oder Plural; Adjektive auf *-able* bilden die Basis für Substantivierungen mit dem Suffix *-abilité*: *faire* → *faisable* → *faisabilité* ‚Machbarkeit'. Das Suffix *-ible* tritt bei Verben der Konjugationsklasse auf *-ir* auf, allerdings auch in Verbindung mit gelehrten Stämmen auf *-er*, bei denen eine Suffigierung mit *-able* erwartet werden könnte: *diviser* → *divisible* ‚teilbar', *exiger* → *exigible* ‚eintreibbar'.
Konkurrierende Suffixe: *-atil, -ul*.
Literatur: Anscombre/Leeman 1994; Apothéloz 2002, 54-59; Delaplace 2003; Dingel 1987, 306-311, Dubois 1999, 88; Hathout/Plénat/Tangu 2003; Kurschildgen 1983, 16–74; Leeman 1992; Pichon 1942, 49 (*-abilité*); Thiele 1993, 108.

-ace/-asse [lat. *-acem, -acea*] hat vor allem augmentative Funktion, daneben lässt sich auch eine pejorative Konnotation feststellen. Neben Adjektiven können auch Substantive gebildet werden. Die Adjektive korrelieren häufig mit Substantiven auf *-acité* (*efficace/efficacité* ‚Wirksamkeit', *tenace/tenacité* ‚Hartnäckigkeit') oder *-erie* (*cocasse/cocasserie* ‚Komik, Drolligkeit').

V → A: *dégueuler → dégueulasse* ‚ekelhaft, widerlich', *mou → mollasse* ‚weichlich', *tenir → tenace* ‚lang anhaltend, beharrlich'.
N → A: *effet → efficace* ‚effizient', *homme → hommasse* ‚(in Bezug auf Frauen abwertend) einem Mann ähnlich'.
Produktivität: Der TLFi gibt eine Liste zur Produktivität des Suffixes mit einem Schwerpunkt der Neubildungen vom 15. bis zum 18. Jahrhundert. Bereits im 19. Jahrhundert wurde das Suffix als veraltet empfunden. Im heutigen Französisch sind Neubildungen äußerst selten.
Konkurrierende Suffixe: *-ide, -ul.*

-acé [lat. *-aceum*] ist ein gelehrtes Suffix, das sich häufig mit lateinischen Stämmen verbindet. Die Bedeutung ergibt sich aus der Semantik des zugrundeliegenden Substantivs.

N → A: *rose → rosacé* ‚rosenartig', *roue → rotacé* ‚in der Form eines Rads'.
Farbe: *olive → olivacé* ‚olivenfarbig', *violet → violacé* ‚zum Violett tendierend'.
Form: *roue → rotacé* ‚in der Form eines Rades', *canne → cannacé* ‚in der Form eines Schilfrohrs', *cheveu → capillacé* ‚der Feinheit eines Haares entsprechend'.
Klassifikation im Tierreich: *cétacés* ‚Waltiere', *crustacés* ‚Krusten-, Krebstiere', *gallinacés* ‚Hühnervögel'.
Morphologische Besonderheiten: Das Suffix verbindet sich häufig mit gelehrten Stämmen *savon → saponacé* (lat. *saponem*).
Produktivität: das Suffix ist im heutigen Französisch nicht mehr produktiv.
Konkurrierende Suffixe: *-aire, -ée, -ien, -in.*
Literatur: Dubois 1999, 149.

-ain/-an [lat. *-anus*] bezeichnet vornehmlich Ethnika. Bei einigen Formen ist der zugrundeliegende Stamm nicht mehr präsent.

Ortsname → N: *Afrique → africain, Naples → napolitain.*
N → A: *chapelle → chapelain* ‚Kaplan', *république → républicain* ‚Republikaner'.
A → A: *haut → hautain* ‚hochmütig, stolz', *loin → lointain* ‚fern', *proche → prochain* ‚nächster'.
Zugehörigkeit: *germain* ‚verwandt als Vetter, Cousin', *humain* ‚zur Menschheit gehörig', lat. *urbs → urbain* ‚zur Stadt gehörig'.
demotiviert: *haut → hautain* ‚hochmütig, stolz', *vilain* ‚unartig, ungezogen'.

Morphologische Besonderheiten: Als gelehrte Variante tritt -an auf, das die direkte Form des lateinischen -anus zeigt: Moselle → mosellan.
Produktivität: Die Produktivität nimmt zugunsten der mit -ais und -ien suffigierten Formen ab. Bei Zahlwörtern wurde -ain durch -ième ersetzt.
Literatur : Baldinger 1950, 79–82; Dubois 1999 passim; Roché et al. 2011, 198; Schweickard 1992; Thiele 1993, 115; Wolf 1964.

-aire/-iaire [lat. -arium] hat primär relationelle Funktion (*agraire* ,landwirtschaftlich', *populaire* ,volkstümlich', *scolaire* ,schulisch'), seltener sind qualifizierende Formen (*autoritaire* ,autoritär, herrschsüchtig', *exemplaire* ,beispielhaft'). Das Suffix ist die gelehrte Dublette zu -ier und tritt in Konkurrenz zu mit -eux suffigierten Formen auf, die häufig eine semantische Differenz aufweisen: *populaire* ,volkstümlich' vs. *populeux* ,bevölkert'.

N → A: *autorité* → *autoritaire* ,autoritär', *consul* → *consulaire* ,konsularisch', *élite* → *élitaire* ,elitär', *exemple* → *exemplaire*, *tube* → *tubulaire* ,röhrenförmig'.
V → A: *intercaler* → *intercalaire* ,eingeschoben, eingefügt', *renoncer* → *renonciataire* ,Verzichtender'.
Adv → A: *contre* → *contraire* ,gegensätzlich'.
relationell: *école* → *scolaire* ,zur Schule gehörig', *université* → *universitaire* ,zur Universität gehörig'.
qualitativ: *autorité* → *autoritaire*, *complémentaire* ,ergänzend', *exemple* → *exemplaire*.
Morphologische Besonderheiten: Das Suffix kann einem Suffixtausch zugrundeliegen (*communauté/communautaire*).
Konkurrierende Suffixe: zur relationellen Funktion -ier, -uaire ; zur qualifizierenden Funktion -acé, -ée, -ide, -ien, -in.
Literatur : Dubois 1999 passim; Kurschildgen 1983, 204–285; Lecolle 2011 ; Thiele 1993, 112.

-ais/-ois [lat. -ensem oder auf ein germanisches -isk zurückgehendes -iscum] dient der Bezeichnung von Einwohnern. Grundlage ist immer ein Orts- oder Ländername. Bei einigen Formen kann die suffigierte Form auch eine übertragene Bedeutung erhalten, vor allem bei der Bezeichnung von Tierrassen (*un [chien] pékinois, un [chat] siamois*) oder im kulinarischen Bereich (*une [sauce] béarnaise, une génoise* ,Tortenbiskuit'). Das Suffix -ais kann auch alternierend mit dem Suffix -ois auftreten, wobei die Form auf -ois zumeist als veraltet empfunden wird: *nantais/nantois*.

Ortsname → N: *Mâcon* → *maconnais*, *Lyon* → *lyonnais*, *Nantes* → *nantais*,
Ländername → N: *Albanie* → *albanais*, *Angleterre* → *anglais*, *Japon* → *japonais*.
Morphologische Besonderheiten: Es kann ein latenter Auslautkonsonant auftreten: *Bordeaux* [bɔrdo] → *bordelais* [bɔrdəlɛ].
Produktivität: Das Suffix ist im heutigen Französisch produktiv.

Konkurrierende Suffixe: *-ain, -ard, -é(en), -eron, -ien, -in, -ite, -ois*.
Literatur: Laboriat 1970, 638; Schweickard 1992.

-al/-el [lat. *-alis*] bildet vor allem relationelle Adjektive (*église → ecclésial* ‚zur Kirche gehörig', *roi → royal* ‚königlich, zum König gehörig') oder bezieht sich qualitativ auf den zugrundeliegenden Stamm (*ami → amical* ‚freundschaftlich'). Die Formen sind häufig Stamm von Bildungen auf *-alisme* (*nation → national → nationalisme*), *-aliste* (*nation → national → nationaliste*), *-alité* (*nation → national → nationalité*) und *-alisation* (*nation → national → nationalisation*). Die Pluralbildung erfolgt bei aus dem Lateinischen stammenden Formen auf *-als*: lat. *causalis → causal* pl. *causals*, lat. *finalis → final* pl. *finals*.

N → A: *accident → accidentel* ‚zufällig', *lessive → lessiviel* ‚zur Wäsche gehörig', *président → présidentiel* ‚präsidial', *génie → génial* ‚genial', *matin → matinal* ‚morgendlich'.
A → A: *continu → continuel* ‚beständig'.
referentiell: *artisan → artisanal* ‚zum Handwerk gehörig', *mondial* ‚Welt...', *région → régional* ‚regional', *tombe → tombal* ‚Grab...'.
qualitativ: *ami → amical* ‚freundschaftlich', *joie → jovial* ‚fröhlich, frohsinnig', *loi → loyal* ‚rechtschaffen'.
Morphologische Besonderheiten: Bei einigen Formen koexistieren konkurrierende Formen auf *-al* und *-el*: *culturel* vs. *cultural*, wobei sich während der Lexikalisierung bisweilen eine semantische Differenzierung ergibt: *partiel* ‚teilweise, partiell' vs. *partial* ‚parteiisch, voreingenommen'. Bei weiteren Ableitungen wird *-al-* verwendet (*formel → formaliser* ‚formalisieren'). Bei einigen Formen erscheint der Stamm des Adjektivs in gelehrter Form: *cœur → cordial* ‚herzlich', *enfer → infernal* ‚höllisch'.
Produktivität: Konkurrieren die beiden Suffixe *-el* und *-al*, so wird im heutigen Gebrauch häufiger die Form auf *-el* verwendet. Einige Formen wurden nach englischem Muster gebildet: *opérationnel* ‚operativ' ← engl. *operationel*.
Konkurrierende Suffixe: *-ier*.

-ané [lat. *-aneum*] ist ein gelehrtes Suffix und dient der Bildung von denominalen Relationsadjektiven.

N → A: *cutis (peau) → cutané* ‚zur Haut gehörig', *instant → instantané* ‚augenblicklich, sofort', *moment → momentané* ‚augenblicklich'.
Produktivität: Das Suffix ist vor allem in den Fachsprachen produktiv.

-âtre [lat. *-astra*] hat pejorative Funktion. Einige der mit *-âtre* gebildeten Adjektive können durch Konversion auch substantivisch verwendet werden. Ist ein Adjektiv Stamm der Bildung, wird das Suffix an die weibliche Form angehängt: *blanche → blanchâtre*, *belle → bellâtre*, *douce → douçâtre*, *fou → folâtre*. Bei Farbbezeichnungen steht die approximative Farbigkeit im Mittelpunkt: *bleu → bleuâtre* ‚bläulich', *rouge → rougeâtre* ‚rötlich'.

A → A: *beau* → *bellâtre* ‚schöner aber langweiliger Mann', *bleu* → *bleuâtre*, *fou* → *folâtre* ‚ausgelassen, fröhlich', *saumon* → *saumâtre* ‚brackig'.
Produktivität: Das Suffix war in allen Epochen der französischen Sprachgeschichte produktiv, heute wird es vor allem in Verbindung mit Farbbezeichnungen verwendet.
Konkurrierende Suffixe: approximativ: *-elet*, *-et*, pejorativ: *-ace*.
Literatur: Gougenheim 1946; Lustenberger-Seidlova 1980; Thiele 1993,111.

-ent [lat. *-entem*] Das Suffix dient der Bildung von qualitativen Adjektiven. Stamm sind häufig Substantive mit *-esc-*: *fluorescence* → *fluorescent* ‚fluoreszierend' oder mit *-ence*: *ambivalence* → *ambivalent* ‚ambivalent, zwiespältig', bei denen das Derivationsaffix im Stamm weggefallen ist. Den Adjektiven auf *-ent* entsprechen weibliche Substantive auf *-ence* und Adverbien auf *-emment*: *différer* → *différent* → *différemment/différence*. Die meisten nicht denominalen Formen können auch substantivisch verwendet werden.

N → A: *ambivalence* → *ambivalent* ‚ambivalent', *réticence* → *réticent* ‚verschwiegen'.
V → A: *différer* → *différent* ‚unterschiedlich', *exceller* → *excellent* ‚hervorragend'.
Morphologische Besonderheiten: Die meisten der Adjektive auf *-ent* sind direkte Entlehnungen aus dem Lateinischen und kein Produkt einer französischen Wortbildung (*éloquent* ‚beredet' ← lat. *eloquens*, *excellent* ← lat. *excellens*). Allomorph erscheinen *-ient* und *-iente*.
Produktivität: Das Suffix ist im heutigen Französisch produktiv.
Konkurrierende Suffixe: *-ant*.

-esque [it. *-esco*] bildet vorrangig auf der Basis von Nomen qualifizierende Adjektive wie *charlatan* → *charlatanesque* ‚quacksalberisch'. Einige Formen sind bereits im Italienischen oder im Spanischen suffigiert und wurden integral ins Französische entlehnt: it. *cavalaresco* → *chevaleresque* ‚ritterlich' (1642), it. *gigantesco* → *gigantesque* ‚riesenhaft' (1598), sp. *picaresco* → *picaresque* ‚schelmenhaft' (1835). Heute ist das Suffix vor allem bei der Bildung von qualifizierenden Adjektiven auf der Basis von Eigennamen produktiv: *Chaplin* → *chaplinesque*, *Ubu* → *ubuesque* und ist stark stilistisch markiert mit den Konnotationen ‚abstrus, grotesk, komisch, bizarr, eigenartig', vgl. it. *-esco*, sp. *-esco*.

N → A: *cauchemard* → *cauchemardesque* ‚alptraumhaft', *cheval* → *chevaleresque*, *feuilleton* → *feuilletonesque* ‚dem Feuilletonstil entsprechend'.
A → A: *maboule* → *maboulesque* ‚verrückt', *magique* → *magiquesque* ‚zauberhaft', *sauvage* → *sauvagesque* ‚wild'.
Morphologische Besonderheiten: Der stumme Endkonsonant wird in manchen Bildungen ausgesprochen: *cauchemard* [koʃmar] → *cauchemardesque* [koʃmardɛsk] ‚alptraumhaft'. Zur Vermeidung eines Hiats werden die Konsonanten [l], [n] oder [t] eingeschoben: *Gargantua* → *gargantualesque*, *Goya* → *goyatesque*.

Produktivität: Das Suffix ist im heutigen Französisch insbesondere bei der Bildung von Ableitungen von Eigennamen produktiv.
Konkurrierende Suffixe: *-ien* (ohne stilistische Konnotation), *-ique* (fachsprachlich).
Literatur: Björkmann 1984; Marouzeau 1958; Noailly 1999, 34s; Schweickard 1992, 33-37.

-eux [lat. *-osum*] bildet vor allem qualifizierende Adjektive. Das Suffix findet sich vor allem in gelehrten Bildungen, dagegen sind die volkstümlichen Formen eher selten. Es lassen sich Formen unterscheiden, die sich auf ein Gefühl beziehen (*colère → coléreux* ‚aufbrausend', *haine → haineux* ‚hasserfüllt') und solche, die sich qualitativ auf Eigenschaften des zugrundeliegenden Substantivs beziehen (*avantage → avantageux* ‚vorteilhaft', *marécage → marécageux* ‚sumpfig'). Einige Formen sind integrale Entlehnungen aus dem Lateinischen und gehen nicht auf einen französischen Stamm zurück: lat. *aquosus → aqueux* ‚wässrig', lat. *luminosus → lumineux* ‚schimmernd'.

N → A: *chance → chanceux* ‚Glück habend', *colère → coléreux*, *mèche → mécheux* ‚strähnig', *montagne → montagneux* ‚bergig, gebirgig'.
V → A: *boiter → boiteux* ‚hinkend, humpelnd', *étudier → studieux* ‚fleißig'.
Morphologische Besonderheiten: Das Suffix tritt auch in der allomorphen Form *-ieux/-ieuse* und *-ueux/-ueuse* auf (u.a. bei Substantiven auf [sjɔ̃]): *ambition → ambitieux* ‚ehrgeizig', *affection → affectueux* ‚liebevoll'. Auf [œr] endende Stämme werden zu [ur] verändert: *douleur* [dulœr] *→ douloureux* [dulurø] ‚schmerzhaft', *rigueur* [rigœr] *→ rigoureux* [rigurø] ‚streng, unerbittlich'.
Produktivität: Das Suffix ist im heutigen Französisch produktiv, Neubildungen finden sich vor allem im fachsprachlichen Kontext oder im substandardsprachlich markierten Sprachgebrauch (*cafard → cafardeux* ‚trübsinnig, trübselig').
Konkurrierende Suffixe: *-ineux*, *-ose*.
Literatur: Kurschildgen 1983, 86; Vaganay 1908.

-ien [lat. *-ianum*] bildet relationelle und qualifizierende Adjektive, vor allem Ethnika, die auf einen Ländernamen (*Brésil → brésilien*, *Egypte → égyptien*), einen Städtenamen (*Paris → parisien*, *Varsovie → varsovien*) oder sonstige geographische Bezeichnungen zurückgehen (*Danube → danubien*, *Mars → marsien*). Diese Formen sind relationell, können aber in einigen Fällen, in denen mit dem Bezeichneten bestimmte charakteristische Eigenschaften verbunden werden, auch qualifizierend sein (*chemise hawaïenne* ‚Hawaihemd'). Das Suffix bildet auch Relationsadjektive mit Personennamen: *Baudelaire → baudelairien*, *de Gaulle → gaullien*, *Kafka → kafkaïen*. Ableitungen auf der Basis von Substantiven sind selten: *faubourg → faubourien* ‚vorstädtisch'.

Morphologische Besonderheiten: Das Suffix erscheint in der erweiterten Form *-sien* bei vokalisch auslautenden Stämmen aus Analogie mit auf *-s* auslautenden Formen:

Douai → *douaisien*. Wenn der Stamm auf einen Nasalvokal endet, wird er in der Ableitung entnasaliert: *Iran* [irã] → *iranien* [iranjẽ]. Bei einigen Ableitungen erscheinen stark veränderte gelehrte Stämme: *Cahors* → *cadurcien*.
Produktivität: Das Suffix ist im heutigen Französisch bei Ableitungen auf der Basis von Eigennamen sehr produktiv. Bildungen mit nominalen Stämmen finden sich vor allem in der medizinischen Fachsprache: *crâne* → *crânien*, *clitoris* → *clitoridien*.
Konkurrierende Suffixe: *-ique*, *-iste*.
Literatur: Giraud 1962, 115-118; Schweickard 1992, 120.

-ier/-er [lat. *-arium*] bildet vorwiegend relationelle Adjektive, seltenere qualifizierende Formen haben eine abwertende Konnotation.

N → A: *famille* → *familier* ‚vertraut', *mensonge* → *mensonger* ‚erlogen, lügenhaft', *outrance* → *outrancier* ‚übertrieben', *règle* → *régulier* ‚regelmäßig'.
A → A: *étrange* → *étranger* ‚fremd', *gauche* → *gaucher* ‚linkshändig'.
V → A: *jacasser* → *jacassier* ‚geschwätzig', *rêvasser* → *rêvassier* ‚verträumt'.
Produktivität: Das Suffix ist im heutigen Französisch produktiv, wird aber durch die Formen auf *-aire* zunehmend verdrängt.
Konkurrierende Suffixe: *-aire*.
Literatur: Dieckmann 1979; Thiele 1993, 113.

-if/-ive [lat. *-ivum*]. Einige Formen waren bereits im Lateinischen mit dem Suffix *-ivum* suffigiert: *lucratif* ← lat. *lucrativum*. Häufig liegen bei deverbalen Bildungen mit *-ivité* suffigierte Formen früher belegt vor: *combattre* → *combattivité* (seit 1839) → *combattif* (seit 1897).

V → A: *combattre* → *combattif* ‚kämpferisch', *informer* → *informatif* ‚informativ', *punir* → *punitif* ‚Straf...'.
N → A: *faculté* → *facultatif* ‚fakultativ, nicht obligatorisch', *luxe* → *lucratif* ‚einträglich'.
A → A: *distinguer* → *distinctif* ‚Unterscheidungs...', *malade* → *maladif* ‚kränklich'.
Adverb → A: *tard* → *tardif* ‚spät eintretend'.
Morphologische Besonderheiten: Basis der deverbalen Formen ist die erste Person Singular oder Plural: (*nous*) *jouissons* → *jouissif* ‚genießerisch'. Das Suffix erscheint auch in den Formen *-atif* und *-ative*.
Produktivität: Der TLFi verzeichnet 280 Bildungen auf *-if*. Das Suffix war vor allem im Mittelfranzösischen produktiv, in neuerer Zeit nehmen die Formen vor allem zugunsten der Bildungen auf *-al* und *-el* stark ab. Dubois (1962, 49) verzeichnet bei einer Auswertung der Einträge des *Petit Larousse* zwischen 1906 und 1960 vierzig Neuaufnahmen.
Konkurrierende Suffixe: *-al, -el*.
Literatur: Apothéloz 2002, 85s; Kurschildgen 1983, 135–203.

-in [lat. *-inum*] bildet vor allem relationelle Adjektive und findet sich in volkstümlichen und gelehrten Formen bei nominaler Basis. Häufig sind Ethnika (*byzantin, maghrébin*). Das Adjektiv kann bestimmte Charaktereigenschaften bezeichnen (*enfant* → *enfantin*), wird aber vorwiegend zur Bildung von Relationsadjektiven verwendet (*chien* → *canin*).

N → A: *cheval* → *chevalin, enfant* → *enfantin, femme* → *féminin, mal* → *malin*.
Produktivität: Das Suffix erscheint in der Regel bei älteren Bildungen und ist im heutigen Französisch nicht mehr produktiv, vereinzelt finden sich Neubildungen im Bereich der Ethnika.
Konkurrierende Suffixe: *-acé, -aire, -ée, -ide, -ien*.
Literatur: Schweickard 1992, 78.

-ique [gr. *-ikos*] bildet vorwiegend relationelle Adjektive. Zahlreiche Formen auf *-ique* sind direkt aus dem Lateinischen oder dem Griechischen entlehnt und kein Ergebnis einer französischen Wortbildung (lat. *academicus* → *académique*, gr. *arkhaikos* → *archaïque*), einige wurden nach dem Muster anderer moderner Sprachen gebildet: dt. *autistisch* → *autistique*, engl. *romantic* → *romantique* ‚romantisch', it. *macaronico* → *macaronique* ‚makaronisch, ironisch latinisierend'. Häufig treten Korrelationen mit Substantiven mit dem Suffix *-isme* auf: *alcoolisme/alcoolique*. Bei Ableitungen auf der Basis von Eigennamen sind qualifizierende Verwendungen häufig.

N → A: *alcool* → *alcoolique* ‚alkoholisch', *atome* → *atomique* ‚atomisch', *volcan* → *volcanique* ‚vulkanisch'.
A → A: *drôle* → *drolatique* ‚tolldreist'.
Morphologische Besonderheiten: Allomorph finden sich auch die Formen *-aïque* (*delta* → *deltaïque, prose* → *prosaïque*) *-atique* (*drôle* → *drolatique*). Bei Entlehnungen tritt die allomorphe Form *-ic* auf: dt. *schick* → *chic*, lat. *publicus* → *public*. Bei weiterer Ableitung verändert sich das Suffix zu *-ic-*: *rustique* → *rusticité* ‚bäuerliche Einfachheit', *scientifique* → *scientificité* ‚Wissenschaftlichkeit'. Der Stamm wird bei einigen Formen um ein Derivationsaffix reduziert: *anachronisme* → *anachronique, sadisme* → *sadique*.
Produktivität: Das Suffix ist seit dem 19. Jahrhundert vor allem in den Fachsprachen der Chemie, Geometrie und Medizin produktiv und hat sich im 20. Jahrhundert auch in anderen Fachsprachen und in der Alltagssprache durchgesetzt.
Konkurrierende Suffixe: *-esque, -eux, -ien*.
Literatur: Dingel 1987, 277-286; Gawelko 1977, 59-63; Schweickard 1992, 185; Thiele 1993, 127.

-oire [lat. *-orius*] bildet gelehrte relationelle Adjektive, einige Formen sind integrale Entlehnungen aus dem Lateinischen: *méritorius* → *méritoire* ‚verdienstvoll', *dilatorius* → *dilatoire* ‚aufschiebend'.

V → A: *abroger* → *abrogatoire* ‚aufhebend', *accuser* → *accusatoire* ‚zur Anklage gehörig', *décider* → *décisoire* ‚zugeschoben', *éliminer* → *éliminatoire* ‚den Ausschluss bedingend'.
N → A: *classification* → *classificatoire* ‚klassifizierend', *recours* → *récursoire* ‚Regress...', *sécrétion* → *sécrétoire* ‚sekretorisch'.
Morphologische Besonderheiten: Zur Vermeidung eines Hiats wird das Suffix zu *-at-* oder *-it-* erweitert, ihnen entspricht in der Regel ein Substantiv auf *-ation*: *accuser* → *accusation/accusatoire* ‚anklagend', lat. *monere* → *prémonition/prémonitoire* ‚warnend'.
Produktivität: Das Suffix ist im heutigen Französisch in der Bildung von Adjektiven noch eingeschränkt produktiv, im Gegensatz zum formgleichen Suffix zur Bildung von Nomina instrumenti.
Literatur: Gawelko 1977, 67.

-u/-ue [lat. *-utum* bzw. *-uum*] bildet qualifizierende Adjektive und geht auf das lateinische *-utum* bzw. *-uum* zurück. Zahlreiche Formen sind bereits im Lateinischen suffigiert, es handelt sich hier nicht um eine französische Wortbildung (*absolutus* → *absolu* ‚absolut', *assidutum* → *assidu* ‚pünktlich, genau').

N → A: *bosse* → *bossu* ‚bucklig', *feuille* → *feuillu* ‚dichtbelaubt', *mousse* → *moussu* ‚bemoost', *poil* → *poilu* ‚behaart', *tête* → *têtu* ‚eigensinnig', *ventre* → *ventru* ‚bauchig'.
Produktivität: Das Suffix war vor allem vom 12. bis zum 16. Jahrhundert produktiv, neuere Bildungen sind selten. Der TLFi nennt nur *moustachu* ‚schnauzbärtig' (1842) und *pentu* ‚geneigt, abhängig' (1941).
Konkurrierende Suffixe : *-é*.

Konversion

Neben den Formen der suffigierenden Wortbildung existieren insbesondere bei der Bildung von Adjektiven Formen der Konversion. Die Möglichkeit der Konversion ergibt sich vor allem aufgrund der charakteristischen postdeterminierenden Stellung der Adjektive nach einem Substantiv. Ursprünglich ist diese Form der Konversion vor allem auf Farbbenennung beschränkt (*une robe citron*), hat sich aber auch auf andere Bereiche ausgedehnt. Gossen (1981, 31) nennt u.a. *la mode très femme, les jambes bermudas*. Diese Form der Konversion ist vor allem im heutigen Französisch stark produktiv: *idée bidon, thèse bidon, cocotte-minute, ferme modèle, édition pirate, opération suicide* (vgl. hierzu Kapitel 2.3 zur Komposition sowie Blochwitz/Runkewitz 1971, 196-209).

Partizip Präsens

Vor allem faktitive Adjektive werden mit einem intransitiven Verb als Stamm in der Form des Partizip Präsens gebildet. Im Mittelpunkt steht hierbei eine abgeschlossene Handlung. Bildungen auf -*ant* entsprechen Adverbien auf -*amment* (*briller* → *brillant* → *brillamment*) zugrunde. Häufig entsprechen den Adjektiven auf der Basis eines Partizip Präsens weibliche Substantive auf -*ance* (*obéir* → *obéissant* → *obéissance*).

Partizip Perfekt

Thiele (1993, 108) sieht nur die auf -*é* und -*i* gebildeten adjektivierten Formen des Partizip Perfekt als Ergebnis der Wortbildung an, alle anderen Formen sind dagegen synchron undurchsichtig. Einige Formen treten als direkte Ableitungen von einem Substantiv auf, ohne dass ein Verb existiert, aber hypothetisch angenommen werden kann N → A: *aile* → **ailer* → *ailé* ‚beschwingt', *feuille* → **feuiller* → *feuillé* ‚beblättert', *membre* → **membrer* → *membré* (*bien membré* ‚kräftig gebaut'). Das Suffix tritt häufig bei auf -*eau* oder -*elle* auslautenden Substantiven auf: *cannelle* ‚Zimt' → *cannelé* ‚kannelliert', mit Bindekonsonant zur Vermeidung eines Hiats *chapeau* → *chapeauté* ‚einen Hut tragend'. Das Suffix erscheint auch allomorph als -*ié* (*circonstance* → *circonstancié* ‚ausführlich, eingehend').

2.1.3 Verbbildung

Verben dienen der Prädikation und sind Zentrum der Satzaussage, häufig sind sie Grundlage der Wortbildung anderer Wortarten. Die meisten Formen der Verbbildung zeigen nur die Anfügung einer Flexionsendung an einen substantivischen oder adjektivischen Stamm, spezifische Suffixe sind dagegen selten.

Français non inclus au dépanneur

> Depuis quelques semaines, nous pouvons **constater** dans les médias à quel point le français se porte mal. Que ce soit sur les chantiers de construction, dans le nouveau programme des HEC, chez Bombardier, à la Caisse de dépôt ou dans le vestiaire du Canadien, le français ne semble pas être la saveur du mois. Il y a quelques jours, l'animateur de radio Benoît Dutrizac et son équipe diffusaient les propos désobligeants d'un propriétaire de dépanneur allophone au sujet du français et des Québécois. [...]
> Effectivement, l'intégration n'est pas instantanée, mais si cet homme avait eu le désir de le faire, il aurait pu passer 18 mois en classe de francisation, et apprendre à s'intégrer à la société québécoise. Mais le temps, c'est de l'argent, dit-on et plusieurs décident effectivement de ne jamais se **franciser**. Le financement dérisoire d'une centaine de dollars par semaine **accordés** à nos étudiants n'arrive pas à **rivaliser** avec les salaires qu'un nouvel arrivant peut se faire au travail.
> De plus, la francisation n'étant pas obligatoire chez les adultes âgés de plus de 18 ans, il est possible pour un nouvel arrivant de se joindre directement au marché du travail, même s'il ne

connaît aucun mot de notre langue officielle. Il est à noter que dans un dépanneur, ou dans toutes les petites et moyennes entreprises employant 50 employés ou moins, la loi 101 ne s'applique pas.

Plusieurs **s'entêtent** à répéter que leurs enfants seront francisés et qu'il faudra attendre les prochaines générations avant que les immigrants s'intègrent. Pourtant, il n'y a qu'un immigrant sur cinq au Québec qui est un enfant, sur les 54 000 immigrants que nous recevrons cette année. Cela veut-il dire que nous avons les moyens, comme société, de ne pas intégrer quatre immigrants sur cinq sous prétexte que les enfants s'intégreront en français, tout en **remerciant** la loi 101 ? Faut-il rappeler aux gens qui tiennent ce discours que ce sont les adultes, et non les enfants, qui ont été **sélectionnés** par l'immigration pour leurs compétences et pour ce qu'ils avaient à apporter à leur société d'accueil ?

Il m'apparaît injuste **d'abandonner** ainsi nos immigrants à leur sort. Nous devrions leur donner tous les outils nécessaires pour qu'ils puissent s'intégrer au Québec et pouvoir s'y réaliser à leur juste valeur. Ne pas obliger la francisation ou ne pas étendre la loi 101 aux entreprises de 50 employés et moins **résultent** ici de cette fâcheuse situation. (La Presse 16.3.2012)

Die Beispiele der Verbbildung in diesem Text sind seltener als bei der Substantiv- und Adjektivbildung. Zunächst lassen sich einige aus Substantiven abgeleitete Formen feststellen: *accord → accorder* ‚gewähren, bewilligen', *abandon → abandonner* ‚verlassen', *constat → constater* ‚feststellen', *résultat → résulter* ‚sich aus etw. ergeben', *sélection → sélectionner* ‚auswählen'. Einige Formen sind parasynthetisch: *merci → remercier* ‚bedanken', *tête → s'entêter* ‚eigensinnig beharren', da hier keine nicht präfigierten Verben vorliegen: *merci → *mercier, tête → *têter*. Zum Ländernamen *France* wurde *franciser* gebildet. Die Ableitungsrichtung lässt sich in diesen Fällen aber nicht immer eindeutig feststellen. Es kann sich durchaus auch um Rückbildungen handeln, d.h. *constat* könnte auch aus *constater* abgeleitet worden sein. Im heutigen Französisch werden Verben nur in den Konjugationsklassen der Verben auf *-er* und *-ir* neu gebildet (*bavard → bavarder* ‚schwatzen', *masque → masquer* ‚verbergen, verschleiern', *grand → grandir* ‚größer machen', *sale → salir* ‚schmutzig machen'), die Bildung von Verben auf *-re* ist unproduktiv, es handelt sich um eine geschlossene Klasse.

In der morphologischen Analyse besteht bei der Ableitung von Verben aus anderen Wortarten ein Problem. Da das die Wortart anzeigende Formelement streng genommen kein Suffix, sondern eine Flexionsendung ist und somit zum Gegenstandsbereich der Verbalmorphologie gehört, erfolgt die Transposition durch eine Nullsuffigierung, häufig verbunden mit einer Präfigierung als Parasynthese (vgl. hierzu Kapitel 1.7.3).

Verben werden aus Substantiven und Adjektiven abgeleitet. Bei der Ableitung aus Adjektiven liegen vor allem transitive Verben vor: *calme → calmer* v.tr., *facile → faciliter* v.tr. In dieser Kategorie besonders häufig sind die Bildungen auf der Basis von Farbadjektiven: *blanc → blanchir, noir → noircir*. Besonders häufig werden deadjektivische Verben mit dem Suffix *-iser* gebildet: *actuel → actualiser* ‚aktualisieren', *commercial → commercialiser* ‚kommerzialisieren', *digital → digitaliser* ‚digitalisieren'. Diese sehr produktive Form der Verbbildung hat bei einigen Formen die ebenfalls belegten Verben auf *-er* im Gebrauch abgelöst: *utile → utiliser* ‚verwenden' statt das ältere *user*. Deadjektivische Verben auf *-iser* bilden häufig Substantive auf *-ation*: *utile → utiliser → utilisation*.

Einige Adjektive, die ein Derivationsaffix aufzeigen, lassen sich nicht auf ein entsprechendes Verb zurückführen. Es besteht allerdings die Tendenz, entsprechende Verbformen als Rückbildungen aus den Adjektiven abzuleiten. So lässt sich *équivalent* in die beiden Morpheme {équival-} und {-ent} segmentieren, das Verb *équivaloir* wurde jedoch erst später gebildet. Diese Form der Verbbildung ist aufgrund der semantischen Durchsichtigkeit und Systematik recht produktiv, wird jedoch sprachpuristisch (insbesondere von der *Académie française*) eher negativ bewertet. So findet sich das Verb *urger* ‚dringlich sein' auf der Basis des Adjektivs *urgent* vor allem im pressesprachlichen Gebrauch häufig und wird in der Lexikographie als familiär (PL) markiert, ebenso *imminer* ‚unmittelbar bevorstehen' auf der Basis von *imminent*.

Aus Substantiven werden Verben im heutigen Französisch durch Suffigierung mit *-ier* (*différence → différencier* ‚differenzieren'), *-iser* (*accessoire → accessoiriser* ‚mit Accessoires ergänzen', *scandale → scandaliser* ‚Anstoß erregen') und *-ifier* (*personne → personnifier* ‚personifizieren, verkörpern', *statue → statufier* ‚durch eine Statue verewigen') gebildet. Besonders häufig sind hier Konversionen: *addition → additionner* ‚zusammenzählen', *assassin → assassiner* ‚ermorden', *chasse → chasser* ‚jagen', *bouquin → bouquiner* ‚schmökern', *jardin → jardiner* ‚gärtnern', *meuble → meubler* ‚möblieren'.

Die denominale Verbbildung ist in verschiedenen Bereichen der Sprache produktiv: es finden sich fachsprachliche Bildungen (*émulsion → émulsionner* ‚emulgieren', *congestion → congestionner* ‚Blutandrang verursachen'), aber auch Ableitungen mit fremdsprachlichen Stämmen: *flirt → flirter*, *stop → stopper*.

Zusammenfassen kann man die Möglichkeiten der Verbbildung im Französischen in folgendem Stemma:

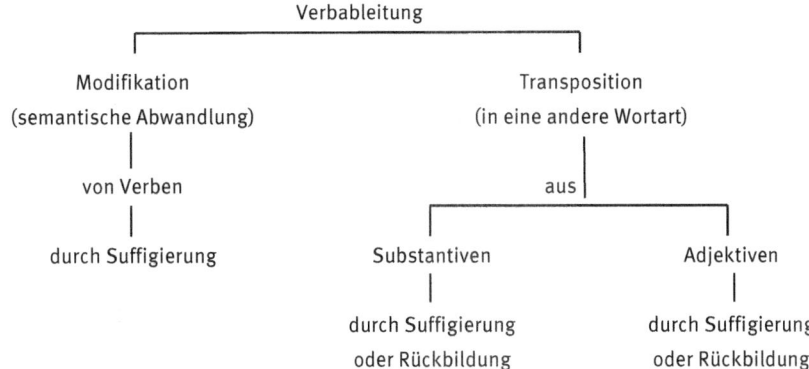

2.1.3.1 Semantik der desubstantivischen und deadjektivischen Verben

Die Semantik der Verben lässt sich nach der Bedeutungsstruktur der Verben selbst, die sich auf das ihnen zugrundeliegende Substantiv oder Adjektiv bezieht, und ihrer Aktionsart unterscheiden. In der Regel werden im Französischen die Aktionsarten durch Formen der Verbalkonjugation ausgedrückt, so etwa der desiderative Aspekt durch den Subjonctif oder der kausative Aspekt durch eine Umschreibung mit *faire* + Infinitiv (zum Aspekt in der französischen Verbbildung vgl. Lude 1910). Es lassen sich folgende semantische Grundformen feststellen, wobei zahlreiche Termini nicht einheitlich verwendet werden (adaptiert nach Fleischer/Barz 2007, 317):

Tab. 23: Semantik der Verbbildung

Semantik	Beispiele
etw. ist vorhanden, tritt ein (aktional)	pluie → pleuvoir, neige → neiger, vide → vider
sich wie jmd., etw., auf eine bestimmte Art verhalten (aktional)	accueil → accueillir, brusque → brusquer, espion → espionner
jmdm. etw. geben / zuteil werden lassen, antun (aktional)	amnistie → amnistier, restaurant → restaurer, salut → saluer
etw. erzeugen / hervorbringen (aktional)	beurre → beurrer, germe → germer
etw. empfinden (aktional)	peine → peiner, sympathie → sympathiser
jmdn / etw. zu etw. machen (faktitiv)	dur → durcir, gai → égayer
etw. mit etw versehen (ornativ)	couleur → colorer, or → dorer, vitre → vitrer
etw. mit etw. bearbeiten (instrumental)	bombe → bombarder, poignard → poignarder
sich wo befinden / etw. wohin befördern (lokal)	chaîne → enchaîner, stock → stocker
etw. in eine bestimmte Form bringen (diminuierend-iterativ/resultativ)	soluble → solubiliser, tas → tasser

Neben diesen Formen der Verbbildung, die in einen Stamm und eine Flexionsendung segmentiert werden können, gibt es auch solche, bei denen eine erkennbare Suffigierung vorliegt. Hier wird neben dem Stamm und der Flexionsendung ein Derivationsaffix (als Infix) eingefügt. Diese Formen haben in der Regel eine zusätzliche semantische Information bzw. eine Zuordnung zu einem Register: *chanter* → *chantonner* ‚schlecht singen', *commission* → *commissionner* ‚in Auftrag geben'. In der Regel übernehmen diese Suffixe den Ausdruck einer Aktionsart. Im Französischen wird die faktitive, frequentativ/iterative und diminuierende Aktionsart durch suffigierte Formen der Verbbildung ausgedrückt. Die Formen sind im heutigen Französisch wenig produktiv und finden sich fast ausschließlich in substandardsprachlichen Registern (vgl. Amiot/Stosic 2011).

Tab. 24: faktitive Verben (denominal, deadjektivisch)

Suffix	Produktivität	Beispiele
-ifi-	produktiv	acidifier, anglifier, codifier, complexifier, pacifier
-is-	produktiv	accessoiriser, alphabétiser, dramatiser, moderniser
-oy-	nicht produktiv	bornoyer, coudoyer, flamboyer, guerroyer

Faktitive Verben bezeichnen die unmittelbare Herbeiführung des im Stamm ausgedrückten Zustands. Faktitive Verben können auch ohne Einfügung eines Infix gebildet werden (s.o.). Bei Verben mit dem Morphem *-is-* (*caraméliser* ‚karamellisieren', *moderniser* ‚modernisieren') wird, ebenso wie bei den deadjektivischen Formen auf der Basis eines Farbadjektivs (*blanc* → *blanchir*, *noir* → *noircir*), auch ein inchoativer Aspekt (den Anfang einer Handlung ausdrückend) angenommen. Die Bildungen mit den Infixen *-ifi-* und *-is-* sind im heutigen Französisch sehr produktiv, während es keine Neubildungen mit *-oy-* gibt.

Tab. 25: frequentative/iterative Verben (deverbal)

Suffix	Produktivität	Beispiele
-aille-	produktiv	couchailler, criailler, tirailler, tousailler
-el-	gering produktiv	bosseler, craqueler, venteler
-et--	nicht produktiv	becqueter, causeter, graineter, tacheter
-ill-	nicht produktiv	boursiller, mordiller, sautiller, tortiller
-in-	nicht produktiv	dodeliner, paginer, tambouriner, voituriner

Suffix	Produktivität	Beispiele
-och-	nicht produktiv	filocher, flânocher, râlocher, tapocher
-onn-	wenig produktiv	mâchonner, tâtonner
-ot-	produktiv	clignoter, dormoter, siffloter, toussoter
-ouill-	nicht produktiv	baisouiller, barbouiller, crachouiller, gratouiller

Als frequentative oder iterative Verben werden Formen bezeichnet, die die Wiederholung einer Tätigkeit bezeichnen[67]. Im Lateinischen war die Möglichkeit der morphologischen Markierung eines frequentativen Aspekts im Sprachsystem gegeben (*venitare* ‚häufig kommen' zu *venire* ‚kommen'), im Französischen sind entsprechende Formen häufig veraltet oder diasystematisch (populär oder vulgärsprachlich) markiert oder haben eine weitere Konnotation, etwa die Diminuierung oder die Ähnlichkeit der Handlung. Häufig entspricht ihnen dann auch ein Substantiv: *talocher* ‚Ohrfeigen geben' – *la taloche*, *toussoter* ‚hüsteln' – *la toux*. Eingeschränkt produktiv ist das Infix *-on-*, mit dem onomatopoetisch ein häufig wiederkehrendes Geräusch wiedergegeben wird: *bourdonner* ‚summen, surren', *grinçonner* ‚knirschen'. Die Wiederholung oder die Dauer einer Handlung wird im heutigen Französisch eher mit Formen der Präfigierung ausgedrückt (vgl. Lude 1910).

Tab. 26: diminuierende Verben (denominal, deadjektivisch)

Suffix	Produktivität	Beispiele
-el-	wenig produktiv	bosseler, carreler, craqueler
-et-	wenig produktiv	becqueter, cacheter, époussetter, voleter
-ill-	produktiv	pendiller, sautiller, tortiller
-in-	wenig produktiv	paginer, piétiner, tambouriner, trottiner
-ot-	produktiv	frisoter, tapoter, vivoter

Bei diminuierenden Verben steht die Verkleinerung der Handlung im Mittelpunkt (vergleichbar im Deutschen *husten* → *hüsteln*). Eine Trennung von einer iterativen Funktion ist insbesondere bei *-ot*, von einer wertenden Funktion bei *-et* und *-ot* schwierig. Im heutigen Französisch besonders produktiv ist das Infix *-ot-* (*cachotter* ‚verstecken', *traficoter* ‚mauscheln, unsaubere Geschäfte machen'). Die Formen mit *-el-* wurden weitgehend durch solche mit *-il-* ersetzt (*sauteler* vs. *sautiller*, *ventiler*

---

[67] Wilmet (2003) unterscheidet repetitive Aktionsarten wie duplikativ, multiplikativ, frequentativ und redurativ von den rein iterativen Verben. Da diese Verbformen recht selten sind, wurde hier auf eine solche Feingliederung verzichtet.

vs. *venteler*), ebenso Verben mit *-et-*, die durch *-ill-* und *-ot-* ersetzt wurden (*chucheter* vs. *chuchoter* ‚zuflüstern'[68], *cligneter* vs. *clignoter*, vgl. TLFi).

Periphrastische Verbbildung (locution verbale)
Die periphrastische Verbbildung (*locution verbale*) wird nicht immer zur Wortbildung gezählt und in zahlreichen Darstellungen zur Wortbildungslehre nicht berücksichtigt. Hier zeigen sich die gleichen Schwierigkeiten der Abgrenzung zu Phraseologismen wie bei der *locution adjectivale*. Beispiele sind Verbindungen von Verb und Substantiv wie *donner raison* ‚recht geben', *faire la grève* ‚streiken', oder *porter secours* ‚Hilfe leisten'. Auffällig ist, dass das Verb hier semantisch wenig differenziert ist, also durch die Bedeutung des Substantivs ergänzt werden muss. Umstritten ist die Zuordnung der *locutions verbales* zur Komposition und damit zur Abgrenzung gegenüber einer freien syntaktischen Fügung. Für Rohrer (1977, 86) ist das entscheidende Kriterium der Abgrenzung das Fehlen des bestimmten Artikels, nach dieser Argumentation wäre also *porter secours* eine *locution verbale*, nicht aber *faire la grève* ‚streiken', was aber nicht haltbar ist.

Werden konkrete Handlungen beschrieben wie in *faire le lit* oder *faire le ménage* wird der bestimmte Artikel verwendet. Einige Formen sind jedoch heute nicht mehr aus ihren Bestandteilen herleitbar, sind also exozentrisch. Bisweilen liegt eine Metaphorik zugrunde, die Bedeutung der *locution* lässt sich nicht aus den Einzelbestandteilen erschließen: *faire du lèche-vitrine* ‚einen Schaufensterbummel machen', *prendre la mouche* ‚aufbrausen', *jeter son dévolu* ‚sein Auge auf etwas werfen'. Insbesondere Phrasenkomposita ohne Artikel haben abstrakte Bedeutung: *prendre racine* ‚Wuzeln schlagen', *tirer parti* ‚Vorteil ziehen', *prendre peur* ‚erschrecken'. Einige Phrasenkomposita werden mit heute nicht mehr verwendeten oder als Archaismen markierten Wörtern gebildet, so das adjektivische *sans coup férir* ‚kampflos, ohne auf Widerstand zu stoßen'. Diese Formen bezeichnet man auch als *expressions figées*.

2.1.3.2 Verbalinfixe

-aill(er) [lat. *-alia*] hat vor allem frequentative Bedeutung: *cri* → *crier* → *criailler*, *discuter* → *discutailler*, bisweilen auch mit einer diminutiven Bedeutung *tirer* → *tirailler* ‚leicht ziehen', oder mit pejorativer Konnotation: *coucher* → *couchailler* ‚häufig wechselnden Geschlechtsverkehr haben'. Bei einigen Formen ist die zugrundeliegende

---

[68] Im heutigen Französisch verbunden mit einer semantischen Differenzierung: *chucheter* ‚tschilpen' (eines Vogels) vs. *chuchoter* ‚zuflüstern'.

Verbform nicht mehr existent oder nicht mehr erkennbar: *se chamailler* ‚streiten, zanken', *défourailler* ‚blankziehen, eine Waffe ziehen', *rapailler* ‚verstreute Dinge aufsammeln'. Formen mit nominalen Stämmen sind sehr selten.

V → V: *crier* → *criailler* ‚häufig und ohne Anlass schreien', *critiquer* → *criticailler* ‚kleinlich, übertrieben kritisieren', *traîner* → *traînailler* ‚trödeln, bummeln'.
N → V: *mouche* → *mouchailler* ‚beobachten, überwachen'.
Produktivität: Das Infix ist im heutigen Französisch vor allem zur Bildung von frequentativen Verben produktiv.
Konkurrierende Infixe: *-asser, -iller, -ouiller*.

-ass(er) [vermutlich parallel zum Augmentativ infix *-ace* gebildet] hat diminutivierende und pejorative Funktion, im Mittelpunkt steht häufig der ausbleibende Erfolg oder die mangelnde Qualität der Handlung. Stamm ist die erste Person Plural: *écrivons* → *écrivasser* ‚schlecht, nachlässig schreiben', *traînons* → *traînasser* ‚trödeln, bummeln'. Es lassen sich Korrelationen mit den auf *-ace/-asse* suffigierten Formen feststellen. Hasselroth (1957, 93) sieht eine weitgehend dialektale Verbreitung der Formen im Westen Frankreichs, was dialektgeographisch nach den Angaben des TLFi auch belegbar ist; darüber hinaus finden sich häufiger Formen im Französischen in Quebec.

V → V: *se débrouiller* → *se débrouillasser* ‚sich so gut man kann behelfen', *neige* → *neigasser* ‚häufig, intensiv schneien', *pleuvoir* → *pleuvasser* ‚häufig, intensiv regnen', *rimer* → *rimasser* ‚schlecht reimen'.
N → V: *avocat* → *avocasser* ‚sich für einen Anwalt unwürdig verhalten', *homme* → *hommasser* ‚sich als Frau wie ein Mann verhalten', *papier* → *paperasser* ‚Papiere, Ordner sortieren'.
Produktivität: Das Infix ist sehr eingeschränkt produktiv.
Literatur: Hasselroth 1957, 93.

-et(er) [lat. *-it-*] hat vor allem diminuierende und frequentative Funktion, einzelne Formen sind bereits im Lateinischen belegt (*volitare* → *voleter* ‚herumflattern'). Das Infix steht in starker Konkurrenz zu *-oter*: älteres *chucheter* wurde im 15. Jahrhundert durch *chuchoter* ‚zuflüstern' ersetzt.

N → V: *bec* → *becqueter* ‚auf-, anpicken', *poussière* → *épousseter* ‚abstauben'.
V → V: *caler* → *caleter* ‚abwürgen', *craquer* → *craqueter* ‚knistern', *voler* → *voleter* ‚herumflattern'.
Produktivität: Das Infix ist im heutigen Französisch nicht mehr produktiv.
Konkurrierende Infixe: *-iller, -iner, -oter*.

-fi(er)/-ifi(er) [lat. *-ific-*] hat vor allem faktitive Funktion in der Grundbedeutung ‚etwas zu etwas machen', einige Formen sind integral aus dem Lateinischen entlehnt (*glorifier* ‚verherrlichen' ← lat. *glorificare*). Aus dem Englischen entlehnt wurde u.a. *disqualifier* ← engl. *to disqualify*

A → V: *fort* → *fortifier* ‚befestigen', *juste* → *justifier* ‚rechtfertigen'.
N → V: *barbe* → *barbifier* ‚rasieren', *code* → *codifier* ‚kodifizieren', *momie* → *momifier* ‚mumifizieren', *personne* → *personnifier* ‚personifizieren'.
Morphologische Besonderheiten: Liegt der Bildung ein Adjektiv auf *-ique* zugrunde ist der Stamm die Wurzel der Grundform : *authent/ique* → *authentifier*.
Produktivität: Da die Formen leicht analysierbar sind, ist das Infix im heutigen Französisch sehr produktiv, vor allem in den Fachsprachen.
Literatur: Schweickard 1992, 107

-in(er) [lat. *-in*] bildet vor allem frequentative Verben, häufig mit nominaler Basis. Die Formen sind in der Regel familiär markiert. Liegt ein Verb zugrunde, ist die verbale Basis die erste Person Präsens Singular oder Plural: *trotter* → *trottinons* → *trottiner* ‚trippeln'.

N → V: *tambour* → *tambouriner* ‚trommeln', *voiture* → *voituriner* ‚im Auto transportieren'.
V → V: *pleuvoir* → *pleuviner* ‚nieseln', *trotter* → *trottiner*.
Produktivität: Das Infix ist im heutigen Französisch nicht mehr produktiv.

-ill(er) [lat. *-icula*] beinhaltet gleichzeitig zu einer diminutiven Bedeutung die Wiederholung der Handlung *sauter* → *sautiller* ‚häufig hüpfen'. Bei denominalen Formen steht die durch das zugrundeliegende Substantiv verursachte Handlung im Mittelpunkt. Als gelehrte Form konkurriert das Infix *-iculer*: *geste* → *gesticuler* ‚gestikulieren'.

V → V: *fendre* → *fendiller* ‚Risse hervorrufen', *mordre* → *mordiller* ‚herumbeißen'.
N → V: *croûte* → *croustiller* ‚knuspern'.
Produktivität: Das Infix ist im heutigen Französisch nicht mehr produktiv.

-is(er) [lat. *-izare*] bildet nicht markierte Formen und ist die produktivste Form der Transposition im Verbalbereich.

N → V: *Afrique* → *africaniser*, *alcool* → *alcooliser*, *macadam* → *macadamiser* ‚makadamisieren, (eine Straße) beschottern', *problème* → *problématiser* ‚problematisieren', *vapeur* → *vaporiser* ‚verdampfen'.
A → V: *artificiel* → *artificialiser* ‚künstlich machen', *fertile* → *fertiliser* ‚fruchtbar machen', *intellectuel* → *intellectualiser* ‚intellektualisieren'.
Morphologische Besonderheiten: Das Infix erscheint in den allomorphen Formen *-aliser* (*artificiel* → *artificialiser*), *-abiliser* (*rentable* → *rentabiliser*), *-éiser* (*homogène* → *homogénéiser*), *-ibiliser* (*sensible* → *sensibiliser*), *-iciser* (*technique* → *techniciser*) und *-iviser* (*relatif* → *relativiser*).

Produktivität: Das Infix ist im heutigen Französisch vor allem in der Pressesprache verbreitet und in den Fachsprachen weit verbreitet.
Literatur: Eckert 1986, 331; Dingel 1987, 363-367; Schweickard 1992, 104.

-onn(er) [mfrz. *-on-*] hat diminutive und frequentative Funktion. Das Infix wird häufig an onomatopoetische Verben angehängt, um ein wiederkehrendes Geräusch zu charakterisieren: *marmonner* ‚murmeln, brummen', *ronchonner* ‚nörgeln'. Später kamen auch Formen mit imperfektiver oder frequentativer Bedeutung hinzu: *mâcher* → *mâchonner* ‚herumkauen', *tâter* → *tâtonner* ‚herumtasten, herumtappen'. Es existieren Dubletten mit unterschiedlicher Registermarkierung oder pejorativer Konnotation, insbesondere mit dem Infix *-ocher*: *bavarder* → *bavardocher/bavardichonner* ‚schwätzen'.

V → V: *chanter* → *chantonner* ‚vor sich hin singen', *gronder* → *grognonner* ‚häufig, heftig schimpfen'.
N → V: *griffe* → *griffonner* ‚schlecht, kaum lesbar schreiben'.
Morphologische Besonderheiten: Das Infix erscheint auch in den Formen *-eronner* (*chanter* → *chanteronner*), *-ichonner* (*bavarder* → *bavardichonner*) und *-illonner* (*mordre* → *mordillonner*).
Produktivität: Das Infix ist insbesondere bei Verben auf *-er* produktiv.
Literatur: Thiele 1993, 141.

-ot(er)/-ott(er) [*-ot*] hat in der Regel eine verbale Basis und diminutive bzw. frequentative Bedeutung, häufig mit einer substandardsprachlichen Registermarkierung: *siffler* → *sifflotter* ‚vor sich hin pfeifen' mit semantischer Veränderung: *cligner* ‚zusammenkneifen' → *clignoter* ‚blinzeln'.

V → V: *danser* → *dansotter*, *neiger* → *neigoter*, *trembler* → *trembloter* (jeweils ohne semantische Veränderung).
N → V: *chipe* → *chipoter* ‚knausern, geizen', *trafic* → *traficoter* ‚unsaubere Geschäfte machen', *vapeur* → *vapoter* ‚eine elektronische Zigarette rauchen'.
Produktivität: Das Infix war vor allem im 15. und 16. Jahrhundert produktiv, ist aber mit zahlreichen Neologismen auch heute noch belegt.
Konkurrierende Infixe: *-ailler*, *-iller*, *-ocher*.
Literatur: Thiele 1993, 141.

-ouill(er) [lat. **-uculare*] ist vor allem regionalsprachlich verbreitet oder besitzt eine substandardsprachliche Markierung. Es hat eine abwertende, diminuierende und bisweilen auch frequentative Funktion.

V → V: *cracher* → *crachouiller* ‚etwas spucken', *gronder* → *grondouiller* ‚häufig schimpfen', *mâcher* → *mâchouiller* ‚dauernd kauen'.

N → V: *merde* → *merdouiller* ‚kläglich scheitern', *patrouille* → *patrouiller* ‚auf Patrouille gehen'.
Produktivität: Durch die weitgehende Verbreitung des Infixes ab dem 19. Jahrhundert vor allem im substandardsprachlichen Französisch sind zahlreiche neue Formen entstanden. Aufgrund des starken expressiven Charakters hat das Infix die konkurrierenden Infixe -*ailler* (*zigailler*/*zigouiller*) und -*eler* (*grondeler*/*grondouiller*) sowie -*iller* (*gratiller*/*gratouiller*) zunehmend ersetzt.
Literatur: Thiele 1993, 141.

-oy(er) [lat. -*izare*] bildet vor allem faktitive Verben, hat aber bisweilen auch augmentative und diminutivierende Funktion. Zum Verb korrespondieren Substantive auf -*oiement* (*côtoyer* → *côtoiement* ‚miteinander', *coudoyer* → *coudoiement* ‚Kontakt, enge Berührung'), *rougeoyer* → *rougoiement* ‚rötlicher Schimmer, Widerschein'.

V → V: *tourner* → *tournoyer* ‚kreisen, herumwirbeln'.
N → V: *fête* → *festoyer* ‚festlich speisen, schlemmen', *guerre* → *guerroyer* ‚Krieg führen', *larme* → *larmoyer* ‚weinerlich tun, flennen'.
A → V: *blanc* → *blanchoyer* ‚weiß schimmern', *rouge* → *rougeoyer* ‚rötlich werden'.
Produktivität: Das Infix war seit der Entstehung des Französischen stark produktiv, die Produktivität nahm jedoch im Laufe der Sprachgeschichte stark ab und kam vor allem im 18. Jahrhundert zum Erliegen (vgl. Wolf 1991 sowie TLFI s.v.).
Morphologische Besonderheiten: Das Infix erscheint auch in den Allomorphen -*ayer*.
Konkurrierende Infixe: -*ouiller*.
Literatur: Eckert 1986, 330s.; Thiele 1993, 141.

2.1.4 Adverbbildung

Tab. 27: Adverbbildung

Suffix	Allomorphe	Produktivität	Beispiele
-ment	-emment	produktiv	brièvement, évidemment
-o		nicht produktiv	primo, secundo
-on	-ons	nicht produktiv	(à) reculons

Die einzige heute produktive Form der synthetischen Adverbbildung mit -*ment* geht auf eine vulgärlateinische periphrastische Bildung mit dem femininen Substantiv *mens* ‚Geist' zurück, da das synthetische lateinische Muster (*longus* adj. → *longe* adv., *elegans* adj. → *eleganter* adv., *fortis* adj. → *fortiter* adv.) nicht durchsichtig war und deshalb aufgegeben wurde. Ein Adverb konnte dagegen bereits auch im Lateinischen immer mit einer Periphrase umschrieben werden: *forte modo* ‚in der Art der Stärke', *forti mente* ‚im Geist der Stärke'. Aus den Bildungen mit *mente* ging das heutige produktive Wortbildungsmorphem *-ment* zur Adverbbildung hervor, Basis ist in der Regel die weibliche Form des zugrundeliegenden Adjektivs (*libre* → *librement*, *rapide* → *rapidement*).

Im heutigen Französisch gibt es noch einige wenige Adjektive, bei denen eine solche periphrastische Bildung nicht möglich ist, die also keine Adverbien auf *-ment* bilden können. Hierzu gehören: *apte, capable, charmant, compétent, content, critique, envieux, fâché, ingrat, inquiet, intéressant, intéressé, jeune, vieux, court, moderne, neuf, possible, urgent*.

Bildungen auf *-o* gehen direkt auf den lateinischen Ablativ der Adjektive der o-Deklination zurück und haben im Französischen einen familiären oder ironischen Charakter: *primo, secundo, tertio....* Im satirischen Kontext oder familiär werden auch hybride Formen gebildet: *deuxio* (auch *deusio* und *deuzio*).

Selten sind Bildungen, die nicht auf Adjektive zurückgehen. Thiele (1993, 151) nennt hier die auf Substantive zurückzuführenden Formen *diablement* ‚verteufelt', *nuitamment* ‚nächtens' und das familiäre *vachement* ‚ungeheuer, sehr'. Auf eine Interjektion gehen *bougrement* ‚verdammt' und *fichtrement* ‚unwahrscheinlich, unheimlich' zurück, deadjektival sind *aucunement* ‚keineswegs' und *mêmement* ‚ebenso'. Eine redundante Suffigierung liegt bei *quasiment* ‚beinahe, fast' vor, da *quasi* allein bereits als Adverb verwendet werden kann.

Zahlreich sind dagegen die sogenannten *locutions adverbiales*, die in den Darstellungen zur Wortbildung häufig keine Erwähnung finden (vgl. Thiele 1993, 151). Es handelt sich hierbei um Verbindungen meist zweier freier Morpheme, die einem Adverb entsprechend verwendet werden. Adverbphrasen können aus verschiedenen Wortarten zusammengesetzt werden, häufig sind sie präpositional eingeleitet. Mit dem Suffix *-ons* gebildet wird: *à reculons* ‚rückwärts', *à tâtons* ‚tastend', *à croupetons* ‚hockend'. Wenn diese Adverbphrasen fest mit Verben einer bestimmten semantischen Klasse verbunden werden (*marcher / aller à reculons*), zählt man sie zu den Phrasenkomposita. Während mit einer Präposition amalgamierte Formen wie *dedans, dessous, davantage* synchron noch analysierbar sind, erscheinen Bildungen wie *maintenant* (Nomen + Partizip: *main tenant*) oder *nonobstant* (Adverb + Partizip: *non obstant*) ‚ungeachtet der...' opak oder werden zu den Komposita gerechnet (zur Adverbbildung vgl. Gezundhajt 2000 und Mørdrup 1976).

2.2 Präfigierung

Insbesondere in den Fachsprachen werden immer wieder neue Wörter durch Präfigierung gebildet oder in anderen Sprachen bereits präfigierte Formen ins Französische entlehnt. Zudem finden sich aufgrund der Durchsichtigkeit der Bildungen zahlreiche Neologismen in der Pressesprache, die eine bestimmte kommunikative Lücke füllen oder aufgrund ihrer Prägnanz eine größere Ausdrucksökonomie bewirken (zur

Präfigierung im Französischen allgemein vgl. Peytard 1975 und Weidenbusch 1993; zur Abgrenzung von Präfigierung, Präposition und Komposition vgl. Amiot 2004 und 2005b; zur Abgrenzung vom Adverb vgl. Amiot/Mulder 2002; zur Präfigierung im Mittelfranzösischen vgl. Eckert 1986, 331–339).

Präfixe verändern grundsätzlich nicht die Wortart ihrer Basis, weshalb sie hier – im Gegensatz zur Suffigierung – unter rein semantischen Gesichtspunkten beschrieben werden können[69]. Sie sind in der Regel einsilbig, können in einer gelehrten und einer volkstümlichen Form auftreten und weisen häufig Allomorphien in Abhängigkeit des Anlauts der Grundform auf. Ihre grundlegende Funktion besteht in der semantischen Modifizierung, wobei die Funktion nicht immer mit einer syntaktischen Paraphrase gleichzusetzen ist, da sich sehr schnell Bedeutungsvarianten entwickeln, die von der ursprünglichen Funktion abweichen.

Formal werden drei Arten von Präfixen unterschieden. Die eigentlichen Präfixe sind gebundene Morpheme, die prädeterminierend vor einem Stamm stehen und die Funktion einer Präposition oder eines Adverbs übernehmen. Hierzu gehören u.a. *re-* (*revenir, refaire, ravoir*), *dé-* (*défaire, délaisser, détremper*) oder *en-* (*encadrer, encaisser, encolure*). Einige freie Morpheme, in der Regel Präpositionen oder Adverbien, können ebenfalls als Präfixe fungieren: *pour-* (*pourchasser, pourfendre, poursuivre*), *sur-* (*surproduction, surpeuplé*), *sous-* (*sousestimer, soustraiter*). Die meisten Formen sind jedoch aus dem Griechischen oder Lateinischen entlehnt und Grundlage gelehrter Bildungen: *anti-* (*antichoc*), *néo-* (*néologisme*). Peytard (1975) gibt für das Französische als Ergebnis einer empirischen Studie auf der Basis von Wörterbüchern eine Zahl von ca. 150 Präfixen griechischen Ursprungs und 80 Präfixen lateinischen Ursprungs an, die auch als Präfixoide bezeichnet werden (vgl. hierzu Kapitel 2.3.5). Häufig sind diese gelehrten Bildungen jedoch kein Ergebnis einer französischen Wortbildung, sondern wurden integral aus dem Griechischen oder Lateinischen entlehnt (*antidote* ‚Gegenmittel' ← gr. *antidotum*).

Die Präfigierung tritt häufig bei Verben auf. Durch Präfigierung können Verben in ihrer Aktionsart differenziert werden: *fleurir* ‚blühen (durativ)' vs. *défleurir* ‚verblühen (perfektiv-ingressiv)', *refleurir* ‚wiedererblühen (perfektiv-ingressiv)', *effleurir* ‚erblühen (perfektiv-ingressiv)'. Ebenso kann es bei präfigierten Verbformen zu einer Veränderung der Valenz kommen: *céder* v.tr. (3-wertig: ‚etwas an jemanden abtreten' → *intercéder* v.intr. (2-wertig: ‚sich für jemanden einsetzen').

---

[69] Eine Ausnahme sind die sogenannten „faux parasynthétiques", also denominale Verben wie *décourager*, bei denen der Wortartwechsel durch die Präfigierung ensteht.

2.2.1 Abgrenzung von Präfigierung und Komposition

Ein grundlegendes Problem der sprachwissenschaftlichen Klassifikation ist die Unterscheidung zwischen Präfigierung und Komposition. Wenn man Affixe als grundsätzlich gebundene Morpheme klassifiziert, sind Formen, bei denen offenbar zwei freie Morpheme kombiniert werden, *per definitionem* Komposita. Etymologisch gehen die meisten Präfixe jedoch auf Adverbien und Präpositionen zurück und sind mit ihnen formal identisch (etwa in *bienfaisant, contre-productif, entrecroiser, sousestimer, sureffectif*). Nun finden sich zahlreiche Bildungen wie z.B. *surmonter* oder *survivre*, bei denen offenbar die Präposition *sur* mit *monter* oder *vivre* kombiniert wurde. Die hieraus entstandene Form ergibt sich allerdings nicht aus der Kombination der Bedeutung der beiden Morpheme. Ähnlich verhält es sich bei den Präfixen *sous-* in *souligner* ‚unterstreichen', *entre-* in *entrevoir* ‚undeutlich sehen', *contre-* in *contrefaire* ‚nachmachen, fälschen' etc. Es hat sich etabliert, die entstandene Form dann als Präfigierung zu bezeichnen, wenn das Formelement semantisch nicht der Bedeutung der freien Form entspricht. Die Wortbildung mit *avant-* und *après-* in Formen wie *avant-guerre* ‚Vorkrieg' oder *après-midi* ‚Nachmittag' wird dann nicht als Präfigierung bezeichnet, da die Bedeutung weitgehend der Semantik der entsprechenden Morpheme entspricht, es handelt sich dann um eine Komposition.

Das hier angelegte semantische Kriterium betrifft also die bereits in Kapitel 1.5.1 diskutierte problematische Unterscheidung zwischen Lexemen und grammatischen Morphemen. Präpositionen wie *après, avant, contre, sur,* und *sous* sind freie Morpheme, bilden also nach dem Kriterium der lexikalischen Autonomie Komposita. Jedoch verfügen sie über eine rein situierende Funktion, die als grammatisch angesehen wird. Nach diesem funktionalen Kriterium sind sie grammatische Morpheme und damit Präfixe. So werden auch in der Lexikographie (PR) *après* und *avant* als „éléments de formation" angesehen.

Im Französischen existieren allerdings auch zahlreiche gelehrte Formen wie *anti-, contra-, ex-* und *post-*. Wenn man eine Präposition wie *après* als Präfix klassifiziert, so kann man das gleichbedeutende *post-* nicht ausschließen. Das entscheidende Kriterium ist hier die Reihenbildung, also die Möglichkeit der Bildung vergleichbarer Strukturen mit identischen Konstituenten. Wenn man Lexeme mit vorwiegend situierender Funktion und Entlehnungen zu den Präfixen rechnet (so u.a. bei Peytard 1975), wird im heutigen Französisch eine Zahl von ca. 250 Präfixen erreicht (TLFi; zur Diskussion vgl. Amiot/DeMulder 2003, Schpak-Dolt 2016, Wandruszka 1976, 110ss. und Wunderli 1985).

Marchand (1969, 2) zählt die Präfigierung zusammen mit der Komposition zu den Mitteln der Expansion, da vergleichbar zur Komposition hier ein Determinationsverhältnis vorliegt. In einer Bildung wie *impossible* wird das Adjektiv *possible* durch das Präfix *in-* (hier in der allomorphen Form *im-*) prädeterminiert, bei einem Kompositum wie *appareil-photo* erscheint das determinierende Element dagegen postmodifizierend. Da im Gegensatz zur Suffigierung jedoch sowohl bei der Präfigierung als auch bei der Komposition kein Wortartwechsel stattfindet, kann man beide Formen der Wortbildung zu einer semantischen Klasse zusammenfassen.

Kein Determinationsverhältnis liegt bei einer Form wie *après-vente* ‚Kundendienst' vor, da hier auf etwas Bezug genommen wird, das außerhalb der Bedeutung der einzelnen Konstituenten liegt. Wandruszka (1976, 110) nennt diese Bildungen exozentrisch (zur exozentrischen Komposition vgl. Kapitel 2.3.2).

2.2.2 Schreibung zusammengesetzter Formen

Die Schreibung zusammengesetzter Formen ist nicht regelmäßig und unterliegt bisweilen widersprüchlichen Regelungen. In der Orthographie werden zusammengesetzte Formen mit oder ohne Bindestrich geschrieben, eine Regelhaftigkeit lässt sich nicht eindeutig nachweisen. Die *Académie française* hat 1990 im *Journal officiel de la République française* den Vorschlag des *Conseil supérieur français de la langue française* zur Schreibung zusammengesetzter Formen angenommen und folgende Neuregelung vorgeschlagen:[70]

> Le procédé de l'agglutination, ou soudure, dans les mots composés devrait connaître un renouveau d'extension, d'ailleurs conforme à la tradition de l'Académie française. On conservera toutefois le trait d'union quand la soudure risquerait de susciter des prononciations défectueuses, et généralement quand la dernière lettre du premier composant et la première lettre du second sont des voyelles qui pourraient former diphtongue. Exemple : extra-utérin.

Die Reform betrifft Zusammensetzungen mit verbalem Kern, die besonders in das Sprachsystem integriert sind: *portemonnaie*, *terre-plein* ‚Erdaufschüttung'. Darüber hinaus wird die Zusammenschreibung (*soudure*) empfohlen bei mit lateinischen Präfixen gebildeten Formen (insbesondere *extra-*, *intra-*, *ultra-*, *infra-* und *supra-*), der Präfigierung mit *contre-* und *entre-* (*contresens*, *entrevoir*), grundsätzlich allen lateinischen und allgemein entlehnten Komposita, die in das Sprachsystem integriert sind („bien intégrés dans l'usage") sowie den gelehrten Bildungen auf *-o* (*autovaccin*).

Die *Académie française* betrachtet diese Reform nicht als grundlegende Orthographiereform, sondern als Toleranz zur herkömmlichen Schreibung:

> L'orthographe actuelle reste d'usage, et les « recommandations » du Conseil supérieur de la langue française ne portent que sur des mots qui pourront être écrits de manière différente sans constituer des incorrections ni être considérés comme des fautes.

---

[70] Der vollständige Text der Stellungnahme der *Académie française* ist online verfügbar unter http://www.academie-francaise.fr/sites/academie-francaise.fr/files/rectifications_1990.pdf

Da das entscheidende Kriterium für die Zusammenschreibung - die Integration in das Sprachsystem - jedoch nicht objektiv festgelegt werden kann, bleiben die Empfehlungen der *Académie* bis auf die explizit erwähnten Fälle der Präfigierung vage. Entsprechend finden sich im Sprachgebrauch auch weiterhin unsystematische Fälle der Schreibung.

Auf die Umsetzung der Orthographiereform wird in der Folge bei den jeweiligen Beispielen eingegangen.

2.2.3 Semantische Klassifikation der Präfigierung

Im Folgenden soll – entsprechend dem Vorgehen in Kapitel 2.1 – zunächst eine semantische Klassifikation der Funktion der einzelnen Formen vorgenommen werden. Eine Gliederung nach Wortarten, wie sie u.a. bei Thiele vorgenommen wurde, erscheint hier nicht sinnvoll, da im Französischen Präfixe in gleichbleibender Funktion mit verschiedenen Wortarten kombiniert werden können und eine Wiederholung vermieden werden soll. Hier können nicht sämtliche Funktionen der Präfigierung aufgenommen werden, es erfolgt eine Auswahl. Es werden hier sowohl erbwörtliche als auch gelehrte (aus dem Lateinischen oder dem Griechischen entlehnte) Präfixe aufgeführt (eine weitergehende semantische Klassifizierung der Funktionen der Präfixe gibt Weidenbusch 1993).

Tab. 28: Opposition

Präfix	Allomorphe	Produktivität	Beispiele
anti-		wenig produktiv	anti-âge, anti-austérité, anti-économique, anti-thématique
contra-		wenig produktiv	contraception, contraposer, contradicteur
contre-	contr-	produktiv	contre-extension, contre-révolutionnaire, contrappel

Während *anti-* (seit dem 16. Jahrhundert belegt) und *contra-* sich als gelehrte Formen vor allem in fachsprachlicher Verwendung finden, ist die älteste und im heutigen Französisch produktivste Form *contre-*. Präfigiert werden vor allem Substantive (*contrebalance* ‚Gegengewicht', *contreespionnage* ‚Gegenspionage'), seltener auch Verben (*contrecarrer* ‚behindern, hintertreiben', *contredire* ‚widersprechen'). Formen mit *contra-* sind Latinismen (*contradiction* ‚Widerrede' ← lat. *contravenire*) oder gehen auf Entlehnungen zurück (*contraceptif* ‚Verhütungsmittel' ← engl. *contradicere*). In der Orthographiereform von 1993 wurde für sämtliche Komposita mit *contre-* die Schreibung ohne Bindestrich empfohlen. Das äußerst produktive Präfix *anti-* findet sich fast ausschließlich in Verbindung mit gelehrten Formen, die bereits integral aus dem Griechischen entlehnt wurden: *antiphrase, antipode* (zu dem Präfix *contre-* vgl. Amiot 2004 und 2005b).

Tab. 29: Negation und privative Funktion

Präfix	Allomorphe	Produktivität	Beispiele
a-	an-/am-	wenig produktiv	acalorique, analphabète, anarchie, apesanteur
dé-	des-/dés-	produktiv	défaire, délocaliser, désencombrer, désillusion
dis-		nicht produktiv	dissemblable, disharmonie, dissimilaire
é-	ef-/es-	wenig produktiv	ébrancher, édenté, effeuiller, éhonté
ex-		nicht produktiv	excuser, exfolier, exonérer, exsangue
in-	im-/il-/ir-	produktiv	inactif, incolore, inconnu, insomnie
mé-	mal-/més-	produktiv	méconnaissable, mécontent, méfait, malhonnête
né-	ne-	nicht produktiv	néfaste, nescience
non-		produktiv	non-alignement, non-engagement, non-paiement
sé-		nicht produktiv	sécession, sécréter, ségrégation, sélection

Negation kann lexikalisch (*beau/laid*) oder morphologisch versprachlicht werden (*content/mécontent*). Besonders produktiv im heutigen Französisch ist die Präfigierung mit *in-*. Einige Bildungen mit *in-* sind Latinismen, von denen viele nicht mehr durchsichtig sind (*inculte* ‚ungebildet' ← lat. *incultus, indubitable* ‚unzweifelhaft' ← lat. *indubitabilis*). Bildungen mit *mal-* sind auf einige wenige lexikalisierte Formen beschränkt und heute nicht mehr produktiv (*malchance* ‚Missgeschick', *malposition* ‚Fehlstellung'). Das Präfix *mé-* bedeutet in der Regel ‚schlecht', kann allerdings auch als Negation interpretiert werden: *méconnaître* ‚schlecht erkennen/nicht erkennen'. Vor allem bei okkasionellen Bildungen in der Pressesprache findet man häufig Bildungen mit dem Adverb *non*, die keinerlei Beschränkungen unterliegen. Lexikalisierte Formen werden entweder zusammengeschrieben oder mit einem Bindestrich verbunden. Es überwiegen Bildungen mit Substantiven: *non-communisme, non-salarié*. Einige Formen gehen auf Adjektive zurück, die wiederum in der Regel Verbalableitungen auf der Basis eines Partizips sind: *non-croyant* ‚Atheist'. Häufig ergibt sich auch eine Negation mit *non-* bei Adjektiven auf *-iste*, die auch nominal verwendet werden können (*non-conformiste*). Zu *dé-* finden sich mit *en-* oder *ren-* präfigierte Antonyme: *déverser/renverser*. In den Fachsprachen werden Formen mit *dé-* mit vorwiegend privativer Funktion vor allem im Verbalbereich gebildet: *débutaniser, dégazer, démondialiser*. Hierzu liegen auch weitere Ableitungen mit dem Suffix *-ation* vor: *débutanisation, démondialisation*. Ebenfalls privative Funktion haben die Präfixe *ex-* (*exonérer* ‚von Steuern befreien', *exsangue* ‚blutleer') und *sé-* (*sécession, sélection*) (zur Negation allgemein vgl. Montero Curiel 2015, zum Französischen Clarenz-Löhnert 2004; Peter 1949; Thiele 1993, 62s. und Mollidor 1998, zum Präfix *dé-* vgl. Amiot 2008).

Temporale Relationen
Entsprechend der Gliederung der Tempora in der Verbalmorphologie wird auch in der Wortbildung nach Vor-, Gleich- und Nachzeitigkeit differenziert.

Tab. 30: Vorzeitigkeit

Präfix	Allomorphe	Produktivität	Beispiele
anté-	ant-, anti-	nicht produktiv	antédiluvien, anténatal, antidater
avant-		produktiv	avant-guerre, avant-hier, avant-veille
ex-		produktiv	ex-contremaître, ex-mari, ex-ministre
pré-		produktiv	précambrien, préclassique, pré-électoral
pro-		nicht produktiv	prolégomènes, prologue, pronostic
rétro-		fachsprachlich produktiv	rétroactif, rétroagir

Mit *avant-* wird die unmittelbare Vorzeitigkeit bezeichnet. Unterscheiden lassen sich hier Formen, die sich auf einen Zeitraum beziehen (*avant-guerre* ‚Vorkriegszeit', *avant-midi* ‚Vormittag', *avant-veille* ‚zweiter Tag zuvor') und solche, bei denen eine vorzeitige Handlung bezeichnet wird (*avant-première* ‚Vorpremiere'). Die gelehrten Bildungen mit *anté-* und sind dagegen kaum produktiv und erscheinen fast ausschließlich in älteren Formen, die in der Regel auf lateinische Vorbilder zurückgehen (*antédiluvien* ‚vorsintflutlich' ← lat. *antediluvianus*, *antécédent* ‚Vorleben' ← lat. *antecedens*). Präfigierungen mit *pro-* sind in der Regel nicht durchsichtig und haben synchron keine Funktion der temporalen Situierung (*proclamer* ‚ausrufen', *proférer* ‚drohen'), Neubildungen sind nur im fachsprachlichen Bereich nachweisbar (*prodiagnose* ‚Vordiagnose', *prophase* ‚Vorphase'). Bildungen mit *pré-* sind fachsprachlich (*prélogique* ‚vorlogisch', *prémenstruel* ‚prämenstruell'), können aber auch in neueren Formen auftreten (*préavis* ‚Vorankündigung', *prélavage* ‚Vorwäsche'). Seltener sind Bildungen mit verbalem Stamm, die in der Regel eine nominale Entsprechung haben (*préaviser* ‚vorwarnen' ↔ *préavis*). In Verbindung mit einem Stamm, der sich auf eine Epoche der Kunst- oder Ideengeschichte bezieht, bezeichnen Bildungen mit *pré-* den jeweils davor liegenden Zeitraum (*préromantisme* ‚Vorromantik') bzw. den Bezug auf frühere Stilepochen (*préraphaélisme* ‚Präraffaelismus'). Bildungen mit *rétro-* bezeichnen in der Regel räumlich Zurückliegendes, können aber auch temporal verwendet werden: *rétrodater* ‚zurückdatieren', *rétroagir* ‚zurückwirken', *rétroactif* 'rückwirkend'. Besonders produktiv ist das Präfix *ex-* bei Substantiven, womit vor allem ehemalige Funktionsträger bezeichnet werden (*ex-ministre, ex-sénateur*). Das Präfix ist vor allem in der Presse- und Jugendsprache produktiv (*ex-copain, ex-joueur*) (zum Ausdruck der Vorzeitigkeit durch Präfigierung vgl. Amiot 1997; Thiele 1993, 59; zu Bildungen mit *avant-* vgl. Schweickard 1992, 143 und Wunderli 1979).

Tab. 31: Gleichzeitigkeit

Präfix	Allomorphe	Produktivität	Beispiele
co-	com-/con-	fachsprachlich produktiv	coïncider, contemporain
syn-	sym-/syl-/sy-	fachsprachlich produktiv	synarchie, synchrone, syllabe

Formen zum Ausdruck der Gleichzeitigkeit gehen auf das lateinische *co-* zurück oder auf das griechische *syn-*. Bildungen mit *co-* beinhalten auch das Merkmal ‚zusammen'. Mit dem Präfix *syn-* gebildete Formen zeigen eine besonders reichhaltige Allomorphie (*sym-* vor <p>, <syl> vor <l>) und können synchron in der Regel nicht segmentiert werden (*synallagmatique, synergie, syllabe*). Bildungen mit *co-* werden bevorzugt mit lateinischen Stämmen verwendet (*coéducation, coïnculpé* ‚Mitbeschuldigter'), während Präfigierungen mit *syn-* eher an griechische Stämme angefügt werden (vgl. Peytard 1975; zu *co-* vgl. Väänänen 1979 sowie Weidenbusch 1993, 194).

Tab. 32: Nachzeitigkeit

Präfix	Allomorphe	Produktivität	Beispiele
après-		wenig produktiv	après-déluge, après-demain
arrière-		produktiv	arrière-printemps, arrière-saison
épi-		fachsprachlich produktiv	épigone, épilogue
méta-		fachsprachlich produktiv	métagmique, métapneumonique
post-	poster-	produktiv	postclassique, postérieur

Die älteste Form der präfigierten Nachzeitigkeit ist *après*, der TLFi datiert als früheste belegte Form *après-demain* auf den Zeitraum 1215–1230. Auch im heutigen Französisch sind Bildungen mit *après-* häufig: *après-ski, après-rasage*. Besonders produktiv sind Formen mit *post-*, der gelehrten Variante von *après-* und *arrière-*, die eine (ideen)geschichtliche Epoche bezeichnen (*postcommunisme, postindustriel, postmarxisme, postmodernisme*). Darüber hinaus gibt es Formen zur Bezeichnung von Lebensabschnitten (*postadolescence*). Es finden sich auch Dubletten mit *après-* und *post-*: *après-gaullisme*, *post-gaullisme*. Häufig gibt es parallele Formen der Vorzeitigkeit mit den Präfixen *pré-* und *ante-* (*préindustriel* ‚vorindustriell' ↔ *postindustriel* ‚nachindustriell'). Bei Bildungen mit *arrière* lassen sich in temporalen Relationen, in solchen zur Bezeichnung einer Epoche oder eines Zeitabschnitts (*arrière-printemps* ‚Nachfrühling', *arrière-saison* ‚Nachsaison') und solche zur Bezeichnung eines zweiten Ernteabschnitts (*arrière-fleur* ‚Nachblüte', *arrière-récolte* ‚Nachernte') unterscheiden. Fachsprachlich verwendet und mit griechischen Stämmen verbunden wird *épi-*: *épipaléolithique* ‚Zeitraum nach dem Paleolithikum', *épiphénomène* ‚Begleiterscheinung' (zu *après-*, *arrière-* und *post-* vgl. Thiele 1993, 59 sowie Weidenbusch 1993, 179-192).

Räumliche Situierung

Tab. 33: räumlich außerhalb

Präfix	Allomorphe	Produktivität	Beispiele
cis-		produktiv	cisalpin, cisatlantique
ec-	ecto-	fachsprachlich produktiv	ectoderme, ectoplasme
ex-	é-	wenig produktiv	expatrier, expier
exo-		fachsprachlich produktiv	exonyme, exophtalmie
exter-		fachsprachlich produktiv	extérioriser, extérieur
extra-		produktiv	extraposition, extravaser
hors-		produktiv	hors-bord, hors-texte
outre-		wenig produktiv	outre-Atlantique, outre-Manche
trans-	tra-, trad-, tran-	wenig produktiv	transalpin, tramontane
tré-		nicht produktiv	tréfonds, trépasser
ultra-	outre-	nicht produktiv	ultramontain, ultra-périphérique

Die größte Formenvielfalt bei der Präfigierung der räumlichen Situierung zeigen Präfixe mit der Bedeutung ‚außerhalb'. Hier lassen sich zahlreiche Formen gelehrten Ursprungs finden, die auf fachsprachliche Kontexte eingeschränkt sind: *extra-* mit der Variante *exter-* (*extraeuropéen* ‚außereuropäisch', *extraterritorialité* ‚Extraterritorialität', *externat* ‚Externat, Tagesstätte', *externaliser* ‚auslagern'), *ecto-* (*ectodermique* ‚ektodermal', *ectoparasitaire*), *exo-* (*exofiction* ‚Tatsachenroman', *exoplanète*). Produktiv sind die Bildungen mit *trans-*, die sich in der Regel mit gelehrten Stämmen verbinden, aber auch bei volkstümlichen Stämmen verwendet werden: *transférer* ‚überführen', *transmettre* ‚übermitteln', *transmissible* ‚übertragbar'. Bildungen mit *tré-* gehen ebenfalls auf das lateinische *trans-* zurück, sind aber häufig nicht mehr durchsichtig und unproduktiv: *trépasser* ‚verscheiden', *tressauter* ‚zusammenzucken'. Ausschließlich volkssprachlich sind die zahlreichen Bildungen mit *hors-*, die allerdings häufig exozentrisch sind: *hors-d'oeuvre* ‚Vorspeise', *hors-jeu* ‚Abseits', *hors-piste* ‚Spurabseits', *hors-texte* ‚Einschaltbild'. Bildungen mit *ultra-* sind äußerst selten und integrale Entlehnungen aus dem Lateinischen, ihnen entspricht die erbwörtliche Form *outre-*: *outrepasser* ‚überschreiten'. Mit der Bedeutung ‚jenseits' finden sich volkstümliche Bildungen mit dem präpositionalen *outre-*, das allerdings kaum Neologismen bildet (*outre-Atlantique, outre-Manche, outre-Méditerranée*). Im heutigen Sprachgebrauch sind dagegen Formen auf *trans-* häufiger, das vor Adjektiven steht (*transatlantique* ‚jenseits des Atlantik', *transrhénan* ‚jenseits des Rheins', *transurbain* ‚jenseits der Stadt gelegen'). Formen mit *cis-* beziehen sich auf geographische Bezeichnungen und sind eher auf feste Bildungen beschränkt (integral aus dem Lateinischen entlehnt sind *cisalpin* ‚jenseits der Alpen' ← lat. *cisalpinus* und *cisrhénan* ‚jenseits des Rheins' ← lat. *cisrhenanus*, nach diesem Muster neu gebildet wurden u.a. *cisgangétique* ‚jenseits des Ganges gelegen', *cisjordanien* ‚jenseits des Jordan gelegen'). Das Präfix *extra-* findet sich bei geographischen Namen (*extra-alpin, extra-européen*), aber auch vor lexikalischen Morphemen (*extra-urbain, extra-universitaire*); vgl. Thiele 1993, 57; Weidenbusch 1993, 202-240).

Tab. 35: dahinter

Präfix	Allomorphe	Produktivität	Beispiele
arrière-		produktiv	arrière-bâtiment, arrière-boutique
post-		produktiv	postposer, post-position

Zur Bezeichnung der räumlichen Beziehung finden sich *arrière-* und *post-* in Konkurrenz, wobei *post-* deutlich seltener vorkommt: *arrière-salle* ‚Nebenraum', *arrière-plan* ‚Hintergrund', *postpalatal* ‚postpalatal (hinter dem Palatum gelegen)', *postposition* ‚Hinausschieben'. Bei Formen mit *arrière-* finden sich antonymisch in der Regel Formen mit *avant-*: *arrière-plan* ‚Hintergrund' vs. *avant-plan* ‚Vorderund', *arrière-train* ‚Hinterteil' vs. *avant-train* ‚Vorderteil' (vgl. Thiele 1993, 59).

Tab. 36: davor

Präfix	Allomorphe	Produktivität	Beispiele
anté-		wenig fachsprachlich produktiv	antébrachial, antéposer
avant-		produktiv	avant-chambre, avant-foyer, avant-poste
pro-		fachsprachlich produktiv	procursif, prologue
pré-		produktiv	préchambre, préfixe

Während Bildungen mit *anté-* vor allem die Vorzeitigkeit bezeichnen (*antédiluvien* ‚vorsintflutlich', *antériorité* ‚zeitliches Vorangehen') und zur räumlichen Situierung sehr selten sind (der TLFi nennt *antébrachial, antéhypophyse* sowie *antéposer* ‚voranstellen' und davon abgeleitet *antéposition* ‚Voranstellung'), wird alltagssprachlich häufig *avant-* verwendet (*avant-roue* ‚Vorderrad', *avant-siège* ‚Vordersitz'). Die Bildungen mit *pro-* in räumlicher Funktion sind fachsprachlich (*procursif, prothorax, proencéphale*). Mit *pré-* präfigierte Formen zur räumlichen Situierung sind selten und finden sich vor geographischen Namen und in Fachsprachen (*préalpin, présaharien, prédorsal, prépalatal*).

Tab. 37: innerhalb

Präfix	Allomorphe	Produktivität	Beispiele
en-		fachsprachlich produktiv	encéphale, entropie
endo-		fachsprachlich produktiv	endocarde, endoscope
entre-		wenig produktiv	entrebâillement, entrecôte
intra-	intro-	fachsprachlich produktiv	intradermique, intra-muscolaire

Als erbwörtliche Form wird *entre-* verwendet, das allerdings im heutigen Französisch nur eine sehr eingeschränkte Produktivität zeigt, insbesondere bei der Bildung von Substantiven: *entresol* ‚Zwischengeschoß', *entre-rail* ‚Spurweite (bei der Eisenbahn)', *entre-pont* ‚Zwischendeck'. Die Präfixe *en-, endo-* und *intra-* finden sich vor allem in medizinischen Fachtexten, *endo-* und *en-* verbinden sich hier vor allem mit griechischen Stämmen (*endogène, endoscope*), können aber auch in Verbindung mit bereits ins Französische integrierten Formen gebraucht werden (*endocannabinoïde, endoosseux*). Das im *RBrio* aufgeführte allomorphe *indi-* in *indigène* ‚einheimisch' ist eine integrale Entlehnung aus dem Lateinischen *indigena* und damit keine französische Wortbildung. *Intra-* erscheint als Antonym zu *extra-*, es finden sich zahlreiche Äquivalenzen (*intraséquentiel/extraséquentiel, intramondain/extramondain*). Es dominieren deadjektivische Bildungen, die häufig selbst Adjektive sind. Im Gegensatz zu antonymen Bildungen auf *extra-*, die in die Alltagssprache eingegangen sind, waren die mit *intra-* gebildeten Formen auf den fachsprachlichen Kontext beschränkt, breiten sich aber vor allem in der Pressesprache im Bereich der Politik aus: *intrarégional, intra-communautaire, intra-étatique*. Vor Formen mit einem auf ein Verb zurückgehenden Stamm erscheint *intra-* in der Form *intro-*: *introspection* ‚Selbstbeobachtung', *introversion* ‚Verschlossenheit' (zu *entre-* und *inter-* vgl. Thiele 1993, 57s. sowie Weidenbusch 1993, 153-156).

Tab. 38: oberhalb

Präfix	Allomorphe	Produktivität	Beispiele
épi-	ép-	fachsprachlich produktiv	épiderme, épigastre, épiphyte
super-	supr-	produktiv	supérieur, superposer, suprême
supra-		produktiv	supraposer, supraterrestre
sus-		produktiv	susdit, susmaxillaire
sur-		produktiv	surélever, sur-vêtement, survoler

Eine eindeutige Unterscheidung von Formen, deren primäre Funktion die lokale Situierung ist, von denen aus dem Bedeutungsspektrum ‚Überlegenheit' ist nicht immer möglich. Das Präfix *épi-* verbindet sich mit griechischen Stämmen und wird vor allem fachsprachlich (vor allem in der Medizin) verwendet: *épicrâne, épicycle, épiderme, épiglottal*. Das Präfix *sus-* findet sich nur in älteren Formen, die im bürokratischen Gebrauch üblich sind: *susmentionné* ‚oben erwähnt', *susnommé* ‚oben aufgeführt', *susvisé* ‚vorgesehen', fachsprachlich sind *sus-hépatique, sus-maxillaire*. Das Präfix *sur-* ist dagegen produktiv: *survoler* ‚überfliegen', *surmonter* ‚sich erheben über', *surhausser* ‚aufstocken'. Im heutigen Französisch gebräuchlich sind jedoch vor allem Formen mit den Präfixen *super-* und *supra-*: *superposition* ‚Überlagerung', *superstructure* ‚Oberbau', *supraterrestre* ‚überirdisch' (zum Ausdruck für ‚oberhalb' vgl. Thiele 1993, 56; zum Präfix *sur-* vgl. Amiot 2004 und 2005b; zu *super-* Blochwitz/Runkewitz 1971, 100).

Tab. 39: unterhalb

Präfix	Allomorphe	Produktivität	Beispiele
hypo-		fachsprachlich produktiv	hypocentre, hypoderme, hypogastre
infra-	infer-	fachsprachlich produktiv	infra-étatique, infrarouge, infrason
sous-	sou-	wenig produktiv	soussigné, sous-titre
sub-	sus-	nicht produktiv	sublingual, submerger, substrat, suspendre

Die gelehrten Formen mit *hypo-, infra-* und *sub-* finden sich nur in einigen wenigen Formen, die Internationalismen oder Latinismen sind: *hypocentre* ‚Zentrum eines Erdbebens', *hypodermique* ‚subkutan', *infrastructure* ‚unterhalb einer Konstruktion', *subdésertique* ‚unterhalb der Wüste', *subéquatorial* ‚unterhalb des Äquators', *submersible* ‚Unterseeboot'. In die Alltagssprache eingegangene Internationalismen wie *hypocondrie* oder *hypocrisie* sind für den nicht fachsprachlich gebildeten Sprachverwender undurchsichtig (werden also in der Regel nicht als eine mit *hypo-* präfigierte

Form verstanden). Die mit dem Präfix *sub-* gebildeten Formen werden häufig von bereits suffigierten Stämmen abgeleitet: *subabdominal* ‚unter dem Abdomen liegend' ← *abdominal*, *submarginal* ‚unter dem Rand liegend' ← *marginal*. Das Präfix ist im heutigen Französisch ausschließlich fachsprachlich produktiv. In der Alltagssprache produktiv ist die Bildung mit *sous*: *sous-continent, sous-bras, sous-cuisse* (vgl. Thiele 1993, 56s.). Bei der Schreibung der mit *infra-* präfigierten Formen empfiehlt die Orthographiereform von 1990 die Zusammenschreibung.

Tab. 40: umliegend

Präfix	Allomorphe	Produktivität	Beispiele
amphi-		nicht produktiv	amphiarthrose, amphithéâtre
circon-	circum-	fachsprachlich produktiv	circoncire, circonspection
péri-		fachsprachlich produktiv	péridural, périscope

Die räumliche Situierung ‚umliegend' wird im Französischen ausschließlich mit gelehrten Präfixen ausgedrückt, die entsprechend in der Regel auf einen fachsprachlichen Gebrauch eingeschränkt sind. Formen mit *circon-* (*circonscrire* ‚umschreiben', *circonvenir* ‚zu jds. Gunsten beeinflussen') sind bereits im Alt- oder Mittelfranzösischen belegt. Die Bildungen mit *amphi-* sind im heutigen Französisch nicht produktiv und liegen nur in Entlehnungen aus dem Griechischen vor (*amphiarthrose, amphithéâtre, amphipode*)[71], *péri-* findet sich in Verbindung mit griechischen Stämmen (*péridural, périmètre*), im *Petit Larousse* 2015 wurde *périurbanisation* ‚städtebauliche Ausdehnung über die Stadtgrenzen hinweg' aufgenommen. In der französischen Alltagssprache wird die umliegende räumliche Relation nicht durch Präfigierung, sondern durch eine Paraphrasierung mit *autour de* ausgedrückt.

---

71 Die meisten Belege für mit *amphi-* präfigierte Formen sind im Sinnne von ‚von beiden Seiten' zu verstehen: *amphidrome*.

Tab. 41: durch

Präfix	Allomorphe	Produktivität	Beispiele
dia-		nicht produktiv	diascope, diapositive
pér-	per-	nicht produktiv	percutané, perfuser
trans-		produktiv	transalpin, transméditerranéen

Die räumliche Relation ‚durch etwas hindurch' wird nur selten mit Präfigierungen ausgedrückt, die Formen sind auf fachsprachlichen Kontext, insbesondere aus dem medizinischen Bereich, eingeschränkt. Die Bildungen sind entweder aus zwei gelehrten Formen zusammengesetzt oder verbinden das gelehrte Präfix mit einem volkssprachlichen Stamm. Bildungen mit *trans-* bezeichnen die Überschreitung einer unmittelbaren Grenze bei geographischen Namen: *transalpin, transpyrénéen, transméditerranéen*. Das Präfix *dia-* wird laut TLFi vor allem verwendet, um Hybridbildungen mit griechischen Stämmen zu vermeiden, dennoch finden sich auch Dubletten mit *dia-* und *trans-* (*diacrânien/transcrânien*). *Per-* tritt in räumlicher Bedeutung nur in aus dem Lateinischen entlehnten Formen auf: *perlingual* ‚perlingual' ← lat. *perlingual*, *perambuler* ‚reisen, herumlaufen' ← lat. *perambulare*, *perméable* ‚durchlässig' ← lat. *permeabilis*. In der Alltagssprache wird ‚durch hindurch' in der Regel mit *à travers de* paraphrasiert.

Intensität

Tab. 42: Verstärkung und Intensivierung

Präfix	Allomorphe	Produktivität	Beispiele
archi-	arch-	produktiv	archiconnu, archiduc, archifaux
extra-	extr-	produktiv	extrafort, extralucide, extraordinaire
giga-		produktiv	gigamarché, gigaoctet, gigawatt
hyper-		produktiv	hyperactif, hyper-sympa, hypertendu
maxi-		produktiv	maxibouteille, maxiécran, maxi-réfrigérateur
méga-	még-, mégalo-	produktiv	mégacycle, mégahertz, mégaphone
per-		fachsprachlich produktiv	peracide, perfigération, perscruter
super-		produktiv	superalliage, superproduction
supra-		produktiv	supra-humain, suprasensible
sur-		produktiv	surchauffer, surchoix, sur-ouvrier
ultra-		produktiv	ultraconformiste, ultranerveux, ultrason

Besonders ausgeprägt ist der Formenreichtum bei der Präfigierung zum Ausdruck einer Intensivierung. Im Französischen ersetzen die präfigierten Formen die im Lateinischen und anderen romanischen Sprachen üblichen postdeterminierenden Formen der Suffigierung (z.B. mit *-issimus*). Den höchsten Grad bezeichnen die Bildungen mit *archi-*, vor allem in der kirchlichen Hierarchie: *archidiacre* ‚Erzdiakon', *archiprêtre* ‚Erzpriester'. Hierbei handelt es sich häufig um Internationalismen. Mit *archi-* werden allerdings auch einige umgangssprachliche bzw. jugendsprachliche Formen präfigiert, vorwiegend bei Adjektiven (*archi-connu* ‚besonders bekannt', *archi-faux* ‚besonders falsch'). Produktiv ist *hyper-*, häufig in Konkurrenz zu *méga-* und *super-*, die bisweilen eine Gradierung bilden können (*supermarché, hypermarché, mégamarché, gigamarché*), wobei der Stellenwert der jeweiligen Steigerung nicht immer klar ist. Das Präfix *super-* steht vor Adjektiven und Substantiven und ersetzt unter englischem Einfluss zunehmend *sur-* zur Steigerung: ältere Formen zeigen *sur-* (*surhaussement* ‚Überhöhung', *surproduction* ‚Überproduktion', *surabondance* ‚Überfluss', im *Petit Larousse* 2015 wurde jedoch neu aufgenommen *surinterpréter* ‚überbewerten'), während in neueren Bildungen eher *super-* verwendet wird (*superproduction* ‚Blockbuster', *superchampion*)[72]. Geläufig ist noch *surhomme* ‚Übermensch', das noch nicht vollständig von *superhomme* ersetzt wurde. Die Variante *supra-* wird vor allem in der Fachsprache verwendet (*supraconducteur* ‚Supraleiter' oder *supraségmental* ‚suprasegmental') oder hat eine stilistische Konnotation (*supralégitimité, supraloyal*). Das Präfix *maxi-* war vor allem in der Mode und der Werbung zum Ende des 20. Jahrhunderts produktiv, vermutlich aufgrund der Möglichkeit der Bildung von Antonymen zu Formen mit *mini-*, Neubildungen liegen aber im heutigen Französisch kaum vor. Das Präfix *hyper-*, das ursprünglich fast ausschließlich im gelehrten und fachsprachlichen Kontext gebraucht wurde, findet zunehmend Verbreitung auch in der Alltags- und Pressesprache (*hyperacidité, hypertension, hyperconsumérisme, hypermédiatisation*)[73]. *Per-* findet sich fachsprachlich in der Chemie: *perhydrol, persulfate*. Verbindungen mehrerer intensivierender Präfixe können auch stilistisch markiert bzw. ironisch verwendet werden: *super-ultra-méga-marché*. Die ursprüngliche Bedeutung, die auf eine bestimmte Steigerung festgelegt ist, geht hierbei bisweilen verloren. So bedeutete *giga* zunächst eine Multiplikation mit 10^9, wird

---

[72] Das Präfix *sur-* hat sich selbst aus *super-* entwickelt, so wurde im 18. Jahrhundert der Latinismus *superabondant* durch *surabondant* ersetzt (TLFi). Eine vergleichbare Tendenz lässt sich auch bei der Ablösung der Form *extra* durch *super* als attributives postdeterminierendes Adjektiv, vor allem in der Jugendsprache, feststellen: *une soirée extra* vs. *une soirée super*.

[73] Denis Slatka verweist in seiner Sprachchronik *La vie du langage* auf den Gebrauch von *hyper-* bereits bei den Referenzautoren: „Pourquoi faut-il donc que les „grammairiens" aiment le français comme Arnolphe aime Agnès, en barbons tyranniques, gémissants et ridicules? Toujours est-il que blondins et galants se mettent à railler: apparaissent hyperdiabolique chez Gautier, hypercritique chez Hugo, hypersublime chez Baudelaire; puis hypersensibilité et hypernerveux chez Proust et chez Morand." (Le Monde 8.3.1991, 21).

aber mittlerweile undifferenziert für jede große Menge verwendet. Äußerst produktiv ist die Wortbildung mit dem Präfix *ultra-*, die alltagssprachlich, aber vor allem im Bereich der Politik (*ultraconservateur*, *ultra-droite*) und in den Fachsprachen verwendet wird (*ultra-périphérique*, *ultra-technologique*). Thiele (1993, 64) verweist auf eine besondere Produktivität im Bereich der Politik (*ultradémocrate*, *ultrafasciste*, *ultrarévolutionnaire*). Bei Formen mit *ultra-* empfiehlt die Orthographiereform von 1993 die Zusammenschreibung (zur Steigerung bzw. Intensität vgl. Hummel 2015; Kleiber 2007; Noailly 1999, 37; Rainer 2015; Thiele 1993, 63 s.; Widdig 1982, 173; zu *ultra-* vgl. Blochwitz/Runkewitz 1971, 106s.).

Tab. 43: Unzulänglichkeit

Präfix	Allomorphe	Produktivität	Beispiele
hypo-	hyp-	fachsprachlich produktiv	hypochloreux, hypogastre, hypotension
infra-		fachsprachlich produktiv	infracellulaire, infraconscient, infralittéraire
sous-		produktiv	sousdoué, sousrefroidissement, sous-activité
sub-		wenig produktiv	subhumain, subsidiaire, subtotal

Bildungen mit *hypo-* und *infra-* finden sich vor allem in der medizinischen Fachsprache: *hypothermie* f. ‚Unterkühlung', *hypotension* f. ‚niedriger Blutdruck'. Alltagssprachlich ist *hypo-khâgne* f. ‚Klasse vor der *khâgne* (Vorbereitungsklasse zur *École normale supérieure*)'. *Infra-* ist ebenfalls fachsprachlich: *infraétatique* ‚substaatlich', *infra-atmosphérique* ‚subatmosphärisch'. Bildungen mit *sub-* sind deverbal und bezeichnen den Stellenwert in einem Abhängigkeitsverhältnis: *subalterne* adj. ‚untergeordnet', *subordonner* v.tr. ‚unterordnen'. Produktiv ist im heutigen Französisch vor allem das Präfix *sous-*: *sous-alimentation* ‚Unterernährung', *sous-développement* ‚Unterentwicklung', *sous-équipé* ‚unzureichend ausgerüstet', *sous-estimer* ‚unterschätzen', *sous-homme* ‚Untermensch', *sous-payer* ‚nicht ausreichend bezahlen'. Auffällig ist hier, dass das häufig präverbal verwendete Präfix (*sous-estimer* ‚unterschätzen', *sous-payer*) sich ebenfalls mit deverbalen Ableitungen anderer Wortarten verbindet, wobei bisweilen das gesamte Paradigma vorliegt, häufig aber auch defektiv ist (*sous-estimer* v.tr. ‚unterschätzen'/*sous-estimé* adj. ‚unterschätzt', *sous-estimation* f. ‚Unterschätzung'; *sous-équiper* v.tr. ‚unzureichend ausstatten', *sous-équipé* adj. ‚unzureichend ausgestattet', *sous-équipement* m. ‚unzureichende Ausstattung' aber *sous-payer* v.tr. ‚unzureichend bezahlen', *sous-payé* adj. ‚unzureichend bezahlt', aber nicht **sous-payment*). Ältere Formen werden ohne Bindestrich geschrieben und ihnen fehlt bisweilen das <s>: *soubassement* ‚Sockel', *soucoupe* ‚Untertasse'. Bildungen mit *sub-* bezeichnen einen leicht geringeren Grad: *subfébrile* ‚leicht fiebrig', *sublétal* ‚an die tödliche Dosis heranreichend'.

Tab. 44: Gleichrangigkeit

Präfix	Allomorphe	Produktivität	Beispiele
pro-		wenig produktiv	proconsul, proportion
vice-		produktiv	vice-ministre, vice-président

Gleichrangigkeit wird selten mit Mitteln der Wortbildung ausgedrückt und ist auf wenige lexikalisierte Formen beschränkt. Bildungen mit *pro-* sind häufig Entlehnungen bzw. Latinismen: *proconsul* ← lat. *proconsul*, *proportion* ← lat. *proportio*. Zu dem vor allem im Bereich der militärischen oder administrativen Hierarchie produktiven Präfix *vice-* finden sich zahlreiche Formen mit *vice* wie *vice-amiral, vice-chairman, vice-champion, vice-légat, vice-ministre, vice-Premier ministre, vice-recteur, vice-reine,* auch verkürzt zu *vic-* in *vicomte*. Von den Amtsträgern ausgehend können auch die entsprechenden Abstrakta benannt werden: *vice-consulat, vice-présidence*.

Tab. 45: Höherrangigkeit, Überlegenheit

Präfix	Allomorphe	Produktivität	Beispiele
super-		produktiv	superchampion, superdélégué
sur-		wenig produktiv	surarbitre, surintendant

Im Bereich der Hierarchie findet sich ausschließlich die Präfigierung mit *super-* und *sur-*, wobei bei *sur-* die Formen des Ausdrucks einer Hierarchie im Gegensatz zu den anderen Bedeutungen selten sind (*surhomme* ‚Übermensch', *surintendant* ‚Oberintendant'). Bildungen mit *super-* zur Bezeichnung von Hierarchien finden sich vor allem bei okkasionellen oder stilistisch markierten Bildungen aufgrund der Durchsichtigkeit der Wortbildung (*superhéros, superchampion, superpréfet*). Es finden sich sowohl Schreibungen mit als auch ohne Bindestrich (*superpréfet* vs. *super-préfet*).

Tab. 46: halb

Präfix	Allomorphe	Produktivität	Beispiele
demi-		wenig produktiv	demi-barrière, demi- écrémé, demi-nu
hémi-		fachsprachlich produktiv	hémicycle, hémi-synthèse
mi-		produktiv	mi-chemin, mi-clos, mi-avril
semi-		produktiv	semi-lunaire, semi-périodique

Produktiv ist insbesondere das Präfix *demi-*: *demi-coquille* ‚Halbschale', *demi-portion* ‚halbe Portion', *demi-reliure* ‚Halbledereinband'. Formen mit *hémi-* sind ausschließlich fachsprachlich, in der Regel zum Bereich der Medizin gehörig: *hémiparésie* ‚Hemiparese', *hémiplégie* ‚Hemiplegie, halbseitige Lähmung'. Es finden sich sowohl Formen, bei denen das Präfix durch Bindestrich abgetrennt wird, als auch zusammengeschriebene Formen, bisweilen in Konkurrenz zueinander (*hémi-circonférence*, bei Google [14.1.2015] 14.400 Belege vs. *hémicirconférence* mit 518 Belegen). Die Formen auf *mi-* können als Varianten der Formen auf *demi-* durch Aphärese angesehen werden und treten auch als Paare auf: *demi-journée* vs. *mi-journée* ‚halbtags...', *demi-saison* vs. *mi-saison* ‚Halbsaison', *demi-chemin* vs. *mi-chemin* ‚auf halbem Wege'. Neben Substantiven werden mit *mi-* auch Adjektive präfigiert (*mi-clos, mi-long*), auch in sprichwörtlichen Wendung wie *mi riant, mi pleurant* ‚halb lachend, halb weinend'. Bei mit *mi-* präfigierten Formen ist die Schreibung mit Bindestrich obligatorisch. Vorwiegend in gelehrten Formen tritt *semi-* auf: *semi-circulaire, semi-périodique*, eine Abgrenzung zur Bedeutung ‚fast, beinahe' ist nicht immer möglich. Es finden sich aber auch Neubildungen: *semi-annuel, semi-liberté, semi-marathon, semi-piétonnier, semi-professionnel, semi-rigide*. Thiele (1993, 65) sieht bei diesen Bildungen die Wortart Adjektiv als primär an, die entsprechenden Substantive sind durch Konversion entstanden (vgl. Thiele 1993, 65s.).

Tab. 47: fast, beinahe

Präfix	Allomorphe	Produktivität	Beispiele
pén-	péné-	wenig produktiv	pénéplaine, péninsule, pénombre
presque-		wenig roduktiv	presqu'île, presque totalité
quasi-		produktiv	quasi-certitude, quasi-unanimité

Die Formen *pén-* und *presque-* finden sich lexikalisiert ausschließlich zur Bezeichnung einer Halbinsel mit den synonymen Formen *péninsule* ← lat. *pæninsula* und *presqu'île*. Am Übergang zur Lexikalisierung ist *presqu'unanimité* ‚nahezu Einstimmigkeit' und *presque-né* (parallel zum häufigeren *nouveau-né* ‚neugeborenes Kind', weiterhin finden sich *presqu'adulte* und *presqu'exclusif*. Einzig produktiv ist *quasi-*, das neben zahlreichen okkasionellen alltagssprachlichen Formen (*quasi-exclusif, quasi-identité, quasi-totalité*) einige lexikalisierte Bildungen vor allem im administrativen Bereich hervorbringt: *quasi-délit* ‚unerlaubte Handlung', *quasi monnaie* ‚Quasigeld', *quasi-monopole* ‚Quasi-Monopol', *quasi-usufruit* ‚Nießbrauch'.

Tab. 48: ganz, vollkommen

Präfix	Allomorphe	Produktivität	Beispiele
plein-		produktiv	plein-emploi, plein-régime, plein temps
tout-		wenig produktiv	tout-fou, tout-petit, tout-puissant

Während Formen mit *plein-* selten vorkommen, ist *tout-* produktiv. Thiele (1993, 66) verweist darauf, dass die Substantive bei mit *tout-* präfigierten Formen in der Regel durch Konversion aus Adjektiven entstanden sind: *fou → un fou → un tout-fou, puissant → un puissant → un tout-puissant*. Lexikalisiert ist *tout-Paris* ‚gehobene Gesellschaft aus Paris'. Ohne Bindestrich werden *plein temps* ‚Vollzeit' und *plein air* ‚im Freien' geschrieben.

Gegnerschaft und Sympathie

Tab. 49: Gegnerschaft

Präfix	Allomorphe	Produktivität	Beispiele
anti-	ant-, anté-	produktiv	anticommuniste, antinapoléonien
contre-		produktiv	contre-expertise, contreproductif
contra-		wenig produktiv	contra-productif, contravention
para-		wenig fachsprachlich produktiv	para-académique, parasol

Im heutigen Französisch produktiv sind die Bildungen mit *anti-* und *contre-*, wobei *anti-* eine eher neutrale Opposition bzw. ablehnende Haltung ausdrückt, während *contre-* eine grundsätzliche Gegnerschaft beinhaltet (*anti-gouvernement* vs. *contre-gouvernement*, *anti-religion* vs. *contre-religion*, *anti-révolutionnaire* vs. *contre-révolutionnaire*). Einziger Beleg für die allomorphe Form *anté-* ist *antéchrist* ‚Antichrist'. Bildungen mit *contra-* und *para-* sind nicht mehr produktiv und auf wenige ältere Belege eingeschränkt, finden sich aber bisweilen in ironischem Kontext oder als Stilmittel. Belege für Präfigierungen mit *contra-* und *contre-* treten auch im Wechsel auf, so liegt zu *contreproductif* ‚kontraproduktiv' auch die (weitaus seltenere) Variante *contraproductif* (auch *contra-productif*) vor. Nach der Empfehlung der *Académie française* sollen Bildungen mit *contre-* ohne Bindestrich geschrieben werden (zum Ausdruck der Gegnerschaft vgl. Schweickard 1992, 137-140 sowie 144s.; zu *contre-* und *anti-* vgl. Weidenbusch 1993, 161-178).

Tab. 50: Sympathie

Präfix	Allomorphe	Produktivität	Beispiele
pro-		stark produktiv	proaméricain, procommuniste

Als einzige Möglichkeit, im Französischen Sympathie mittels Präfigierung auszudrücken, liegt *pro-* vor, das allerdings im heutigen Französisch sehr produktiv ist. Die Bildungen finden sich häufig gepaart mit *anti-* bei Ethnika, Eigennamen oder Bezeichnungen für Ideologien: *procommuniste* vs. *anticommuniste*, *proaméricain* vs. *antiaméricain*, *proeuropéen* vs. *antieuropéen*, *pro-Sarkozy* vs. *anti-Sarkozy*, wobei Schreibungen mit und ohne Bindestrich vorliegen.

Wiederholung

Wiederholung wird durch das Präfix *re-* ausgedrückt. Es existieren häufig parallele Formen mit komplementärer Bedeutung und dem Präfix *dé-*: *déboiser* ‚abholzen' vs. *reboiser* ‚aufforsten'. Vor Konsonant erscheint die Vollform, vor Vokal wird das Präfix zu *r-* verkürzt oder zu *ré-* [re] verändert: *ravoir*, *réinsérer* ‚wieder eingliedern'. Thiele (1993, 66) verweist darauf, dass mit *re-* präfigierte Formen neben den bereits lexikalisierten Formen (*renaissance* ‚Wiederaufleben, Wiedergeburt', *renouveau* ‚Lenz') zunehmend auch bei Substantiven auftreten, diese Bildungen aber vornehmlich der *langue parlée courante* zuzurechnen sind (*rebonjour*). Es besteht die Tendenz, mit *re-* präfigierte Formen auch dann zu verwenden, wenn die Handlung keine Wiederholung anzeigt, so bei *rentrer* für *entrer*[74] (zur Präfigierung mit *re-* vgl. Jalenques 2002, Librová 2010, Mascherin 2009, Meinicke 1904, Werp 1979).

---

74 «On ne peut constater avec consternation la disparation presque complète des verbes entrer, ajouter et rouvrir trop souvent remplacés par „rentrer", „rajouter" et „réouvrir", lequel, contrairement au nom récouverture, n'existe pas. Persuadés que „rentrer" signifie tout simplement entrer, de plus en plus nombreux sont ceux qui emploient le verbe „rerentrer", barbarisme conquérant utilisé pour la première fois à la télévision par Martine Aubry le 23 janvier 1994 dans le sens du véritable verbe rentrer. Certes, dans des verbes comme redire, revoir et refaire, le préfixe itératif est clairement indique par la syllabe „re". Mais il se réduit à la seule lettre initiale dans rentrer, rajouter et rouvrir, ce qui peut expliquer que la caractère répétitif échappe au plus grand nombre.» (Jacques Capelovici in Le Fiagro 12.12.2002, S. 23). Die *Académie française* stellt hierzu fest: «Dans la langue courante, il arrive que rentrer se substitue à entrer. Il convient cependant de ne pas employer l'un pour l'autre» (Défense de la langue française 260 (2016), 19).

2.3 Komposition

Komposita sind Verbindungen zweier lexikalischer Morpheme. Bisweilen ist es problematisch, eine Folge von zwei lexikalischen Morphemen als Kompositum zu klassifizieren. In folgendem Text können die markierten Formen als lexikalisiert angesehen werden:

L'ambassadrice d'Allemagne : « Notre langue risque d'être une **victime collatérale**»

Pech, Marie-Estelle

SUSANNE WASUM-RAINER, ambassadrice d'Allemagne en France, a rencontré lundi soir la ministre de l'Éducation pour lui **faire part** de ses inquiétudes concernant la réforme du collège.
LE FIGARO.- Pourquoi avez-vous demandé à rencontrer Najat Vallaud-Belkacem ?
SUSANNE WASUM-RAINER.- J'ai demandé ce rendez-vous car nous craignons de voir le nombre d'élèves apprenant l'allemand reculer fortement avec la suppression des **classes bilingues** et des sections européennes. Le milieu **franco-allemand** s'inquiète, à commencer par Joachim Umlauf, le directeur des Instituts Goethe en France. Il craint que l'allemand ne soit relégué au même rang que la **culture des orchidées**! Les députés du groupe d'amitié France-Allemagne de l'Assemblée nationale sont montés au créneau car l'allemand risque d'être une petite **victime collatérale** de cette réforme. Depuis le **traité de l'Élysée** en 1963, nos deux pays se sont engagés à soutenir la langue de l'autre, estimant que son apprentissage était crucial pour consolider notre rapprochement. Ce projet risque d'affaiblir la dynamique de nos accords et **projets bilatéraux**. Comment parler de coopération ou d'amitié franco-allemande si nous ne parlons plus la langue du partenaire? Nous craignons d'importantes répercussions négatives, tant en termes d'intérêt des élèves en France pour le diplôme de langue allemande et l'AbiBac que vis-à-vis des jumelages, de l'Université **franco-allemande**, des **échanges scolaires** ou des programmes de l'Office franco-allemand pour la jeunesse. C'est aussi une question économique. Nous avons besoin de jeunes parlant allemand. Notre pays connaît une baisse démographique importante, nous avons des emplois à proposer. J'ai longuement discuté avec la ministre. Elle a tout de suite accepté de me rencontrer. J'ai pu faire part de mes craintes mais elle ne partage pas du tout notre souci et notre analyse. Nos avis divergent. J'espère ne pas avoir raison.
[...]
Nous restons prudents. Tout le monde est embarrassé en Allemagne car cette réforme est une affaire intérieure française et la France est un État souverain. Mais nous espérons évidemment que la réforme sera amendée. Je vais recevoir cette semaine les **professeurs d'allemand**, qui sont très alarmistes. (Le Fiagro, 23.4.2015, 11)

In dem Beispieltext finden sich einige feste Verbindungen zweier Lexeme, die in einer bestimmten Beziehung zueinander stehen. Die Abgrenzung zu einer freien syntaktischen Fügung ist hier nicht immer einfach: soll man beispielsweise *victime collatérale* ‚Nebenopfer' als ein freies attributiv modifiziertes Substantiv definieren oder liegt hier bereits eine Form der Lexikalisierung vor, da man für das Konzept nicht einen anderen Ausdruck, etwa **victime accidentelle* verwenden kann? Die Form *culture des orchidées* ‚Orchideeenfach' bezieht sich nicht auf die Orchidee und lässt sich in diesem Kontext nicht aus den einzelnen Bestandteilen erklären, ebenso wenig wie sich die Bedeutung von *faire part* ‚teilhaben lassen' nicht aus ‚machen' und ‚Teil' ergibt. Der *traité de l'Elysée* bezeichnet einen bestimmten Vertrag, hat also eine feste Referenz. Die Form *franco-allemand* wiederum lässt sich als Kombination aus *français* und *allemand* verstehen, zeigt aber eine formale Veränderung von *français* zu *franco*.

Bei den Beispielen aus dem Text handelt es sich aus morphologischer Sicht um die Kombination lexikalischer Morpheme, bisweilen unter Einfügung eines grammatischen Verbindungsmorphems. Nominale Komposita als Verbindungen von Nomen und Adjektiven sind *classes bilingues, victime collatérale, échanges scolaires, culture des orchidées* und *professeurs d'allemand*. Ein aus zwei Adjektiven zusammengesetztes Adjektiv liegt vor bei *franco-allemand*, ein aus einem Verb und einem Nomen zusammengesetztes Verb ist *faire part* (zur Komposition vgl. Barabaud 1997, 2009a und 2009b, Corbin 1992, Giurescu 1975, Kampers-Manhe 1993, Marzo 2015, Villoing 2012 sowie Zwanenburg 1992).

Obwohl die Komposition im Französischen nicht den gleichen Stellenwert hat wie beispielsweise in den germanischen Sprachen, ist sie doch die produktivste Form der Wortbildung des heutigen Französisch. Während im 19. Jahrhundert noch suffigierte Formen die Liste der Neologismen dominierten, finden sich – vor allem unter dem Einfluss der Wortbildung nichtromanischer Sprachen – seither immer häufiger Komposita. Diese Entwicklung wird gefördert durch die Transparenz der so entstandenen Formen: es ist in der Regel auch ohne Kenntnis der Semantik der Neologismen ohne Weiteres möglich, ein Kompositum zu analysieren und die Bedeutung zu verstehen. So gebildete Formen entsprechen dem freien Gebrauch, bei dem keine spezifischen Kenntnisse vorausgesetzt werden (vgl. Handwerker 1982, 41 sowie Pöll 2007, 37). Ebenso können auf der Basis einfacher Muster immer wieder neue Formen gebildet werden.

Komposita können nach verschiedenen Kriterien klassifiziert werden. Zunächst lassen sich volkstümliche und gelehrte Bildungen unterscheiden. Bei gelehrten Bildungen ist mindestens ein Element des Neologismus griechischen oder lateinischen Ursprungs. Wird eine gelehrte Form mit einer volkstümlichen Form kombiniert, spricht man von einer Hybridbildung. Dies kann auch bei einer Kombination verschiedener gelehrter Sprachen wie dem Lateinischen und dem Griechischen vorkommen (lat. *claustro* + gr. *phobie* → *claustrophobie*, lat. *ludo* + gr. *thèque* → *ludothèque*). Eine Klassifizierung der Bildungen mit gelehrten Morphemen als Komposita ist problematisch, da die entlehnten Formen in der Regel nicht als freie lexikalische Morpheme im Französischen verwendet werden und auf eine bestimmte Funktion beschränkt sind. Sie werden daher hier in Kapitel 2.3.5 gesondert als Affixoide behandelt.

Eine Schwierigkeit besteht in der Abgrenzung einer Komposition zu einer freien syntaktischen Fügung. Im Korpus *Europresse* finden sich in einem Zeitraum von einer Woche folgende Verbindungen der Form Nomen + Präposition + Infinitiv mit dem Substantiv *machine*: *machine à battre, machine à copier, machine à coudre, machine à écrire, machine à laver, machine à plastifier, machine à remonter le temps, machine à souder, machine à tricoter, machine à tuer, machine à vendanger*. Jede dieser Formen ist eine „unité de comportement syntaxique", kann also nach Pottier als Lexie klassifiziert werden. Ihre Bedeutung ergibt sich aus den einzelnen Bestandteilen, es ist also möglich, sie zu verstehen, ohne diese syntagmatische Einheit schon einmal gesehen zu haben. Im Gegensatz zu Kollokationen, die ebenfalls aus mehreren Lexemen bestehen, zeichnen sie sich durch ihre feste syntaktische Struktur aus[75]. Einige werden häufig verwendet und sind in den Wörterbüchern kodifiziert, andere erscheinen dagegen okkasionell und sind auf einen bestimmten Verwendungskontext oder eine Tagesaktualität beschränkt. Im *Petit Robert* sind von den oben genannten mit *machine* gebildeten Komposita vermutlich aufgrund der Häufigkeit ausschließlich *machine à coudre* und *machine à écrire* aufgenommen.

Notwendig für die Klassifizierung als Kompositum sind die bereits in der Definition der Kategorie ‚Wort' aufgeführten Kriterien, also vor allem die Kohäsion der einzelnen Lexeme. Wenn man grundsätzlich für Komposita eine determinative Struktur annimmt, sind exozentrische oder auf eine Verbalphrase zurückzuführende Bildungen (wie z.B. *portefeuille* ‚Brieftasche') ausgeschlossen. Es besteht jedoch eine Tendenz, nur noch solche Bildungen als Komposita zu bezeichnen, deren Semantik sich nicht aus der Verbindung der einzelnen Bestandteile ergibt (vgl. Rainer 1993, 291). Damit wäre *machine à écrire* ausgeschlossen, während *pomme de terre* zu den Komposita gezählt werden kann (da es sich eben nicht um einen ‚Apfel auf dem Boden' handelt und somit kein Kopf oder Determinatum festzustellen ist). Dennoch ergibt sich auch hier ein Graubereich, da das Verständnis vieler Bildungen vom sprachlichen (auch sprachhistorischen) Wissen der Verwender abhängt. Wichtig für die Klassifikation als Kompositum ist der Bezug auf ein bestimmtes Objekt, also die Möglichkeit, auf eine außersprachliche Wirklichkeit zu referieren.

2.3.1 Kopulativkomposita

Kopulativkomposita (auch Koordinativkomposita, parataktische Komposita oder Dvandva-Komposita genannt) haben semantisch gleichberechtigte Einzelglieder. Mit der Zusammensetzung wird etwas Neues bezeichnet, dessen Semem (= Gesamtbedeutung) sich aus den Semen der beiden Bestandteile zusammensetzt: *point-virgule* (*point*

---

[75] Tullio De Mauro hat eine Kategorie zwischen der Kollokation und der Komposition eingeführt, die er *parole polirematiche* nennt. Hierzu werden Mehrwortverbindungen wie *acqua e sapone, portare avanti, dare una mano, a fior di pelle* sowie *a furia di* gezählt. Es handelt sich hierbei um durchsichtige Bildungen, deren Bedeutung sich aus den einzelnen Bestandteilen ergibt und die syntaktisch unveränderbar sind (vgl. hierzu Masini 2009). Diese Abgrenzung hat sich in der Folge in der italienischen Sprachwissenschaft durchgesetzt, wird allerdings für das Französische kaum verwendet.

und *virgule*), *café-restaurant* (*café* und *restaurant*), *hôtel-restaurant* (*hôtel* und *restaurant*), *moissonneuse-batteuse* ‚Mähdrescher' (*moissonneuse* und *batteuse*)[76]. Einige Formen sind nicht mehr durchsichtig: *commissaire-priseur* ‚Auktionator'[77]. Die Reihenfolge der einzelnen Bestandteile ist eigentlich beliebig, aber in der Regel konventionalisiert. Neben *bracelet-montre* ‚Armbanduhr' existiert auch *montre-bracelet*, *librairie-papeterie* ‚Buchhandlung und Schreibwarengeschäft' lässt sich auch in der Form *papeterie-librairie* belegen (vgl. Bollée 1995/96, 69). Eine Bildung wie **virgule-point* ist jedoch nicht lexikalisiert und auch nicht belegbar[78]. Die eigentlich zu erwartende Kopula *et* (*montre et bracelet*, *papeterie et librairie*) wird in solchen Bildungen in der Regel durch einen Bindestrich ersetzt. Das Genus der Kopulativkomposita hängt vom ersten Bestandteil ab: *le bracelet-montre*, *le point-virgule*. Bei gelehrten Kopulativkomposita endet das erste Morphem auf *-o*: *morphophonologie* ← *morphologie* + *phonologie*. Diese Bildungen sind nach der Empfehlung der Orthographiereform von 1990 ohne Bindestrich zu schreiben (zu Kopulativkomposita vgl. Neuss 1981).

2.3.2 Exozentrische Komposita

Determinativkomposita sind endozentrische Bildungen. Bei *classe bilingue* aus dem Beispieltext wird das Hyperonym *classe* durch das attributive Adjektiv *bilingue* determiniert, das wortartbestimmende Substantiv *classe* wird hierbei als Kopf der Bildung bezeichnet.

Bei exozentrischen Komposita ergibt sich die Bedeutung des Kompositums dagegen nicht aus der Semantik der einzelnen Morpheme, der Referent liegt vielmehr außerhalb der Bedeutung der einzelnen Bestandteile. So wird in *porte-plume* ‚Federhalter' die eigentliche Bezugsgröße (etwa *stylo*) im Kompositum nicht erwähnt sondern steht außerhalb des Gesamtausdrucks. Ebenso ist *amiral blanc* kein weißer Admiral und *lutin brun* kein brauner Zwerg, es handelt sich hier vielmehr um Namen für Schmetterlinge.

Eine besondere Form der exozentrischen Komposition sind die sogenannten Possessivkomposita (auch Bahuvrihikomposita genannt), bei denen eine charakteristi-

---

[76] In der Literatur – z.B. bei Naumann (2000, 46) – wird der Terminus exozentrisch in einer etwas anderen Bedeutung verwendet: hier handelt es sich um die Charakterisierung einer Bildung als Kopulativkompositum, in dem ein additives Verhältnis zwischen den einzelnen Bestandteilen besteht. Gemeinsam ist den Definitionen das Fehlen eines als Hyperonym angesehenen Kopfes.

[77] Das Nomen *priseur* ist hier Ableitung zum Verb *priser* 'bewerten, einen Preis festlegen' und nicht mehr gebräuchlich.

[78] Eine Stichprobe bei Europresse [29.7.2016] ergab für *montre-bracelet* 1843 Belege, für *bracelet-montre* 563, *librairie-papeterie* ist 3801mal belegt, *papeterie-librairie* dagegen nur 442mal. Es scheint sich also eine Form durchzusetzen, die Lexikalisierung ist allerdings nicht vollständig abgeschlossen.

sche Eigenschaft des Bezeichneten die Benennung motiviert: *rouge-gorge* ‚Rotkehlchen' bezeichnet keine rote Kehle, sondern einen Vogel, hier ändert sich zusätzlich zur Semantik auch die Wortart. Die Bezeichnung ist durch ein besonderes Merkmal des Vogels, eben die charakteristische rote Kehle, motiviert.

Man kann exozentrische Komposita sprachhistorisch auch als in ihrer Struktur angelegte Determinativkomposita ansehen, die durch einen metonymischen Prozess zu einem exozentrischen Kompositum wurden. So bezeichnet *rouge-gorge* zunächst tatsächlich eine rote Kehle und wird dann auf das Tier übertragen (in einer der Bildung zugrundeliegenden Phrase *un oiseau qui a une gorge rouge*). Possessivkomposita finden sich bei nominalen Komposita in Verbindung mit einem attributiven Element vor allem zur Bezeichnung von Lebewesen oder Gegenständen. Ihre Zahl ist recht eingeschränkt, weitere Beispiele sind *pied-noir* ‚Algerienfranzose', *mille-pieds* ‚Tausendfüßler', *blouson noir* ‚Rocker'. Bei zahlreichen Bildungen handelt es sich um Internationalismen: *peau-rouge* ‚Indianer' (vgl. dt. *Rothaut*), *casque-bleu* ‚Soldat der UNO' (vgl. dt. *Blauhelm*). Im Französischen richtet sich das Genus dieser Bildungen bisweilen auch nach dem hier eigentlich nicht vorhandenen Determinatum: *un poids lourd* = *un [camion à] poids lourd* (zur Problematik der Exozentrika allgemein vgl. Pollak 1912, im Französischen Wandruszka 1976, 104–106).

André Martinet (1970, 132) hat eine weitergehende Auffassung vom exozentrischen Kompositum. Er unterscheidet endozentrische und exozentrische Bildungen folgendermaßen:

> On peut [...] parler de composition et de dérivation endocentriques, ce qui rappelle que l'action mutuelle des éléments en présence n'affecte pas les rapports de l'ensemble avec ce qui est extérieur à cet ensemble: remplacer le segment *maison* par le segment *maisonnette* aboutit à changer le segment en lui-même, mais non dans ses rapports avec ce qui est hors du segment. Pour les syntagmes du type *vide-poche*, *lavage*, on parlera de composition et de dérivation exocentriques: le rapprochement des deux éléments aboutit à créer de nouveaux rapports avec ce qui est extérieur au composé ou au dérivé.

Martinet zählt also alle Formen des semantischen Ausgriffs nach Gauger zu den exozentrischen Bildungen und dehnt den Begriff auch auf die Derivation aus (vgl. hierzu Kapitel 1.6.5). Diese Auffassung hat sich aber in den gängigen Definitionen nicht durchgesetzt.

Eine Sonderform der exozentrischen Komposita sind die sogenannten Kompositummetaphern, bei denen ein Bestandteil metaphorisch aufzufassen ist. So ist bei *marché aux puces* ‚Flohmarkt' das Determinatum in seiner lexikalisierten Bedeutung verwendet, *puces* erscheint jedoch metaphorisch. Reihenbildend metaphorisch sind Substantive wie *clé* (*homme-clé* ‚Schlüsselperson', *personnage-clé* ‚Schlüsselfigur'), *pilote* (*entreprise-pilote* ‚Pilotunternehmen', *usine-pilote* ‚Pilotanlage', *ferme-pilote* ‚Testbauernhof', *magasin-pilote* ‚Pilotfiliale'), *plancher* (*cours-plancher* ‚tiefster Kurs an der Börse', *prix-plancher* ‚tiefstes Preisniveau', *tarif-plancher* ‚Mindestlohn'. Bei diesen Bildungen, in denen die neue Bedeutung des Substantivs nur in der Komposition vorkommt, sehen Thiele (1993, 86) und Dubois (1962, 3) eine Form der Suffigierung[79]. Da hier jedoch keine für die Klassifikation als Suffix notwendige morphologische Bedeutung, sondern weiterhin eine Lexembedeutung zugrundeliegt, lassen sich diese Formen ebenfalls zur Komposition rechnen (vgl. Skirl o.J.).

2.3.3 Determinativkomposita

Determinativkomposita sind Zusammensetzungen von zwei oder mehr lexikalischen Morphemen, die in einem engen semantischen Verhältnis zueinander stehen; die grammatischen Beziehungen zwischen den einzelnen Elementen sind weitgehend getilgt, jedoch determiniert ein Morphem (Determinans) das andere (Determinatum oder Kopf). Thiele (1993, 86) spricht hier von einer Subordination. Die Determinativkomposition gehört zur modifizierenden Wortbildung. Das Anfügen eines Morphems bei der Bildung eines Determinativkompositums führt in der Regel zur Einschränkung der semantischen Extension. So bezeichnet *adresse électronique* eine Form der Anschrift, *assurance maladie* einen spezifischen Versicherungsabschluss, *wagon-lit* eine spezifische Form des Eisenbahnwaggons, *adresse*, *assurance* und *wagon* sind also Hyperonyme, die durch ein Determinans näher differenziert werden. Die Funktion des Determinans entspricht hier der eines relationellen Adjektivs, was sich syntaktisch auch in der postmodifizierenden Stellung zeigt. Die Funktion der Komposition ist hier vergleichbar mit der der Suffigierung, da auch *maisonnette* auf bestimmte Referenten denotiert, die zusätzlich zur Gesamtbedeutung von *maison* noch das Merkmal ‚klein' beinhalten.

Die Reihenfolge der Elemente des Kompositums steuert die Interpretation: bei *pomme de terre* (mit Ausdruck der grammatischen Beziehung durch die Präposition) vs. *assurance maladie* (ohne Ausdruck der grammatischen Beziehung) sind *pomme* und *assurance* Kopf der Bildung. In den romanischen Sprachen folgt das Determinans nach den Regeln der französischen Syntax üblicherweise dem Determinatum. Bei gelehrten Bildungen (Zusammensetzungen mit lateinischen bzw. griechischen Wortbestandteilen) und Entlehnungen ist die Reihenfolge jedoch oft umgekehrt: bei *biochimie* wird der Fachrichtung Chemie ein biologisches Teilgebiet zugewiesen, ebenso wird bei *tour-opérateur* ‚Reiseveranstalter' ← engl. *tour operator* der *opérateur* durch das vorangehende Element näher qualifiziert. Hierzu gehören auch sprachlich nicht

---

[79] Beschränkt man den Begriff des Affixoids nicht nur auf Formelemente gelehrten Ursprungs, sondern erweitert ihn um jedes Formelement, das mit einem lexikalischen Morphem phonetisch identisch sowie etymologisch und semantisch verwandt ist (bei Reduzierung ihrer vollen lexikalischen Bedeutung), liegt hier tatsächlich eine Form der Suffigierung vor.

integrierte Entlehnungen, die die morphologische Struktur der Ausgangssprache beibehalten (*garden-party*, *télétravail*)[80]. Bei der Interpretation der Bedeutungsbeziehung zwischen Grund- und Bestimmungswort haben perzeptuelle Kategorien wie Aussehen, Größe, Funktion, Beschaffenheit usw. steuernde Funktion.

2.3.3.1 Klassifikation der determinativen Komposition

Nach dem Kompositionalitätsprinzip, das der Mathematiker Gottlob Frege aufgestellt hat, wird die Bedeutung eines komplexen Ausdrucks durch die Bedeutung seiner Teile und die Art ihrer Zusammensetzung bestimmt (sog. Frege-Prinzip). In solchen Fällen ist das Kompositum transparent bzw. motiviert. Komposita, die nach dem Kompositionalitätsprinzip gebildet wurden, gehören zu den Determinativkomposita. Komposita werden oft als Verkürzungen einer Verbalphrase analysiert. So definierte bereits Arsène Darmesteter (1875, Introduction) die Komposition folgendermaßen:

> [...] ce n'est pas, en somme, à la partie de la grammaire qui traite de la formation des mots, c'est à la syntaxe qu'appartient la composition, et sa théorie rentre toute entière dans celle de la composition de la phrase. [...] Un mot composé est une proposition en raccourci.

Bei der Klassifikation greift man in der Regel auf eine Umschreibung in Form einer zweigliedrigen Wortgruppe (mit einem präpositionalen oder einem Genitivattribut) zurück, teilweise werden sogar zusätzliche Lexeme oder ein Relativsatz ergänzt. Thiele (1993, 71-93) unterscheidet Komposita mit prädikativer und nicht-prädikativer Expansion. Komposita mit prädikativer Expansion beinhalten bereits ein Verb, mit dem das Kompositum paraphrasiert werden kann: *un chauffe-assiettes = (quelque chose qui sert à) chauffer les assiettes, un lance-torpilles = (un objet qui) lance des torpilles*. Komposita mit nicht-prädikativer Expansion erfordern eine Paraphrase mit einem zu ergänzenden Verb, häufig mit *être*: *un blouson noir = un blouson qui est noir*. Thiele zählt zu beiden Gruppen auch gelehrte Bildungen, bei denen die entlehnten Elemente in der Paraphrase durch ihre französischen Entsprechungen ersetzt werden müssen: *un hydrophobe = (quelqu'un qui) craint l'eau, un mégalithe = une pierre qui est grande*.

Die Durchsichtigkeit der Bildung von Determinativkomposita steht in den folgenden zwei Pannels aus dem Comic *Les Bidochon* von Binet im Mittelpunkt. Aus dem Verb *rééquilibrer* ‚ausgleichen, ins Gleichgewicht bringen' wurde durch Suffigierung mit dem Suffix *-eur* ein Nomen agentis *rééquilibreur* gebildet, die Funktion wird durch ein mit der Präposition *de* angefügtes Nomen angegeben (die Frage *ça fait quoi?* erübrigt sich also eigentlich)[81].

---

[80] Bei Lehnübersetzungen wie *gratte-ciel* zu engl. *sky-scraper* wird dagegen die Reihenfolge der Determination umgekehrt und ließe sich paraphrasieren als *quelque chose qui gratte le ciel*.
[81] Binet: Les Bidochon 16: Toniques. Paris, Audie, 2003, 38.

Diese Art der Klassifikation findet sich auch in den Arbeiten von Benveniste (1967), Guilbert (1971) und Rohrer (1977), ist allerdings nicht unproblematisch. So bleibt bei zahlreichen Komposita die Möglichkeit der Paraphrase offen. So kann *un chauffe-assiettes* nicht nur als Nomen instrumenti *(quelque chose qui) chauffe les assiettes*, sondern auch als Nomen agentis interpretiert werden *(quelqu'un qui) chauffe les assiettes* und gilt zudem nur für semantisch durchsichtige Bildungen, bei *fromage blanc* ‚Quark' ≠ *un fromage qui est blanc* oder *témoin muet* ‚Beweisstück' ≠ *un témoin qui est muet* kann die Paraphrase auch zu falschen Ergebnissen führen.

2.3.3.1.1 Semantische Klassifikation

Zwischen den beiden Morphemen, aus denen ein Determinativkompositum gebildet wird, muss eine mögliche semantische Beziehung bestehen. Bollée (1995/96, 70) nimmt als semantische Grundformen der aus zwei Substantiven zusammengesetzen Komposita die Beziehung „AB ist ein A mit der Funktion B" (*photo-souvenir, wagon-restaurant, avion-cargo*) oder „AB ist ein A mit der Eigenschaft B" (*architecte escroc, candidat surprise, immeuble tour, loi-cadre*) an. Bei allen anderen Komposita liegt eine attributive Funktion des Determinans vor, die in der Regel auch durch eine Präposition ausgedrückt werden kann (*centre-ville = centre de la ville, cigarette-filtre = cigarette avec un filtre, assurance maladie = assurance contre la maladie*).

Diese semantischen Relationen lassen sich noch etwas genauer differenzieren. In der folgenden Tabelle, die von Fandrych/Thurmair (1994) für das Deutsche erstellt und hier für das Französische adaptiert wurde (was insbesondere zu einer Umkehrung des Determinationsverhältnisses führt) wird versucht, die grundlegenden semantischen Muster der Determinativkomposition zusammenzufassen (zur semantischen Klassifikation der präpositional verbundenen Komposita vgl. Laumann 1996)[82].

---

[82] Eine vergleichbare semantische Klassifizierung des Spanischen findet sich bei Rainer (1993, 260). Eine vollständige Klassifizierung für das Französische steht jedoch bisher aus.

Tab. 51: Semantische Grundrelationen bei Determinativkomposita (nach Fandrych/Thurmair 1994)

Nomen-Komposition	Beispiele
SITUATION das Erstglied steht in lokaler oder temporaler Relation zum Zweitglied	‹ist in ›; ‹führt zu›; ‹stammt aus/von›; ‹ist zum Zeitpunkt/im Zeitraum›
SITUATION-URHEBER das Erstglied steht in kausaler Relation zum Zweitglied	‹ist verursacht von›
KONSTITUTION das Erstglied hat das Zweitglied als konstitutiven Bestandteil	‹besteht ganz aus›; ‹hat›; ‹in der Art, Form, Farbe von›
KONSTITUTION-THEMA das Erstglied hat das Zweitglied als konstitutiven thematischen Bereich	‹hat als Thema›; ‹im Bereich›
ZWECK das Erstglied wird bezüglich seines Anwendungsbereichs (Zweitglied) bestimmt	‹dient zu›; ‹schützt vor›
INSTRUMENT das Erstglied wird in seiner Funktionsweise durch das Zweitglied charakterisiert	‹funktioniert mit Hilfe von›

Die SITUATION wird ausgedrückt in Komposita *autoroute urbaine* ‚Stadtautobahn', *dépôt en banque* ‚Bankdepot', *maison de campagne* ‚Landhaus', *plante de jardin* ‚Gartenpflanze', *service après vente* ‚Kundendienst', *travail de nuit* ‚Nachtarbeit'.

Eine Relation SITUATION-URHEBER findet sich in *dégât d'eau* ‚Wasserschaden', *empoisonnement par champignons* ‚Pilzvergiftung', *larmes de joie* ‚Freudentränen', *mariage d'amour* ‚Liebesheirat'.

Die KONSTITUTION ist Grundlage von *bloc-cylindres* ‚Zylinderblock', *café en poudre* ‚Pulverkaffee', *chemin de fer* ‚Eisenbahn', *cuillère en bois* ‚Holzlöffel', *stylo à billes* ‚Kugelschreiber'.

Die semantische Relation KONSTITUTION-THEMA liegt Bildungen *wie bac à sable* ‚Sandkasten', *design de mobilier* ‚Möbeldesign', *ministère des transports* ‚Verkehrsministerium', *pochette-surprise* ‚Wundertüte', *rallye-vélo* ‚Fahrradrallye' zugrunde.

Besonders häufig sind die Bildungen zum Ausdruck des ZWECKS, bei denen das Erstglied bezüglich des Anwendungsbereichs des Zweitglieds bestimmt wird. Hier finden sich vor allem Bildungen mit *à*: *couteau à découper* ‚Tranchiermesser', *moulin à huile* ‚Ölmühle', *boîte à outils* ‚Werkzeugkasten', *lutte pour l'existence* ‚Existenzkampf', *machine à écrire* ‚Schreibmaschine'.

Ein INSTRUMENT bezeichnet das Determinans in *moteur à essence* ‚Benzinmotor', *moulin à vent* ‚Windmühle', *tourisme à bicyclette* ‚Fahrradtourismus', *télévision par cable* ‚Kabelfernsehen'.

2.3.3.1.2 Klassifikation nach der Satzgliedfunktion

Wandruszka (1976, 92) hält eine vollständige Klassifikation der Komposita nach semantischen Kriterien nicht für möglich „da Zahl und Art möglicher semantischer Relationen zwischen den Konstituenten von Komposita nicht präzis vorherzusagen sind und sich konkrete Einzelbildungen außerdem nicht immer eindeutig einer bestimmten Unterklasse zuordnen lassen". Alternativ werden die Determinativkomposita nach ihren syntaktischen Funktionen unterschieden. Grundlegend ist die Auffassung, dass Komposita als komprimierte, verkürzte Sätze anzusehen sind.

Bei einer Form wie *nœud-papillon* ‚Fliege' erscheint das Determinans als Prädikatsnomen, da eine Paraphrase als „le nœud est (comme) un papillon" möglich ist. Bei *café-filtre* ‚Filterkaffee' ist eine Paraphrase als „café préparé au moyen d'un filtre" möglich, *filtre* hat also eine Attributfunktion. Komposita aus einem deverbalen Kopf und einem Determinans mit der Funktion eines direkten Objekts liegen bei *éclairage de la scène* ‚Bühnenbeleuchtung', *prévention-incendie* ‚Brandschutz' und *compte-gouttes* ‚Tropfenzähler' vor, wobei die Objekte als Komplemente des Verbs anzusehen sind.

Dieser Klassifikation folgt u.a. Thiele (1993), der die Wortarten der Morpheme nach den Satzgliedfunktionen der entsprechenden Paraphrasen einteilt. So wird eine Form wie *nord-américain* als ein subordinatives Verhältnis von Adverb und Substantiv beschrieben, da eine Paraphrase wie „qui est de l'Amérique du Nord" möglich ist (129).

2.3.3.1.3 Syntagmatisch verbundene Determinativkomposita

Sehr viel häufiger als die für das französische Sprachsystem eher untypischen asyndetischen Komposita sind die syntagmatisch verbundenen. Sie entsprechen am ehesten dem Charakter eines lexikalisierten Phraseologismus, werden aber in zahlreichen Abhandlungen zur Wortbildung nicht berücksichtigt, da sich ihre Semantik in der Regel aus den Einzelbestandteilen ergibt und somit zwar eine Abgrenzung auf syntaktischer Basis erfolgen kann, sich aber keine semantische Eigenständigkeit ergibt. Als syntagmatische Komposita sollen hier die Formen aufgenommen werden, die einem potentiellen Satzglied des Französischen entsprechen, bei denen also nicht ein Morphem ergänzt werden muss (zu präpositional verbundenen Komposita vgl. Bartning 1998, Benveniste 1966, Moody 1973 und 1980).

Präpositionale Nominalkomposita können mit zahlreichen Präpositionen verbunden werden, besonders häufig sind Verbindungen mit *à* und *de*. Eine semantische Unterscheidung der Formen erscheint problematisch, da die gleiche Funktion je nach Lexikalisierung mit verschiedenen Präpositionen ausgedrückt werden kann. Bossong (1981, 219) führt als Beispiel *soupe de poissons* und *soupe de moules* an, bei denen die Funktion des präpositional angeschlossenen Determinans sich nicht von *soupe au chou* und *soupe à l'ail* unterscheidet (und die auch als *soupe aux poissons* und *soupe aux moules* belegt sind).

Wandruszka (1972, 210) sieht für mit *à* konstruierte Verbindungen die folgenden Möglichkeiten:
1. Objekt mit verbalem Determinans (*gomme à mâcher, canne à pêche, salle à manger*).
2. Subjekt mit Determinans als Objekt (*vache à lait, pot à fleurs, brosse à chaussures*).
3. Subjekt mit Determinans als Präpositionalphrase (*four à gaz, salade à l'huile, bagages à main*).

Die Präposition *de* kann dagegen verschiedene Relationen ausdrücken. Thiele (1993, 91) nennt u.a. *médecin de famille = médecin pour la famille, coup de pied = coup avec le pied, médecin de campagne = médecin à la campagne*.

Neben mit *à* und *de* verbundenen Formen finden sich auch Bildungen mit *en* (*mise en beauté* ‚Schönheitskur'), *par* (*société par action* ‚Aktiengesellschaft'), *pour* (*tendeur pour chaîne* ‚Kettenspanner'), *sans* (*citoyen sans casier* ‚unbescholtener Bürger'), *après* (*lotion après rasage* ‚Aftershave'), *sur* (*danse sur glace* ‚Eistanzen'), *sous* (*placement sous contrôle judiciaire* ‚Unterstellung unter richterliche Kontrolle'), *avant* (*résultat avant impôts* ‚Ergebnis vor Steuern') und *contre* (*crime contre l'humanité* ‚Verbrechen gegen die Menschlichkeit') die den semantischen Zusammenhang ausdrücken[83]. Neben Formen mit einfachen Präpositionen finden sich auch solche, bei denen die Präposition mit dem Artikel verbunden auftritt, z.B. mit *du*: *marché du travail* ‚Arbeitsmarkt', *salle des fêtes* ‚Festsaal'.

Bei einigen präpositional verbundenen Formen lässt sich die Bedeutung allerdings nicht mehr aus den Einzelbestandteilen der Bildung erklären. Diese Komposita sind opak. Hierzu gehören u.a. *bonheur du jour* m. ‚Schreibtisch mit Schubladen', *pet-de-nonne* ‚kleiner Krapfen'. Häufig sind z.B. Formen, bei denen *langue* mit einem Tiernamen verbunden wird: *langue-de-bœuf* ‚Dolch, Spieß; Leberpilz', *langue-de-chat* ‚Fugenmasse', *langue de vipère* ‚Lästermaul' oder die metaphorisch verwendeten *langue de bois* ‚hohle Phrase' und *langue de terre* ‚Landzunge'.

Präpositional verbundene Komposita können in der Regel beliebig erweitert und entsprechend spezifiziert werden: *machine à café* → *machine à café professionnelle* → *machine à café professionnelle automatique*.

---

[83] Die Beispiele stammen aus Blochwitz/Runkewitz (1971), Gossen (1981, 36) und eigenen Recherchen.

2.3.3.1.4 Asyndetische Komposita

Asyndetische Komposita werden auch als „reine" oder „eigentliche" Komposita bezeichnet[84]. Es handelt sich hier um die Verbindung zweier Morpheme ohne die Verwendung syntaktischer Verknüpfungsmittel. Die in syntagmatischen Einheiten in der Regel präpositional eingeleiteten Attribute erhalten ihre Satzgliedfunktion allein aufgrund ihrer postdeterminierenden Stellung. So ist in *une idée bidon* ‚eine dumme Idee' oder in *une idée force* ‚eine Schlüsselidee' die attributive Funktion der Substantive *bidon* ‚Schein, Bluff, Schwindel' und *force* ‚Kraft' allein aufgrund ihrer Stellung im Kompositum möglich, ebenso wie in *transformateur électricité*[85]. Es besteht im heutigen Französisch die Tendenz, präpositional verbundene Formen durch asyndetische Äquivalente zu ersetzen. So findet sich für *bracelet de montre* immer häufiger die nicht präpositional verbundene Bildung *bracelet montre*, ebenso *transformateur électricité* parallel zu *transformateur d'électricité* (und *transformateur électrique*) oder *écran haute-définition* ‚hochauflösender Bildschirm' als *écran à haute définition*[86]. Im Deutschen sind diese Bildungen recht häufig, in der französischen Wortbildungslehre wurde dieses Phänomen bisher jedoch kaum wahrgenommen. Im heutigen Französisch finden sich sogar drei- und viergliedrige Formen der asyndetischen Komposition. So kann *assurance tous risques* ‚Vollkaskoversicherung' erweitert werden durch das jeweilige Objekt der Versicherung: *assurance habitation tous risques* (selten *assurance tous risques habitation*), *assurance tous risques automobile*[87].

Pöll (2007, 46) nimmt an, dass die Komposita, bei denen gleichzeitig auch eine syndetische Bildung belegbar ist, „aus sprachökonomischen Gründen durch Unterdrückung der Präposition entstanden sind" (*sac poubelle* ← *sac de poubelle*)[88]. Besonders häufig ist die Verbindung zweier Nomina wie in *bande-annonce* ‚Trailer', vgl. hierzu Rohrer (1977, 108):

---

[84] Es wurde hier die Einteilung nach der Wortart der Komposition gewählt, da dies für die Systematik dieses Buches und den leichteren Zugriff sinnvoll erschien. Dardano 1999 z.B. unterscheidet Komposita nach Formen mit nominalem oder verbalem Prädikat. Hier wäre eine Form wie *lave-vaisselle* verbal, da sie sich als *quelque chose qui lave la vaisselle* paraphrasieren lässt. Die semantische Rolle als Agens lässt sich jedoch bei einer Form wie *lave-mains* ‚Waschbecken' eben nicht konstruieren, weshalb diese Klassifikation ebenfalls nicht in Frage kam.

[85] Bei Adjektiven in attributiver Funktion ist die Klassifizierung als syntagmatisches oder asyndetisches Kompositum problematisch. Zur Vereinfachung wurden diese Bildungen hier zu den asyndetischen Komposita gezählt.

[86] Bei einer Suche mit Google ließen sich für die syntagmatische Bildung *écran à haute définition* 15.500 Belege finden, während die asyndetische Form *écran haute-définition* weitaus gebräuchlicher ist mit 160.000 Belegen.

[87] Die bei Pöll (2007, 47) in diesem Zusammenhang aufgeführte Form *aussurance voiture tous risques* konnte nicht nachgewiesen werden.

[88] Tatsächlich lassen sich sowohl *sac poubelle* als auch *sac de poubelle* belegen, wobei die syntagmatisch verbundene Form vor allem in der Frankophonie belegt ist.

Man nimmt im allgemeinen an, dass sich dieser Typ erst im Laufe des 19. Jahrhunderts unter dem Einfluß des Englischen und Deutschen stärker entwickelte, und im 20. Jahrhundert, insbesondere aber in den letzten Dekaden, seine volle Blüte erreichte. Dazu hätte vor allem während des zweiten Weltkrieges und in der Nachkriegszeit die amerikanische Zeitungssprache Entscheidendes beigetragen.

Während sprachgeschichtlich asyndetische Komposita im Französischen eher selten sind, stellte Wandruszka (1972, 239) bereits eine „Tendenz [...] zugunsten der asyndetischen Verfahren" fest. Im heutigen Sprachgebrauch zeigen sich diese Formen vor allem in der Fach- und Pressesprache. Stein (2010, 41) nennt *temps catastrophe, conduite exemple, document programme*, die in Konkurrenz zu den mit attributivem Adjektiv verbundenen Formen *temps catastrophique, conduite exemplaire* und *document programmatique* stehen[89]. Feststellbar ist zudem der Einfluss anderer Sprachen. Bisweilen kann man bei bestimmten formalen Ähnlichkeiten und der entsprechenden Beleglage sogar von Lehnübersetzungen mit Vertauschung von Determinatum und Determinans sprechen, so etwa bei *station service* ← engl. *service station, assurance accident* ← engl. *accident insurance* (zu asyndetischen Komposita vgl. Arnaud 2003, Grosse 2003, 143; Pöckl 1990, 270; Sablayrolles 2000, 159).

2.3.4 Komposita nach Wortarten

2.3.4.1 Nominalkomposita

Als Nominalkomposita werden die Formen bezeichnet, die der Wortart Nomen zuzurechnen sind. Die Pluralbildung und Genusmarkierung ist bei Nominalkomposita sehr unterschiedlich: bei postdeterminierenden Formen wird der Plural beim links stehenden Determinatum gebildet: *les dépôts-vente, les bains-marie* ‚Wasserbad', *les timbres-poste* ‚Briefmarke', während prädeterminierende Formen die Pluralendung dem Kompositum anfügen: *les tour-opérateurs* ‚Reiseveranstalter', *les capital-risqueurs* ‚Risikokapitalisten'. Einige Formen zeigen - mit zunehmender Tendenz im heutigen Französisch - auch eine Pluralbildung an beiden Formen: *les aides-soignants* ‚Krankenpflegehelfer' m.pl., *les francs-tireurs* ‚Freischärler'. Nach der Orthographiereform von 1990 wird bei aus Verb und Nomen sowie Präposition und Nomen zusammengesetzten Formen der Plural systematisch am zweiten Morphem markiert:

---

89 In der Pressesprache belegt sind diese Formen in unterschiedlicher Häufigkeit. So finden sich zu *temps catastrophe* im Korpus Europresse 117 Belege, *temps catastrophe* wird jedoch 5183mal verwendet. Ähnlich ist die Verteilung bei *conduite exemple/exemplaire* (14/2258), während *document programme* häufiger verwendet wird als *document programmatique* (249/128). Stein nennt darüber hinaus die Formen häufig verwendeten Formen *discours programme* (3284) und *valeur refuge* (27980), während *grève prétexte* nur 7mal belegt ist [Stichprobe vom 10.12.2016].

des tire-bouchons ‚Korkenzieher', *des après-midis* ‚Nachmittage' (zur Nominalkomposition vgl. Wolf 1990).

Tab. 52: Typen der Nominalkomposition

Nomen-Komposition	Beispiele
N ← N + N	aide-cuisinier, bâteau-mouche, coin-repas, coupon-réponse, pause-café
N ← A + N	gentilhomme, grand-route, libre-service, plein-emploi, sang-froid
N ← N + A	coffre-fort, chaise longue, fromage blanc, procès verbal
N ← V + N	casse-pied, couvre-lit, lave-vaisselle, porte-avion, tire-bouchon
N ← P + N	haute-contre, hors-piste, sans-gêne, sous-ordre, surdose

N + N: Gossen (1981, 36) nennt aus zwei Substantiven zusammengesetzte Formen auch Tandemwörter. Bei asyndetischen N+N-Komposita handelt es sich um Determinativkomposita, wobei das Determinans sowohl in prädeterminierender als auch postdeterminierender Position erscheinen kann. So wird bei *maître assistant* das Determinatum *maître* durch das Determinans *assistant* näher bestimmt, während bei *aide-cuisinier* oder *aide-ménagère* das Determinatum *cuisinier* oder *ménagère* durch das Determinans *aide* modifiziert wird, ebenso bei *auto-école* ‚Fahrschule'. Die Formen lassen sich darüber hinaus nach der dem Determinans zugrundeliegenden Wortart einteilen. So lassen sich grundsätzlich Formen mit einem deverbalen Determinans wie *coupon-réponse* ‚Antwortcoupon' und *prévention-incendie* ‚Brandschutz' typologisch von Bildungen mit nicht abgeleiteten Substantiven (*appartement-témoin* ‚Musterwohnung', *compte-utilisateur* ‚Benutzerkonto', *dépôt-vente* ‚Kommission', *État-parti* ‚Einparteienstaat', *maître assistant* ‚Oberassistent', *ville-dortoir* ‚Schlafstadt') unterscheiden. Insbesondere bei Formen mit einem deverbalen Substantiv als Determinans lässt sich eine Herleitung auf der Basis einer Verbalphrase konstruieren: *prévention-incendie = (l'action de) prévenir un incendie*. Auch bei Bildungen wie *café filtre* definiert Rohrer (1977) das Determinatum als direktes Objekt einer Verbalparaphrase, die hier etwa *(faire du) café (avec un) filtre* lauten würde. Bei einigen Formen kann das Determinans auch als Konversion aus einem Adjektiv interpretiert werden, das bei Nomina agentis deverbal eine Handlung charakterisiert: *maître assistant* (= un maître qui assiste), *maître chanteur* (= un maître qui chante). Umgekehrt lässt sich aufgrund der häufigen Verwendung von Substantiven in attributiver Funktion in Nominalkomposita auch ein Wortartwechsel zum Adjektiv feststellen. Rohrer (1977, 103) hat nachgewiesen, dass die ursprünglich ausschließlich als Substantive belegten Lexeme *témoin*, *sport*, *limite*, *éclair* und *standard* bereits in der Lexikographie (hier im *Petit Larousse*) als Adjektive geführt werden[90].

Mit N+N-Komposita werden vor allem Berufe bezeichnet, bei denen eine Kombination der Aufgabenfelder vorliegt. Ein *dessinateur cartographe* ist sowohl Zeichner als auch Kartograph. Weitere Beispiele sind *hôtel-Dieu* ‚Krankenhaus', *jeu-concours* ‚Gewinnspiel'.

Da die N+N-Komposition kein für das Französische typisches Wortbildungsmuster ist, sind einige Formen aus anderen Sprachen entlehnt (*maître chanteur* ← dt. *Meistersinger*, *télétexte* ← engl. *teletext*). Dennoch ist diese Form der Wortbildung semantisch durchsichtig und im heutigen Französisch produktiv.

Aus lateinischen Bestandteilen zusammengesetzt ist *bonus-malus* m., Versicherungsbeitrag, bei dem die Versicherungsprämie entsprechend der Schadenhäufigkeit festgelegt wird'.

N + A, A + N: Da im Französischen Adjektive sowohl in prädeterminierender als auch in postdeterminierender Stellung vorkommen, finden sich beide Positionen auch in den zu lexikalischen Einheiten zusammengefügten Komposita. Die Stellung der determinierenden Adjektive ist unveränderlich und hängt wie bei freien syntaktischen Fügungen weitgehend von der Semantik ab. So erscheinen postdeterminierende Adjektive häufig in qualifizierender Funktion, während prädeterminierende Adjektive in der Regel referenzeinschränkend wirken. Bei Voranstellung des Adjektivs im Kompositum wird in der Pluralbildung der unbestimmte Teilungsartikel *des* anstatt des sonst üblichen *de* verwendet: *des petits pains* ‚Brötchen' statt **de petits pains*. Zudem ist eine Koordination mit weiteren Adjektiven unmöglich: **un petit pain bien cuit*.

Einige Formen können als Ellipsen interpretiert werden. So ist *grande surface* ‚Supermarkt' eine Ellipse von *(un magasin à) grande surface*, *poids lourd* ‚Lastkraftwagen' ist elliptisch zu *(un camion à) poids lourd*.

Bei einigen Komposita ist jedoch die Lexikalisierung so weit fortgeschritten, dass der Referent nicht mehr der semantischen Klasse des Determinatums angehört. So ist *fromage blanc* ‚Quark' zwar noch der Gattung ‚Käse' zuzuordnen, stellt aber eine spezifische Herstellungsart dar und hat keine qualifizierende Funktion *,weißer Käse'. Wandruszka (1976, 92) hat vorgeschlagen, ausschließlich diese von der Semantik ihrer Einzelbestandteile unabhängigen Bildungen als Wortbildungsergebnisse anzusehen. Dieser Sichtweise folgen auch die meisten Wörterbücher. So ließen sich von 162 Komposita mit postdeterminierendem Adjektiv aus dem von Gossen (1981, 35) zusammengestellten Korpus nur 42 in den geläufigen Wörterbüchern des Französischen nachweisen.

---

[90] Der *Petit Robert* führt dagegen auch in der aktuellen Ausgabe diese Formen nicht als Adjektive auf.

Bildungen mit nachgestelltem attributivem Adjektiv entsprechen der französischen Syntax und unterliegen entsprechend keinen Einschränkungen, sie sind damit vergleichbar mit den präpositional verbundenen Determinativkomposita. Komposita, bei denen das Nomen die Funktion des Determinans übernimmt, sind äußerst selten.

Die Stellung des Adjektivs kann auch sprachgeschichtlich festgelegt sein. So trat im Altfranzösischen das Adjektiv häufig in prädeterminierender Stellung auf, eine semantische Differenzierung aufgrund der Stellung war noch nicht ausgeprägt. In dieser Zeit entstandene Komposita sind mit einem vorangestellten Adjektiv lexikalisiert: *gentilhomme* ‚Edelmann', *petit bourgeois* ‚Kleinbürger', *borne-fontaine* ‚Straßenbrunnen', *toute-puissance* ‚Allmacht', wobei hier das Adjektiv in der Regel nicht in seiner heutigen lexikalischen Bedeutung erscheint: *gentilhomme* ‚Ehrenmann' ≠ *un homme gentil*, *petit-bourgeois* ‚Spießbürger' ≠ *un petit bourgeois*.

Bildungen mit vorangestelltem attributivem Adjektiv entsprechen nicht der heute im Französischen üblichen Determinationsrichtung und sind entsprechend selten, das Wortbildungsmuster ist nicht produktiv. Gossen (1981, 35) nennt in einem Korpus von 3600 Neologismen aus dem Zeitraum von 1945 bis 1979 16 Belege für Nominalkomposita mit vorangestelltem Adjektiv (u.a. *plein emploi*, *grande surface*, *libre service*, *court/moyen/long courrier* sowie Bildungen mit vorangestellter Ordnungszahl wie *tiers monde*, *quatrième âge*). Belege hierfür sind häufig Archaismen und semantisch opak. Bei *guet apens* ‚Hinterhalt' und *huis clos* ‚Ausschluss der Öffentlichkeit' existieren die einzelnen Morpheme nicht mehr als selbständige Lexeme und leben somit in der Sprache nur noch als Kompositum weiter, bei einer Form wie *franc arbitre* wird *franc* durch die durchsichtige Form *libre* in *libre arbitre* ersetzt, hält sich aber in Wörtern wie *franc-tireur*.

Einige prädeterminierende Formen mit vorangestelltem Adjektiv sind als Ergebnis der Sprachplanung entstanden und zeigen die Determinationsrichtung der Ausgangssprache. So entspricht das prädeterminierende *libre échange* ‚Freihandel' als Lehnprägung (frz. *calque*) dem englischen *free trade*, ebenso verhält es sich bei *libre-penseur* ‚Freidenker' zu *free-thinker* und *gros porteur* zu *jumbo jet*. Thiele (1993, 129) sieht auch in Formen wie *nord-américain*, *ouest-allemand* und *sud-viétnamien* eine Nachahmung angloamerikanischer oder deutscher Bildungsmuster. Eine Kombination mit der Suffigierung eines englischen Lehnworts findet sich bei *auto-stoppeur*.

Sprachgeschichtlich kann sich die Reihenfolge auch ändern: so ersetzt *nu-pied* ‚Sandale mit offener Oberseite' laut dem *Petit Robert* 1937 die postdeterminierende Form *pied-nu*, bei *Europresse* lassen sich allerdings noch beide Formen belegen.

Aus der Rechtssprache sind die Formen *ayant-droit* ‚Rechteinhaber' und *ayant-cause* ‚Rechtsnachfolger' belegt, bei der das Partizip Präsens die Funktion des Adjektivs übernimmt.

V + N: Der Status der Komposita, die mit Verben gebildet werden (*abat-jour* ‚Lampenschirm', *garde-malade* ‚Krankenwärter', *brise-glace* ‚Eisbrecher'), ist umstritten.

Wandruszka (1976, 103s.) nimmt hier eine Verbindung eines als Nomen agentis bzw. instrumentalis fungierenden konjugierten Verbs in der dritten Person Singular mit einem postdeterminierenden Modifikanden an[91]. Entsprechend wäre eine Paraphrase von *brise-glace* als „(quelque chose qui) brise (la) glace" oder „(quelqu'un qui) brise une glace" möglich. Bierbach (1982, 36) zählt diese Formen zu den exozentrischen Komposita, da sie durch eine „außerhalb stehende Bezugsgröße" gekennzeichnet sind, das entsprechende Agens also nicht in der Form explizit erscheint. Grundsätzlich sind Bildungen mit allen transitiven Verben möglich. Bisweilen werden diese Formen auch als Phrasenkomposita bezeichnet[92]. Auffällig ist, dass aus Verben und Substantiven zusammengesetzte Komposita nicht mit einem Artikel verbunden werden (also nicht **brise la glace*) und das Verb immer in einer einzigen konjugierten Form, in der Regel der dritten Person Singular, vorliegt (also nicht **brisez la glace*). Die Möglichkeiten der semantischen Klassifikation von V+N-Komposita sind vielfältig. Bierbach nennt u.a. Gegenstandsbezeichnungen (*chauffe-eau* ‚Warmwasserbereiter', *ouvre-boîtes* ‚Dosenöffner', *lance-flammes* ‚Flammenwerfer'), Personenbezeichnungen (*brise-tout* ‚Tollpatsch', *gâte-sauce* ‚Küchenjunge'), Tierbezeichnungen (*becque-bois* ‚großer Specht', *gobe-mouche* ‚Fliegenschnäpper'), Pflanzenbezeichnungen (*gratte-cul* ‚Hagebutte', *perce-neige* ‚Schneeglöckchen'), Kleidungsbezeichnungen (*couvre-chef* ‚Kopfbedeckung', *protège-robe* ‚Kittelschürze') sowie Handlungs- und Vorgangsbezeichnungen (*lèse-majesté* ‚Majestätsbeleidigung', *remue-ménage* ‚Umzug').

Einige Verben werden bei der Bildung von Komposita besonders häufig genutzt. Thiele (1993, 72) nennt u.a. *garde* (*garde-barrière* ‚Schrankenwärter', *garde-boue* ‚Schutzblech', *garde-feu* ‚Kaminschirm' ...), *passe* (*passe-droit* ‚Schiebung', *passe-montagne* ‚Kopfschützer', *passe-temps* ‚Zeitvertreib'...), *porte* (*porte-bagages* ‚Gepäckträger', *porte-bonheur* ‚Glücksbringer', *porte-clefs* ‚Schlüsselbrett'...) etc.

Einige Formen sind im heutigen Französisch nicht mehr durchsichtig und können auch nicht synchron paraphrasiert werden: *couvre-feu* m. ‚Ausgangssperre' ist nicht „(quelque chose qui) couvre le feu", *marche-pied* m. ‚Handlauf' kann nicht paraphrasiert werden als „(quelqu'un qui) marche à pied". In der Orthographiereform von 1993 wird die Zusammenschreibung sämtlicher Formen, die aus einem Verb in Verbindung mit einem Substantiv gebildet sind, empfohlen.

Bei diesen Bildungen war bisher das Substantiv Objekt des Verbs. Selten sind die Formen, bei denen das Substantiv als Subjekt auftritt, aber dennoch nachgestellt ist: *croque-monsieur* ‚Schinken-Käse-Sandwich', *pense-bête* ‚Gedächtnisstütze', *saute-mouton* ‚Bockspringen'. Darmesteter (1877) interpretiert diese Formen als verkürzte

---

[91] Diese Art der Klassifikation findet sich bereits bei Darmesteter (1894), der Formen wie *laissez-passer* als elliptisch verkürzte Imperativsätze ansieht.
[92] Hier besteht allerdings ein Problem der Abgrenzung zu aus mehreren Morphemen bestehenden komplett lexikalisierten Phrasen wie *je m'en foutisme*.

Imperativphrasen, was zu einer Umformulierung wie *Croque, monsieur!* führt und sprachhistorisch zumindest zweifelhaft ist (zu Verb-Nomen-Komposita vgl. Bierbach 1983, Gather 2001, Marozeau 1952, Rosenberg 2011, Schapira 1982; vgl. hierzu auch Kapitel 3.2.4.).

P + N, N + P: Formen mit einer Präposition in prädeterminierender Position sind im Französischen relativ häufig. Problematisch ist die Abgrenzung gegenüber der Präfigierung, da Präpositionen häufig auch als Präfixe auftreten. Nach der einleitenden Definition der Komposition werden hier solche Formen als Komposita bezeichnet, bei denen das Präfix nicht in der Bedeutung auftritt, die es als freies Morphem hat. Lexikalisiert sind u.a. *contre-pied* ‚Gegenteil', *contrepoids* ‚Gegengewicht', *haut-commissaire* ‚Hauptkommissar', *haute-contre* ‚Kontratenor', *sans-abri* ‚Obdachloser', *sans-soin* ‚unordentlicher Mensch', *sous-bail* ‚Untermietvertrag'. Formen mit Präpositionen in postdeterminierender Stellung sind dagegen selten. Bei Bildungen wie *traction avant* ‚Vorderradantrieb', *roue avant* ‚Vorderrad' und *marche arrière* ‚Rückwärtsgang' nimmt Thiele (1993, 135) eine Konversion Präposition → Adjektiv an, Holtus 1990 bezeichnet sie als Bildungen mit verabsolutierten Präfixen. Da die Abgrenzung von Präpositionen und Adverbien problematisch ist, werden hier auch die stark lexikalisierten Verbindungen mit Adverbien (*arrière-pensée, bienfait, bon-sens, maladresse*) zugerechnet.

2.3.4.2 Adjektivkomposita

Tab. 53: Typen der Adjektivkomposition

Nomen-Komposition	Beispiele
A ← A + N	rouge pie, vert épinard, vert pré
A ← A + A	blanc-bleu, bleu égyptien, chaud-froid, clair-obscur, ivre-mort
A ← P + N	bienheureux, contrefaisant, contre-productif, sans-gêne

Der Status der Adjektivkomposita ist umstritten. Thiele (1993, 125) nimmt an, dass es sich bei determinierenden Adjektivkomposita grundsätzlich um Substantive handelt, die durch Konversion die Funktion von Adjektiven übernommen haben: *une feuille morte* → *une robe feuille morte*. Gegen diese Argumentation spricht, dass einige der oben angeführten Formen nicht als Substantive belegbar oder auch nur möglich wären (**un rouge pie* → *un oiseau rouge pie*). Der *Petit Robert* führt als Komposita, die ausschließlich als Adjektive verwendet werden können, *aigre-doux* ‚süßsauer', *blanc-bleu* ‚von tadellosem Verhalten', *doux-amer* ‚bittersüß', *tout-puissant* ‚allmächtig' und *fute-fute* ‚pfiffig, schlau' an. Unstrittig ist allerdings, dass die meisten Adjektivkomposita auch substantivisch verwendet werden können. Problematisch ist ebenfalls die Abgrenzung determinierender Adjektivkomposita zu den Kopulativkomposita. So kann *bleu vert* als grünliches Blau, aber auch als Kombination aus den Farben Blau und Grün verstanden werden.

Bei determinierenden Adjektivkomposita gibt es zwei Typen. Einmal die Formen, bei denen das determinierende Element die Funktion eines attributiven (vorangestellten) Adverbs hat (*haut-placé* ‚hochgestellt', *nouveau-né* ‚neugeboren', *tout-puissant*), anderseits die Formen, bei denen ein postdeterminierendes attributives Adjektiv steht. Diese Bildung findet sich besonders häufig bei Farbbezeichnungen, in denen eine Grundfarbe näher bestimmt wird wie *bleu clair, bleu égyptien, bleu outremer*.

Bei einigen seltenen Adjektivkomposita werden die jeweiligen Eigenschaften kombiniert, es handelt sich um Kopulativkomposita: *sourd-muet* ‚taubstumm', *aigre-doux*. Hierzu gehören auch Bildungen, die eine wechselseitige Beziehung beschreiben, wie in den mit dem Bindevokal *-o* verbundenen Formen *franco-allemand, hispano-arabe*. Bei diesen Komposita ist die auf *-o* endende Form häufig gelehrten Ursprungs und lexikalisiert: *des relations sino-japonaises* (statt **chino-japonaises*), *germano-russes* (statt **allemano-russes*) (zu Bildungen auf *-o* vgl. Pochard 1989, Schweickard 1990).

A + N, N + A: Das im Deutschen sehr produktive Wortbildungsmuster findet sich im Französischen fast ausschließlich bei Farbadjektiven, bei denen das Adjektiv durch eine charakteristische Farbgebung des determinierenden Substantivs eingeschränkt wird (*bleu ciel, bleu marine, gris souris, vert épinard*). Wandruszka (1976, 103) verweist darauf, dass die im Deutschen durchaus produktiven Verbindungen von Nomen und Adjektiv im Französischen paraphrasiert werden müssen oder durch suffigierte Formen ersetzt werden: *feuerfest = à l'épreuve du feu, wasserfest = imperméable*. Äußerst selten sind die Formen mit dem Substantiv in postdeterminierender Position. Hier finden sich ebenfalls Farbbezeichnungen, bei denen das Substantiv attributiv verwendet wird, um eine mit dem Referenten verbundene typische Farbassoziation hervorzurufen. Bei *pie-rouge* und *rouge-pie* (Bezeichnung für das Fell von Tieren) kann die Stellung des Adjektivs variieren, je nachdem, welche Farbe überwiegt.

A + A: Das Determinatum erscheint in der Regel in der Form eines Partizip Passiv: *court-vêtu* ‚mit kurzem Kleid', *frais-rasé* ‚frisch rasiert'. In diesen Formen hat das Adjektiv eine adverbiale Funktion. Kombinationen aus zwei Adjektiven sind selten: *blanc-bleu* ‚tadellos im Verhalten', *sourd-muet* und bei Farbbezeichnungen: *bleu-rouge, bleu-vert* etc. Häufig ist dagegen die Verwendung der Verbindung zweier Relationsadjektive, häufig Ethnika, die dann die Beziehungen zweier Nationen bezeichnet oder weiter spezifiziert: *arabo-andalou, franco-allemand, italo-belge, russo-polonais*. Diese Bildung ist insbesondere in der Pressesprache produktiv.

P + N: Bei der Klassifikation von Bildungen wie *contre-indiqué* ‚nicht angezeigt', *tout-puissant* ‚allmächtig' und *sans-gêne* ‚schamlos' gilt die gleiche Problematik wie bei den entsprechenden substantivischen Bildungen, da eine Abgrenzung zu präfigierten Bildungen oft nicht möglich ist. Die häufig auch als Substantive verwendeten Formen können bei Ergänzung des eigentlich elliptisch ergänzten Subjekts auch als Adjektiv verwendet werden. Verbindungen von Adverbien und Substantiven sind bereits stark lexikalisiert und können synchron häufig nicht mehr analysiert werden. Zu diesem Typus sollen auch die stark lexikalisierten Formen mit Adverbien wie *bienfaisant, malheureux* gerechnet werden.

2.3.4.3 Verbkomposita

Tab. 54: Typen der Verbkomposition

Nomen-Komposition	Beispiele
V ← N + N	*mainœuvrer, saupoudrer*
V ← N + V	*bouleverser, culbuter, maintenir*
V ← Adv + V	*bienfaire, maltraiter*

Ob es tatsächlich Verbkomposita gibt, ist umstritten. Eine Form wie *saupoudrer* ‚bestreuen' setzt sich sprachhistorisch aus den Morphemen {sau} (allomorph zu {sel}) und {poudre} zusammen, die Bildung ist synchron allerdings kaum durchsichtig. Vergleichbar ist die Analyse von *maintenir*, das aus *main* und *tenir* zusammengesetzt ist oder das aus *cul* und *buter* zusammengesetzte *culbuter* ‚umwerfen'. Die Bildungsweise ist im heutigen Französisch nicht produktiv. Zu den Verbkomposita rechnet Thiele (1993, 149) auch Bildungen wie *tomber d'accord*, die in Kapitel 2 dargestellt wurden (vgl. Lüdtke 2005, 303s.).

2.3.5 Affixoide (Konfixe)

Vor allem in den romanischen Sprachen werden als Affixoide Pseudoaffixe bezeichnet, die aus dem Griechischen oder Lateinischen entlehnt wurden, zu einem früheren Zeitpunkt (meist in der Ausgangssprache) autonom waren und der Bildung abgeleiteter Wörter dienen, z. B. *terminologie* ← lat. *terminus* + gr. *logía*. Bisweilen werden Affixoide auch als Konfixe bezeichnet (z.B. bei Martinet). In der Regel sind solche Bildungen bereits aus zwei gelehrten Elementen zusammengesetzt, häufig handelt es sich wie im vorigen Beispiel um Hybridbildungen, also Zusammensetzungen aus zwei verschiedenen gelehrten Sprachen oder (seltener) aus fremden und nativen Formen. Die Determinationsrichtung ist hierbei vorwiegend prädeterminierend und widerspricht somit dem Muster der französischen (postdeterminierenden) Wortbildung. So kann man *thermomètre* als freie syntagmatische Fügung als *appareil pour mesurer la température* paraphrasieren und muss damit die Determinationsrichtung umdrehen (zur Hybridbildung vgl. Kortas 2003 und 2009).

Ob es sich hier allerdings um eine Präfigierung oder um eine Komposition handelt, ist umstritten. So kann man bei einer Form wie *thermomètre* ohne Probleme eine Segmentierung in *thermo-* und *-mètre* vornehmen, die beide auch reihenbildend vorkommen (*thermostat, thermogène, parcmètre, voltmètre*). Zudem lässt sich die Bedeutung erschließen: *thermo-* bezieht sich auf die Temperatur, *-mètre* ist ein Messgerät, ein *thermomètre* misst also die Temperatur. Dennoch handelt es sich hier um zwei gebundene Morpheme, da *thermo-* und *-mètre* in dieser Bedeutung niemals allein stehen können. Definiert man die Komposition als Verbindung zweier freier lexikalischer Morpheme, sind diese Bildungen ausgeschlossen. Man kann allerdings auch nicht von einer Kombination eines Präfixes mit einem Suffix sprechen. Wunderli (1986, 92) sieht die Problematik folgendermaßen:

> Hier liegen Moneme [= Morpheme] vor, deren semantische Intension diejenige normaler Präfixe und Suffixe bei weitem übersteigt und derjenigen von Lexemen im substantivischen, adjektivischen und verbalen Bereich oft durchaus vergleichbar ist. Gerade dieser Aspekt ist wohl im wesentlichen dafür verantwortlich, dass Bildungen mit diesen Elementen oft unter der Komposition abgehandelt werden. Andererseits erfüllen gerade diese Bildungselemente das entscheidende formale Kriterium für die Konstituenten von Komposita nicht: sie existieren im Französischen nicht als autonome Lexien (oder zumindest als freie Morpheme).

Sogar eine Klassifikation als Affixe ist hier problematisch. Wenn man davon ausgeht, dass Affixe grundsätzlich eine morphosemantische Funktion erfüllen, tragen Affixoide wie Stämme eine lexikalische Bedeutung, was für den Status als Lexem spricht. Dieses Kriterium wird häufig auch für die Abgrenzung von Affixoiden zu gelehrten Präfixen (wie *anti-, syn-* oder *trans-*) herangezogen, die eher eine morphosemantische Funktion erfüllen[93]. Im Gegensatz zu Affixen können Affixoide auch Stämme von suffigierten Formen bilden (*thermique, logique*), aber nicht präfigiert werden.

In einigen Fällen lässt sich jedoch eine historische Entwicklung feststellen. So wurde das griechische *meta*, das temporal und räumlich situierende Funktion haben konnte (temporal: danach, räumlich: dahinter) zunächst in den wissenschaftlichen Fachsprachen ebenfalls in der Bedeutung einer zeitlichen oder räumlichen Abfolge

---

[93] Daher wurden im Kapitel 2.2 auch gelehrte Formen zur Präfigierung gezählt, vor allem aber, da durch eine Trennung gelehrter und volkstümlicher Formen für die Systematik der Darstellung in dieser Einführung, bei der die Semantik im Vordergrund steht, nicht sinnvoll gewesen wäre.

verwendet (*métempsycose* ‚Seelenwanderung', *métatarse* ‚Mittelfuß'), findet sich aber in jüngeren Bildungen in der Regel in der übertragenen Bedeutung ‚in der Reihenfolge nach, hinter' (*métalinguistique, métapolitique*). Die Bedeutung von Formen, die mit Affixoiden gebildet wurden, kann sich im Laufe der Zeit verändern, da die ursprüngliche Bedeutung des Formelements nicht mehr erkannt wird. So bedeutet das Suffix *-atélie* ursprünglich ‚Ausnahme von der Steuer', *philatélie* also ‚Ausnahme von der Postgebühr' (Grevisse 2016 § 184). Ein weiteres Problem liegt in der Analyse der Formen: wenn beispielsweise eine Form wie *géologie* morphologisch analysiert werden soll, so kann man zwar *géo-* und *-logie* segmentieren, es stellt sich allerdings die Frage, ob das Suffix *-logie* nicht letztendlich auch eine komplexe Form ist. Es lässt sich *-logie* auch in die beiden Bestandteile *-log-* und *-ie* zerlegen, wobei das reihenbildende Suffix *-ie* (das auch in *jalousie* ‚Eifersucht' und *myopie* ‚Kurzsichtigkeit' vorkommt) dann die Bildung von Nomina actionis bewirkt und *-log-* sich entsprechend der griechischen Etymologie *lógos* auf den sprachlichen Ausdruck bezieht.

Da Bildungen mit Affixoiden in der Regel fachsprachlich sind, ist ihre Durchsichtigkeit auf eine Benutzergruppe eingeschränkt, die mit der Bedeutung dieser fachsprachlichen Bildungselemente vertraut ist. Bisweilen liegen auch volkssprachliche Äquivalente zu Bildungen mit Affixoiden vor: *anthropophage/cannibale* ‚Menschenfresser'.

Schränkt man die Formen auf Entlehnungen aus den gelehrten Sprachen Latein und Griechisch ein, so nimmt man eine lexikalische Differenzierung nach der Etymologie vor, die mit der synchronen Klassifizierung nicht vermischt werden sollte. Erweitert man die Klasse der Affixoide um Morpheme, die aus nicht gelehrten Sprachen entlehnt wurden, so können auch solche auf *-man* in *rugbyman* oder *tennisman*[94] aufgenommen werden.

Zahlreich sind Internationalismen, d.h. sie sind bereits als integrale Form einer anderen Sprache entlehnt worden oder wurden ausgehend vom Französischen in anderen Sprachen verbreitet (z.B. frz. *graphologue* = dt. *Grafologe* = engl. *graphologist* = it. *grafologo*). Die Filiation der Entlehnung – also die Rückführung auf eine Ausgangssprache, in der das Wort zuerst gebildet wurde – ist hierbei nicht immer eindeutig nachweisbar. In der französischen Lexikographie werden Internationalismen in der Regel als französische Wortbildungen ausgewiesen bzw. ihre Herkunft bleibt unerwähnt. So wird in den französischen Wörterbüchern *archéologue* als gelehrte Bildung auf das Jahr 1812 datiert, es handelt sich jedoch vermutlich um eine Entlehnung aus

---

94 Thiele (1993) folgt hier (wie Wandruszka 1976, 109) der Argumentation Martinets, der diese Bildungen als *recompositions* bezeichnet. Haensch/Lallemand-Rittkötter (1972, 64) zählen sogar das Suffix *-ing* in Formen wie *planning, bowling* zu den Suffixoiden, wobei hier die allgemein verbreitete Grundbedingung der Existenz eines freien lexikalischen Pendants fehlt. Zur Produktivität der Suffixe *-ing* und *-man* vgl. Dingel 1987, 260-272.

dem Deutschen (im DWDS [https://www.dwds.de] datiert auf die zweite Hälfte des 18. Jahrhunderts).

Mit Affixoiden gebildete Formen bezeichnen vor allem Nomina agentis (*astrologue*, *lexicographe*) und Nomina actionis (*agriculture*)[95]. Es überwiegen die griechischen Formen, die allerdings häufig über das Lateinische ins Französische integriert worden sind. Bereits 1960 wurde in einer Auswertung des *Petit Larousse* eine Anzahl von 971 Zusammensetzungen festgestellt, bei denen das erste Element griechischen Ursprungs ist (vgl. Dubois et al. 1960).

Einzelne Affixoide sind sehr produktiv. So finden sich z.B. mit dem Suffix -*culture* im *Petit Robert* die Formen *astaciculture, aviculture, conchiculture, ésociculture, héliculture, myticulture, ostréiculture, pisciculture*, mit -*logue* werden 141 Formen suffigiert, mit -*logie* liegen sogar 314 Einträge vor. Zudem können mit Affixoiden gebildete Formen in das französische Sprachsystem integriert werden, so existieren zahlreiche Ableitungen mit französischen Wortbildungsmorphemen: *centrifuge* → *centrifugeuse, démocratie* → *démocratisation, génocide* → *génocidaire, hétérogène* → *hétérogénité*. Für die Produktivität steht auch die Neubildung *capillotracté* ‚an den Haaren herbeigezogen' als Ersatz für *tiré par les cheveux*, die 2015 in den *Petit Larousse* aufgenommen wurde.

Eine vollständige Liste kann hier nicht gegeben werden, ein Wörterbuch der gelehrten Formelemente liegt vor von Cottez 1992, eine Liste gibt Guilbert (1971). Einige Formen können sowohl als Suffixoide als auch als Präfixoide auftreten.

Tab. 55: Suffixoide griechischen Urspungs

Suffixoid	Bedeutung	Beispiele
-agog-	führen, leiten	démagogue, démagogie, pédagogue, pédagogie
-alg-	Schmerz	analgésie, névralgie, nostalgie
-cid-	der tötet	féminicide, fratricide, régicide, suicide, trucider
-crat-	herrschen	aristocrate, autocrate, démocrate, technocratie
-drome-	rennen	aérodrome, boulodrome, hippodrome, vélodrome
-gén-	erzeugen, produzieren	cancérogénèse, arcinogénèse, ostéogénèse
-gramm-	Buchstabe, Schrift	anagramme, cardiogramme, cryptogramme
-graph(o)-	schreiben	bibliographie, démographe, lithographie, sismographe
-log-	sprechen, schreiben	catalogue, épilogue, philologie, prologue
-man-	(übertrieben) lieben	bibliomane, nymphomane, pyromane, tabacomanie

---

[95] Thiele 1993 nimmt auch bei mit Affixoiden gebildeten Formen (die er als Komposita behandelt) eine Möglichkeit der Paraphrasierung an: *l'hydrophobe = celui qui craint l'eau* (75) und gibt dabei in der Regel eine volkssprachliche verbale Basis der Formen an (z.B. *-lâtre = adorer*).

Suffixoid	Bedeutung	Beispiele
-métr(o)-	Maß	parcmètre, pluviomètre, taximètre, télémètre
-path-	spüren, empfinden	antipathie, apathie, sympathie, télépathe
-phil(o)-	der liebt	bibliophile, francophile, pédophile, zoophile
-phob-	der fürchtet	acrophobe, anglophobe, claustrophobe, xénophobe
-phon-	sprechend	allophonie, anglophone, francophonie, lusophonie
-scop-	prüfen, sehen	microscope, périscope, radioscopie, stéréoscope
-techn(o)-	Kunst, Beruf	polyethnique, pyrotechnie, technocrate, zootechnique
-thèqu-	Sammlung	bibliothèque, médiathèque, phonothèque, vidéothèque

Tab. 56: Suffixoide lateinischen Ursprungs

Suffixoid	Bedeutung	Beispiele
-ambule	herumgehend	funambule, noctambule, somnambule
-cide	tötend	fratricide, homicide, insecticide, régicide
-cole	auf die Kultur bezogen	agricole, horticole, ostréicole, vinicole, viticole
-cult-	der wachsen lässt	agriculteur, aviculteur, maïsculture, oléiculteur
-fère	tragend	ferrifère, dentifère, mammifère, nectarifère
-fuge	vertreibend	calcifuge, centrifuge, nidifuge, vermifuge
-loqu-	sprechend	colloque, éloquence, locution, soliloque
-nôme	Terminus	binôme, monôme, polynôme, trinôme
-vore	verschlingen	budgétivore, carnivore, frugivore, insectivore

Tab. 57: Präfixoide griechischen Ursprungs

Präfixoid	Bedeutung	Beispiele
acro-	am Ende von	acrobate, acronyme, acrophobie, acropole, acrostiche
aéro-	zur Luft gehörig	aérodrome, aérofrein, aérogare, aéronaval, aérospatial
agr(i/o)-	zur Landwirtschaft gehörig	agraire, agreste, agricole, agriculteur, agriculture
allo-	anders, verschieden	allogène, allogreffe, allopathie, allophone
archi-	erstrangig	archi-cuit, archevêque, archi-favori, architecte
auto-	von selbst	autodictée, autoentrepreneur, automédication
biblio-	zum Buch gehörig	bibliobus, bibliographie, bibliophile, biblio-café
crypto-	verschlüsselt	cryptogramme, cryptographie, crypto-monnaie
électro-	elektrisch	électro-cardiogramme, électrochoc, electrophone
hétéro-	anders, unterschiedlich	hétérodoxe, hétérogène, hétérosexuel
homo-	gleich	homogène, homographe, homologue, homonyme

Präfixoid	Bedeutung	Beispiele
hydro-	zum Wasser gehörig	hydroélectrique, hydrographie, hydrothérapie
iso-	gleich	isobare, isoglosse, isogamie, isomorphe
macro-	groß	macrocosme, macrophotographie, macro-régional
méta-	darüberstehend	métalangage, métaphysique, métapsychologie
micro-	sehr klein	microfilm, microonde, micro-ordinateur, microscope
mono-	einfach	mono-cépage, monochrome, monolinguisme
néo-	neu	néogothique, néologisme, néonatal, néonazi
ortho-	gerade, genau	orthodontie, orthographe, orthopédie, orthophoniste
paléo-	alt	paléographe, paléoclimat, paléolithique, paléontologie
pan-	ganz	panarabe, paneuropéen, panorama, panthéisme
poly-	vielfach	polychrome, polycopie, polymorphisme, polythéisme
proto-	zuerst	protocellule, prototype, proto-urbain, protozoaire
pseudo-	angeblich	pseudoarthrose, pseudonyme, pseudopode
télé-	entfernt	télé-achat, téléimprimeur, télétravail, télévisuel
tétra-	vierfach	tétraèdre, tétralogie, tétraplégie, tétrapode

Tab. 58: Präfixoide lateinischen Ursprungs

Suffixoid	Bedeutung	Beispiele
aqu(a)-	Wasser	aquaculture, aquagym, aquarelle, aqueduc, aqueux
equi-	gleich, ebenso	équilatéral, équilibre, équilatéral, équitable, équivalent
herb-	Gras, Pflanzen	herbeux, herbicide, herbivore, herboriser, herboriste
juxta-	daneben	juxtalinéaire, juxtaposer, juxtaposition
multi-	zahlreich	multicolore, multilingue, multiplication, multiplicité
omni-	ganz	omni-absent, omnipaiement, omnipotent, omniscient, omnivore

2.4 Wortkürzungen

Eine Möglichkeit der sprachökonomischen Verkürzung besteht in der Kurzwortbildung. Hierbei handelt es sich um Verfahren, bei denen verschiedene Reduktionstechniken angewandt werden, um die häufig sperrigen Vollformen zu vermeiden (zur Wortkürzung vgl. Barme 2011, Kjellmann 1920, Menzel 1983 und Thiele 1993, 24). Grundsätzlich widerspricht die Wortkürzung dem Wortbildungsprinzip der Motivation, da die verkürzte Form nicht ohne weiteres auf die Vollform zurückgeführt werden kann, also bekannt sein muss. Dennoch werden sie häufig gebraucht, da sich

Kurzwörter leichter aussprechen und schreiben lassen als die entsprechenden Vollformen, zudem sind sie einprägsamer.

Die Wortkürzung ist im Französischen sehr beliebt und findet in verschiedenen Textsorten und Varietäten Verwendung. Primär werden Kurzformen in fachsprachlichen Texten zur Vermeidung terminologischer Längen gebraucht. Da sie in der Regel im fachsprachlichen Diskurs nach ihrer Etablierung nicht mehr aufgeschlüsselt werden, haben sie häufig einen exklusiven bzw. privativen Charakter. Neben der originär fachsprachlichen Verwendung werden Kurzformen vermehrt auch in der Pressesprache gebraucht, hier insbesondere in Texten mit fachspezifischem Inhalt. In verschiedenen Kontexten ist die Verwendung der Vollform bereits stilistisch markiert. Insbesondere die französische Behördensprache ist stark von Kurzformen geprägt.

In der mündlichen Kommunikation werden Kurzformen vor allem gruppensprachlich verwendet, so etwa im universitären Umfeld bei der Bezeichnung von Abschlüssen und Studiengängen (DEUG ← *Diplôme d'études universitaires générales*, CAPES ← *Certificat d'aptitude professionnelle pour l'enseignement secondaire*). Bisweilen sind diese Formen auch weitergehend markiert, etwa durch eine Beschränkung des Gebrauchs auf eine bestimmte Kommunikationssituation.

Eine Anforderung an die Kurzwörter ist die Möglichkeit der Anpassung an das System der französischen Phonetik. Es müssen zumindest minimale Voraussetzungen der Sprechbarkeit erfüllt sein, etwa durch die Vermeidung ungewöhnlicher Lautkombinationen bei Initialkürzungen. Die Integration in das System des Französischen lässt sich durch die Bildung von Ableitungen auf der Basis gekürzter Formen feststellen: CGT → *cégétiste*, ENA (*école nationale d'administration*) → *énarque*, PACS (*pacte civil de solidarité*) → *pacser*, PDG (*président directeur général*) → *pédégère*, V.T.T. (*vélo tout-terrain*) → *vététiste*.

In der SMS-Sprache werden zahlreiche Abkürzungen nicht nur für einzelne Wörter, sondern bisweilen für ganze Wortgruppen und sogar Sätze verwendet. Häufig enthalten sie Zahlen, die mit Lautkombinationen der Wörter homophon sind: *ab1to* ← *à bientôt*, *B1sur* ← *bien sûr*, *2manD* ← *demander*, *10kut* ← *discuter*, *1vitE* ← *inviter*, *koi29?* ← *quoi de neuf?*, *R29* ← *rien de neuf*. Diese Formen werden nicht nur zur Verkürzung, sondern auch spielerisch genutzt und sind meist jugendsprachlich geprägt.

2.4.1 Kurzformen

Sogenannte Kopfformen sind durch Apokopierung des Wortendes entstanden. Hierbei können die Morphemgrenzen bei der Kürzung bewahrt werden, es entfällt also ein komplettes Morphem der ursprünglichen Form: *auto* ← *automobile*, *ciné* ← *cinématographe*, *métro* ← *métropolitain*. Wird die Morphemgrenze nicht berücksichtigt, erfolgt in der Regel eine Apokopierung an der Silbengrenze: *accu* ← *accumulateur*, *colo* ← *colonie (de vacances)*, *labo* ← *laboratoire*. Da bei gelehrten Formen das erste Morphem in der Regel auf -o endet (*psycho/logie*, *thalasso/thérapie*), wird analog auch bei auf *-o* auslautenden Silben gekürzt (*catho/lique, sono/risation*) oder ein in der Ausgangsform nicht vorhandenes *-o* ergänzt (*dictionnaire → dico, intellectuel → intello, régulier → réglo*). Diese Formen sind jugend- und umgangssprachlich markiert. Apokopierte Formen können auch Stamm von Zusammensetzungen sein: *handisport = handicapé + sport*.

Im Französischen relativ selten ist der Wegfall des Wortanfangs durch Aphärese, die Schwanzform genannt wird. Hier liegen vor allem Formen unter Bewahrung der Morphemgrenze vor: *bus ← autobus, car ← autocar, fax ← téléfax*. Sehr selten und im sprachhistorischen Kontext entstanden sind die Formen mit Aphärese an der Silbengrenze: *chandail* ‚Pullover' *← marchand d'ail* ‚Knoblauchhändler', *binette* ‚Hacke' *← bobinette*. Ansonsten ist die Aphärese als Form der Wortbildung nur im Argot produktiv: *troquet* ‚Bar' *← mastroquet, piston* ‚Kapitän' *← capiston*. Diese Formen können auch als reihenbildende Affixoide fungieren. So findet sich das durch Apokope aus *automobile* entstandene *auto* auch in der Bedeutung ‚Motorfahrzeug' (nicht mit dem Affixoid *auto-* in der Bedeutung ‚selbständig fahrend' zu verwechseln) in den Formen *auto-école* ‚Fahrschule' und *auto-tamponneuse* ‚Autoskooter'. Ähnliche Fälle liegen bei *photo* für *photographie* in *photocopie* ‚Fotokopie', *photomaton* ‚Passbildautomat', *photocopillage* ‚illegales Fotokopieren', *photogénique* ‚fotogen' und *télé* für *télévision* in *téléspectateur* ‚Fernsehzuschauer' und *télé-réalité* ‚Reality-TV' vor (zu apokopierten Formen vgl. Plénat/Solares Huerta 2006).

Kombinationen von Kopf- und Schwanzformen werden auch Portemanteauwort (nicht zu verwechseln mit dem Portemanteaumorphem!) oder Kofferwort (*mot valise*) oder Wortkreuzung genannt: *adulescent ← adulte + adolescent, autobus ← auto(mobile) + (omni)bus, caméscope ← cam(éra) + (magnéto)scope, stagflation ← stag(nation) + (in)flation, tapuscript ← taper + manuscript*[96]. Besondere Verbreitung hat die von Etiemble geprägte Form *franglais* zur Bezeichnung der Sprachmischung aus englischen und französischen Formen erfahren, die aus *français* und *anglais* gebildet wurde, wobei insbesondere die Homophonie des gemeinsamen Nasalvokals [ã] genutzt wurde. Im heutigen Französisch finden sich insbesondere im Bereich der Informatik zahlreiche Neubildungen: *courriel ← courrier + électrique, lyber ← livre + cyber, phablette ← iPhone + tablette, pourriel ← poubelle + courriel* (zum Portemanteauwort vgl. Bonhomme 2009/12 und 2012, Galisson 1987 und Léturgie 2012).

Die Wortkürzung ist insbesondere gruppensprachlich weit verbreitet. So finden sich im universitären Sprachgebrauch die Formen *bac ← baccalauréat, fac ← faculté*, die auch alltagssprachlich verbreitet sind.

---

[96] Synonym finden sich auch die Termini Wortmischung bzw. engl. *blending*. Tournier (2007, 130) nennt diese durch „téléscopage" aus „fractomorphèmes" gebildeten Formen auch Amalgame.

2.4.2 Initialkürzungen

Zur Verkürzung umfangreicher und stark frequenter syntaktischer Einheiten verwendet das Französische häufig Initialkürzungen. Es handelt sich hierbei um nicht nur geschriebene, sondern auch gesprochene Siglenbildung, bei der die Anfangsbuchstaben der Konstituenten in der Regel nominale Wortgruppen zusammengefügt und wie eine lexikalische Einheit verwendet werden. Die Aussprache hängt von den Möglichkeiten ab, die durch die Buchstabenfolge gegeben sind. Hierbei werden Präpositionen, die die einzelnen Satzglieder verbinden, ausgelassen. Es werden unterschieden:

– Initialwörter, bei denen der Anfangsbuchstabe jeder lexikalischen Einheit des abzukürzenden Syntagmas einzeln gesprochen wird: CNRS ← *Centre national de la recherche scientifique*. Bei Initialwörtern werden die einzelnen Buchstaben in der Regel durch Punkte getrennt: H.L.M. ← *habitation à loyer modéré*, U.L.M. ← *ultra-léger motorisé* ‚kleines Motorflugzeug',

– Akronyme, bei denen die Anfangsbuchstaben als Laute der neuen Form ausgesprochen werden, wenn die Lautfolge im Französischen üblich oder möglich ist: SIDA ← *Syndrome Immuno-Déficitaire Acquis*, URSSAF ← *Union de recouvrement des cotisations de sécurité sociale et d'allocations familiales*, ENA ← *École nationale d'administration*, T.I.R. ← *transit international routier*. Eine Sonderform stellt hier die Bildung DEUG [dœg] ← *diplôme d'études universitaires général* dar, bei der die Buchstaben <eu> entsprechend der orthographischen Konvention zu einem Laut [œ] zusammengefasst werden. Akronyme werden in der Regel ohne Trennungspunkte geschrieben.

Die Schreibung mit oder ohne Trennungspunkte stellt also eine Angabe zur Aussprache der Form dar. Dennoch lässt sich im heutigen vor allem pressesprachlichen Gebrauch häufig das Auslassen der Trennungspunkte auch bei Siglen feststellen[97]. Eher ungewöhnlich für das Französische ist die Abkürzung silbischer Elemente, bei der nicht Einzelbuchstaben der Vollform, sondern ganze Silben zusammengefügt werden: *Benelux* (*Belgique, Nederland, Luxembourg*).

Bei der Siglenbildung kann auch ein bereits existierendes Lexem oder ein Eigenname Vorbild sein. So wurde als Abkürzung *für Plan d'engorgement des gares en situation exceptionnelle* das Sigle *Pégase* nach dem mythischen geflügelten Pferd Pegasus gewählt. Dem alternativ zu Euro diskutierten Sigle E.C.U. (*European currency unit*) lag der Name einer französischen Münzeinheit des *Ancien régime* zugrunde. So können Siglen doppelt motiviert sein.

---

[97] Im *Bon usage* wird diese Tendenz kritisiert: „Il paraît pourtant utile que la présence ou l'absence des points informe immédiatement le lecteur sur la prononciation, et, d'une façon générale, que l'on tâche de mettre un peu d'ordre dans l'anarchie actuelle" (Grevisse 2016 § 191).

Die Siglenbildung hat sich im Französischen vor allem durch den Einfluss des Englischen nach dem zweiten Weltkrieg stark verbreitet. Dem kommunikativen Vorteil der Kürze der Bildung steht die mangelnde Durchsichtigkeit gegenüber, die es unmöglich macht, eine dem Leser/Hörer nicht bekannte Form zu verstehen. Einige Siglenbildungen stehen in Konkurrenz zu Kurzformen: *télé* vs. *TV* ← *télévision*. Nicht mehr auf eine Vollform zurückgeführt wird z.B. *CEDEX* ← *Courrier d'entreprise à destination exceptionnelle* (zur Siglenbildung vgl. Bayle 2005, Cartier 2009, Gebhardt 1981 und Himmelfarb 2002).

2.4.3 Reduplikationen

Der Status von Reduplikationen ist umstritten. Einerseits wird hier eine besondere Form der Komposition angenommen, andererseits handelt es sich aber bei Formen wie *caca* oder *pouêt pouêt* eher um Lautimitationen, bei denen kein Determinationsverhältnis vorliegt und die Semantik der Bildung sich nicht aus der Kombination zweier lexikalischer Morpheme ergibt. Insofern liegt hier zwar eine besondere Wortbildungsform vor, aber keine komplexe Lexie. Zur Kindersprache gehören Formen wie *dada* ‚Steckenpferd', *quéquette* ‚Penis', *tata* ‚Tante', *train-train* ‚Alltag', die oftmals auch einen diminutivischen Charakter haben (vgl. Mayerthaler 1977, Thiele 1993, 105s).

Aufgaben und Fragen zu Kapitel 2

1. Ermitteln Sie anhand des *Corpus français* die Bildungen mit den Präfixen *maxi-* und *mini-*. In welchen Kontexten erscheinen die Bildungen? Was lässt sich zu Semantik und Produktivität sagen?
2. Erstellen Sie anhand der CD-Rom des *Petit Robert* eine Liste der mit *bien-* präfigierten Formen. Lassen sich immer Äquivalente mit *mal-* finden? Überprüfen Sie die Ergebnisse mit dem *Corpus français*!
3. Bestimmen Sie die Art der Komposition (Determinativ, Possessiv, Kopulativkompositum) in folgenden Beispielen: *grain de café, rouge foncé, bel esprit, race chevaline, visage pâle*.
4. Geben Sie auf der Internetseite *linguee.de* die deutschen Wörter *fast* und *beinahe* ein. Welche Übersetzungen werden angezeigt? Können daraus Aussagen zur Präfigierung im Sprachvergleich abgeleitet werden?
5. Präfigieren Sie die folgenden Substantive mit *anti-, dis-, ex-, pro-, re-, sub-, trans-,* und *ultra-*. Überprüfen Sie Ihre Ergebnisse mit den in Wörterbüchern lexikalisierten Formen: *champion, opération, juge, ministre, différence, construction, flexibilité, culture, qualification, impérialisme, alcoolique*.

6. Stellen Sie anhand eines selbstgewählten Korpus Formen auf -*ien* und auf -*iste* zusammen. Zu welchen Stämmen werden die Formen gebildet? Lassen sich Unterschiede in der Semantik im Kontext feststellen?
7. Nennen Sie Adjektivsuffixe mit passivischer Bedeutung. Paraphrasieren Sie folgende Sätze, indem Sie die Adjektive durch eine äquivalente Struktur ersetzen: (1) *Ce plat est mangeable.* (2) *Bienvenue sur le réseau de voies navigables de France.*
8. Erstellen Sie mit Hilfe eines digital verfügbaren Wörterbuchs (*Petit Robert, Trésor de la langue française informatisé*...) eine Liste von Determinativkomposita mit *livre* als Determinatum. Bestimmen Sie den jeweiligen Wortbildungstyp und versuchen Sie, eine Kategorisierung nach formalen und semantischen Kriterien zu erstellen!
9. Auf dem *Festival du Mot* in Charité-sur-Loire wird seit 2004 das Wort des Jahres gewählt. 2015 standen die folgenden Wörter zur Auswahl: *abstention, binôme, caricature, crispation, daesch, frondeur, intégrisme, laïcité, lâcheté, réchauffement, zadiste* und *liberté d'expression* (gewählt wurde *laïcité*). Stellen Sie fest, welche dieser Formen durch Wortbildung entstanden sind. Diskutieren Sie eventuelle Problemfälle.
10. Untersuchen Sie in den Kapiteln Substantivbildung und Adjektivbildung gegebenen Beispieltexten nach Formen der Verbbildung.
11. Stellen Sie anhand des TLFi eine Liste der Möglichkeiten des Ausdrucks der räumlichen Situierung zusammen. Stellen Sie unter der *Recherche complexe* bei 1) *spatiale* ein. Werden alle Möglichkeiten aufgeführt?
12. Die Analyse komplexer Wörter mit nichtfranzösischen Morphemen ist besonders schwierig, weil man dem Wort häufig nicht ansehen kann, ob es als Ganzes entlehnt oder erst im Französischen gebildet worden ist. Als weitere Schwierigkeit kommt hinzu, dass nicht alle komplexen Wörter auf im Französischen belegte Lexeme zurückgeführt werden können. Versuchen Sie, die folgenden Wörter in ihre Morpheme zu segmentieren: *ampleur, manifestation, publique, incivisme, contemporain.* Überprüfen Sie Ihre Ergebnisse anschließend anhand etymologischer Wörterbücher (*Dictionnaire historique de la langue française, Französisches etymologisches Wörterbuch*...).
13. Überprüfen Sie anhand eines elektronischen Korpus, ob Sie Belege für periphrastische Genusmarkierungen und solche mit Suffigierung finden. Wie stehen die Bildungen im quantitativen Verhältnis? Lässt sich eine Affinität zu einer bestimmten Textsorte nachweisen?
14. Der Wictionary führt eine ganze Reihe von Bildungen mit dem Suffix -*issime* auf [https://fr.wiktionary.org/wiki/-issime]. Überprüfen Sie anhand von *Europresse* oder anderer Korpora des Französischen die Häufigkeit dieser Formen. In welchen Kontexten erscheinen sie? Lässt sich eine stilistische Markierung erkennen?
15. Bei Thiele 1993 werden Formen mit vorangestelltem *avant*- als Präfigierungen geführt, Rohrer 1977 zählt sie dagegen eher zur Komposition. Versuchen Sie, die

jeweiligen Argumente nachzuzeichnen. Für welche Option würden Sie sich entscheiden? Begründen Sie ihre Entscheidung!
16. Suchen Sie in einem pressesprachlichen Korpus (falls an Ihrer Universität zugänglich möglichst *Europresse*) Ableitungen zum Namen *Sarkozy* (in der *recherche assistée* mit Eingabe von Sarkoz*). In welchen Kontexten treten die Formen auf? Welche Semantik liegt vor? Welche Wortbildungsmuster sind besonders produktiv? Wie verändert sich der Name als Stamm?
17. Stellen Sie in einem Parallelkorpus Diminutivbildungen im Französischen und Deutschen zusammen und vergleichen Sie anhand eines Wörterbuchs oder eines Internetübersetzungsdiensts die Entsprechungen.
18. Nach welchen Wortbildungsmustern sind die folgenden Berufs- und Tätigkeitsbezeichnungen gebildet: *boulanger, charcutier, dentiste*? Wie lässt sich der Suffixwechsel erklären? Finden Sie weitere Beispiele für Berufsbezeichnungen mit Suffixen im Französischen!
19. Vergleichen Sie die Positionen von Rohrer 1972 und Thiele 1993 zu den Verbalkomposita mit der Behandlung des Phänomens in der französischen Grammatikographie. Welche Unterschiede lassen sich feststellen?
20. Suchen Sie im Korpus *Europresse* nach Komposita des Musters *machine* + Präposition + Infinitiv. Welche dieser Formen sind lexikalisiert? Welche Formen erscheinen in den Wörterbüchern?
21. Überprüfen Sie verschiedene Auflagen des *Petit Larousse* und des *Petit Robert* nach Formen, die mit den Präfixoiden *archi-, hyper-, maxi-* und *néo-* gebildet werden. Welche Tendenzen lassen sich feststellen?
22. Untersuchen Sie in folgendem Artikel (Le Quotidien du Médecin, 30.9.2015, Europresse news·20150930·SQW·772806) den Gebrauch der Siglen. Wann werden Sie gebraucht, wann erklärt? Lässt sich ein Zusammenhang mit dem Publikationsorgan feststellen?

Inscrits

Hôpital : grève nationale des personnels le 1er octobre contre le projet de loi de santé et l'austérité budgétaire

Budget hospitalier

Cinq intersyndicales ont déposé pour ce jeudi 1er octobre un préavis de grève nationale contre l'austérité budgétaire dans les établissements publics et, pour certains, contre le projet de loi de santé. L'ensemble des infirmiers de la fonction publique hospitalière et du secteur privé ont également prévu de se joindre au mouvement de protestation.

CGT, FO, SUD exigent - entre autres - le retrait du pacte de responsabilité et du projet de loi santé, « *l'abandon de toutes les mesures d'économie qui asphyxient les établissements et les services* », l'arrêt des fermetures de lits, le maintien des jours de RTT et 400 euros d'augmentation des salaires « *pour toutes et tous immédiatement* ».

Sans aller aussi loin dans les revendications, la CFTC s'est également engagée dans ce mouvement de grève, déplorant surtout les « *coups* » portés aux hôpitaux par les agences régionales de santé qui « *multiplient* » les fermetures de lits.

La CFE-CGC appelle uniquement les infirmiers à joindre le mouvement. Les syndicats UNSA et CFDT en sont absents.

Situation bloquée à l'AP-HP

À l'Assistance publique des Hôpitaux de Paris (AP-HP), c'est à l'unisson que les représentants des personnels hospitaliers vont profiter de cette nouvelle journée d'action pour donner de la voix contre le projet de réforme de l'organisation du temps de travail piloté dans la douleur par le directeur général Martin Hirsch depuis le printemps dernier.

L'intersyndicale a indiqué ce mardi refuser désormais de siéger dans les instances centrales de l'AP-HP.

Seule la CFDT a accepté de reprendre les discussions avec la direction, notamment sur la base de la suppression des journées extralégales (congés propres à l'AP-HP, comme la fête des mères), « *afin de maintenir le schéma horaire en 7 h 36 générant 18 RTT* ».

3 Wortbildung in Varietäten des Französischen

Die Varietäten des Französischen unterscheiden sich vom Standardfranzösischen in Phonetik, Morphologie, Lexik und Syntax. Auch im Bereich der Wortbildung zeigen sich deutliche Unterschiede. So tendieren einige Fachsprachen zur Entlehnung von Morphemen aus anderen Sprachen, teilweise aus dem Englischen, aber auch aus den gelehrten Sprachen Latein oder Griechisch. Darüber hinaus verfügen sie über eigene Wortbildungsmuster. Die Jugendsprache ist besonders kreativ in den Bereichen Derivation und Wortkürzung. Der Stil einiger literarischer Gattungen oder Autoren zeichnet sich durch die kreative Nutzung der Wortbildungsmuster des Französischen aus. Zudem ist die französische Sprache nicht überall homogen. Aus der historischen Entwicklung oder der kommunikativen Notwendigkeit aufgrund anderer Lebensbedingungen heraus wird außerhalb Frankreichs häufig auf die Möglichkeit der Wortbildung zur Bezeichnung von Dingen oder Sachverhalten zurückgegriffen.

Die bisherigen Darstellungen der Wortbildung des Französischen sind systemlinguistisch angelegt und basieren auf dem hexagonalen (europäischen) Französisch, entsprechend blieben Aspekte der Varietätenlinguistik bisher weitgehend unberücksichtigt. Ebenso tritt die Wortbildung in der Varietätenlinguistik gegenüber der Phonetik und der Lexikologie in den Hintergrund.

Da in der Forschung allerdings zunehmend die dominante Rolle der hexagonal geprägten französischen Standardsprache in Frage gestellt und im Gegenzug der Stellenwert der verschiedenen Parameter der Variation immer deutlicher wurde, sollen hier exemplarisch einige Aspekte der Wortbildung in der Varietätenlinguistik vorgestellt werden. Dieses Kapitel versteht sich somit auch als Anregung für weitergehende Studien.

3.1 Wortbildung in Fachsprachen

Fachsprachen charakterisieren sich vor allem durch ihre Terminologie. Fachwörter sind definiert, also im Gegensatz zur Alltagssprache in ihrer Bedeutung festgelegt. Daher finden sich die Grundlagen der fachsprachlichen Terminologie auch in der DIN-Norm 2342 des Deutschen Instituts für Normung:

> Bereich der Sprache, der auf eindeutige und widerspruchsfreie Kommunikation in einem Fachgebiet gerichtet ist und dessen Funktionieren durch eine festgelegte Terminologie entscheidend unterstützt wird.

Ziel der fachsprachlichen Kommunikation ist die größtmögliche semantische Präzision, die einhergeht mit einer Vermeidung von Ausdrucksvariation (etwa durch Synonymie), einer Vermeidung von Inhaltsvariation (durch Polysemie oder Homonymie) und einer größtmöglichen Ausdrucksökonomie. Fachsprachliche Termini sollen einem spezifischen fachsprachlichen System entsprechen, eine Möglichkeit zur Abstraktion bieten und konventionell weitgehend festgelegt sein. In der Terminologiearbeit wird der fachsprachliche Wortschatz in der Regel allgemeinverbindlich und häufig auch sprachübergreifend durch terminologische Kommissionen festgelegt (zum Französischen existieren z.B. die *Association pour la Promotion de la terminologie scientifique et terminologique en français* (FRANTERM) sowie die *Association française de normalisation* (AFNOR) (eine Liste der Kommissionen gibt Gabriel 2006; zur Wortbildung in der Medizin vgl. Fugger 1982; zur Terminologieforschung allgemein vgl. Oeser/Picht 1998). Die für die Fachkommunikation notwendige terminologische Präzision kann durch Entlehnungen aus anderen Sprachen erzeugt werden (engl. *internet* → frz. *internet*) oder durch die Resemantisierung alltagssprachlicher Begriffe: *tissu* ‚Stoff' → *tissu* ‚Zellverband (medizinische Fachsprache)'. Am häufigsten ist allerdings die Bildung von Neologismen mit Mitteln der Wortbildung (zur fachsprachlichen Wortbildung im Französischen vgl. Müller 1975 sowie Stolze 2009, 113–140). Der Grad der Fachsprachlichkeit wächst mit der Dichte an fachsprachlichen Termini in einem Text.

Im Bereich der Fachsprachen finden sich besonders häufig Komposita und Wortkürzungen. Derivationen erfolgen in der Regel nicht mit alltagssprachlichen Affixen, sondern verfügen über ein spezifisch fachsprachliches Inventar. Im Folgenden sollen die einzelnen Möglichkeiten der fachsprachlichen Wortbildung dargestellt werden.

3.1.1 Derivation in Fachsprachen

Im Bereich der Derivation sind die durch Sprachplanung entstandenen spezifisch fachsprachlichen Wortbildungsmuster charakteristisch. So werden zur Erstellung fachsprachlicher Taxonomien teilweise vollständige Affixsysteme entwickelt. Wie allgemein für Fachsprachen charakteristisch, ist hier die Eindeutigkeit der Bezeichnung maßgeblich, es kann von der in der Regel von einer Terminologiekommission festgelegten Bedeutung nicht abgewichen werden. Die Formen sind aber durchweg produktiv. Wenn ein neu entdecktes Objekt in eine bereits existierende und einem Wortbildungsmuster zugeordnete Klasse eingeordnet werden kann, kann das Wortfeld beliebig erweitert werden. Die Wortbildungsmuster entsprechen in der Regel der Sprache, die für das jeweilige Fach dominant ist, die einzelnen Formen werden dann durch orthographische und phonetische Angleichung der jeweiligen Zielsprache angepasst.

Einige Suffixe können in verschiedenen Fachsprachen verschiedene Bedeutungen haben, die Monosemantizität gilt immer nur für eine Fachsprache. So bezeichnet das aus dem lateinischen *-ita* entstandene Suffix *-ite*, das ursprünglich zur Bildung von Ethnika diente (*israélite, sunnite*), in der Chemie ein Salz der Kieselsäure (*antimonite, arsenite*), in der Medizin dagegen Entzündungserkrankungen (*appendicite, bronchite, méningite*), in der Paläontologie wiederum fossile Lebewesen (*bélemnite, encrinite*). Die aus der medizinischen Fachsprache bekannte Bedeutung des Suffixes *-ite* kann ironisch wiederum auch alltagssprachlich mit der Konnotation ‚übertriebene, krankhafte Neigung zu' verwendet werden: *espion → espionite, putsch → putschite, réunion → réunionite* (vgl. Blochwitz/Runkewitz 1971, 170).

Fachsprachen folgen häufig einem sprachplanerisch strukturierten Derivationssystem. So entwickelte der französische Chemiker Lavoisier (1743–1794) Suffixe aus der Kürzung von Vollformen durch Aphärese oder Apokope der jeweiligen Bezeichnung für die Obergruppe. Wenn sich also eine chemische Verbindung der Alkoholgruppe zuordnen lässt, wird sie mit dem Suffix *-ol* gebildet. Dieses Suffix kann an französische Stämme angehängt werden (*aldol* = *al(déhyde) + (alco)ol, éthanol, géraniol, menthol*) oder sich mit einer gelehrten Basis verbinden (*glycol, hexol, acétol*). Lavoisier hat u.a. folgendes System der Einteilung entworfen: *-ide* (*acétamide, acrylamide, glycide*) = sauerstofffreie Verbindungen, *-ite* (*alunite, phosphite*) = sauerstoffarme Verbindungen, *-ate* (*ammonitrate*) = sauerstoffreiche Verbindungen, *-ène* (*anylène, éthylène*) = zur Gruppe der Kohlenwasserstoffe gehörig etc.

In der Terminologie der Sprachwissenschaft sind Wortbildungsformen dagegen relativ selten und betreffen vor allem Begriffe aus der Systemlinguistik. So bezeichnet *-ème* die sprachlichen Elemente auf der Ebene der *langue*, also des Sprachsystems (*phonème, morphème, sémème*), während das Suffix *-lecte* für die Varietäten einer Sprache steht (*idiolecte, technolecte, régiolecte, sociolecte*). In der Wortbildung schließlich bezeichnet *-fixe* ein an einen Stamm angehängtes Morphem, das nach seiner Position weiter definiert wird (*affixe, circonfixe, préfixe, suffixe*).

Auch in der Alltagssprache vorhandene Suffixe können fachsprachlich verwendet und dann entsprechend mit einer fachsprachlichen Bedeutung versehen werden. So bezeichnet das in der Alltagssprache zur Bildung von denominalen Adjektiven verwendete Suffix *-eux* in der Chemie einen geringen Sauerstoffanteil (*chloreux* = $HClO_2$), mit dem Suffix *-ique* wird dagegen ein höherer Sauerstoffanteil angegeben (*chlorique* = $HClO_3$). Einige dieser fachsprachlichen Formen können auch bei Produktnamen verwendet werden, Lüdtke (1968, 118) spricht hier von Reklamesuffixen. Hier existieren Neubildungen auf *-cide*, die ein abtötendes Produkt bezeichnen, wobei das Objekt im Stamm ausgedrückt wird: *acaricide, insecticide, larvicide*.

Einige Formen der fachsprachlichen Wortbildung haben sich auch in der Alltagssprache durchgesetzt. So werden die ursprünglich fachsprachlich geprägten Wortbildungen mit dem Suffix *-isation* und *-ification* (etwa *ionisation* oder *exemplification*) nun auch alltagssprachlich verwendet.

3.1.2 Komposition in Fachsprachen

Die für Fachsprachen notwendige terminologische Präzision wird vor allem durch die Bildung von Komposita erreicht, entsprechend ist die Komposition einer der produktivsten Bereiche der fachsprachlichen Wortbildung des Französischen. Müller (1975) bezeichnet die Zusammensetzung aus Substantiv und Adjektiv, die syntagmatische Zusammensetzung mit präpositionaler Verbindung und die Wortkomposition aus griechischen und lateinischen Elementen als charakteristisch für die französischen Fachsprachen.

Bei Zusammensetzungen aus Substantiv und Adjektiv finden sich besonders häufig Komposita, in denen alltagssprachliche Substantive durch das Anfügen eines relationellen Adjektivs zu einem Fachterminus werden: *champ* ‚Feld' → *champ magnétique* ‚Magnetfeld'. Durch diese Form der Wortbildung können auch bereits fachsprachliche Lexeme weiter differenziert werden.

Während in der Alltagssprache häufig syntagmatische Bildungen mit volkstümlichen Formen verwendet werden, tendieren Fachsprachen zu postdeterminierenden Zusammensetzungen aus (gelehrtem oder volkstümlichem) Determinatum und Determinans in der Form eines gelehrten Adjektivs. Müller (1975, 157) nennt als Beispiele die Bildungen mit *veine* aus der medizinischen Fachsprache (die volkssprachliche Form zuerst und dann das fachsprachliche Äquivalent): *veine de l'oreille* vs. *veine auriculaire* ‚Ohrader', *veine de la bouche* vs. *veine buccale* ‚Mundader', *veine du coeur* vs. *veine cardiaque* ‚Herzader', *veine de la tête* vs. *veine céphalique* ‚Kopfader', *veine du dos* vs. *veine dorsale* ‚Rückenader', *veine du front* vs. *veine frontale* ‚Stirnader'. Die so entstandenen Komposita Substantiv + relationelles Adjektiv sind in der französischen Fachsprache besonders häufig. Müller (1975, 157) erklärt die Häufigkeit mit der leichten Bildung von Antonymen wie *motion haute / motion basse* (Groß- und Kleinschreibung in der Daktylographie), *pression haute / pression basse* (Hochdruck / Niederdruck).

Im Deutschen werden fachsprachliche Begriffe in der Regel durch Komposita ausgedrückt, im Französischen überwiegen dagegen syntagmatische Zusammensetzungen. Dies führt zu bisweilen sehr sperrigen Übersetzungen fachsprachlicher Ausdrücke. Während im Deutschen das Kompositum *Emissionshandelsrichtlinie* fest lexikalisiert ist, finden sich im Französischen zahlreiche variierende Übersetzungen als syntagmatische Zusammensetzungen (*directive sur l'échange d'émissions*; *directive sur l'échange des quotas d'émission*; *directive établissant le système d'échange de quots d'émission, directive relative aux échanges de quotas d'émissions*) oder man greift auf eine Initialkürzung zurück: *la directive SCEQE* (= système communautaire d'échange de quotas d'émission, la directive REL = règlement extrajudiciaire des litiges de consommation).[98]

Während es in der Alltagssprache problematisch ist, syntagmatische Zusammensetzungen als eigenständige lexikalische Einheiten zu klassifizieren, geht man bei den Fachsprachen davon aus, dass es immer einen fest definierten Bezug zwischen einem *signifiant* und einem *signifié* gibt. Entsprechend werden in der Fachlexikographie auch sehr komplexe Formen als eigenständige Einträge aufgenommen.

3.1.3 Siglenbildung in Fachsprachen

Da die meisten fachsprachlichen Komposita aus mehr als zwei Elementen bestehen und die Wiederholung des Terminus zu einer Verlängerung des Textes führt – was wiederum dem fachsprachlichen Prinzip der Ausdrucksökonomie widerspricht – besteht in den Fachsprachen eine Tendenz in der Siglenbildung. So verzeichnet das rechtssprachliche Wörterbuch von Doucet/Fleck neben 38000 Worteinträgen auch 600 Siglenbildungen[99].

Da sich die Texte vornehmlich an ein Fachpublikum richten, wird davon ausgegangen, dass die Abkürzungen komplexer Bildungen bekannt sind und nicht gesondert erklärt werden müssen. Dies führt zu zahlreichen formgleichen Kürzungen, die in verschiedenen Fachsprachen für unterschiedliche Komposita stehen. Eine Disambiguierung ist hier nicht notwendig, da die Texte in der Regel homogen sind. So steht die Sigle BSR für *brevet de sécurité routière*, aber auch für *bactérie sulfato-réductrice* oder *bilan scientifique régional*, AFIS kann verwendet werden für *Association française d'ingénierie système*, *Association française pour l'information scientifique* oder *Aerodrome Flight Information Service* (zur Siglenbildung in den Fachsprachen vgl. Bayle 2005).

3.2 Wortbildung in diatopischen Varietäten

In der Wortbildungslehre wird allgemein das hexagonale Französisch als Grundlage herangezogen. Studien zur diatopischen Differenzierung liegen dagegen nur in geringer Zahl vor (u.a. Baldinger 1950 zur Kollektivierung in verschiedenen Varietäten des Französischen, Debaty-Luca 1986 zur Prädikatsnominalisierung im Wallonischen, Mfoutou 2013 zu denominalen Verben im Französischen in Congo, Kethiri 2015

---

[98] Ergebnis einer Untersuchung anhand der Übersetzungsdatenbank linguee.de [Zugriff am 14.3.2016].
[99] Doucet, M./Fleck, K. (⁷2012): Wörterbuch Recht und Wirtschaft, Beck.

zu Hybridbildungen im Maghreb; einen Überblick zum Forschungsstand gibt Quéffelec 2009). Lüdtke (2007, 387) begründet dies mit dem Heranziehen von (standardsprachlichen) Wörterbüchern als empirischer Grundlage der meisten sprachwissenschaftlichen Untersuchungen zur Lexik, während Wortbildungsprozesse diatopischer Varietäten nur unzureichend lexikographisch repräsentiert sind. Eine Datenbank zur Lexik der Frankophonie liegt mit der *base de données lexicographiques panfrancophone* [http://www.bdlp.org] vor.

Die Dynamik der Entwicklung der französischen Sprache außerhalb Frankreichs und insbesondere im nichteuropäischen Raum hat jedoch dazu geführt, dass auch im Bereich des Lexikons neue Formen entstanden sind, die im hexagonalen Französisch nicht belegt sind. Pöll (1989, 14) nennt als Beispiele hier das im Französischen der Schweiz verwendete *ramassoire* m. ‚Schaufel zum Aufkehren von Staub' ← *ramasser* sowie aus dem Senegal *essencerie* f. ‚Tankstelle' ← *essence*[100]. Ebenso lässt sich bei der Einführung von Neologismen zur Bezeichnung neuer Sachverhalte eine unterschiedliche Nutzung der Möglichkeiten des Sprachsystems feststellen. So findet sich im Französischen Marokkos *ruralisation* f. ‚Verländlichung von Städten durch die Landflucht der Bevölkerung (Marokko)' ← *rural* mit dem Suffix *-isation* gebildet, das im heutigen Französisch nur mit verbalen Stämmen produktiv ist.

Eine umfassende Studie zur spezifischen Wortbildung der Frankophonie steht bisher aus, obwohl hier in einigen Bereichen eine lexikographische Dokumentation des Wortschatzes vorliegt. Als Beispiel soll exemplarisch die Wortbildung im kanadischen Französisch vorgestellt werde, da es sich hier um eine besonders gut dokumentierte Varietät des außerhexagonalen Französisch handelt[101].

Poirier (1980, 336ss.) führt als Beispiel die kanadischen Ableitungen auf der Basis des Verbs *renchausser* an. Belegt sind die Formen *renchaussage* ‚action de renchausser; le remblai ainsi crée' und *rechausseuse* ‚machine servant à renchausser' an (beide belegt im *Atlas linguistique de l'Est du Canada* ALEC Karte 787)[102]. Eine Liste von Quebecismen gibt Paquot (1988, 102–117), in der sich folgende Belege einer spezifischen kanadischen Wortbildung finden: *blé d'Inde* ‚Mais', *boucane* ‚Rauch', *champlure* ‚Wasserrohr', *corporence* ‚Beleibtheit' (fr.hex. *corpulence*), *crémage* ‚Vereisung', *efface* ‚Radiergummi' (Rückbildung zu *effacer*), *encabané* ‚zu Hause eingeschlossen' (zu *cabane* ‚Hütte', parasynthetische Bildung), *enfargé* ‚am Fortgehen gehindert', *garrocher* ‚werfen', *niaiseux* ‚niais', *partisannerie* ‚Parteigeist' (Derivation zu *partisan* mit dem Suffix *-erie*), *placoter* ‚schwätzen, übel nachreden', *répliqueux* ‚Rein-

---

[100] Zur Wortbildung im Regionalfranzösischen vgl. Lengert 1994.
[101] Zum Lexikon des kanadischen Französisch vgl. insbesondere die Studien von Poirier 1980.
[102] Dulong, Gaston /Bergeron, Gaston (1980): Le parler populaire du Québec et de ses régions voisines. Atlas linguistique de l'Est du Canada, Gouvernement du Québec, Ministère des Communications en coproduction avec l'Office de la langue française, 10 vol.

reder' (Derivation zu *répliquer* ‚erwidern' mit dem Suffix *-eux*), *supposément* ‚vermutlich' (Adverbbildung zu *supposer*), *vivoir* ‚Wohnzimmer' (zu *vivre* mit dem Suffix *-oir*), *votation* ‚Wahl' (zu *voter*, fr.hex. *vote*), *voteur* ‚Wähler' (fr.hex. *électeur*).

Hierbei handelt es sich teilweise um Formen, die im europäischen Französisch veraltet sind. So belegt das Französische etymologische Wörterbuch *corporance* (2, 1216a) sowie *enfergier* (3, 469b) für frühere Sprachepochen. Andererseits liegen aber auch Bildungen vor, die mit den Mitteln der Wortbildung erst im kanadischen Französisch entstanden sind und in Konkurrenz zu Formen des hexagonalen Französisch stehen. Léard (1995, 38s.) nennt das aus der Segmentierung von *marathon* entstandene Suffix *-(o)t(h)on*, das zur Bezeichnung von Sportwettkämpfen sehr produktiv ist (*dansoton, marcheton, nageton, téléthon*). Besonders produktiv ist ebenfalls das Suffix *-able* zur Bildung deverbaler Adjektive, zu dem u.a. *baignable, dormable, sortable, travaillable* und *voyageable* belegt sind. Denominale Nomina loci werden vorwiegend mit *-erie* gebildet: *aluminerie, pantalonnerie, sucrerie, tasserie* (Léard 1995, 55, 60). Walter (1999, 256) führt eine Reihe von Anglizismen auf, bei denen im kanadischen Französisch Entsprechungen verwendet werden, die durch französische Wortbildungen ersetzt werden: *vol nolisé* = engl. *charter, maïs soufflé* = engl. *pop-corn, traversier* = engl. *ferry, chandail* = engl. *pull-over*.

In der Frankophonie werden häufig Stämme aus Kontaktsprachen mit französischen Formelementen verbunden, es entsteht eine hybride Form. Kethiri (2015, 185) nennt zu dem arabischen Stamm *gourbi* ‚einfaches Haus im Maghreb' die Bildungen *dégourbiser* und *dégourbisation*. Für das algerische Französisch belegt Kethiri (196) 92 Derivationen und 26 Komposita als arabisch/französische Hybridbildungen. Hybridbildungen aus französischen und indigenen Stämmen bzw. Suffixen in der Frankophonie sind u.a.: *boukoutage* ‚Veruntreuung öffentlicher Gelder (Congo-Brazzaville)', *maraboutage* m. (zu *marabout* ‚Zauberer') ‚Zauberei' (Tschad)', *moucatage* ‚Spötterei (Réunion)', *gandouze* m. ‚Koranschüler (Algerien)', *tarodière* f. ‚Anpflanzung von Tarods (Nouvelle-Calédonie)', *zouglounette* ‚Mädchen, das Zouglou singt (Côte d'Ivoire)'.

Besonders häufig sind Derivationen mit französischen Stämmen und französischen Derivationsaffixen. Entsprechend der Einteilung der nominalen Transposition in Kapitel 2.1.1.2 finden sich in der *base de données lexicographiques panfrancophone* folgende Belege:

1. Nomina actionis: *abordage* m. ‚eine Frau anmachen (Algerien)', *arracherie* f. ‚Kartoffelernte (Acadie)', *dégustage* m. ‚Verkostung (Algerien)'.
2. Nomina qualitatis: *arabité* f. ‚Zugehörigkeit zur arabischen Kultur (Algerien)', *chipoterie* f. ‚schlecht ausgeführte Arbeit (Belgien)', *unicité* f. ‚einheitlicher Charakter (Algerien)', *vacature* f. ‚offene Stelle (Belgien)'.
3. Nomina loci: *beignétariat* m. ‚Ort, an dem Beignets verkauft werden' (Cameroun), *limonaderie* f. ‚Limonadenfabrik (Algerien, Ruanda)', *pêcherie* ‚Fischmarkt (Algerien)'.

4. Nomina agentis: *accapareur* ‚Profiteur (Réunion)', *footeur* m. ‚Fußballspieler mit schlechter Leistungsbilanz (Congo)', *génocidiaire* m. ‚Person, die eines Genozids schuldig ist (Tschad)', *palabreur* m. ‚Schwätzer, Diskutierer (Tschad)', *tambourinaire* m. ‚Tambourspieler (Burundi)'.
5. Nomina instrumenti: *avaloir* m. ‚Abwasserkanal (Belgien)', *défécateur* m. ‚Gerät zum Reinigen des Zuckerrohrsafts (Réunion)', *écritoire* m. ‚jegliches Schreibgerät (Tschad)', *entailloir* m. ‚Gerät zur Gewinnung des Ahornsirups (Quebec)', *laveuse* f. ‚Waschmaschine (Quebec)', *perfuseur* m. ‚Gerät zur Bluttransfusion (Algerien)'.

In der Verbbildung finden sich vor allem denominale Formen wie *alliance* → *alliancer* v.tr. ‚zusammenführen (Antillen)', *culture* → *acculturer* v.tr. ‚einem Afrikaner die westliche Kultur näherbringen (Burundi)', *contrôle* → *décontrôler* v.tr. ‚widersprechen, in Frage stellen (Antillen)', *indexe* → *indexer* v.tr. ‚mit dem Finger auf etwas zeigen (Congo-Brazzaville)', *latérite* → *latériser* v.tr. ‚einen Boden mit Laterit auslegen (Congo-Brazzaville)' (hierzu auch die Substantivierung *latérisation*).

Ableitungen von Eigennamen aus der regionalen Politik oder Geschichte sind: *bagazisme* m. ‚(zu Bagaza) der Politik von Bagaza entsprechend (Burundi)', *matsouanisme* m. ‚(zu Matswa André-Grenard) religiöse Doktrin (Congo)'.

Komposita französischer lexikalischer Morpheme sind: *anti-nuits* m.pl. ‚Sonnenbrille (Ruanda)', *entrer-coucher* m. ‚Wohnung, die aus einem einzelnen Zimmer besteht' (Côte-d'Ivoire), *halle-cantine* f. ‚großes Festzelt (Schweiz)', *jupe-midi* f. ‚bis kurz über das Knie gehender Rock (Congo)', *mange-mille* m. ‚(pej.) Polizeibeamter (Cameroun)', *nègre-marron* m. ‚geflüchteter ehemaliger Sklave', *pêche-coques* ‚Schaufel, mit der man den Sand auf der Suche nach Muscheln durchsucht (Acadie)'. Bei einigen Komposita lässt sich die vom hexagonalen Französisch abweichende Form durch den Einfluß von Kontaktsprachen erklären: *numéro postal* m. ‚Postleitzahl (Schweiz)' ← dt. *Postleitzahl* statt fr.hex. *code postal*, *salle de gymnastique* f. ‚Sporthalle (Schweiz)' ← dt. *Gymnastikhalle* vs. fr.hex. *salle de sport*.

Semantische Veränderung im Französischen belegter Formen sind: *absenter* v.tr. ‚jemanden nicht antreffen, dessen Anwesenheit man erwartet hat (Côte d'Ivoire)', *amender* ‚jemandem eine Strafe auferlegen (Côte d'Ivoire)', *bordure* f. ‚Grenze (Louisiana)', *sac-à-dos* ‚in den Offiziersrang beförderter Soldat, der keine Offiziersschule besucht hat (Congo)'.

3.3 Wortbildung in diastratischen Varietäten

Eine größere Bandbreite an Variation besteht in den diastratischen Varietäten des Französischen. Diastratisch markiert sind unter anderem die häufige Diminutivierung, die Kollektivbildung, die Prädikatsnominalisierung sowie adverbialisierte Adjektive.

Insbesondere im französischen Substandard gibt es besondere Formen der Wortbildung. Vor allem das Argot und aus dem argotischen Sprachgebrauch entlehnte Formen im *français populaire* zeigen besondere Formen der Suffigierung, die bisweilen auf einen älteren Sprachzustand zurückgehen (zur Wortbildung im Argot vgl. Buchwald 1992, Čerenková 2001, Heinimann 1953, Jaeger 1977, Wandruszka 1976 und Wolf 1969). Es handelt sich hierbei um eine Pseudoderivation, bei der die Affigierung keine semantische Veränderung bewirkt, so bei der Suffigierung mit dem argotisch markierten *-oche* in Formen wie *cinoche* ← *cinéma* und *téloche* ← *télé*. Eine vergleichbare Funktion zeigen die Suffixe *-iche* (*bonniche* ← *bonne* ‚Dienstmädchen', *angliche* ← *anglais*), *-oque* (*loufoque* ‚Irrer' ← *fou*), *-ouze* bzw. *-ouse* (*partouze* ← *partie* ‚Swingerparty', *piquouse* ← *piquer* ‚Morphiumspritze') und *-uche* (*calbuche* ← *caleçon* ‚Hose'), die nahezu ohne Einschränkung an nominale Stämme angehängt werden können. Die diastratische Markierung kann dabei variieren bzw. es können ursprünglich argotische Formen der Wortbildung in andere Varietäten „entlehnt" werden, wie die verschiedenen Angaben aus der Lexikographie anzeigen (hier entnommen aus dem *Petit Robert*): *amerloque* fam., *avertoche* fam., *taloche* fam., *bénoche* arg. Neben der Pseudoaffigierung finden sich im Argot folgende Formen der Wortbildung:

1. Wortkürzung durch Apokopierung: *accro* ← *accroché*, *asiate* ← *asiatique*, *clandé* ← *clandestin*, *emmerdement* → *emmerde*, *hallu* ← *hallucination*, *intox* ← *intoxication*, *proxo* ← *proxénète*.
2. Wortkürzung durch Aphärese: *blème* ← *problème*, *chiré* ← *déchiré*, *gnon* ← *oignon*.
3. Resuffigierung: *caleçon* → *calcif*, *chiant* → *chiatique*, *godillot* → *godasse*.
4. Silbenverdoppelung: *argent* → *gengen*, *cocaïne* → *coco*, *crasseux* → *cracra*, *musique* → *zizique*.
5. Wortkreuzung: *espingouin* (*espagnol* × *pinguin*), *foultitude* (*foule* × *multitude*), *ridicoculiser* (*ridiculiser* × *cocufier*).

Da die Formen der argotischen Wortbildung sich aber seit geraumer Zeit nicht mehr verändern, ist der ursprünglich kryptische Charakter dieser Sprachform mittlerweile weitgehend verlorengegangen. Verstärkt findet sich dagegen die Verwendung und Erweiterung argotischer Wortbildung in der populären Literatur, mit einer Tendenz zur inflationären Verwendung von Neologismen.

Insbesondere die Jugendsprache bedient sich der Möglichkeiten der Wortbildung. Sie unterscheidet sich von der Standardsprache durch eigene Wortbildungsmuster und bewusste Regelverstöße, die identitätserzeugend wirken.

Charakteristisch für die Jugendsprache ist die Bildung präfigierter Formen mit Augmentativpräfixen wie *super-*, *extra-*, *hyper-*, *ultra-* und *giga-*, es finden sich aber auch suffigierte Formen mit *-issime*: *abondant* → *abondantissime*, *important* → *importantissime*, *rare* → *rarissime*. Ebenso häufig sind Wortkürzungen, die in der Regel auf *-o* enden: *accroché* → *accro*, *pseudonyme* → *pseudo*. Aus der Verkürzung in der

SMS-Sprache entstehen Abkürzungen wie *jpp* (= *j'en peux plus*), *jsp* (= *je ne sais pas*), *mdr* (= *mort de rire*, französische Entsprechung zum englischen *lol*).

Um sich von anderen Sprachgemeinschaften abzusetzen, tendiert die Jugendsprache stark zur Erzeugung kryptischer Formen. Seit geraumer Zeit ist hier das auf einer Silbenumstellung beruhende Verlan in Verwendung. Bereits der Terminus Verlan (*l'envers*) bezeichnet die Silbenumstellung als grundlegendes Muster der Wortbildung, bisweilen verbunden mit der Apokopierung bzw. der epenthetischen Ergänzung einzelner Laute, um für das Französische unübliche Lautkombinationen zu vermeiden.

Der Begriff selbst ist erstmals 1968 im jugendsprachlichen Kontext belegt (TLFi s.v.), das sprachliche Phänomen ist jedoch wesentlich älter. So finden sich Formen der Metathese bereits im Altfranzösischen, verstärkt jedoch im Argot des 19. Jahrhunderts, insbesondere in Kontexten, die zu einer geheimsprachlichen Verschlüsselung tendieren. Populär wurde der Verlan nach dem zweiten Weltkrieg, zunächst im kriminellen Milieu, dann aber (seit den 60er Jahren) vor allem in der Jugendsprache der *banlieue*. In den letzten Jahrzehnten ist der Verlan so weit verbreitet, vor allem aufgrund der exzessiven Verwendung in der populären Musik, dass er seinen geheimsprachlichen Charakter nahezu vollständig verloren hat (zur Wortbildung im Verlan vgl. u.a. Méla 1997 und Plénat 2015).

Das Grundprinzip der Wortbildung im Verlan ist die Umdrehung der Silbenstruktur (in der Regel bei Zweisilbern). Da es sich um eine vor allem mündliche Form der Kommunikation handelt, ist die Basis immer die phonetische Form, die Orthographie ist sekundär. Hinzu kommt häufig eine Apokope, eine Aphärese oder eine epenthetische Erweiterung des Wortes, sowohl in der Ausgangsform als auch nach der Umstellung der Silben: *flic* → *flikeu* [flikœ] → *keufli* → *keuf* [kœf], *rigoler* → *rigol* → *golri*, *énervé* → *nervé* → *véner*.

Die recht komplexe Form *arabe*→ [arabœ] → [bœra] → *beur* wird ihrerseits wieder verlanisiert: [bœrœ]→ [rœbœ] *reubeu*, so dass die beiden Konsonanten in der verfremdeten Form wieder in der ursprünglichen Reihenfolge stehen. Diese Form kann ihrerseits wieder suffigiert werden zur weiblichen Entsprechung *reubeuze*. Eine Verfremdung der Silben liegt vor bei *chinois* → *noichi* → *noich* → *naoich* → *nawache* [nawaʃ]

Der ursprünglich intendierte kryptische Charakter der Bildungen ist durch die weite Verbreitung über das eigentliche Zielpublikum hinaus verlorengegangen.

Eine Variante des Verlan ist das Loucherbem, bei dem der Anfangskonsonant der ersten Silbe durch ein [l] ersetzt und an das Wortende angefügt wird, häufig ergänzt um die Silbe *-em* (*jargon* → *largon* → *largonj*, *boucher* → *loucher* → *loucherbem*), bei einem vokalisch beginnenden Wort wird dasselbe Verfahren mit dem Anfangskonsonanten der zweiten Silbe durchgeführt (*affaire* → *alair* → *alairfem*).

Eine weitere Form der Wortveränderung ist das sogenannte Javanais. Hier wird zwischen die Anfangskonsonanten und am Wortende die Silbe *-av-* eingefügt (daher die Bezeichnung *javanais*): *jargon* → *javargavon*, *boucher* → *bavouchaver* (zum Javanais vgl. Plénat 2015)[103].

3.4 Wortbildung und Textlinguistik/Stilistik

In Kapitel 2 wurden die einzelnen Wortbildungsformen nach den jeweiligen Wortarten in den Beispieltexten untersucht. Die Textlinguistik beschäftigt sich mit satzübergreifenden sprachlichen Strukturen, also der Verknüpfung zwischen den einzelnen Sätzen. Diese Verknüpfungen können rückverweisend oder anaphorisch sein, wenn sie auf etwas Bezug nehmen, das im Text vorerwähnt ist, oder auch vorverweisend oder kataphorisch sein, wenn sie auf etwas Bezug nehmen, das im Text erst später erscheint. Durch diese Verknüpfungen entsteht die Kohärenz, mit der zwischen den Sätzen durch sprachliche Mittel inhaltliche und formale Beziehungen hergestellt werden, damit ein Text als eine Einheit empfunden werden kann[104]. Diese Beziehungen werden vor allem durch deiktische Mittel wie Pronomen erzeugt, können aber auch mit Hilfe der Wortbildung entstehen. Entscheidend für die Erzeugung von Kohärenz mit Mitteln der Wortbildung ist hierbei die Verwendung eines rekurrenten Grundmorphems, das in verschiedenen Formen der Wortbildung erscheint. Als Beispiel soll der folgende Text dienen:

> Ce n'est pas un film dialectal. Dany Boon n'en revient toujours pas: il ne compte plus les téléspectateurs nordistes qui lui demandent si le film « va être sous-titré pour le reste de la France ». Même angoisse du staff de production quand il a découvert le scénario: « Les gens vont-ils comprendre? » Or, l'un des effets collatéraux les plus inattendus de cette déferlante, c'est que non seulement des Français de tous horizons se ruent vers le film, mais qu'ils sont aussi des milliers à s'arracher la méthode Assimil d'apprentissage express de la langue ch'tie, désormais en rupture de stocks !
>
> L'idiome des corons est devenu tendance. Longtemps, le septième art français n'a toléré qu'à la marge l'exotisme des patois. Dans le Complexe de Cyrano, l'historien Michel Chion rappelle que le cinéma français, jusque récemment, ne mettait en scène que deux sortes de prononciations pittoresques : l'accent parigot façon Arletty ou l'accent pagnolesque immortalisé par Fernandel. Avec Bienvenue chez les Ch'tis, Dany Boon élargit la palette du comique langagier, rendant bankable toutes les variantes du picard. Entre Philippe Abrams et ses collègues, les problèmes de traduction donnent lieu à des quiproquos cocasses et incessants qui se soldent par la défaite de la langue nationale.

---

103 Ein vergleichbares Verfahren liegt auch im Deutschen mit der sogenannten aw-Bildung vor.
104 In der Linguistik wird der Terminus Kohärenz in verschiedener Bedeutung verwendet. Häufig wird Kohärenz, die sich primär auf den inhaltlichen Zusammenhang bezieht, von der Kohäsion, mit der der formale Zusammenhang eines Textes bezeichnet wird, abgegrenzt. Da bei der Wortbildung formale und inhaltliche Kriterien jedoch nicht streng voneinander abgegrenzt werden können, soll hier nach Brinker (2010) Kohärenz als Oberbegriff verwendet werden.

Cette subversion linguistique est une révolution qui excède les limites du cinéma: d'une certaine façon, l'unité de la langue française est remise en cause. Car ce film ne met pas seulement en exergue la langue conçue « en tant qu'idiotisme, comme patois et comme dialecte », remarque Michel Maffesoli. Il lézarde subrepticement un édifice qui date de l'ordonnance de Villers-Cotterêts (1539) et de la normalisation du français. L'objectif n'est pas, bien sûr, d'imposer le « n'importe quoi » linguistique, mais de recréer un langage partagé entre des personnes que leur bagage sociologique rend totalement étrangères les unes aux autres. Emerge alors une nouvelle culture, relayée par l'édition. Les Meilleures Blagues ch'tis (14 avril, éd. Leduc), Guide de survie chez les Ch'tis (29 avril, éd. City), On va ch'tout vous dire (30 avril, Scali)... Ces livres se veulent des manuels de conversation, des décryptages de la langue. Les tirages varient tout de même entre 15 000 et 20 000 exemplaires!

Cette quête d'un monde commun explique cet ultime renversement : le nouveau directeur de La Poste de Bergues ne peut plus plier ses employés à ses propres codes. Alors il s'adapte aux leurs. Est-ce parce que le film de Dany Boon prend au sérieux la crise des identifiants républicains? En tout cas, Bienvenue chez les Ch'tis met en scène l'inclusion. En guise de cérémonie initiatique, des applaudissements nourris saluent l'entrée de Philippe Abrams dans la communauté locale, lorsqu'il passe commande au restaurant. L'étranger maîtrise enfin la langue. Il est intégré. Bienvenue dans un monde meilleur...

On pourrait énumérer, encore, les qualités de ce film, ce qu'il est et ce qu'il n'est pas. L'important reste que ses qualités surgissent à l'arrivée. Car rien n'était prémédité à ce point pour l'équipe du film, qui a travaillé à l'instinct, sans véritable star, sans gros budget et sans une feuille de route calibrée au millimètre. Le résultat, c'est ce qui manque cruellement au paysage culturel français: l'intelligence du coeur.

Marianne 12.4.2008, 40

Thema des obigen Textes ist die Sprache, die in dem Film *Bienvenue chez les Cht'is* verwendet wurde. Diese Sprachform wird als *langue* bezeichnet, das Morphem ‚Sprache' findet sich aber auch in komplexen Lexemen wie *langage*, *langagier* und *linguistique*. Lassen sich die einzelnen Formen auf denselben Stamm zurückführen, spricht man von einer Wortfamilie (vgl. Kapitel 1.6.5). Das rekurrente Auftreten des Morphems *langue* erzeugt eine Textisotopie durch die Wiederkehr von Wörtern eines semantischen Feldes in einem Text. Es wird eine Isotopiekette erzeugt, die den Sinnzusammenhang des Textes verdeutlicht. Solche Isotopieketten können vom Autor eines Textes bewusst eingesetzt werden, um den Zusammenhang zu verstärken. Die Bedeutung ‚Sprache' findet sich aber auch in Lexemen wie *dialectal*, *idiome*, *idiotisme* und *patois*, bei denen weitere Bedeutungselemente hinzukommen. Hier spricht man von einem Wortfeld, d.h. die Wörter weisen keinen gemeinsamen Stamm auf (im Gegensatz zur Wortfamilie, vgl. Kapitel 1.6.6) sondern verfügen über ein gemeinsames Sem, die Sprache. In dem Text existieren aber noch andere Isotopien, so wird für *film* das synonyme *le septième art français* verwendet.

Gegenstand der textlinguistischen Untersuchung der Wortbildung ist die Analyse der Kohärenz durch die Verwendung von Wortfamilien und Wortfeldern. Diese Isotopieketten können auch textübergreifend wirken, indem sie die inhaltliche Verbindung von Texten herstellen. Darüber hinaus kann der Anteil der Wortbildung bzw. das Vorkommen bestimmter Wortbildungsmuster eine textsortendifferenzierende

Funktion haben. So lassen sich bestimmte Textsorten mit dem Vorkommen einer oder mehrerer spezifischer Wortbildungsmuster beschreiben. In einer Gebrauchsanweisung finden sich zahlreiche Nomina instrumenti, komplexe Adjektive charakterisieren wertende Kommentare, Okkasionalismen sind häufig in der satirischen Presse und in der Lyrik. Die besondere Rolle komplexer Wörter bei der Konstitution von Texten wurde in der Romanistik bisher noch nicht eingehend untersucht. Studien zur Wortbildung aus textlinguistischer Perspektive finden sich vor allem aus der Germanistik, einen Literaturüberblick bietet Peschel (2002).

Die Auswahlmöglichkeit ist ein grundlegendes Charakteristikum für die stilistische Gestaltung von Texten. Wie bereits in Kapitel 2 dargestellt, stellt die Verwendung komplexer Wörter eine Alternative zu einer syntagmatischen Periphrase dar. Komplexe Phrasen können so vermieden und Sätze verkürzt werden. Ein komplexes Wort wie *imperméable* ‚wasserundurchlässig' kann beispielsweise alternativ zu *à l'épreuve de l'eau* verwendet werden.

Verschiedene Wortbildungstypen sind charakteristisch für bestimmte Publikationsformen und Textsorten und damit für deren Stil. So finden sich vor allem in den Fachsprachen zahlreiche Neologismen, mit deren Hilfe neue Sachverhalte ausgedrückt werden. Die Verwendung von zahlreichen Nominalisierungen trägt zudem zum charakteristischen verkürzenden Nominalstil bei (vgl. Kapitel 3.1). Auch in der Pressesprache finden sich zahlreiche Neologismen des heutigen Französisch – vor allem aus der tagespolitischen Aktualität – zuerst belegt. Auch hier tragen komplexe Wörter als Ersatzformen für Teilsätze zur Verdichtung der Information bei. Die Akzeptanz der Verwendung von Neologismen variiert nach der Textsorte oder der Publikationsform. In Werbetexten wird die lexikalische Kreativität sogar erwartet. Eine gehäufte Verwendung von Neologismen wird im öffentlichen Sprachgebrauch (in der Behördensprache, in Gesetzestexten) dagegen wenig akzeptiert.

In der Literatur charakterisiert die Nutzung bestimmter Wortbildungsmuster den Stil eines Autors. Bestimmte Autoren zeigen eine besondere Vorliebe für die Bildung von Neologismen mit den Möglichkeiten der Wortbildung. So finden sich vor allem im Umfeld des Naturalismus zahlreiche Neologismen. Cressot (1938, 558) charakterisiert die Verwendung von Neologismen bei Joris-Karl-Huysmans (1848–1907) folgendermaßen:

> [Huysmans] a tenté toutes les possibilités de la phrase et de la langue pour la joie de les tenter, de résoudre des difficultés, d'ouvrir des horizons curieux. Artiste convaincu ou jongleur? Artiste convaincu et jongleur à la fois.

Allein für die Substantivbildung mit *-isme* listet Cressot (1938, 240–244) bei Huysmans die folgenden Neologismen auf: *bondieusardisme, bourgeoisisme, cabotinisme, cloportisme, diabolisme, famélisme, gâtisme, hermaphroditisme, magisme, modernisme, muflisme, pygmalionisme, rastaquouérisme, virtuosisme*. Die meisten dieser Bildungen sind Okkasionalismen. Diese stilistisch motivierte Wortbildung einzelner

Autoren nennt man auch néologie subjective. In der neueren französischen Literatur nutzen insbesondere Alfred Jarry, Henri Michaux, Raymond Queneau und Boris Vian die Wortbildung als Stilmittel[105].

Stilistisch relevant kann auch die Verwendung von Archaismen sein, also Ergebnissen von Wortbildungsprozessen, die im jeweils aktuellen Gebrauch nicht mehr verwendet werden. Diese Formen können auch ironisch markiert sein (vgl. Duchesne/Leguay 1995 und Handler 2008, 258).

Im pressesprachlichen Kontext kann auf aktuelle Ereignisse durch Mittel der Wortbildung rekurriert werden. So wurde die Watergate-Affäre im amerikanischen Präsidentschaftswahlkampf zu einem Synonym für einen politischen Skandal schlechthin. Das Element -gate wurde entsprechend im tagespolitischen Kontext an zahlreiche Formen angehängt, was zu einem geradezu inflationären Gebrauch führte. So lassen sich auch heute noch inflationär Bildungen zu fast allen Politikernamen finden: *Hollandegate* (zu *François Hollande*), *Mitterrandgate* (zu *François Mitterrand*), *Sarkozygate* (zu *Nicolas Sarkozy*), *Villepingate* (zu *Dominique Villepin*).

Die satirische Presse, die im französischen Sprachraum eine weite Verbreitung hat, verwendet Wortbildungsformen sehr häufig. So schafft der *Canard enchaîné* als satirische Wochenzeitung regelmäßig Neologismen zur Charakterisierung politischer und gesellschaftlicher Zusammenhänge. Durch die extensive Nutzung der Möglichkeiten des Sprachsystems finden sich hier auch Bildungen, die übertrieben wirken und die man als Monsterbildungen oder Wortungetüme bezeichnen kann. Pochard (1989, 233) nennt u.a. die mit Politikernamen gebildeten *libéralo-thatchérien* [zu Margaret Thatcher], *poujado-anarcho-franchouillarde* [zu Pierre Poujade], *rocardo-écolocentriste* [zu Michel Rocard], *chiraco-nucléaire* [zu Jacques Chirac].

Fleischer/Barz (2012, 31s.) unterscheiden Wortbildungsphänomene in konventionelle und nichtkonventionelle Stilmittel. Dauerhaft stilistisch konnotiert sind demnach Kontaminationen, Reduplikationen, bestimmte Formen der Zirumfixderivation und der Konversion. Ebenso stilistisch relevant sind Hybridbildungen sowie die Mischung von Eigennamen mit Lexemen. Für das Französische relevant sind auch die Diminuierung und die Präfigierung mit „auffälligen Erstgliedern", also nicht konventionell erwartbaren Formen etwa durch die Verwendung eines ansonsten fachsprachlich geprägten Formelements in einem alltagssprachlichen Kontext.

Darüber hinaus gibt es nichtkonventionelle Formen der okkasionellen Wortbildung, die verwendet werden, um einen stilistischen Effekt zu erzielen, die Aufmerksamkeit des Lesers zu erregen, einen Text sprachlich „interessant" zu machen. Hier handelt es sich um Neologismen, die in einer spezifischen Kommunikationssituation entstanden sind und nicht lexikalisiert werden. Ihre Wirkung erzielen solche Formen erst durch die gehäufte Nutzung oder die Motivation einzelner Formen durch den

---

[105] Zur Wortbildung bei Louis-Ferdinand Céline vgl. Holtus 1972 und Juilland 1985.

Kontext (zur stilistischen Verwendung von Wortbildungsprozessen vgl. Handeler 2008 sowie Sablayrolles 2015b).

Hierbei hängt die Bildung von Neologismen sowohl von der journalistischen Textsorte als auch von der Stellung des Journalisten, vgl. hierzu die folgende Äußerung eines renommierten kanadischen Kolumnisten (aus Meier 2016, 274):

> [l'emploi des néologismes] dépend du genre journalistique, évidemment, si vous êtes reporter à l'actualité policière, à ... à l'économie, à la politique, c'est rare que vous avez des mots à ... à inventer, par contre, si vous avez une chronique, vous pouvez ... oui, effectivement, c'est un style plus libre, [...] par exemple, moi, je voulais exprimer qu'en anglais, il y a des majuscules partout, dans les titres, dans les noms propres, tout ça, alors, j'ai parlé d'une *majusculite aigüe*, un peu comme si c'était une espèce de maladie, alors, c'est un mot que j'ai inventé pour exprimer ... mais que me permettait le cadre de la chronique.

Aufgaben und Fragen zu Kapitel 3

1. Prüfen Sie die *Base de données lexicographiques* nach weiteren Formen und ordnen Sie sie dem Schema in Kapitel 2 zu.
2. Suchen Sie im *Corpus français* nach weiteren Bildungen mit dem Suffix *-ite*. Welchen Fachsprachen können die Formen zugeordnet werden? Welche alltagssprachlichen Formen finden Sie?
3. Untersuchen Sie im Korpus der kanadischen Sprachchroniken *ChroQué* [http://catfran.flsh.usherbrooke.ca/corpus/chroque/] die als *néologie* oder *néologisme* qualifizierten Formen. Welche sind Ergebnisse einer Wortbildung? Kann man von einer eigenständigen Wortbildung des kanadischen Französisch sprechen? Wie werden die Neologismen in den Sprachchroniken bewertet? Überprüfen Sie die lexikographische Dokumentation der Formen anhand des *Dictionnaire du français au Québec*!
4. Überprüfen Sie anhand der Datenbank linguee.de die Übersetzungen der zum Wortfeld ‚Emissionshandel' gehörenden Begriffe. Welche Übersetzungsmöglichkeiten werden angezeigt? Erweitern Sie ihre Suche auf andere Wortfelder anderer Sprachen.
5. Versuchen Sie, anhand der online verfügbaren Version des FEW eine Liste der Nomina agentis in älteren Sprachepochen und in den französischen Dialekten zu erstellen. Fügen Sie dafür in der Suchmaske der *recherche assistée* https://apps.atilf.fr/lecteurFEW/index.php/site/rechercheAvancee die in der in Kapitel 2 aufgeführten Suffixe zur Bildung der Nomina agentis ein. Lässt sich einen Tendenz im Gebrauch feststellen (regionale Verbreitung, zeitliche Differenzierung...).
6. Müller (1975, 161) nennt als virtuelle Möglichkeiten einer fachsprachlichen Wortserie auf der Basis von *écosystème* mit den Morphemen *hydro-*, *océano-*, *sylvo-*, *aéro-*, *zoo-*, *phyto-*, *micro-* und *macro-* gebildete Formen. Welche dieser Lexeme

werden mittlerweile fachsprachlich verwendet. Gibt es konkurrierende Systeme? Versuchen Sie, die Bedeutung der einzelnen Formen zu paraphrasieren!

7. Bilden Sie nach den Wortbildungsmustern des Verlan, des Loucherbem oder des Javanais Formen und überprüfen Sie bei Google (oder in einem anderen Korpus), ob diese Formen tatsächlich belegbar sind. In welchem Kontext erscheinen die Formen?

8. Die Wortbildung ist Grundlage zahlreicher Stilfiguren (Paronomasie, Figura etymologica, Kontamination, Litotes, Oxymoron...) und wird auch im Wortspiel intensiv genutzt. Informieren Sie sich bei Morier (1998) über diese Stilfiguren und setzten Sie sie in Verbindung mit der sprachwissenschaftlichen Kategorisierung der Wortbildung.

9. Die Verwendung deverbaler Substantive hat entscheidenden Anteil am sogenannten Nominalstil, der insbesondere in der Fachsprache geläufig ist. Untersuchen Sie anhand eines Textes die Verwendung nominalisierter Verben, analysieren Sie die Wortbildung und versuchen Sie, die Nominalformen in einem alternativen Text zu ersetzen.

4 Kurze Geschichte der französischen Wortbildung

In der französischen Sprachgeschichte gab es Epochen besonderer lexikalischer Kreativität, die wiederum von Epochen der Reduktion des Wortschatzes abgelöst wurden. Eine umfassende Studie zur Geschichte der französischen Wortbildung liegt bislang nicht vor, die Bildung von Neologismen ist jedoch Gegenstand einzelner Kapitel der umfangreichen Sprachgeschichte des Französischen von Ferdinand Brunot (1966²). Zur Wortbildung in der französischen Sprachgeschichte vgl. weiterhin Gleßgen 2009, Ozolina 2013, Štichauer 2014 sowie Wolf 1991, zur Derivation im Altfranzösischen vgl. Buridant 2010, zum Mittelfranzösischen Eckert 1986 und Martin 2001, 2004 und 2006.

Der frühe altfranzösische Wortschatz bestand aus relativ wenigen vom Vulgärlateinischen übernommenen Erbwörtern. Viele dieser Wörter sind polysem, entsprechend eingeschränkt ist ihre semantische Intension. So kann das altfranzösische Adjektiv *fals* in der auch heute noch üblichen Bedeutung ‚falsch, unrichtig, irrtümlich' verwendet werden, aber auch ‚trügerisch, unredlich' (nfrz. *infidèle, perfide*), ‚verräterisch' (nfrz. *déloyal, traître*), ‚unrechtmäßig' (nfrz. *illégal*) oder ‚von schlechter Qualität' (nfrz. *de mauvaise qualité*) bedeuten.

Die fehlende Möglichkeit der Differenzierung kann durch die Wortbildung ausgeglichen werden. Bereits zu altfranzösischer Zeit wurde auf der Basis des lateinischen Grundbestands der Wortschatz durch Mittel der Wortbildung erweitert. Neu gebildet wurden u.a. Verben auf *-oyer*, Wolf (1991, 83) nennt für das 13. Jahrhundert 40 Neubildungen, von denen allerdings nur *jointoyer* ‚verfugen', und *rougeoyer* ‚rötlich schimmern', heute noch gebräuchlich sind. Dagegen sind in diesem Zeitraum gebildete denominale oder deadjektivische Verben auf *-ir* (*arrondir, amincir, agrandir* etc.) auch heute noch in Gebrauch. Aufgrund der phonetischen Entwicklung nicht mehr differenzierbare Wörter können zudem durch Suffigierung überleben. So wurde das lateinische *aetatem* aufgrund der Sprachentwicklung zu *ée* reduziert, die heutige Form *âge* geht auf eine mit *-age* suffigierte Form *éeage* zurück.

Aus dem Lateinischen übernommene produktive Suffixe waren u.a. *-able* (*-bilem*: *connaissable, solable*), *-age* (*-aticum*: *deslinage, loialtage, mesnage*), *-ement* (*-amentum*: *achoppement, ensement*), *-eure* (*-atura*: *chalveure, matisseure*), *-ie* (*-ia*: *harnascherie, tornaderie*), *-ier* (*-ariu*: *chapuisier, hargnier*), *-ille* (*-illa*: *ardrille, brocille*) und *-ure* (*-ura*: *feuillure, lieuture, sauldure*).

Hinzu kamen einige aus dem Germanischen stammende Formen wie *-ard* (*-hard*: *pipelard, tuenard*), *-aud* (*-wald*: *rubaud, mencaud*) sowie *-enc* (*-ing*: *hostelenc, rodenc*).

Die Komposition war dagegen nur wenig produktiv, Sergijewskij (1979, 123) nennt vor allem Komposita aus Verb und Nomen wie *baise-mai, garde-manger, garde-robe, passavant, passe-route, passe-temps, porte-chappe* als bereits im Altfranzösischen belegte Formen, im FEW finden sich darüber hinaus *gardecors*.

Zur Zeit der Herausbildung der französischen Sprache treten zahlreiche Suffixe parallel und synonym auf. Wolf (1991, 92) nennt für das 12. Jahrhundert als Möglichkeiten der deadjektivischen Nominalisierung mit dem Stamm *fou* die Formen *folage*, *folance, folement, fol(e)té, foliance, foloison, folor* und das sich später durchsetzende *folie* mit den späteren Ergänzungen *folece, foloiance, foloiement* und *folois*. Dies charakterisiert eine Sprachepoche der lexikalischen Erweiterung, des *enrichissement*, bei der ein Standard erst gefunden werden muss.

Im Mittelfranzösischen setzt eine verstärkte Tendenz zur Wortbildung ein. So werden einige Suffixe besonders produktiv. Brunot (1966 vol. 1, 504) nennt die Bildung von Nomina agentis mit den Suffixen *-eur* und *-age*. Das Suffix *-aille* wird verstärkt zur Bildung von Kollektiva genutzt und erhält eine pejorative Konnotation. Besonders produktiv ist auch das Suffix *-erie*, das Bildungen wie *chevaucherie, coquarderie, enfermerie* und *farcerie* hervorbringt (505). Es entstehen aber auch zahlreiche Formen der Komposition, so die präpositional verbundenen *maistre d'ostel* oder *fleur de lis*, aber auch Bildungen wie *aigrevin* ‚Essig' oder *saige femme* ‚Hebamme' (506) und vor allem Komposita aus Verb und Nomen: *chaufecire, passetemps, porteffais*.

Während des 16. Jahrhunderts wurde die gegenüber den klassischen Gelehrtensprachen Latein und Griechisch stark reduzierte Lexik des Französischen zunehmend als Mangel empfunden. Insbesondere die Dichter der Pléiade, hier vor allem Pierre de Ronsard und Joachim du Bellay, wollten die Ausdrucksmöglichkeiten des Französischen durch eine *Illustration de la langue française* erweitern. Hierzu wurden einerseits zahlreiche komplexe Lexeme aus den Gelehrtensprachen entlehnt – u.a. *antipathie* ← gr. *antipathia* (1542), *concilier* ← lat. *conciliare* (1549), *enthousiasme* ← gr. *enthousiasmos* (1546), *exotique* ← gr. *exôticos* (1548) – andererseits auch Neubildungen geschaffen. Parallel zu bereits existierenden erbwörtlichen Ableitungen wurden buchwörtliche Formen hinzugefügt. Produktiv waren unter anderem die Suffixe *-ateur, -ation* und *-ature*, zu denen es die erbwörtlichen Formen *-eur, -aison* und *-ure* gibt. Im FEW finden sich u.a. zu *-ateur*: *approbateur* (seit 1534), *indagateur* (seit 1611), *-ation*: *adjudication* (1374). Ronsard (in Wolf 1969, 60s.) äußert sich hierzu folgendermaßen:

> Davantage je te veux bien encourager de prendre la sage hardiesse, & d'inventer des vocables nouveaux, pourveu qu'ils soient moulez & façonnez sus un patron desja receu du peuple. Il est fort difficile d'escrire bien en nostre langue, si elle n'est enrichie autrement qu'elle n'est pour le present de mots & de diverses manieres de parler. [...] si les vieux mots abolis par l'usage ont laissé quelque rejetton, comme les branches des arbres couppez se rahjeunissen de nouveaux drageons, tu le pourras proviginer, amender cultiver, afin qu'il repeuple de nouveau. Exemple de Lobbe, qui est un vieil mot François qui signifie mocquerie & railerie. Tu pourras faire sur le nom le verbe Lobber, qui signifiera mocquer & gaudir, & mille autres de telle façon. Tu te donneras de garde, si ce n'est par grande contrainte, de te servir des mots terminez en ion, qui passent plus de trois ou qautre syllabes, comme abomination, testification: car tels mots sont languissants, § ont une trainante voix, & qui plus est, occupent languidement la moictié d'un vers.

Dies führte zu einer regelrechten Explosion des Wortschatzes. Besonders kreativ war im 16. Jahrhundert der Schriftsteller François Rabelais. Baldinger (2001) listet allein für Rabelais' Roman Gargantua 800 semantische und morphologische Neologismen auf (zu Rabelais vgl. Spitzer 1910).

Die zur Zeit des Humanismus immer stärker werdende Tendenz der Nutzung gelehrter Formen zeigt sich auch in der Wortbildung. Während zunächst gelehrte Suffixe an erbwörtliche Stämme angehängt wurden, findet nun die Bildung von Neologismen vollständig innerhalb der gelehrten Sprachen statt. Nach dem Wortbildungsmuster des Griechischen wurden so Bildungen wie *anthropologie* und *pathologie* erschaffen (vgl. hierzu Kapitel 2.3.5), die Erstbelege erscheinen häufig in lateinisch abgefassten Texten und werden erst in späteren Übersetzungen in die Volkssprachen ins Französische integriert.

Eine Gegenreaktion auf diese unstrukturierte und unüberschaubare Lexik war die Reglementierung durch den *bon usage* im 17. Jahrhundert. Nach dem Ideal der *clarté de la langue française*, also der größtmöglichen Sprachökonomie bei gleichzeitig höchster Präzision im Ausdruck, wurde der Wortschatz wieder auf ein Minimum reduziert. In den *Remarques sur la langue française* von Vaugelas wird jedes Wort in seiner Funktion im Sprachgebrauch diskutiert. Dabei verweist er schon in der Préface der *Remarques* kategorisch auf das Verbot der Bildung von Neologismen „qu'il n'est iamais permis de faire des mots" und die Regel, immer auf ein bereits im Gebrauch etabliertes Wort zurückzugreifen „on ne parle que pour se faire entendre, et personne n'entendroit vn mot, qui ne seroit pas en vsage". Neologismen werden nur toleriert, wenn sie absolut kommunikativ notwendig sind und die Wortbildung den Prinzipien der französischen Sprache entsprechen (zu Vaugelas und den *remarqueurs* vgl. Štichauer 2004):

> Il faut que les mots qu'on invente, soient faits selon l'analogie de la Langue... La raison et l'usage veulent que les mots François... soient tirés en quelque façon du Latin, ou des autres Langues qui, comme la Langue Françoise, ont la Langue Latine pour leur mere... Nous avons fait de cette maniére intrepide d'intrepidus Latin, ou d'intrepido Italien...

Selbst in den Fachsprachen der aufkommenden Industrialisierung werden Neologismen vermieden. Man tendiert eher zu einer umständlichen Relativsatzkonstruktion als naheliegende Möglichkeiten der französischen Wortbildung zu nutzen. Brunot (1966, 418) nennt die sehr umständliche Umschreibung *épée qui sert de baïonnette* statt eines denkbaren *épée-baïonette* und *fusil qui tire vingt-quatre coups de suite, se charge, s'amorce, et s'arme par le seul mouvement circulaire du canon* statt *fusil-revolver*.

Als Folge beschränkt sich ein Schriftsteller wie Corneille im 17. Jahrhundert auf einen Wortschatz im Umfang von 4019 Wörtern und Racine sogar nur auf 3263 Wörtern (vgl. hierzu Louvat 2009 sowie Wolf 1991, 124s.). Durch das Aufkommen des Sprachpurismus wurde der Wortschatz des Französischen nochmals reduziert. Einflussreich waren hier insbesondere die sogenannten *précieuses*, die jegliche nicht dem Prinzip des hofsprachlichen Gebrauchs entsprechende Wortform ablehnten. Vaumorière (1688, 51) wendet sich folgendermaßen gegen die Bildung von Neologismen:

> Pour le choix des Mots, il ne faut que suivre l'usage qui est approuvé par les gens les plus habiles et les plus poli ; comme quand on se fait habiller, on ne suarait prendre de meilleure précaution, que de s'attacher aux Modes que suivent les personnes de bon goût.

So sollten Wörter wie *cadavre*, *cracher* und *vomir*, aber auch *chemise* und *balai* vermieden werden. Neubildungen der *précieuses* sind dagegen *bravoure* ‚Mut, Tapferkeit', *s'encanailler* ‚vulgär werden' und *incontestable* ‚unbestreitbar', die sich auch im heutigen Sprachgebrauch durchgesetzt haben. Die Wortbildung und überhaupt jegliche Form der lexikalischen Innovation erstreckten sich auf den durch den Purismus nicht betroffenen Bereich der Fachsprachen.

Einige im 18. und 19. Jahrhundert gebildete Formen gehen weder auf eine gelehrte noch eine französische Form zurück. Es wurden vielmehr aus bereits ins Französische integrierten Formen Morpheme isoliert, die dann im Neologismus wiederverwendet werden konnten, etwa bei *mammifère*, das aus dem bereits im Französischen belegten *mammaire* durch Suffigierung mit *-fère* gebildet wurde. Diese dungen wurden als neulateinische Kompositionsweise bezeichnet (vgl. Höfler 1972).

Das Zeitalter der französischen Revolution und damit verbunden die Veränderung des politischen Systems führte zu einem erneuten Ansteigen der Bildung von Neologismen. Wartburg (1993, 214) nennt in der politischen Parteienbildung die Suffigierung mit den Suffixen *-isme* und *-iste*: *robespierrisme, dantonisme, propagandisme, robespierriste, dantoniste, propagandiste* etc.) sowie die Präfigierung mit oppositionsbildenden Präfixen: *antidémocratique, antirévolutionnaire, antipatriotique, antirépublicain, inabrogable, dénationaliser, contre-révolution, non-patriote, non-votant, ex-prêtre* etc[106].

Eine neue Tendenz der Wortbildung zeigt sich durch das Aufkommen der Fachsprachen im 19. Jahrhundert. Die Notwendigkeit einer Fachkommunikation führte zu neuen Wortbildungsmustern, bei denen die größtmögliche Entsprechung eines *signifiant* mit einem präzise definierten *signifié* erreicht werden sollte. Die meisten fachsprachlichen Begriffe wurden im 19. Jahrhundert gebildet. Hierzu wurden insbesondere die Möglichkeiten der Fremdwortbildung genutzt, etwa durch die Verwendung gelehrter Morpheme. Mit *-mètre*, das ein Messgerät bezeichnet, lassen sich im FEW allein unter dem Buchstaben A die Formen *absorbitomètre* (1890), *acidimètre* (1907),

---

[106] Interessant ist hier die nach Wartburg (1993, 214) sogenannte „verharmlosende" Suffigierung bei Formen wie *guillotinable*: „On ajoute ce suffixe neutre et incolore au substantif *guillotine*: quand un homme était désigné comme *guillotinable*, sa vie ne valait plus grand-chose malgré l'aspect innocent de la fin de mot."

acoumètre (1837), *altimètre* (1561), *ammonimètre* (1890), *araeomètre* (1690), *arithmomètre* (1829), *astromètre* (1771), *astrophanomètre* (1829), *atmidomètre* (1803), *atmomètre* (1790), *audimètre* (1890), *auzomètre* (1803), *axiomètre* (1782) und *axomètre* (1803) finden, Blochwitz/Runkewitz (1971, 175) nennen zusätzlich *applaudimètre* (1963), *économètre* (1963) und *humouromètre* (1963).

Durch die Wiederentdeckung, Erforschung und Edition von Texten vergangener Sprachepochen, vor allem aus dem Mittelalter, wurden vor allem in literarischen Texten zunehmend Archaismen aufgegriffen. Die Bildung von Neologismen, häufig unter Nutzung nicht mehr produktiver Wortbildungsmuster, wurde zu einem Charakteristikum der *écriture artiste*, die zu Ende des 19. Jahrhunderts vor allem von den Brüdern Goncourt verwendet wurde. Hier finden sich einige bereits von den Dichtern der Pleiade verwendete Formen, so die Bildung von Ableitungen zu bereits veralteten Formen. Brunot (1966 vol. 13, 75) nennt hier die Bildung *gaudissement* zum Verb *(se) gaudir*, das bereits bei Littré[107] als veraltet bezeichnet wird und im *Petit Robert* nicht mehr aufgenommen ist (ebensowenig hat sich *gaudissement* durchgesetzt). Des weiteren werden produktive Wortbildungsmuster des Französischen intensiv genutzt, so die Suffigierung mit -esse (*mignonesse*), -eur (*apporteur*), -isme (*industrialisme*), -ité (*feminilité*, *merveillosité*) und -ment (*allumement*, *titillement*).

Das 20. Jahrhundert zeichnet sich durch Versuche des sprachplanerischen Eingreifens aus. Vor allem Anglizismen sollten durch Formen der französischen Wortbildung ersetzt werden. Im Sprachgebrauch weitgehend durchgesetzt hat sich die Form *baladeur* ← *balader* ‚herumschlendern' als Ersatz für das englische *walkman*, die auf einen Vorschlag des Ministeriums aus dem Jahr 1983 zurückgeht[108]. Ebenso durchsetzen konnte sich *covoiturage* (für *carsharing*), vor allem aufgrund der Möglichkeit der Reihenbildung. Die von *covoiturage* abgeleiteten Formen *covoiturer*, *covoitureur*, *covoitureuse* lassen sich ebenso belegen. Weniger erfolgreich waren Formen wie *mercatique*, mit -ique suffigierte gelehrte Form parallel zu *informatique* und *télématique* gebildet und von der *Académie française* als Ersatzform für *marketing* empfohlen. Im *Corpus français* finden sich zu *mercatique* gerade einmal 182 Belege, während *marketing* 22 921mal belegt ist.

Auch heute noch lassen sich puristische Tendenzen feststellen. So empfiehlt der Verein *Défense de la langue française* grundsätzlich die Verwendung von Neologismen als Ersatzform für Anglizismen, etwa *courriel* (*courrier* + *électronique*) für *e-mail*, *coentreprise* (*co* + *entreprise*) für *joint-venture*, *hameçonnage* (*hameçon* + -age) für *phishing* sowie *fin de semaine* oder *reposailles* (*reposer* + -ailles) für *week-end*. Diese

---

[107] Littré, E. (1863–1873): Dictionnaire de la langue française. 4 Bände, Supplément 1877. Paris, Hachette.
[108] Der Ersatz von *walkman* durch *baladeur* wurde im Journal officiel vom 18.2.1983 festgelegt, mit dem Hauptargument, dass *walkman* ein eingetragener Markenname der Firma Sony ist.

Formen widersprechen allerdings dem tatsächlichen Gebrauch und stehen der zunehmenden Tendenz zur Internationalisierung entgegen. Weitere Beispiele sind *calibrage masqué* für *seeding test*, *enfant du numérique* für *digital native*, *livre généalogique* für *breed registry*, *pêche à gué* für *wading*, *végétalien* für *vegan*.

Trotz dieser sprachpuristischen Tendenz zum Ersatz fremdsprachiger Formen durch französische Wortbildung lässt sich gerade bei den Wortbildungselementen eine bevorzugte Verwendung nichtfranzösischer Formen feststellen. So werden in der Präfigierung die neolateinischen Formen *inter-*, *intra-* und *auto-* gegenüber den französischen Äquivalenten *entre-*, *tré-* und *sui-* bevorzugt.

Aufgaben und Fragen zu Kapitel 4

1. Lesen Sie die *Préface sur la Franciade* von Ronsard (online in der Ausgabe von 1587 unter http://gallica.bnf.fr/ark:/12148/bpz6k72874n/f6image). Fassen Sie die Argumente Ronsards zusammen. Welche Möglichkeiten der Wortbildung schlägt er für das Französische vor?
2. Lesen Sie das Kapitel zur Wortbildung im Mittelfranzösischen bei Eckert (1986, 282–339).
3. Versuchen Sie, weitere Beispiele zu Bildungen mit *-mètre* anhand der Belege in Wörterbüchern und Korpora zu finden und erstellen Sie eine nach Jahrzehnten gegliederte Tabelle der Häufigkeit von Neubildungen. In welchem Zeitraum ist das Wortbildungsmorphem besonders produktiv?
3. Erstellen Sie anhand der online-Version des FEW [https://apps.atilf.fr/lecteur-FEW/index.php/site/rechercheAvancee] eine Liste der Belege auf *-eur* und *-age*! Welche dieser Formen bezeichnen Nomina agentis? Wann und in welchem Kontext sind diese Formen belegt?

5 Literaturverzeichnis

5.1 Wörterbücher und Enzyklopädien

DC = Rey, A. (2005): Dictionnaire culturel en langue française. 4 Bände. Paris, Le Robert.
DG = Hatzfeld, A./Darmesteter, A./Thomas, A. (1889–1900): Dictionnaire général de la langue française du commencement du XVIIe siècle à nos jours. 2 Bände. Paris, Delagrave.
DH = Dictionnaire historique de la langue française. Paris, Le Robert 2012.
FEW = Wartburg, W. von (1922-2002): Französisches Etymologisches Wörterbuch. Eine darstellung auf galloromanischer grundlage. 25 Bände. Bonn, Schroeder, Basel, Zbinden (online in Auszügen unter http://www.atilf.fr/spip.php?article 168).
GLLF = Guilbert, L./Lagane, R./Niobey, G. (1971–1978): Grand Larousse de la langue française. 7 Bände. Paris, Larousse.
GR = Robert, P./Rey, A. (2011): Le Grand Robert de la langue française. Nouvelle édition en ligne de la deuxième édition de 2001 (= Grand Robert 2), http://gr.bvdep.com.
PL = Le Petit Larousse illustré 2017. Paris, Larousse, 2016.
PR = Le Petit Robert 2017. Dictionnaire alphabétique et analogique de la langue française. Paris, Le Robert 2016 (1967^1).
TL = Tobler, A./Lommatzsch, E. (1925-1936): Altfranzösisches Wörterbuch. Berlin, Weidmann (1925–1936), Wiesbaden, Steiner (1954–2002). CD-Rom 2002.
TLFi = Trésor de la langue française informatisé (2002-). Paris, Nancy, CNRS, Université de Nancy 2, ATILF, http://atilf.atilf.fr/tlf.htm.

Dictionnaire des éléments de formation http://www.lerobert.com/le-robert-illustre/pdf/dictionnaire-des-elements-de-formation.pdf
Dictionnaire des suffixes du français http://www.lerobert.com/le-robert-illustre/pdf/dictionnaire-des-suffixes.pdf

5.2 Grammatiken

Darmesteter = Darmesteter, A. (1891–1897): Cours de grammaire historique de la langue française. Paris, Delagrave (zahlreiche weitere Auflagen $1942^{1(}$).
Grevisse = Grevisse, M. (2016^{16}): Le Bon usage, überarbeitet von A. Goosse. Duculot, Louvain.
Meyer Lübke = Meyer-Lübke, W. (1934^5): Historische Grammatik der französischen Sprache. Heidelberg, Winter (neue Auflage, überarbeitet von J. M. Piel, 1966).
Nyrop = Nyrop, K. (1899-1930): Grammaire historique de la langue française. Kopenhagen, Gyldendal (Nachdruck 1966-1968, Paris, Picard).
Reumuth/Winkelmann = Reumuth, W./Winkelmann, O. (2005^2): Praktische Grammatik der französischen Sprache. Wilhelmsfeld, Egert.
Riegel/Pellat/Rioul = Riegel, M./Pellat, J.-C./Rioul, R. (2016^6): Grammaire méthodique du français. Paris, PUF.

5.3 Sekundärliteratur

Agrigoroaie, V. (1969): „Interpretări stitistice privind formarea numelor de locaturi in limba franceză", in: Analele ştiinţifice ale Universităţii 'Al. I. Cuza' din Iaşi. Secţiunea III E 15, 123-129.

Aliquot-Suengas, S. (2003a): „Les dérivés français à référence collective", in: Langages 152, 33–50.

Aliquot-Suengas, S. (2003b): „La productivité actuelle de la forme constructionnelle -ade", in: Langue française 140, 38–55.

Amiot, D. (1997): Antériorité temporelle dans la préfixation en français. Villeneuve d'Ascq, Presses universitaires du Septentrion.

Amiot, D. (2003): „Quelles relations entre les catégories de l'adverbe, de la conjonction de subordination, de la préposition et du préfixe?", in: Verbum 24/3, 295–308.

Amiot, D. (2004): „Préfixes ou prépositions? Le cas de sur(-), sans(-), contre(-) et les autres", in: Lexique 16, 67–83.

Amiot, D. (2005a): „Les préfixes *avant* et *sur* du français et les chemins de grammaticalisation", in: Thornton, A. M./Grossmann, M.: La formazione delle parole. Atti del XXXVII Congresso internazionale della Società di linguistica italiana. Roma, Bulzoni, 31–51.

Amiot, D. (2005b): „Préfixes, prépositions et conjonctions? Le cas de *sur*, *sans*, *contre* et les autres. Suite", in: Actes du colloque franco-roumain «Prépositions et conjonctions de subordination», Université de l'Ouest, Timisoara, Editura Excelsior Art, 9–24.

Amiot, D. (2008): „La catégorie de la base dans la préfixation en *dé*", in: Fradin, B. (ed.): La raison morphologique. Amsterdam/Philadelphia, Benjamins, 1–16.

Amiot, D./De Mulder, W. (2002): „De l'adverbe au préfixe en passant par la préposition: Un phenomène de grammaticalisation?", in: Linguisticae Investigationes 25/2, 247–273.

Amiot, D./De Mulder, W. (2003): „Préposition *contre* préfixe", in: Recherches linguistiques 26, 203–232.

Amiot, D./Stosic, D. (2011): „Sautiller, voleter, dansoter: évaluation, pluriactionnalité, aspect", in: Arjoca-Ieremia, E. et al. (edd.): Temps, aspect et classes de mots: études théoriques et didactiques. Actes du VIIe colloque de linguistique franco-roumaine, Universitatea de Vest din Timişoara, 18-20 mai 2009. Arras, Artois, 277-297.

Anscombre, J.-C./Leeman, D. (1994): „La dérivation des adjectifs en -ble: morphologie ou sémantique? ", in: Langue Française 103, 32–44.

Apothéloz, D. (2002): La construction du lexique français. Principes de morphologie dérivationnelle. Paris, Ophrys.

Arnaud, P. J. L. (2003): Les composés timbre-poste. Lyon, Presses universitaires de Lyon.

Aronoff, M. (2000): „Morphology between lexicon and grammar", in: Booij, G. (2000): Morphologie: ein internationales Handbuch zu Lexikon und Wortbildung. Berlin, de Gruyter, 344–348.

Ashby, W. J. (1977): Clitic infection in French: an historical perspective. Amsterdam, Rodopi.

Augst, G. (1999): Wortfamilienwörterbuch der deutschen Gegenwartssprache. Tübingen, Niemeyer.

Baché, N. (2012): Der Weg von syntaktischer Fügung zum Wort. Frankfurt, Lang.

Baldinger, K. (1950): Kollektivsuffixe und Kollektivbegriff: ein Beitrag zur Bedeutungslehre im Französischen mit Berücksichtigung der Mundarten. Berlin, Akademie.

Baldinger, K. (1988): „Le langage argotique moderne (San Antonio) et les dictionnaires de langue (Robert 1985, Lar 1971/78)", in: La lexicographie française du XVIIIIe au XXe siècle, 251–304.

Barbaresi, L. M. (2015): „The pragmatics of word-formation", in: Müller, P. O./Olsen, S./Ohnheiser, I./Rainer, F. (eds.) (2015): Word-Formation. An International Handbook of the Languages of Europe. Berlin u.a., de Gruyter, 1128–1142.

Barbaud, P. (1997): „Composition lexicale et nominalisation: Où est la morphologie?", in: Corbin, D./ Fradin, B./Habert, B./ Kerleroux, F./ Plénat, M. (eds.), Actes du colloque "Mots possibles et mots existants". Villeneuve d'Ascq, Presses universitaires du Septentrion, 25–34.

Barbaud, P. (2009a): „Pour une approche cognitive de la composition lexicale", in: Le français moderne 77/1, 117–131.
Barbaud, P. (2009b): Syntaxe référentielle de la composition lexicale: un profil de l'homme grammatical. Paris, L'Harmattan.
Barme, S. (2011): „Petit dej sympa a huit heures du mat: zur Wortkürzung im Französischen und Deutschen", in: Romanistik in Geschichte und Gegenwart 17/1, 35–55.
Bartning, I. (1998): „Modèle intégré des syntagmes nominaux complexes en *de*. Typologie d'interprétations et reprise anaphorique", in: Romanische Forschungen 110, 165–184.
Bartning, I./Noailly, M. (1993): „Du relationnel au qualificatif: flux et reflux", in: L'information grammaticale 58, 27–32.
Bayle, F. (2005): Realizzazioni lessicali: sigle e acronimio nei linguaggi settoriali o di specialità in Francia. Fasano, Schena.
Becker, K. (1970): Sportanglizismen im modernen Französisch. Meisenheim, Hain.
Benveniste, E. (1948): Noms d'agent et noms d'action en indo-européen. Rais, Maisonneuve.
Benveniste, E. (1966): „Formes nouvelles de la composition nominale", in: Bulletin de la société de linguistique de Paris 61, 82–95.
Benveniste, E. (1967): „Fondements syntaxiques de la composition nominale", in: Bulletin de la société de linguistique de Paris 62, 15–31.
Best, K.-H. (2007): „Zur Ausbreitung einiger Konfixe und Suffixe im Französischen", in: Göttinger Beiträge zur Sprachwissenschaft 14, 29–33.
Bierbach, M. (1982): Die Verbindung von Verbal- und Nominalelementen im Französischen: Beitrag zur Geschichte eines Wortbildungsmusters. Tübingen, Narr.
Bierbach. M. (1983): „Les composés du type portefeuille. Essai d'analyse historique", in: Travaux de littérature et de linguistique 21/1, 137–155.
Bierwisch, M. (2015): „Word-formation and argument structure", in: Müller, P. O./Olsen, S./Ohnheiser, I./Rainer, F. (eds.): Word-Formation. An International Handbook of the Languages of Europe vol. 1. Berlin u.a., de Gruyter, 1056–1098.
Birken-Silverman, G. (2002): „Die Femininbildung der Nomina agentis im Französischen und Italienischen zwischen Normierung und Varianz: aktuelle Tendenzen", in: Kapp, R. (ed.): Sprachwissenschaft auf dem Weg ins dritte Jahrtausend: Akten des 34. Linguistischen Kolloquium Germersheim 1999, vol. 2: Sprache, Computer, Gesellschaft. Frankfurt, Lang, 131–139.
Björkmann, S. (1984): „L'incroyable, romanesque, picaresque épisode barbaresque", in: Etude sur le suffixe *-esque* et sur ses équivalents en espagnol, italien et roumain. Uppsala, Almqvist & Wiksell.
Blanche-Benveniste, C./Van den Eynde, K. (1970): „Essai d'analyse de la morphologie du français", in: Orbis XIX/2, 404–429.
Blochwitz, W./Runkewitz, W. (1971): Neologismen der französischen Gegenwartssprache unter besonderer Berücksichtigung des politischen Wortschatzes. Berlin, Akademie.
Blumenthal, P./Diwesy, S./Mielebacher, J. (2005): „Kombinatorische Wortprofile und Profilkontraste. Berechnungsverfahren und Anwendungen", in: Zeitschrift für romanische Philologie 121, 49–83.
Bollée, A. (1988): „Präpositionslose Komposita im heutigen Italienisch", in: Italienische Studien 11, 115–130.
Bollée, A. (1995/96): Französische Wortbildung (unveröffentlichtes Vorlesungsmanuskript Wintersemester 1995/96), Universität Bamberg.
Bonhomme, M. (2009/12): „Mot-valise et remodelage des frontières lexicales", in: Cahiers de praxématique 53, 99–120.
Bonhomme, M. (2011): „A peu-près structural et énonciatif dans le mot-valise", in: Le Français Moderne 79/1, 10–21.

Bonnet, C./Tamine-Gardes, J. (1984): Quand l'enfant parle du langage. Bruxelles, Mardaga.
Booij, G./Lehmann, C./Mugdan, J. (2000): Morphologie : ein internationales Handbuch zu Flexion und Wortbildung, Berlin/New York, de Gruyter.
Booij, G. (2009): La morphologie lexicale: un domaine autonome de la grammaire ? Leuven/Paris, Peeters.
Bookreeva-Milliaressi, T. (2002): Vers un dictionnaire bilingue d'initiation aux mécanismes de création lexicale (russe-français). Villeneuve d'Asq, Presses universitaires du Septentrion.
Borillo, A, (1997): „Statut et mode d'interprétation des noms collectifs", in: Guimier, C. (ed.): Cotexte et calcul du sens. Caen, Presses universitaires de Caen, 105–121.
Bork, H. D. (1990): Die lateinisch-romanischen Zusammensetzungen Nomen + Verb und der Ursprung der romanischen Verb-Ergänzung-Komposita. Bonn, Romanistischer Verlag.
Born, J. (2013): Wenn die Ränder ins Zentrum drängen... Außenseiter in der Wortbildung(sforschung). Berlin, Frank & Timme.
Bornschier, M. (1971): Die Verbalpräfixe im Französischen und Deutschen. Zürich, Juris.
Bossong, G. (1981): „Die Wiedergabe deutscher Nominalkomposita im Französischen", in: Zeitschrift für französische Sprache und Literatur 91, 213–230.
Boyer, H. (1997): „Le statut de la suffixation en -*os*", in: Langue française 114, 35–40.
Brinker, K. (2010[7]): Linguistische Textanalyse. Berlin, Schmidt.
Brückner, C. (1984): Nomina agentis bildende Suffixe im modernen Englischen und Französischen: eine vergleichende Untersuchung. Microficheveröffentlichung.
Brunet-Mbappe, A. (2000): Recherches en morphologie dérivationnelle: forme et sens des noms du français moderne en -(e)rie. Lille, Presses du Septentrion.
Brunot, F. (1933): Histoire de la langue française des origines à 1900. Paris, Collin.
Buchwald, S. (1992): Französisches Subnormvokabular mit auslautendem (-f): ein Beitrag zur Wortbildung im Argot. Frankfurt am Main, Lang.
Burdy, P. (2013): Die mittels -*aison* und Varianten gebildeten Nomina des Französischen von den Anfängen bis zur Gegenwart : eine Studie zur diachronen Wortbildung. Frankfurt am Main, Klostermann.
Burger, B. (1961): „Significations et valeur du suffixe verbal -ę-", in: Cahiers Ferdinand de Saussure 18, 5–15.
Buridant, C. (2000): „Prolégomènes à une étude synthétique de la morphologie dérivationnelle en ancien français", in: L'information grammaticale 86, 14-20.
Buridant, C. (2008): La substantivation de l'infinitif en français, étude historique. Paris, Champion.
Cartier, P. (2009): Le langage des sigles. Paris, De La Martinière.
Čerenková, M. (2001): L'influence de l'argot sur la langue commune et les procédés de sa formation en français contemporain. Brünn, Masaryk.
Chambon, J.-P. (1986): „Remarques sur la notion d'étymologie populaire", in: TRANEL (Travaux neuchâtelois de linguistique) 11, 37–50.
Chevrot, J.-P./Duguat, C./Fayol, M. (2005): „Liaison et formation des mots: un scénario développemental", in: Langages 158, 38-52.
Clarenz-Löhnert, H. (2004): Negationspräfixe im Deutschen, Französischen und Spanischen: ein Beitrag zur kontrastiven Linguistik. Aachen, Shaker.
Collin, C. S. R. (1918): Étude sur le développement de sens du suffixe -ATA (it. -*ata*, prov., cat., esp., port. -*ada*, fr. -*ée*, -*ade*) dans les langues romanes. Lund, Lindstedt.
Corbin, D. (1987): Morphologie dérivationnelle et structuration du lexique. Tübingen, Niemeyer.
Corbin, D. (1989): „Contraintes et créations lexicales en français", in: L'information grammaticale 42, 35–43.
Corbin, D. (1991): La formation des mots: structures et interprétations. Lille, Presses universitaires de Lille.

Corbin, D. (1992): „Hypothèses sur les frontières de la composition nominale", in: Cahiers de grammaire 17, 26–55.
Corbin, D. (1997): „Entre les mots possibles et les mots existants: les unités lexicales à faible probabilité d'actualisation", in: Silexicales 1, 79–89.
Corbin, D. (2004a): La formation des mots: horizons actuels. Lille, Presses universitaires du Septentrion.
Corbin, D. (2004b): „Programme de recherche (1997–2003). Le Dictionnaire des affixes et le Dictionnaire dérivationnel du français : mises en pratique d'une théorie morphologique", in: Lexique 16, 53–66.
Corbin, D. (im Druck): Le lexique construit. Méthodologie d'analyser. Villeneuve d'Ascq, Presses universitaires du Septentrion.
Coseriu, E. (1968): „Les structures lexématiques", in: Elwert, W. T. (ed.): Probleme der Semantik. Wiesbaden, Steiner, 3–16.
Coseriu, E. (1973): Einführung in die strukturelle Betrachtung des Wortschatzes. Tübingen, Narr.
Coseriu, E. (1977): „Inhaltliche Wortbildungslehre (am Beispiel des Typs *coupe-papier*)", in: Brekle, H. E./Kastovsky, D. (eds.): Perspektiven der Wortbildungsforschung. Beiträge zum Wuppertaler Wortbildungskolloquium vom 9.–10. Juli 1976. Bonn, Bouvier, 48–61.
Coseriu, E. (1979): „System, Norm, Rede", in: Coseriu, E.: Sprache, Strukturen und Funktionen. Tübingen, Narr, 11–101.
Cottez, H. (1992^4): Dictionnaire des structures du vocabulaire savant. Eléments et modèles de formation. Paris, Robert.
Cressot, M. (1938): La phrase et le vocabulaire de J.-K. Huysmans. Contribution à l'histoire de la langue française pendant le dernier quart du XIXe siècle. Paris, Droz.
Cypionka, M. (1994): Französische „Pseudoanglizismen": Lehnformationen zwischen Entlehnung, Wortbildung, Form- und Bedeutungswandel. Tübingen, Narr.
Dal, G. (1997): Grammaire du suffixe *-et(te)*. Paris, Didier.
Dal, G. (2004): „A propos de Nouvelles approches en morphologie de Bernard Fradin: à quelle dimension des catégories les règles de construction de lexèmes sont-elles sensibles ?", in: Lexique 16, 231–263.
Dardano, M. (1978): La formazione delle parole nell'italiano di oggi. Roma, Bulzoni.
Dardano, M. (1999): Costruire parole: la morfologia derivativa dell'italiano. Bologna, Mulino.
Darmesteter, A. (1894^2): Traité de la formation des mots composés dans la langue française. Paris, Bouillon.
Debaty-Luca, T. (1986): Théorie fonctionnelle de la suffixation (appliquée principalement au français et au wallon du Centre). Paris, Les belles lettres.
Dębowiak, P. (2014): La formation diminutive dans les langues romanes. Frankfurt/Main, Lang.
Delaplace, D. (2004): „Aspects morphologiques de la substitution par déformation avec apocope", in: Lexique 16, 125–158.
Delaplace, D. (2008): „Le suffixe *-ard* dans le trésor de la langue française", in: Fradin, B. (ed.): La raison morphologique. Amsterdam/Philadelphia, Benjamins, 39–54.
Delhay, C. (1996): Il était un « petit X ». Pour une approche nouvelle de la catégorisation dite diminutive. Paris, Larousse.
Deroy, L. (1956): L'emprunt linguistique. Paris, Les belles lettres.
Detges, U. (1996): Nominalprädikate. Eine valenztheoretische Untersuchung der französischen Funktionsverbgefüge des Paradigmas «être Präposition Nomen» und verwandter Konstruktionen. Tübingen, Niemeyer.
Dieckmann, E. (1979): „Zu frz. -ier", in: Höfler, M. (ed.): Festschrift Kurt Baldinger zum 60. Geburtstag. Tübingen, Niemeyer, 375–391.

Dingel, I. (1987): Beobachtungen zur Entwicklung des französischen Vokabulars. Petit Larousse 1968 – Petit Larousse 1981. Frankfurt am Main, Lang.
Dressler, W. U. (1977): Grundfragen der Morphophonologie. Wien, Akademie der Wissenschaften.
Dressler, W. U. (1981a): „Zum Verhältnis von Wortbildung und Textlinguistik (mit Beispielen aus der schönen Literatur) ", in: Petöfi, J. (ed.): Text vs. sentence continued. Hamburg, Buske, 96–106.
Dressler, W. U. (1981b): „Kontrastive Wortbildungslehre. Ein polyzentristischer Ansatz", in: Pöckl, U. (ed.): Europäische Mehrsprachigkeit. Festschrift für Mario Wandruszka. Tübingen, Niemeyer, 209–214.
Dubois, J./Guilbert, L./Mitterrand, H./Pignon, J. (1960): „Le mouvement général du vocabulaire français de 1949 à 1960 d'après un dictionnaire d'usage", in: Le français moderne 27, 86–106.
Dubois, J. (1962): Etude sur la dérivation suffixale en français moderne et contemporain. Paris, Larousse.
Dubois, J. (1999): La dérivation suffixale en français. Paris, Nathan.
Duchesne, A./Leguay, T. (1995): „A la recherche des mots perdus", in: Cahen, G. (ed.): Le plaisir des mots. Paris, Autrement, 67–78.
Dufferain, S. (2012): Tyronyme: zur strategischen Wortbildung französischer Käsemarkennamen. Berlin, Frank & Timme.
Dupuy-Engelhardt, H. (2005): „Semantische Unterschiede im Übergangsbereich zwischen 'typischem' Verb und 'typischem' Substantiv – Beobachtungen zum Verweis auf das Hörbare im Deutschen und Französischen", in: Romanisch-deutscher und innerromanischer Sprachvergleich 2, 87–98.
Eckert, G. (1986): Sprachtypus und Geschichte. Studien zum typologischen Wandel des Französischen. Tübingen, Narr.
Eggert, E./Maurel, D./Piton, O. (2003): „La formation des gentilés sur Internet", in: Revue Québecoise Linguistique 32, 25–39.
Eggert, E. (2005): Bisontins ou Besançonnais? A la recherche des règles pour la formation des gentilés pour une application au traitement automatique. Tübingen, Narr.
Eichinger, L. M. (1982): „Zum Ausdruck lokaler und termporaler Relationen in der verbalen Wortbildung", in: Eichinger, L. M. (ed.): Tendenzen verbaler Wortbildung in der deutschen Gegenwartssprache. Hamburg, Buske, 1–79.
Elsen, H. (2011): Grundzüge der Morphologie des Deutschen. Berlin, de Gruyter.
Ermecke, G. (1929): Das Wesen der sprachlichen Abstrakta und ihre Bildung durch Suffixe im Romanischen: nebst einem Hinweis auf den Einfluß dieser Art Suffix auf das Englische und Deutsche. Universität Bonn (Dissertation).
Ernst, G. (1981): „Ein Blick durch die durchsichtigen Wörter: Versuch einer Typologie der Wortdurchsichtigkeit und ihrer Einschränkungen", in: Linguistica 21, 47–72.
Ernst, G. (1995): „Konvergenz in Wortbildung und Semantik romanischer Sprachen am Beispiel der Nomina qualitatis", in: Dahmen, W. (ed.): Konvergenz und Divergenz in den romanischen Sprachen. Tübingen, Narr, 65–84.
Etiemble, R. (1964): Parlez-vous franglais? Paris, Gallimard.
Fandrych, C./Thurmair, M. (1994): „Ein Interpretationsmodell für Nominalkomposita: linguistische und didaktische Überlegungen", in: Deutsch als Fremdsprache 31, 34–45.
Feig, E. (2008): „Das geflügelte Wort von der Euromorphologie… oder die Vogelgrippe als Fallstudie zu Stand und Wirkungskraft der Konvergenztendenzen in der Wortbildung der romanischen Sprachen", in: Romanistisches Jahrbuch 58, 296–334.
Ferret, K./Villoing, F.: „L'aspect grammatical dans les nominalisations en français: les déverbaux en -age et -ée", in: Lexique 20, 73–127.
Fleischer W./Barz, I. (2007): Wortbildung der deutschen Gegenwartssprache. Berlin, de Gruyter.

Fleischmann, S. (1976): Cultural and linguistic factors in word formation. An integrated approach to the development of the suffix -age. Berkeley, University of California Press.
Fradin, B. (2003): „Le traitement de la suffixation en -et", in: Langages 152, 51–77.
Fradin, B. (2006): „Recherches actuelles en morphologie", in: Štichauer, J. (ed.): La forme et le sens. Actes de l'école doctorale de Poděbrady. Karlova Universität, Prag, 151–166.
Fradin, B. (2008a): La raison morphologique. Hommage à la mémoire de Danielle Corbin. Amsterdam/Philadelphia, Benjamins.
Fradin, B. (2008b): „Les adjectifs relationnels et la morphologie", in: Fradin, B. (ed.): La raison morphologique. Amsterdam/Philadelphia, Benjamins, 69–92.
Fradin, B. (2009): Aperçus de morphologie du français. Paris, Presses universitaires de Vincennes.
Fradin, B./Hathout, N./Meunier, F. (2003): „La suffixation en -et et la question de la productivité", in: Langue française 140, 163–182.
François, A. (1950): La désinence «ance» dans le vocabulaire français : une pédale de la langue et du style. Genf, Droz.
Fridrichová, R. (2012): La troncation en tant que procédé d'abréviation de mots et sa perception dans le français contemporain. Olomouc, Université Palacký d'Olomouc.
Fugger, B. (1982): „Neologismus und Wortbildung. Tendenzen bei der Herausbildung einer neuen französischen Fachsprache der Medizin", in: Wunderli, P./Müller, W. (eds.): Romania historica et Romania hodierna. Frankfurt/Bern, Lang, 283–297.
Gabriel, K. (2006): „Die Herausbildung der Terminologien in der Romania", in: Ernst, G./Gleßgen, M.-D./Schweickard, W. (eds.): Romanische Sprachgeschichte vol. 2. Berlin, de Gruyter, 2238–2251.
Gaeta, L./Ricca, D. (2015): „Productivity", in: Müller, P. O./Olsen, S./Ohnheiser, I./Rainer, F. (eds.): Word-Formation. An International Handbook of the Languages of Europe. Berlin, de Gruyter, 842–858.
Gaeta, L. (2015): „Action nouns in Romance", in: Müller, P. O./Olsen, S./Ohnheiser, I./Rainer, F. (eds.): Word-Formation. An International Handbook of the Languages of Europe. Berlin, de Gruyter, 1209–1229.
Galisson, R. (1987): „Les mots-valises et les dictionnaires de parodie comme moyens de perfectionnement en langue et culture française", in: Etudes de linguistique appliquée 67, 57–118.
Galli, H. (2012): „Peut-on se passer de la notion de parasynthèse en morphologie dérivationelle?", in: Zeitschrift für romanische Philologie 128, 217-233.
García Romero, M. (2006): Genese und Entwicklung des französischen Nominalsuffixes -ior(e). Marburg, Tectum.
Gather, A. (1999): „Die morphologische Struktur französischer und spanischer verbaler Parasynthetika", in: Zeitschrift für romanische Philologie 115, 79–116.
Gather, A. (2001): Romanische Verb-Nomen-Komposita. Wortbildung zwischen Lexikon, Morphologie und Syntax. Tübingen, Narr.
Gauger, H. M. (1971a): Durchsichtige Wörter. Zur Theorie der Wortbildung. Heidelberg, Winter.
Gauger, H. M. (1971b): Untersuchungen zur spanischen und französischen Wortbildung. Heidelberg, Winter.
Gauger, H. M. (1972): „Die durchsichtigen Wörter des Französischen", in: Französisch heute 1, 20–28.
Gawelko, M. (1997): Evolution des suffixes adjectivaux en français. Wroclaw/Warszawa/Kraków/Gdansk, Ossolineum, 1997.
Gebhardt, K. (1982): „Les sigles et leurs dérivés en français contemporain", in: Detering, K. (ed.): Sprache beschreiben und erklären. Tübingen, Niemeyer, 104–113.
Gersbach, B./Graf, R./Ruoff, A. (1984/85): Wortbildung in gesprochener Sprache. Tübingen, Niemeyer.

Gévaudan, P. (2007): Typologie des lexikalischen Wandels. Bedeutungswandel, Wortbildung und Entlehnung am Beispiel der romanischen Sprachen. Tübingen, Stauffenburg.

Gezundhajt, H. (2000): Adverbes en -ment et opérations énonciatives. Bern, Lang.

Giraud, J. (1962): „Sur les suffixes -esque et -ien", in: Le français moderne 30, 115–118.

Giurescu, A. (1975): Les mots composés dans les langues romanes. The Hague/Paris, Mouton.

Glaser, K. (1910): „Le sens péjoratif du suffixe -ard en français", in: Romanische Forschungen 27, 932–983.

Gleßgen, M.-D. (2009): „Histoire interne du français: lexique et formation des mots", in: Ernst, G./Gleßgen, M.-D./Schweickard, W. (eds.): Romanische Sprachgeschichte vol. 3. Berlin, de Gruyter, 2947–2974.

Gómez Frenández, A. (2006): Estudio morfosemántico de los adjectivos deverbales en –ble en francés y español desde la teoría sentido-texto. Salamanca, Universidad de Salamanca.

Goose, A. (1975): La néologie française aujourd'hui. Paris, Conseil international de la langue française.

Gossen, C. T. (1981): „Tendenzen der Wortschöpfung im heutigen Französisch", in: Pöckl, W. (ed.): Europäische Mehrsprachigkeit. Festschrift zum 70. Geburtstag von Ulrich Wandruszka. Tübingen, Niemeyer, 29–41.

Gougenheim, G. (1946): „Suffixe -âtre, -lâtre", in: Le français moderne 14, 113-115.

Grésillon, A. (1985): „Le mot-valise, un monstre de langue?", in: Auroux, S./Chevalier, J.-C./Jacques-Chaquin, N./Marchello-Nizia, C. (eds.): La linguistique fantastique. Paris, Denoël, 245–259.

Gross, M. (1986): „Les nominalisations d'expressions figées", in: Langue française 69, 64–84.

Gruaz, C. (1987): Le mot français, cet inconnu: précis de morphographémologie. Ivry sur Seine, Centre national de la recherche.

Gruaz, C. (1988): La dérivation suffixale en français contemporain. Mont-Saint-Aignan, Publications de l'université de Rouen.

Gruaz, C. (2008², ed.): DISFA: dictionnaire synchronique des familles dérivationnelles de mots français. Limoges, Lambert-Lucas.

Grundt, L.-O. (1972): Etudes sur l'adjectif invarié. Bergen, Universitetsforlaget.

Guilbert, L. (1971): „De la formation des unités lexicales", in: Grand Larousse de la langue française, vol. 1. Paris, Larousse, IX–LXXXI.

Guilbert, L. (1975): La créativité lexicale. Paris, Larousse.

Guillet, A. (1971): „Morphologie des dérivations. Les nominalisations adjectivales en -té", in: Langue française, 46–60.

Haensch, G. / Lallemand-Rietkötter, A. (1972): Wortbildungslehre des modernen Französisch. München, Hueber.

Handler, P. (2008): „Stilphänomene in der Wortbildung. Ein Überblick über das Französische", in: Fuchs, V. (ed.): Stil ist überall – aber wie bekomme ich ihn zu fassen? Frankfurt am Main, Lang, 255–274.

Has, G. (1982): „A propos de l'accumulation des vocables nouveaux dans les paradigmes dérivationnels", in: Revue roumaine de linguistique 27, 409-411.

Hasselroth, B. (1957): Etudes sur la formation diminutive dans les langues romanes. Wiesbaden, Harrasowitz.

Hasselroth, B. (1972): Etude sur la vitalité de la formation diminutive française au XXe siècle. Uppsala, Almqvist & Wiksell.

Hathout, N./Plénat, M./ Tangu, L. (2003): „Enquête sur les dérivés en -able", in: Cahiers de grammaire 28, 49–90.

Hausmann, F. J. (2005): Der undurchsichtige Wortschatz des Französischen. Lernwortlisten für Schule und Studium. Aachen, Shaker.

Heinimann, S. (1953): „Les mots déformés et abrégés en -o dans l'argot, dans le langage populaire et dans la langue commune", in: Roques, M. (ed.): Mélanges de linguistique et de littérature romanes vol. 2. Bade, Didier, 151–163.
Helfrich, U. (1993): Neologismen auf dem Prüfstand: ein Modell zur Ermittlung der Akzeptanz französischer Neologismen. Wilhelmsfeld, Egert.
Henschelmann, K. (1999): Problembewußtes Übersetzen Französisch – Deutsch. Tübingen, Narr.
Heringer, H. J. (2009): Morphologie. Paderborn, Fink.
Hermanns, F. (1998): „Kausative Adjektive – Bericht über eine lexikologisch-lexikographische Recherche", in: Wiegand, H. E. (ed.): Wortbildung in der Diskussion III. Tübingen, Niemeyer, 285–318.
Hermanns, F. (2012): Der Sitz der Sprache im Leben. Beiträge zu einer kuturanalytischen Linguistik. Berlin/Boston, de Gruyter.
Heyna, F. (2012): Etude morpho-syntaxique des parasynthétiques: les dérivés en dé- et en anti-. Bruxelles, De Boeck Duculot.
Himelfarb, G. (2002): Sigles et acronymes. Paris, Belin.
Höfler, M. (1968): „Ein spanisches Lehnwortsuffix des 18. Jahrhunderts", in: Zeitschrift für romanische Philologie 84, 582–585.
Höfler, M. (1972): Zur Integration der neulateinischen Kompositionsweise im Französischen: dargestellt an den Bildungen -(o)manie, -(o)mane. Tübingen, Niemeyer.
Holeš, J. (2001): „Démotivation et remotivation – deux grandes tendances dans la structuration du lexique en français", in: Studia minora facultatis philosophicae universitatis brunensis L/22, 97–104.
Holtus, G. (1972): Untersuchungen zu Stil und Konzeption von Célines ‚Voyage au bout de la nuit'. Bern/Frankfurt am Main, Lang.
Holtus, G. (1990): „Geschichte des Wortschatzes", in: Holtus, G./Metzeltin, M./Schmitt, C. (eds.): Lexikon der Romanistischen Linguistik (LRL), V,1. Tübingen, Niemeyer, 519–529.
Hoppe, G. (1998): Herausbildung und Integration des Submusters «Ethnika + -(O)Phone, -(O)Phonie» im Französischen und Stellung des analogen Musters im Lehn-Wort-Bildungssystem des Deutschen. Mannheim, Institut für deutsche Sprache.
Horning, A. (1902): „Zur Wortbildung. Suffix -istre im Französischen", in: Zeitschrift für romanische Philologie 26, 325–326.
Houdebine-Gravaud, A.-M. (1998): La féminisation des noms de métier. Paris/Montréal, L'Harmattan.
Howden, M. S. (1982): A semantic study of word formation in French. Ann Arbor, Cornell University.
Hummel, M. (2015): „The semantics and pragmatics of Romance evaluative suffixes", in: Müller, P. O./Olsen, S./Ohnheiser, I./Rainer, F. (eds.): Word-Formation. An International Handbook of the Languages of Europe. Berlin u.a., de Gruyter, 1528–1544.
Huot, H. (^{2}2005): La morphologie. Forme et sens des mots du français. Paris, Colin.
Iacobini, C./Scalise, S. (2008): „Contraintes sur la catégorie de la base et de l'output dans la dérivation", in: Fradin, B.: La raison morphologique, Amsterdam/Philadelphia, Benjamins, 93–112.
Iordan, I. (1970): „Aspects de la formation des mots dans les langues romanes actuelles", in: Phonétique et linguistique romanes. Mélanges offerts à M. Georges Straka. Lyon/Strasbourg, Société de linguistique romane, 211–222.
Jaeger, G. (1977): Aspects de la formation des mots dans l'argot [nicht veröffentlichte Zulassungsarbeit für das Lehramt an Gymnasien].
Jalenques, P. (2002): „Etude sémantique du préfixe RE en français contemporain: à propos de plusieurs débats actuels en morphologie dérivationnelle", in: Langue française 133, 74–90.
Juilland, A. (1985): Les verbes de Céline, première partie: Etude d'ensemble. Stanford, Montparnasse.

Kampers-Manhe, B. (1993): „La composition comme processus de formation de néologismes", in: Hulk, A./Melka, F./Schroten, J. (eds.): Du lexique à la morphologie: du côté de chez Zwan. Amsterdam/Atlanta, Rodopi, 155–172.

Kastovsky, D. (1986): „The Problem of Productivity in Word Formation", in: Linguistics 24, 585–600.

Kawaguchi, E. (1994): „Suffix -ette (< lat. -ītta) en Champagne et en Brie à la lumière des Atlas Linguistiques", in: Zeitschrift für romanische Philologie 104, 410-431.

Kerleroux, F. (1996): La coupure invisible. Études de syntaxe et de morphologie. Lille, Presses du Septentrion.

Kerleroux, F. (2004): „Sur quels objets portent les opérations morphologiques de construction?", in: Lexique 16, 85–123.

Kethiri, B. (2015): „L'hybridation, procédé néologique dans le français au Maghreb", in: Blumenthal, P. (ed.) : Dynamique des français africains: entre le culturel et le linguistique. Hommage à Ambroise Quéffelec. Berlin, Lang, 183-198.

Kiefer, F. (2011): „La dérivation impropre", in: Neologica 98, 113–122.

Kilani-Schoch, M. (2005): Morphologie naturelle et flexion du verbe français. Tübingen, Narr.

Kjellmann, H. (1920): Mots abrégés et tendances d'abbréviation en français. Uppsala, Société des langues romanes.

Kleiber, G. (2007): „Sur la sémantique de l'intensité", in: Cuartero Otal, J./Emsel, M. (eds.): Vernetzungen. Bedeutung in Wort, Satz und Text. Festschrift für Gerd Wotjak zum 65. Geburtstag. Vol. 1. Frankfurt, Lang, 249–261.

Klosa, A. (2013): Wortbildung im elektronischen Wörterbuch. Tübingen, Narr.

Knittel, M. L. (2015): „La nominalisation: un état des lieux", in: Le Français moderne 83, 3–17.

Kocher, F. (1921): Reduplikationsbildungen im Französischen und Italienischen. Arrau, Sauerländer.

Kock, J. (1985): Eléments pour une étude linguistique de langages «néologiques». Paris, Slatkine.

Koefoed, G./van Marle, J. (2000): „Productivity", in: Booij, G. E./Lehmann, C./Mugdan, J. (eds.): Morphologie. Ein internationales Handbuch zu Flexion und Wortbildung, Berlin, de Gruyter. 303–311.

Kortas, J. (2003): „Les frontières de la confixation: le domaine français", in: Kwartalnik Neofilologiczny 50/3 ,373–382.

Kortas, J. (2009): „Les hybrides lexicaux en français contemporain", in: Meta 54/3, 533–550.

Kundegraber, A. (2008): Verlan 2007. Untersuchungen zur französischen Jugendsprache. Hamburg, Kovač.

Kurschildgen, E. (1976): Untersuchungen zu Funktionsveränderungen bei Suffixen im Lateinischen und Romanischen. Bonn, Romanisch-Historischer Verlag.

Laborie, P. (2006): Les mots de 39–45. Toulouse, Presses universitaires du Mirail.

Laca, B. (1986): Die Wortbildung als Grammatik des Wortschatzes. Untersuchungen zur Spanischen Subjektnominalisierung. Tübingen, Narr.

Laumann, F. (1996): Französische Nominalkomposita mit Präposition : eine Untersuchung aufgrund der naturwissenschaftlich-technischen Fachsprache. Münster, Lit.

Léard, J.-M. (1995): Grammaire québécoise d'aujourd'hui. Comprendre les Québécismes. Montréal, Guérin.

Lecolle, M. (2011): „Désadjectivaux formés par conversion et double catégorisation: Le cas des adjectifs/noms en -aire", in: Revue romane 46/2, 295–316.

Lecolle, M. (2012): „Néologie sémantique et néologie catégorielle: quelques propositions", in: Cahiers de Lexicologie 100, 81–104.

Leeman, D. (1992): „Deux classes d'adjectifs en -ble", in: Langue française 96, 44–64.

Legrain, M. (2013): Un doudou pour bébé. Les mots à redoublement pour bêtifier avec les tout-petits. Paris, Champion.

Lené, G. (1899): Les substantifs postverbaux dans la langue française. Uppsala, Almquist.

Lengert, J. (1994): Regionalfranzösisch in der Literatur: Studien zu lexikalischen und grammatischen Regionalismen des Französischen der Westschweiz. Basel, Francke.
Leopold, S. A./Mauritz, I. (1965³): Traité de la formation des mots en français. Groningen, Ellerbrock/Smidt.
Leroy, S. (2004): Le nom propre en français. Paris, Ophrys.
Lesot, A. (2013): Bescherelle. Le vocabulaire pour tous. Paris, Hatier.
Léturgie, A. (2011): „Un cas d'extragrammaticalité particulier: les amalgames lexicaux", in: Linguistica 51, 87–104.
Léturgie, A. (2012): L'amalgamation lexicale en français: approches lexicologique et morphologique : Vers une grammaire de l'amalgamation lexicale en français. Cergy-Pontoise, Thèse en Sciences du langage.
Lewicka, H. (1957): „Quelques types concurrents de noms d'action dans les textes du théâtre comique français des XVe–XVIe siècles", in: Kwartalnik Neofilologiczny 1, 199–211.
Lewicka, H. (1968): „Pour une histoire structurale de la formation des mots en français", in: ACILFR 11, vol. 2, 649–658.
Lewis, J. C. (2007). The -ing sufix in french. Grand Forks, University of North Dakota [https://arts-sciences.und.edu/summer-institute-of-linguistics/theses/_files/docs/2007-lewis-joelle-c.pdf].
Librová, B. (2010): „La particule séparable re – facteur de cohésion textuelle en français médiéval", in: Danler, P./Iliescu, M./Siller-Runggaldier, H.(eds.), Actes du XXVe Congrès International de Linguistique et de Philologie Romanes. Berlin, de Gruyter, 455–464.
Lignon, S./Plénat, M. (2009): Échangisme suffixal et contraintes phonologiques (Cas des dérivés en -ien et en -icien), in: Fradin, B./Kerleroux, F./Plénat, M. (eds.) Aperçus de morphologie du français. Saint-Denis. Presses universitaires de Vincennes, 65–81.
Lindemann, M. (1977): Zum Suffixwechsel von «-eresse» zu «-euse» und «-trice» im Französischen.Tübingen, TBL.
Lombard, A. (1980): Les constructions nominales dans le français moderne. Uppsala/Stockholm, Almqvist & Wiksell..
Louvat, B. (2009): „Le vocabulaire à l'épreuve de la langue: l'exemple d'Andromaque", in: La Licorne 50, 325–336.
Łozińska, M. (1981): La formation des adverbes en -ment dans le français contemporain. Warschau, Panstwowe Wydawnictwo Naukowe.
Lude, W. (1910): Die lautliche und begriffliche Entwicklung der lateinischen verba intensiva und frequentativa (iterativa) im Französischen. Erlangen [unveröffentlichte Dissertation].
Lüdtke, H. (1968): Geschichte des romanischen Wortschatzes. Wandlungen innerhalb der Romania von der Antike bis zur Gegenwart. Freiburg, Rombach.
Lüdtke, J. (1976): „Sur les niveaux d'analyse des nominalisations prédicatives", in: Cahiers de lexicologie 28, 51–59.
Lüdtke, J. (1978): Prädikative Nominalisierungen mit Suffixen im Französischen, Katalanischen und Spanischen. Tübingen, Narr.
Lüdtke, J. (1996): „Morphologie II. Wortbildungslehre", in: Holtus, G./Metzeltin, M./Schmitt, C. (eds.), Lexikon der Romanistischen Linguistik (LRL), II,1: Geschichte des Faches Romanistik. Methodologie (Das Sprachsystem). Tübingen, Niemeyer, 765–781.
Lüdtke, J. (1998): „Romanische Abstrakta bzw. Prädikatnominalisierungen", in: Figge, U. L. (ed.), Grammatische Strukturen und grammatischer Wandel im Französischen, Abhandlungen zur Sprache und Literatur 117. Bonn, Romanistischer Verlag, 359–381.
Lüdtke, J. (2005): Romanische Wortbildung. Inhaltlich – diachronisch – synchronisch. Tübingen, Stauffenburg.

Lüdtke, J. (2011): „Präpositionale Präfixe bei Substantiven in den romanischen Sprachen", in: Overbeck, A./Schweickard, W. (eds.): Lexikon, Varietät, Philologie. Günter Holtus zum 65. Geburtstag. Berlin, de Gruyter, 481–490.

Lüdtke, J. (2011): „La «parasynthèse». Une fausse piste?", in: Romanische Forschungen 123/3, 312–330.

Luschützky, H. C. (2000): „Morphem, Morph und Allomorph", in: Booij, G./Lehmann, C./Mugdan, J. (eds.): Morphologie / Morphology. Ein internationales Handbuch zur Flexion und Wortbildung vol. 1, Berlin/New York, de Gruyter, 451–5463.

Luschützky, H. C./Rainer, F. (2013): „Instrument and place nouns: A typological and diachronic perspective", in: Linguistics 51/6, 1301–1359.

Lustenberger-Seidlova, E. (1980): Einige pejorative Nominalsuffixe des Modernfranzösischen: *-aille*, *-ard*, *-arde*, *-asse*, *-âtre*, *-aud* (*-aude*), *-aut*, *-ade*. Zürich, Juris.

Malkiel, Y. (1938): Das substantivierte Adjektiv im Französischen. Berlin, Speer & Schmidt.1945

Malkiel, Y. (1945): „Zur Substantivierung der Adjectiva im Romanischen: über den Ursprung des Typus atractivo, iniciativa", in: Classica et Medievalia 5, 238–256.

Marchand, H. (1951): Esquisse d'une description des principales alternances dérivatives dans le français d'aujourd'hui. Oxford, Blacwell.

Marchand, H. (1968): „Die Ableitung deadjektivischer Verben im Deutschen, Englischen und Französischen", in: Indogermanische Forschungen 74, 155–173.

Marozeau, J. (1952): „Composés à thème verbal", in: Le français moderne 20, 81–86.

Marrapodi, G. (2013): „It. -acco, fr. -ache/-aque, spagn. -aco", in: Vox Romanica 72, 42-55.

Martin, R. (2001): „Le préfixe a-, ad- en moyen français", in: Romania 119, 289–322.

Martin, R. (2004): „Le couple préfixal *en-* (*in-*) / *es-* (*e-* / *ex-*) en moyen français", in: Romania 122, 1–45.

Martin, R. (2006): „Sémantique préfixale du moyen français: les préfixes de-/dés", in: Lexique 17, 29-53.

Martinet, A. (1970): Eléments de linguistique générale. Paris, Armand Colin.

Marzo, D./Rube, V./Umbreit, B. (2011): „Similarité sans contiguïté – la dimension formelle de la motivation lexicale dans la perspective des locteurs", in: Dessì Schmid, S./Detges, U./Gévaudan, P./Mihatsch, W./Waltereit, R. (eds.) : Rahmen des Sprechens. Beiträge zu Valenztheorie, Varietätenlinguistik, Kreolistik, Kognitiver und Historischer Semantik. Peter Koch zum 60. Geburtstag. Tübingen, Narr, 381–392.

Marzo, D./Umbreit, B. (2013a): „La conversion entre le lexique et la syntaxe", in: Casanova, E./Calvo Rigual, C. (eds.): Actas del 26é Congrés Internacional de Lingüística y Filologia Romàniques: València, 6–11 septembre 2010. Berlin: de Gruyter, 2195-2205.

Marzo, D./Umbreit, B. (2013b): „Absenz und Präsenz verbaler Argumente: Hinweise auf den Nominalisierungsgrad von Infinitiven im Französischen", in: Fesenmeier, L./Grutschus, A./Patzelt, C. (eds.): L'absence au niveau syntagmatique. Frankfurt a.M., Klostermann, 69-90.

Marzo, D. (2015): „Motivation, compositionality, idiomatization", in: Müller, P. O./Olsen, S./Ohnheiser, I./Rainer, F. (eds.): Word-Formation. An International Handbook of the Languages of Europe, vol. 1. Berlin, de Gruyter, 984–1001.

Mascherin, L. (2009): Analyse morphosémantique de l'aspecto-temporalité en français: le cas du préfixe RE. Paris, Edilivre Aparis.

Masini, F. (2009): „Combinazioni di parole e parole sintagmatiche", in: Lombardi Vallauri, E./Mereu, L. (eds.): Spazi linguistici. Studi in onore di Raffaele Simone. Rom, Bulzoni, 191-209.

Matoré, G. (1952): „Le néologisme: naissance et diffusion", in: Le français moderne 20/2, 87–92.

Mayerthaler, W. (1977): Studien zur theoretischen und zur französischen Morphologie: Reduplikation, Echowörter, morphologische Natürlichkeit, Haplologie, Produktivität, Regeltelescoping, paradigmatischer Ausgleich. Tübingen, Niemeyer.

Meier, F. (2016): La perception des normes textuelles, communicationnelles et linguistiques en écriture journalistique. Une contribution à l'étude de la conscience linguistique des professionnels des médias écrits québécois [Dissertation]. Augsburg, Universität Augsburg.
Meinicke, M. (1904): Das Präfix re- im Französischen. Berlin, Mayer & Müller.
Meiser, G. (1998): Historische Laut- und Formenlehre der lateinischen Sprache. Darmstadt, Wissenschaftliche Buchgesellschaft.
Mejri, S. (2005): „Figement, néologie et renouvellement du lexique", in: LINXS 52, 163–174.
Mel'čuk, I. (2000): „Suppletion", in: Booij, G./Lehmann, C./Mugdan, J. (eds.): Morphologie / Morphology. Ein internationales Handbuch zur Flexion und Wortbildung vol. 1, Berlin/New York, de Gruyter, 510–524.
Menzel, H.-B. (1983): Abkürzungen im heutigen Französisch. Rheinfelden, Schäuble.
Merk, G. (1982): Les héritiers et les substituts du suffixe latin -tione en gallo-romania. Lille, Atelier de reproduction de thèses de l'université Lille III.
Merle, G. et al. (1989): Les mots nouveaux apparus depuis 1985. Paris, Belfond.
Metzeltin, M. (1976): „Versuch einer Beschreibung der raumdimensionalen Bezeichnungen im Französischen", in: Colón, G./Kopp, R. (eds.): Mélanges offerts à Carl Theodor Gossen, Berlin. Francke, 635–651.
Meunier, L.-F. (1875): Les composés qui contiennent un verbe à un mode personnel en latin, en français, en italien et en espagnol. Paris, Imprimerie nationale.
Meyer-Lübke, W. (1966): Historische Grammatik der französischen Sprache, zweiter Teil: Wortbildungslehre, zweite durchgesehene und ergänzte Auflage von J. M. Piel. Heidelberg, Winter (^{1} = 1921).
Mfoutou, J.-A. (2013): „La dérivation verbale sur base nominale chez les francophones congolais", in: Mbanga, A. (ed.): Regards sur la langue française au Congo. Actes du colloque international de Brazzaville du 18 au 19 mars 2011. Paris, L'Harmattan, 245-258.
Mihatsch, W. (2000): „Wieso ist ein Kollektivum ein Kollektivum? Zentrum und Peripherie einer Kategorie am Beispiel des Spanischen", in: Philologie im Netz 13, 39–72.
Mihatsch, W. (2006): Kognitive Grundlagen lexikalischer Hierarchien untersucht am Beispiel des Französischen und Spanischen. Tübingen, Niemeyer.
Mihatsch, W. (2015): „Collectives", in: in: Müller, P. O./Olsen, S./Ohnheiser, I./Rainer, F. (eds.): Word-Formation. An International Handbook of the Languages of Europe. Berlin, de Gruyter, 1183–1195.
Mikó, M. (1976): „La suffixation en hongrois et en français moderne", in: Études Finno-Ougriennes 11, 135–143.
Mitterrand, H. (2000): Les mots français (Que sais-je). Paris, PUF.
Mollidor, J. (1998): Negationspräfixe im heutigen Französisch. Tübingen, Niemeyer.
Mollinier, C. (2005): „Sur la forme et le statut des adjectifs de couleur formés par dérivation suffixale", in: Le Français moderne 73/2, 145–156.
Monceaux, A. (1997): „Adjectifs de relation, complémentation et sous-classification", in: Langages 126, 39–59.
Monneret, P. (2014): Exercices de linguistique. Paris, PUF.
Montero Curiel, M. (2015): „Negation", in: Müller, P. O./Olsen, S./Ohnheiser, I./Rainer, F. (eds.): Word-Formation. An International Handbook of the Languages of Europe. Berlin, de Gruyter, 1351–1359.
Moody, M. D. (1973): A Classification of "Noun + de + Noun" Constructions in French. The Hague/Paris, Mouton.
Moody, M. D. (1980): The Interior Article in DE-compounds in French: AGENT DE POLICE versus AGENT DE LA POLICE. Washington, University Press of America.
Morier, H. (1998): Dictionnaire de poétique et de rhétorique. Paris, PUF.

Mørdrup, O. (1976): Une analyse non-transformationnelle des adverbes en -ment. Kopenhagen, Akademisk Forlag.

Müller, P. O./Olsen, S./Ohnheiser, I./Rainer, F. (2015, eds.): Word-Formation. An International Handbook of the Languages of Europe. Berlin u.a., de Gruyter.

Muret, E. (1890): „Le suffixe -ise", in: Romania 19, 592.

Naumann, B. (³2000): Einführung in die Wortbildungslehre des Deutschen. Tübingen, Niemeyer.

Nellessen, H. (1982): Die Antonymie im Bereich des neufranzösischen Verbs: avec un résumé en français. Tübingen, Narr.

Neuss, E. (1981): „Kopulativkomposita", in: Sprachwissenschaft 6, 31–68.

Oeser, E./Picht, H. (1998): „Terminologieforschung in Europa: ein historischer Überblick", in: Hoffmann, L./Kalverkämper, H./Wiegand, H. E. (eds.): Fachsprachen. Languages for Special Purposes. Berlin/New York, de Gruyter, 341–347.

Orr, J. (1962): „-ing, suffixe français?", in: Vie et langage 122, 498–501.

Ozolina, O. (2013) : „La formation des mots dans le français médiéval et contemporain", in : Casanova, E./Calvo Rigual, C. (eds.): Actas des 26ᵉ Congrés Internacional de Lingüística y Filologia Romàniques: Valencia, 6-11 septembre 2010. Berlin, de Gruyter, 2206-2214.

Paillard, D. (2002): „Contribution à l'analyse du préfixe sous- combiné avec des bases verbales", in: Langue française 133, 91–110.

Panagl, O. (1977): „Zum Verhältnis von Agens und Instrumental in Wortbildung, Syntax und Pragmatik", in: Wiener linguistische Gazette 16, 3–17.

Paquot, A. (1988): Les Québécois et leurs mots. Étude sémilologique et sociolinguistique des régionalismes lexicaux au Québec. Québec, Presses de l'université de Laval.

Paulikat, F. (2001): Eigennamen in Pressetexten. Berlin, Lang.

Perko, G. (2010): „Le suffixe -issime dans le paysage dérivationnel du nom propre en français", in: Iliescu, M./Siller-Runggaldier, H. M./Danler, P. (eds.), Actes du XXVᵉ congrès international de Linguistique et de Philologie romanes. Berlin/New York, de Gruyter, 465–470.

Peschel, C. (2002): Wortneubildung und Textkonstitution. Tübingen, Niemeyer.

Peter, H. (1951): Die Entwicklung des Suffixes -ard im Französischen. Innsbruck, Dissertation.

Peter, M. (1949): Über einige negative Präfixe im Modernfranzösischen als Ausdrucksmittel für die Gegensatzbildung. Bern, Francke.

Peytard, J. (1975): Recherches sur la préfixation en français contemporain. Lille, Atelier de Reproduction de thèses.

Pichon, E. (1942): Les principes de la suffixation dans le français d'aujourd'hui. Paris, d'Artrey.

Picone, M. D. (1992): „Compound Word Formation in French: One Hundred Years Later", in: Theoretical Analyses in Romance Linguistics. Selected papers from the Nineteenth Linguistic Symposium on Romance Languages. Amsterdam/Philadelphia, Benjamins, 181–195.

Plate, H. (1928): Die Suffixe -ura, -or, -tudo und -tas im Französischen mit Berücksichtigung der übrigen Romania. Danzig, Boenig.

Platz-Schliebs, A. (2008): Wortbildung in der Fremdsprache: zur Produktion und Erschließung französischer suffigierter Personen- und Instrumentenbezeichnungen durch deutsche Lerner. Tübingen, Narr.

Plénat, M. (2002): „Jean-Louis Fossat: fossatissime. Note sur la morphophonologie des dérivés en -issime", in : Rabassa, L. (ed.), Mélanges offerts à Jean-Louis Fossat, Cahiers d'Études Romanes (CERCLiD) 11–12, 229–248.

Plénat, M./Solares Huerta, P. (2006): „Domi, Seb, Flo et toute la famille (Lettre à Jean-Pierre Maurel sur les hypocoristiques français formés par apocope)", in: Cahiers de grammaire 30, 339–357.

Plénat, M. (2008): „Quelques considérations sur la formation des gentilés", in: Fradin, B. (ed.): La raison morphologique. Amsterdam/Philadelphia, Benjamins, 155–176.

Plénat, M. (2015): „Dissimilatory phenomena in French word-formation", in: Müller, P. O./Olsen, S./Ohnheiser, I./Rainer, F. (eds.): Word-Formation. An International Handbook of the Languages of Europe, vol. 2. Berlin u.a., de Gruyter, 945–956.

Pochard, J.-C. (1989): „Préfixation adjectivale ou nominale: suffixation en "o". Du pseudo-préfixe au quasi-préfixe", in: Rémi-Giraud.S./Panier, L. (eds.): La polysémie ou l'empire des sens. Lyon, Presses universitaires de Lyon, 219–240.

Pöckl, W. (2002): „Von *acro-*, *afro-*, *agro-* bis *xéno-*, *xylo-*, *zoo-*. Namenlose Störenfriede oder Brücken der internationalen Kommunikation ?", in: Pöll, B./Rainer, F. (eds.), Vocabula et vocabularia. Etudes de lexicologie et de (méta)lexicographie romanes en l'honneur de Dieter Messner. Frankfurt et al., Lang, 239–252.

Pöckl, W. (2013): „Konfixe – unerschöpflicher Vorrat an Wortbausteinen? ", in: Sergo, L./Wienen, U./Atayan, V. (eds.): Fachsprache(n) in der Romania. Entwicklung, Verwendung, Übersetzung. Berlin, Frank & Timme, 97-109.

Pöll, B. (1998): Französisch außerhalb Frankreichs. Geschichte, Status und Profil regionaler und nationaler Varietäten. Tübingen, Niemeyer.

Pöll, B. (2007): „*Imprimante laser couleur* dans *sac poubelle plastique* oder: warum es komplexe linksköpfige N+N-Komposita geben kann", in: Zeitschrift für romanische Philologie 123, 36–49.

Poirier, C. (1980): „Le lexique québécois: son évolution, ses composantes", in: Stanford French Review 4, 43–80.

Poirier, C. (1990): „Description et affirmation des variétés non hexagonales du français: le cas du français québécois", in: Clos, A./Ouoba, B. (eds.) : Visages du français. Variétés lexicales de l'espace francophone : Actes du colloque de Fès 1989. Paris, AUPLF-UREF, 127–139.

Pollak, H. W. (1912): „Zur exozentrischen Komposition", in: Indogermanische Forschungen 30, 55–58.

Pouradier Duteil, F. (1978): Trois suffixes nominalisateurs: un essai d'analyse acantielle. Tübingen, Narr.

Pruvost, J./Sablayrolles, J. F. (2016[3]): Les néologismes. Paris, PUF.

Quéffelec, A. (2009) : „Histoire interne du français (hors d'Europe): lexique et formation des mots", in: Ernst, G./Gleßgen, M.-D./Schweickard, W. (eds.): Romanische Sprachgeschichte vol. 3. Berlin, de Gruyter, 2974–2982.

Quemada, B. (2003): „A propos de l'aménagement de la néologie et de la terminologie françaises", in: Della Valle, V./Adamo, G. (eds.): Innovazione lessicale e terminologie specialistiche. Firenze, Olschi, 7–18.

Rainer, F. (1987a): „Produktivitätsbegriffe in der Wortbildungstheorie", in: Dietrich, W./Gauger, H.-M./Geckeler, H. (eds.): Grammatik und Wortbildung romanischer Sprachen, Tübingen, 187–202.

Rainer, F. (1989): „Das Präfix *neo-* im Italienischen und in anderen europäischen Sprachen", in: Italienisch 21, 46–58.

Rainer, F. (1993): Spanische Wortbildung. Tübingen, Niemeyer.

Rainer, F. (2005): „Noms d'instruments/de lieux en *-tor* dans la Galloromania", in: Vox Romanica 64, 121–140.

Rainer, F. (2008): „Konvergenz- und Divergenzphänomene in der Romania: Wortbildung", in: Ernst, G./Gleßgen, M.-D./Schweickard, W. (eds.): Romanische Sprachgeschichte vol. 3. Berlin, de Gruyter, 3293–3307.

Rainer, F. (2009): „Die Integration des lateinischen Kompositionstyps *tauriformis* im Französischen und Italienischen", in: Zeitschrift für romanische Philologie 125, 45–84.

Rainer, F. (2011): „The agent-instrument-place „polysemy" of the suffix -TOR in Romance", in: Luschützky, H. C./Rainer, F. (eds.): Agent noun polysemy in Indo-European languages. Berlin, de Gruyter, 8–32.

Rainer, F. (2015): „Quality nouns", in: Müller, P. O./Olsen, S./Ohnheiser, I./Rainer, F. (eds.): Word-Formation. An International Handbook of the Languages of Europe, vol. 1. Berlin, de Gruyter, 1268–1284.

Reinheimer-Rîpeanu, S. (1974): Les dérivés parasynthétiques dans les langues romanes: roumain, italien, espagnol, français. La Haye, Mouton.

Retman, R. (1980): „Un inventaire des suffixes adjectivaux du français contemporain", in: Le français moderne 48, 6–15.

Ricken, U. (1983): Französische Lexikologie. Eine Einführung. Leipzig, Enzyklopädie.

Roché, M. (2003): „La «bonne formation» des dérivés en -on", in: Cahiers de grammaire 28, 91–112.

Roché, M. (2004): „Mot construit? Mot non construit? Quelques réflexions à partir des dérivés en -ier", in: Verbum 26/4, 459–480.

Roché, M. (2007): „Logique lexicale et morphologie: La dérivation en -isme", in: Montermini, F./Boyé, G./Hathout, N. (eds.): Selected proceedings of the 5th Décembrettes, Morphology in Toulouse. Somerville, Cascadilla, 45–58.

Roché, M. (2008): „Quelques exemples de morphologie non conventionnelle dans les formations construits à partir d'un mot en -ouille(r)", in: Fradin, B. (ed.): La raison morphologique. Amsterdam/Philadelphia, Benjamins, 215–238.

Rodriguez Pedreira, N. (2010): „Les adjectifs préfixes négatifs en perspective contrastive français-espagnol", in: Iliescu, M./Siller-Runggaldier, H. M./Danler, P. (eds.), Actes du XXVe congrès international de Linguistique et de Philologie romanes. Berlin/New York, de Gruyter, 487–497.

Rohlfs, G. (1938): „Über einige Suffixe zur Bildung von Etnica", in: Archiv für das Studium der neueren Sprachen und Literaturen 173, 216–217.

Rohrer, C. (1977): Die Wortzusammensetzung im modernen Französisch. Tübingen, Narr.

Rosenberg, M. (2008): La formation agentive en français: les composés [VN/A/Adv/P]N/A et les dérivés V-ant, V-eur et V-oir]. Stockholm, Département de Français, d'Italien et de Langues Classiques, Stockholm University.

Rosenberg, M. (2011): „Les composés français VN - aspects sémantiques", in: Revue romane 46/1, 69-88.

Sablayrolles, J.-F. (2000): La néologie en français contemporain. Examen du concept et analyse de productions néologiques récentes. Paris, Champion.

Sablayrolles, J.-F. (2003): „La néologie en français contemporain", in: Adamo, G./Valle, V. della (eds.) : Innovazione lessicale e terminologie specialistiche. Firenze, Olschi, 205–224.

Sablayrolles, J.-F. (2015a): Néologie et terminologie dans les dictionnaires. Paris, Champion.

Sablayrolles, J.-F. (2015b): „Néologismes ludiques: études morphologiques et énonciativo-pragmatiques", in: Winter-Froemel, E./Zirker, A. (eds.): Enjeux du jeu de mots. Perspectives linguistiques et littéraires. Berlin, de Gruyter, 189–216.

Saussure, F. de (2013): Cours de linguistique générale. Herausgegeben von Peter Wunderli. Tübingen, Narr.

Schafroth, E. (1992): „Feminine Berufsbezeichnungen in Kanada und Frankreich", in: Zeitschrift der Gesellschaft für Kanada-Studien 22/2, 109–125.

Schafroth, E. (2002): „Aufbau und Differenzierung des Wortschatzes im Französischen", in: Kolboom, I./Kotschi, T./Reichel, E. (eds.): Handbuch Französisch. Sprache – Literatur – Kultur – Gesellschaft. Berlin, Schmidt, 179–188.

Schafroth, E. (2014): Französische Lexikographie. Einführung und Überblick. Berlin, de Gruyter.

Schapira, C. (1982): „Les noms composés Verbe + Objet Direct" in: Travaux de littérature et de linguistique 20/1, 271–282.

Schmid, H.-J. (2003): Englische Morphologie und Wortbildung: eine Einführung. Berlin, Schmidt.
Schmid, H.-J. (2015): The scope of word-formation research, in: Müller, P. O./Olsen, S./Ohnheiser, I./Rainer, F. (eds.): Word-Formation. An International Handbook of the Languages of Europe. Berlin, de Gruyter, 1–22.
Schmid, H.-J. (2016³): English morphology and word-formation. An introduction. Berlin, Schmidt.
Schmitt, C. (1993): „Ausgangssprachliche Produktivität und zielsprachliche Aktivität in der Wortbildungslehre. Zu den französischen Entsprechungen deutscher Kollektivmorpheme", in: Mattheier, J. (ed.): Vielfalt des Deutschen. Festschrift für Werner Besch. Frankfurt/M., Lang, 533-549.
Schmitt, C. (1996): „Euromorphologie. Perspektiven einer neuen romanistischen Teildisziplin", in: Dahmen, W. (ed.): Die Bedeutung der romanischen Sprachen im Europa der Zukunft. Tübingen, Narr, 119–146.
Schmitt, C. (1999): „Zur Gradation durch Präfixoide mit vorgegebener oder kontextabhängiger Wertungsrichtung. Ein Beitrag zur Kontrastiven Linguistik für das Sprachenpaar Deutsch/Französisch", in: Reinart, S. (ed.): Sprachvergleich und Übersetzen: Französisch und Deutsch. Bonn, Romanistischer Verlag, 69–104.
Schmitt, C. (2001): „Französische und deutsche Namen für Staatsbürger. Ein Beitrag zur Onomastik", in: Linguistica Antverpiensia, 87–107.
Schpak-Dolt, N. (2003): Bibliographische Materialien zur französischen Morphologie: ein teilkommentiertes Publikationsverzeichnis für den Zeitraum 1875–1950. Frankfurt, Lang.
Schpak-Dolt, N. (2008²): „Grundprinzipien der französischen Wortbildung", in: Kolboom, I./Kotschi, T./Reichel, E. (eds.): Handbuch Französisch. Studium – Lehre – Praxis. Bielefeld/Berlin/München, Schmidt, 228–234.
Schpak-Dolt, N. (2016⁴): Einführung in die französische Morphologie. Tübingen, Niemeyer.
Schröder, K. (2010): Französische Zeitschriften für Computer und neue Technologien. Sprachliches Profil eines Pressegenres. Berlin, Logos.
Schwarze, C. (1970): „Suppletion und Alternanz im Französischen", in: Linguistische Berichte 6, 21–34.
Schweickard, W. (1989): „Le traitement des formations déonomastiques dans la lexicographie française", in: Kremer, D. (ed.): Actes du XVIIIᵉ Congrès international de Linguistique et de Philologie romanes 1986, vol. 4. Tübingen, Niemeyer, 242–253.
Schweickard, W. (1990): „Remarques sur l'emploi des adjectifs géographiques composés du type franco-allemand en français", in: Boulanger, C. (ed.): Le nom propre au carrefour des études humaines et des sciences sociales. Actes du XVI Congrès international des sciences onomastiques. Québec, Presses de l'Université Laval, 527–535.
Schweickard, W. (1992): Deonomastik. Ableitungen auf der Basis von Eigennamen im Französischen (unter vergleichender Berücksichtigung des Italienischen, Rumänischen und Spanischen). Tübingen, Niemeyer.
Schweickard, W. (1993): „Il ruolo della formazione delle parole nei dizionari italiani e francesi", in: Hilty, G. (ed.): Actes du XXᵉ Congrès International de Linguistique et de Philologie romanes, vol. 4. Tübingen, Francke, 499–509.
Scullen, M. E. (2002): „New insights into French reduplication", in: Camps, J./Wiltshire, C. R. (eds.): Romance Philology and Variation. Amsterdam, John Benjamins, 177–189.
Seewald, U. (1996): „Wortbedeutungen in Wörterbüchern, Wortbedeutungen in Texten", in: Weber, N. (ed.): Semantik, Lexikographie und Computeranwendungen. Tübingen, Niemeyer, 109–128.
Semprun, J. (2005): Défense et illustration de la novlangue française. Paris, Encyclopédie des Nuisances.
Sergijewskij, M. W. (1979): Geschichte der französischen Sprache. München, Beck.
Siller-Runggaldier, H. (1992): „Probleme romanischer Wortbildung, demonstriert am Beispiel einer romanischen Kleinsprache", in: Zeitschrift für romanische Philologie 108, 112–126.

Skirl, H. (o.J.): „Kompositummetaphern – semantische Innovation und textpragmatische Funktion", [http://www.metaphorik.de/sites/www.metaphorik.de/files/journal-pdf/19_2010_skirl.pdf].

Sletsjøe, L. (1979): „Le préfixe *re-* en latin et dans les langues romanes occidentales", in: Studia neophilologica 51, 85–113.

Söll, L. (1968): „«Shampooing» und die Integration des Suffixes « *-ing* "*,* in: Verba et vocabula. Ernst Gamillscheg zum 80. Geburtstag. München, Fink, 565–578.

Sørensen, F. (1983): La formation des mots en français moderne: à propos des suffixes *-ième*, *-iser* et *-able*. Kopenhagen, Museum Tusculanum.

Spence, N. C. W. (1986): „Gender and sex in personal names in the French Language", in: Zeitschrift für romanische Philologie 102, 331–357.

Spitzer, L. (1910): Die Wortbildung als stilistisches Mittel. Exemplifiziert an Rabelais. Halle, Niemeyer.

Spitzer, L. (1931): „Warum ersetzt frz. *-erie* (dtsch. *-erie*) das alte *-ie*? ", in: Zeitschrift für romanische Philologie 51, 70–75.

Spratte, H. (1979): Französische Komposita vom Typ *abat-jour*: morphologische, syntaktische, semantische Strukturen. Kassel, Gesamthochschule.

Staib, B. (1988): Generische Komposita. Funktionelle Untersuchungen zum Französischen und Spanischen. Tübingen, Niemeyer.

Stati, S. (1979): La sémantique des adjectifs. Essai d'analyse componentielle appliquée aux langues romanes. Saint-Sulpice des Favières, Favard.

Stehli, W. (1949): Die Femininbildung von Personenbezeichnungen im neuesten Französisch. Bern, Francke.

Stein, A. (2010³): Einführung in die französische Sprachwissenschaft. Stuttgart/Weimar, Metzler.

Štichauer, J. (2004): Si abregement est un bon mot (Vaugelas et les remarqueurs face aux dérivés nominaux) [http://www.phil.muni.cz/plonedata/wurj/erb/volumes-31-40/stichauer04.pdf].

Štichauer, J. (2014): Etudes sur la formation des mots en français préclassique et classique. Prag, Univerzita Karlova.

Stolze, R. (2009): Fachübersetzen. Ein Lehrbuch für Theorie und Praxis. Berlin, Frank & Timme.

Storost, J. (1972): „Zur Herausbildung der Grundsätze der modernen französischen Fachsprache der Chemie", in: Beiträge zur romanischen Philologie 11, 305-306.

Szymanek, B. (2015): „Place nouns", in: Müller, P. O./Olsen, S./Ohnheiser, I./Rainer, F. (eds.): Word-Formation. An International Handbook of the Languages of Europe vol. 1. Berlin u.a., de Gruyter, 1327–1339.

Temple, M. (1996): Pour une sémantique des mots construits. Villeneuve d'Ascq, Presses universitaires du Septentrion.

Temple, M. (2003): „Métaphore et mots construits: éclairages réciproques", in: Verbum 24/3, 207–227.

Thiele, J. (1976): „Zu theoretischen Positionen und Aufgaben der französischen Wortbildungsforschung", in: Linguistische Arbeitsberichte 13, 56–68.

Thiele, J. (1993³): Wortbildung der französischen Gegenwartssprache. Leipzig, Enzyklopädie.

Togeby, K. (1965): Structure immanente de la langue française. Paris, Larousse.

Tomassone R./Combettes, B. (1970): „Remarques sur la formation des collectifs de noms d'arbres et de plantes", in: Revue de linguistique romane 34, 224–233.

Tournier, J. (2007): Introduction descriptive á la lexicogénétique de l'anglais contemporain. Paris, Slatkine.

Trost, I. (2006): Das deutsche Adjektiv. Untersuchungen zur Semantik, Komparation, Wortbildung und Syntax. Hamburg, Buske.

Ulland, H. (1993): Les nominalisations agentive et instrumentale en français moderne. Bern, Lang.

Ullmann, S. (1952) : Précis de sémantique française. Bern, Francke.

Uth, M. (2011): Französische Ereignisnominalisierungen: abstrakte Bedeutung und regelhafte Wortbildung. Berlin, de Gruyter.

Uth, M. (2012): „The lexicalist hypothesis and the semantics of event nominalization suffixes", in: Gaglia, S./Hinzelin, M.-O. (eds.): inflection and word-formation in Romance Languages. Amsterdam/Philadelphia, Benjamins, 347-367.

Väänänen, V. (1979): Co-: la genèse d'un préfixe, Tübingen, Niemeyer.

Vaumorière, P. O. de (1688) : L'art de plaire dans la conversation. Paris, Guignard.

Villard, P. (1984): „Naissance d'un mot grec en 1900. Anatole France et les xénophobes", in: Mots 8, 191–195.

Villoing, F. (2003): „Les mots composés VN du français: arguments en faveur d'une construction morphologique", in: Cahiers de grammaire 28, 183–196.

Villoing, F. (2012): „French compounds", in: Probus 24/1, 29-60.

Vintilă-Rădulescu, I. (2013): „Le Parlement Européen face à la féminisation des noms de fonctions, grades et titres en roumain et en français", in: Casanova, E./Calvo Rigual, C. (eds.): Actas del 26é Congrés Internacional de Lingüística y Filologia Romàniques: València, 6–11 septembre 2010. Berlin, de Gruyter, 2280-2290.

Visser, J. (2005): Markierte sprachliche Zeichen. Wortbildung als Mittel der Persuasion in Texten der französischen „extrême droite". Frankfurt, Lang.

Vorger, C. (2011): „Le slam est-il néologène?", in: Neologica 5, 77–95.

Walter, H. (1989): Des mots sans-culotte. Paris, Laffont.

Walter, H. (1999): Le français d'ici, de là, de là-bas. Paris, Lattès.

Wandruszka, U. (1976): Probleme der neufranzösischen Wortbildung. Tübingen, Niemeyer.

Wartburg, W. von (1993^{12}): Evolution et structure de la langue française. Tübingen/Basel, Francke.

Weber, M. (1963): Contributions à l'étude du diminutif en français moderne: essai de systématisation. Zürich, Altorfer.

Weidenbusch, W. (1993): Funktionen der Präfigierung: präpositionale Elemente in der Wortbildung des Französischen. Tübingen, Niemeyer.

Weidenbusch, W. (2008^2): „Produktive Wortbildung im Französischen", in: Kolboom, I./Kotschi, T./Reichel, E. (eds.), Handbuch Französisch. Studium – Lehre – Praxis, Bielefeld/Berlin/München, Schmidt, 235–238.

Wellmann, H. (2005): „Zur Problematik einer wissenschaftlichen Sprachpflege: Die ‚Ismen'", in: Müller, Peter O. (eds.): Fremdwortbildung. Theorie und Praxis in Geschichte und Gegenwart. Tübingen, Niemeyer, 325–343.

Werp, G. (1979): Die Präfixe re-, ri- im Französischen, Italienischen und Spanischen, Freiburg [unveröffentlichte Dissertation].

Westenfelder, J. (1991): Nicht Sprachschöpfer sondern Sprachverwerter. San Antonio als Produkt der „crise du français". Hamburg, Kovać.

Widdig, W. (1982): *Archi-*, *ultra-*, *maxi-* und andere Steigerungspräfixe im heutigen Französisch. Genf, Droz.

Windisch, R. (1992): „Spanische Diminutivbildungen als Übersetzungsproblem des Französischen", in: Dahmen, W. (ed.), Konvergenz und Divergenz in den romanischen Sprachen. Tübingen, Narr, 381–394.

Winther, A. (1975): „Note sur les formations déverbales en *-eur* et en *-ant*", in: Cahiers de lexicologie 26, 56–84.

Wolf, B. (1990): Nominalkompositionen im Deutschen und Französischen: eine Untersuchung der französischen Entsprechungen zu deutschen Nominalkomposita aus verschiedenen fachsprachlichen Sachbereichen. Münster, Kleinheinrich.

Wolf, H. J. (1969): „Frz. *-ache, -iche, -oche, -uche*". in: Lange, W. D./Wolf, H. J.: Philologische Studien für Joseph M. Piel. Heidelberg, Winter, 224-234.

Wolf, H. J. (1972): „It. ROMANISTA, QUATTROCENTISTA: Anwendungsbereiche eines ‚gelehrten' Suffixes im Italienischen, Spanischen und Französischen", in: Romanische Forschungen 84, 314–367.

Wolf, L. (1969): Texte und Dokumente zur französischen Sprachgeschichte: 16. Jahrhundert. Tübingen, Niemeyer.

Wunderli, P. (1979): „Die Strukturen der Wortbildungen mit *avant-*", in: Höfler, M./Vernay, H./Wolf, L. (eds.): Festschrift Kurt Baldinger zum 60. Geburtstag, vol. 1, 330–360.

Wunderli, P. (1989): Französische Lexikologie. Tübingen, Niemeyer.

Wunderli, P. (1990): „Lexikologie und Semantik", in: Holtus, G./Metzeltin, M./Schmitt, C. (eds.): Lexikon der romanistischen Linguistik, V.1. Tübingen, Niemeyer, 94–112.

Wunderlich, D. (2015): „Valency-changing and word-formation", in: Müller, P. O./Olsen, S./Ohnheiser, I./Rainer, F. (eds.): Word-Formation. An International Handbook of the Languages of Europe. Berlin, de Gruyter, 1424–1466.

Wurzel, W. U. (1984): Flexionsmorphologie und Natürlichkeit. Berlin, Akademie.

Zöfgen, E. (2002): „Motiviertheit lexikalischer Einheiten im Französischen", in: Kolboom, I./Kotschi, T./Reichel, E. (eds.): Handbuch Französisch. Sprache – Literatur – Kultur – Gesellschaft. Berlin, Schmidt, 197–204.

Zumthor, P. (1951): Abbréviations composées. Amsterdam, North-Holland.

Zwanenburg, W. (1982): „Types de dérivation comme universaux", in: Recherches de linguistique française d'Utrecht 1, 57–66.

Zwanenburg, W. (1983) : Productivité morphologique et emprunt. Étude des dérivés déverbaux savants en français moderne. Amsterdam/Philadelphia, Benjamins.

Zwanenburg, W. (1985): „Emplois marginaux des suffixes", in: Recherches de linguistique française d'Utrecht 4, 27–41.

Zwanenburg, W. (1990): „Wortbildungslehre", in: Holtus, G./Metzeltin, M./Schmitt, C. (eds.), Lexikon der romanistischen Linguistik, V.1. Tübingen, Niemeyer, 72–77.

Zwanenburg, W. (1992): „Compounding in French", in: Rivista di Linguistica 4/1, 221–240.

6 Indizes

6.1 Sachindex

Affix 10, 13, 22, 23, 34, 40, 122, 161
Affixoid 9, 23, 142, 160, 162, 163, 166
Akronym 168
Aktionsart 113, 114
Allomorphie 15, 16, 17, 18, 21, 34, 37, 66, 73, 100, 128
Aphärese 138, 167, 175, 182
Apokopierung 166, 182
Arbitrarität 37
Archaismen 100, 116, 156, 186, 193
Argot 167, 181, 182
Augmentation 51, 54
Calque 42, 156
Derivation 11, 17, 33, 39, 41, 48, 49, 51, 54, 145, 173, 174, 178
Determinans 39, 60, 94, 146, 148, 149, 150, 153, 154, 156, 176
Determinantum 154
Determinativkomposita 145, 146, 147, 149, 150, 151, 154, 156, 170
Determinatum 42, 60, 91, 143, 145, 146, 153, 154, 159, 170, 176
Diminution 32, 40, 51, 52, 53
Disambiguierung 65, 177
Extension 146
Fachsprache 50, 78, 136, 135, 174, 176, 188
Flexion 5, 12
Flexionsmorphologie 6, 7, 10
Hybridbildung 41, 42, 134, 142, 160, 161, 179, 186
Infix 23, 114
Initialwörter 168
Intension 161, 189
Javanais 182, 188
Jugendsprache 128, 135, 173, 181, 182
Kofferwort 167
Kollektiva 55, 62, 66, 67, 68, 69, 73, 74, 75, 81, 83, 89, 91, 190
Komposition 11, 22, 29, 31, 33, 39, 51, 116, 122, 123, 124, 141, 142, 143, 145, 146, 174, 149, 152, 154, 155, 158, 160, 161, 169, 170, 176, 190
Kompositummetapher 145

Konnotation 50, 52, 53, 54, 58, 68, 69, 72, 74, 76, 87, 102, 106, 107, 115, 116, 119, 135, 175, 190
Konversion 7, 23, 25, 51, 57, 61, 65, 70, 91, 93, 94, 95, 104, 109, 138, 139, 154, 158, 186
Kopulativkomposita 46, 143, 159
Lexikalisierung 1, 27, 104, 138, 141, 144, 150, 155
Lexikographie 8, 46, 47, 69, 98, 112, 155, 162, 181
Lexikologie 6, 173
Loucherbem 182, 188
Modifikation 31, 32, 45, 46, 51, 52, 53, 54, 63, 95, 113
Monosemantizität 175
Morphologie 5, 10, 11, 12, 33, 38, 174
Motivation 27, 28, 167, 187
Neologismus 1, 6, 26, 27, 68, 142, 192
Nomina actionis 24, 44, 54, 56, 57, 59, 65, 66, 67, 69, 70, 71, 73, 74, 75, 77, 81, 82, 83, 86, 88, 89, 90, 91, 162, 163, 179
Nomina agentis 23, 31, 45, 46, 54, 59, 60, 61, 62, 63, 64, 66, 67, 69, 70, 75, 76, 77, 78, 79, 80, 87, 88, 154, 163, 180, 187, 190, 194
Nomina instrumenti 53, 55, 59, 61, 62, 68, 69, 76, 77, 78, 80, 87, 88, 109, 180, 185
Nomina loci 55, 58, 59, 68, 70, 73, 75, 77, 79, 80, 81, 86, 87, 179
Nomina qualitatis 55, 57, 58, 69, 77, 79, 83, 89, 179
Nominalisierung 13, 28, 50, 54, 58, 190
Nullsuffigierung 23, 24, 25, 40, 41, 111
Optimalitätstheorie 18
Orthographiereform 124, 125, 133, 136, 144, 153, 157
Paläontologie 175
Parasynthese 7, 40, 41, 70, 111
Phraseologismus 84, 150
Polysemie 5, 174
Portemanteauwort 167
Prädikation 58, 110

Präfigierung 7, 15, 22, 23, 26, 31, 41, 46, 51, 52, 115, 121, 122, 123, 124, 125, 126, 128, 129, 133, 135, 137, 140, 158, 161, 169, 186, 192, 194
Präfix 3, 12, 15, 23, 26, 41, 123, 125, 126, 127, 128, 129, 130, 131, 132, 133, 134, 135, 136, 137, 138, 139, 140, 158
Präposition 25, 40, 121, 122, 123, 142, 146, 148, 151, 152, 153, 158, 171
Qualitätsadjektiv 95
Relationsadjektive 94, 95, 97, 98, 106, 159
Resemantisierung 5, 174
Rückbildung 23, 25, 38, 92, 113, 178
Rückbildungen 25, 57, 73, 111, 112
Schwanzform 167
Segmentierung 40, 161
Semantik 4, 5, 8, 11, 26, 28, 29, 31, 32, 33, 35, 56, 61, 64, 83, 94, 96, 102, 113, 123, 143, 144, 150, 155, 169, 170
Stamm 2, 4, 17, 18, 20, 21, 22, 25, 30, 31, 32, 34, 35, 37, 41, 43, 44, 63, 67, 68, 77, 80, 84, 86, 88, 90, 93, 99, 101, 102, 104, 105, 106, 110, 114, 117, 118, 122, 127, 131, 134, 171, 175, 179, 184, 190
Suffigierung 7, 17, 21, 22, 23, 28, 31, 38, 39, 40, 46, 48, 50, 51, 52, 54, 62, 64, 68, 72, 73, 75, 84, 91, 93, 95, 96, 100, 101, 112, 113, 114, 121, 122, 123, 135, 146, 156, 170, 181, 189, 192, 193
Suppletivismus 35, 37
Syntax 1, 5, 7, 10, 11, 48, 146, 156, 173
Valenz 122
Verbalabstrakta 24, 82, 85
Verlan 182, 188
Wortbildungskategorien 46
Wortbildungsmuster 1, 4, 7, 22, 27, 28, 46, 47, 51, 58, 64, 92, 153, 156, 159, 171, 173, 174, 181, 184, 185, 191, 193
Wortfamilie 32, 33, 184
Zirkumfixbildung 40

6.2 Namensindex

Apothéloz 40
Baldinger 63, 67, 69, 70, 73, 75, 76, 91, 103, 177, 191
Barz 43, 96, 113, 186
Benveniste 61, 148, 150
Binet 148
Bloomfield 14
Bollée 91, 143, 148
Bossong 150
Brunot 189, 190, 191, 193
Céline 186
Corneille 191
Coseriu 15, 31, 39, 45, 52
Cottez 163
Cressot 185
Dardano 37, 152
Darmesteter 7, 11, 40, 41, 75, 147, 157
De Mauro 143
Donalies 62
Fleischer 43, 96, 113, 186
Frege 147
Gauger 32, 39, 45, 145
Goscinny 36
Gossen 151, 154, 155, 156
Grevisse 11, 72, 99, 162, 168
Guilbert 148
Haensch 5, 162
Hausmann 27
Heringer 55
Holtus 158, 186
Huysmans 185
Kethiri 179
Lallemand-Rietkötter 5
Lavoisier 175
Lüdtke 40, 50, 52, 55, 56, 60, 63, 65, 73, 75, 76, 82, 83, 85, 91, 160, 175, 178
Marchand 34, 123
Martinet 12, 23, 28, 145

Monneret 28
Müller 174, 176, 187
Paquot 178
Plénat 16, 17, 45, 80, 167, 182, 183
Pöll 142, 152, 178
Pottier 15, 143
Quéffelec 178
Rabelais 191
Racine 191
Rainer 58
Ricken 33
Rohrer 116, 148, 154, 170, 171
Ronsard 190, 194
Saussure 6, 28, 29
Schlegel 39
Schmitt 38
Schpak-Dolt 13, 20, 35, 123
Schwarze 34, 37
Schweickard 84
Slatka 135
Stein 153
Tesnière 25
Thiele 6, 16, 25, 40, 46, 51, 56, 61, 64, 67, 68, 70, 71, 73, 74, 78, 81, 85, 86, 87, 91, 101, 105, 107, 108, 110, 119, 120, 121, 125, 127, 128, 132, 133, 136, 138, 139, 140, 146, 147, 150, 151, 156, 157, 158, 160, 162, 163, 165, 170, 171
Ullmann 38
Vaugelas 10, 36, 191
Vaumorière 192
Walter 10, 85, 179
Wandruszka 25, 123, 124, 145, 150, 151, 153, 155, 157, 159, 162, 181
Wartburg 10, 35, 192
Wolf 67, 70, 85, 103, 120, 154, 181, 189, 190, 191
Wunderli 12, 22, 28, 40, 63, 123, 128, 161

6.3 Formenindex

a- 126
-abilité 89, 101
-able 12, 15, 25, 89, 95, 101
-ace 37, 54, 95, 102, 105, 117
-acé 66, 102
acro- 164
-ade 56, 57, 58, 62, 66, 67, 75, 79, 81, 83, 91
aéro- 164, 188
-age 10, 56, 62, 67, 73, 74, 75, 79, 81, 82, 85, 86, 90, 91, 189, 190, 193, 194
-agog 163
-ail 61, 68, 87
-aille 61, 62, 68, 69, 114, 190
-ailler 119, 120
-ain 21, 34, 45, 69, 70, 76, 95, 99, 102, 103, 104
-aire 9, 34, 59, 62, 70, 73, 80, 85, 88, 89, 95, 97, 102, 103, 107
-ais 12, 76, 94, 99, 103
-aison 56, 57, 70, 71, 82, 88, 190
-al 23, 34, 68, 71, 89, 97, 104, 107
-alg 163
alité 89, 104
allo- 164
-ambule 163
-ament 86
-amment 110
amphi- 133
-an 34, 76, 99, 102
-ance 56, 57, 58, 71, 110
-ané 97, 104
-ant 59, 63, 91, 98, 105, 110
anté- 127, 130, 131, 139
anti- 9, 122, 123, 125, 127, 139, 140, 161, 169
après- 123, 128
aqu(a)- 165
archi- 52, 134, 135, 164, 171
-ard 54, 59, 60, 72, 76, 83, 104
arrière- 128, 130
-as 54, 72
-asque 99, 100
-at 16, 56, 57, 58, 59, 62, 73, 109
-ataire 59, 62, 70
-ate 175
-ation 16, 20, 21, 23, 44, 56, 70, 71, 78, 82, 109, 112, 126, 190

-âtre 54, 74, 104
-aud 54, 73, 88
-auté 89
auto- 164, 167, 194
avant- 123, 127, 130, 131, 170
-ayer. 120
biblio- 164
-cid 163
-cide 164, 175
circon- 133
cis- 130
co- 128
-cole 164
contra- 123, 125, 139
contre- 124, 125, 139
-crat- 163
crypto- 164
-cule 90
-cult 164
dé- 20, 122, 126, 140
demi- 137, 138
dia- 134
dis- 26, 126, 169
-drome 163
é- 126, 129
-é 65, 95, 109, 110
-eau 16, 27, 29, 31, 52, 53, 74, 77, 110
ec- 129
-ée 56, 57, 62, 67, 74, 91, 95, 102, 103
-éen 76, 99
-el 34, 73, 89, 97, 104, 107, 114, 115
électro- 164
-eler 120
-elet 52, 77, 105
elette 16
em- 122
-ème 175
-ement 35, 56, 57, 86
en- 41, 126, 131
endo- 131
entre- 124, 131, 194
épi- 128, 129, 132
equi- 165
-er 15, 20, 61, 67, 68, 71, 76, 78, 80, 82, 95, 101, 107, 111, 112, 119
-eresse 63, 76

-eret 77
-erie 56, 57, 58, 59, 62, 67, 75, 79, 83, 102, 178, 190
-esque 17, 105, 108
-esse 57, 64, 76, 83, 193
-estre 97, 98
-et 16, 52, 53, 76, 87, 88, 105, 114, 115, 117
-eté 58
-eteau 52, 77
-étique 97
-eton 52, 77
-ette 27, 31, 40, 52, 53, 64, 74, 76, 88
-eur 31, 32, 57, 60, 61, 63, 64, 70, 73, 76, 77, 78, 87, 91, 95, 190, 193, 194
-eux 60, 70, 95, 103, 106, 108, 175, 179
ex- 123, 126, 127, 128, 169
exo- 129
exter- 129
extra- 124, 129, 130, 131, 134, 181
-fère 164, 192
-fuge 164
-gate 186
-gén 163
giga- 3, 5, 134, 181
-gramm 163
-graph(o)- 163
hémi- 137, 138
herbi- 165
hétéro- 164
homo- 164
hors- 129, 130
hydro- 165, 187
hyper- 4, 52, 134, 135, 171, 181
hypo- 132, 136
-iau 52, 53
-ibilité 89
-ible 89, 95, 101
-ice 57, 58, 83
-icide 23
-icule 90
-ide 95, 102, 103, 175
-ie 57, 58, 67, 75, 78, 79, 162
-ième 70, 103
-ien 60, 76, 79, 85, 95, 97, 99, 102, 103, 107, 106, 108, 170
−ien 19
-ience 57
-ier 8, 23, 29, 34, 38, 39, 60, 61, 63, 68, 75, 80, 85, 95, 103, 104, 107, 112

-if 89, 95, 97, 98, 107
-ifier 16, 112
-ile 98
-iler 120
-ilité 57
-ille 16, 52, 53, 80
-iller 117, 119
-illon 52, 53, 87
-iment 86
in- 15, 26, 29, 41, 101, 114, 115, 123, 126
Infixe 23
infra- 124, 132, 136
-ing 21, 42, 44, 56, 57, 67, 81, 82, 162
intra- 124, 131, 194
-ion 15, 21, 44, 56, 71, 82, 88
-iot 88
-iotte 88
-ique 25, 97, 98, 106, 107, 108, 118, 175, 193
-ir 15, 16, 44, 67, 71, 75, 82, 86, 101, 111, 189
-isation 176, 178
-ise 28, 36, 57, 58, 67, 83
-iser 16, 111, 112
-isme 17, 42, 44, 73, 75, 82, 83, 84, 88, 89, 108, 185, 192, 193
iso- 164
-iste 41, 44, 60, 80, 83, 84, 97, 107, 126, 170, 192
-itaire 59, 62, 70
-ite 27, 66, 76, 85, 99, 104, 175
-ité 17, 26, 27, 42, 57, 58, 73, 88, 89, 193
-iteur 60, 63, 78
-itude 17, 58, 89, 90
-ivité 89, 107
-ivore 23
juxta- 165
-lecte 175
-log- 162, 163
-logie 162, 163
-loq 37, 164
macro- 165, 188
-man- 163
maxi- 4, 134, 135, 169, 171
mé- 41, 126
méga- 4, 134, 135
-ment 41, 56, 59, 67, 72, 73, 75, 85, 90, 120, 121, 193
méta- 128, 165
-métr 164
mi- 137, 138

micro- 165, 188
mono- 165
multi- 165
né- 126
néo- 122, 165, 171
-nôme 164
non- 26, 126
-o 120, 121, 124, 144, 159, 166, 167, 181
-oche 16, 52, 181
-oir 9, 59, 61, 68, 69, 78, 86, 179
-oire 59, 86, 98, 108
-ol 76, 99, 175
omni- 165
-on 16, 53, 54, 61, 76, 80, 87, 88, 99, 115, 119, 120
ortho- 165
-ose 66, 106
-ot 16, 53, 54, 61, 77, 87, 99, 115, 116 119
-ote 99
-oter 117
-ouse 181
outre- 129, 130
-oyer 189
paléo- 165
pan- 165
para- 139
-path- 164
pén- 138
per- 134
pér- 133
péri- 133
-phil 164
-phob 164
-phon 164
plein- 139
poly- 165
post- 123, 128, 130
pré- 129, 130, 131
presque- 138
pro- 127, 130, 131, 137, 140, 169
proto- 165

pseudo- 165
quasi- 138
re- 122, 169
rétro- 127
-scop- 164
sé- 26, 126
semi- 137
-son 71, 88
sous- 122, 132, 136
sub- 132, 136, 169
super- 4, 132, 134, 135, 137, 181
supra- 124, 132, 134, 135
sur- 25, 122, 132, 134, 135, 137
sus- 132
syn- 128
-té 58, 88
-techn(o)- 164
télé- 165
tétra- 165
-teur 61, 63, 78
-thèqu 164
-tié 58
-tion 15, 21, 44, 50, 56, 73, 82
-ton 88
tout- 139
trans- 129, 130, 134, 161, 169
tré- 129, 194
-u 96, 98, 109
-uaire 97, 103
-ude 58, 67, 89
-uel 97
-ueux 95, 106
-ul 87, 101, 102
-ule 61, 90, 96
ultra- 124, 129, 130, 134, 136, 169, 181
-ure 41, 48, 56, 57, 59, 61, 62, 67, 75, 90, 190
vice- 137
-vore 164
xéno- 42

www.ingramcontent.com/pod-product-compliance
Lightning Source LLC
Chambersburg PA
CBHW060242240426
43673CB00048B/1941